中国法治实践学派书系

大变革时代的
中国法治现代化

公丕祥　著

人民出版社

中国法治实践学派书系编委会

中国法治实践学派书系
顾问和学术委员会

总　序

中国法治实践学派是对法治中国伟大实践的理论回应。

1999 年，《宪法》修正案规定："中华人民共和国实行依法治国，建设社会主义法治国家。"中国终于选择了法治道路，并将之载入具有最高法律效力的宪法。

2014 年，中共中央出台《关于全面推进依法治国若干重大问题的决定》。这是中国共产党的法治宣言书，是法治中国建设的总纲领。

法治中国建设是一场伟大的政治实验。这场伟大实验的目标是开创一条中国自己的法治道路。这场伟大实验正在给中国带来深刻的变革。反腐败斗争正在改变中国的官场生态，立法正在朝着科学化方向发展，政府正在努力将工作全面纳入法治轨道，司法改革正在朝着公正、高效、权威的目标加快推进，全社会厉行法治的积极性和主动性正在逐步增强。法治正在对全面深化改革发挥引领和规范作用。法治普遍规律的中国表现形式正在展现其不可忽视的影响力。虽然在前行的道路上，有暗礁，有险滩，有种种困难，但全面推进依法治国这场治理领域的深刻革命正在改变中国。

中国法学研究已经出现重大转向，这个转向以"实践"为基本特征。

法治的生命在于实践。走进实践，以实践为师，成为一大批法学家的鲜明风格。"中国法治实践学派"正是对这种重大转向的学术概括。中国法治实践学派以中国法治为问题导向，以探寻中国法治发展道路为目标，以创新法治规范体系和理论体系为任务，以实践、实证、实验为研究方法，注重实际和实效，具有中国特色、中国风格、中国气派。

法治中国的伟大实践必然催生新思想、新理论，必然带来思想和理论的深刻革命，必然为普遍的法治精神形成创造条件。中国客观上正在进行一场持久的法治启蒙运动。在欧洲，发生在17—18世纪的启蒙运动的成就之一是孕育了一个在世界上占主导地位的法学学派——古典自然法学派。古典自然法学说成为新兴资产阶级反对封建压迫和争取民族独立的武器，成为美国《独立宣言》、法国《人权宣言》的理论基础。正是古典自然法学派的出现，私有财产神圣不可侵犯、契约自由、法律面前人人平等、罪刑法定等法治原则才得以提出。正是以古典自然法学派为代表的学术流派的形成，才使得西方法治理论、西方法治精神形成一个系统。启蒙运动、契约精神的弘扬、自然法学派的产生、现代法律体系的构建、西方法治理论和法治精神的形成，是一个合乎历史逻辑和社会实践的有机整体。启蒙运动从根本上打造了西方近现代意义上的法治精神。在中国，法治启蒙运动的一个伴生现象也必然是学派的形成。伴随这样一个法治启蒙运动，法治实践不断推进，法治理论不断创新，法学学派在中国兴起，法治精神终将成为社会的主流精神，法治终将成为信仰。

我们组织力量编辑出版"中国法治实践学派书系"，是为了强化中国法学研究的实践转向，展示中国法治理论的风貌，传播法治精神，支持中国法治的具体实践，扩大中国在世界上的法治话语权。我们每年精选若干具有代表性的著作，由人民出版社出版，形成系列。这些著作具有鲜明的问题导向，注重中国具体实践问题的探索，注重理论的实际效果。我们相信，这套书系一定会对法治中国建设发挥良好作用。

时代赋予我们一种不可推卸的责任，我们不会袖手旁观，我们不会推卸责任。"为天地立心，为生民立命，为往圣继绝学，为万世开太平"是我们从先贤那里汲取的精神，"知行合一"是我们坚守的信条。中国并不缺少高谈阔论，中国并不缺少牢骚抱怨，中国需要的是身体力行、脚踏实地的行动。我们愿意不遗余力地推动中国法治实践学派的发展，我们愿意在法治中国的伟大进程中奉献热血、辛劳和汗水，我们愿意在法治中国的伟大进程中殚精竭虑、鞠躬尽瘁。

法治关涉每个人的权利，法治关涉每个人的财富，法治关涉每个人的命运。让我们大家携起手来，一起行动，共同关注中国法治实践学派，共同编织法治中国梦想，共同为实现法治强国而奋斗！

钱弘道

2017 年 1 月 20 日

第二编　区域法治发展的分析架构

第三编　全球化进程中的中国法制现代化

前　言

　　在全面深化改革、全面依法治国的新的时代条件下，当代中国法学与法治研究正在呈现出蓬勃的生机与活力，并且正在拓展出新的研究领域，从而彰显了新的研究思路与研究方式。以关注法治实践经验、强化法治实证研究为主要特征的法治实践主义研究路径，显示出崭新的研究气象，广泛而深刻地影响着中国法学与法治研究乃至社会科学领域。一个植根于中国法治实践土壤之中，具有深厚的理论基础和宽广的全球愿景的中国法治实践学派正在茁壮成长。这是与长期以来中国法学界的不懈努力分不开的，更是与以钱弘道教授为代表的以实践取向和实证方法为鲜明特质的当代中国法学家群体的卓越贡献分不开的。正是在这一基础上，钱弘道教授主持编辑《中国法治实践学派书系》并由人民出版社出版，这是一件令人钦佩的学术盛事。多年来，钱弘道教授和他的研究团队在各方面的关心支持下，毅然走出大学的高楼深院，投身到丰富生动的当代中国法治实践之中，尤其是深入基层法治实践场域，形成了一系列标志性的法治实验主义产品，产生了显著的法治实践功能。本书能够收入文丛印行面世，幸赖弘道教授的鼎力支持，感铭在心，在此谨深致谢忱！

马克思在论及哲学与时代的关系时提出这样一个深刻的论断："任何真正的哲学都是自己时代的精神上的精华"，并且"同自己时代的现实世界接触并相互作用"；哲学家"是自己的时代、自己的人民的产物，人民的最美好、最珍贵、最隐蔽的精髓都汇集在哲学思想里"。① 这一论断精辟揭示了真正的哲学的时代性、人民性和实践性，鲜明展示了作为时代精神精华的真正的哲学的价值蕴涵。当代中国正在经历着一场极其广泛而深刻的社会转型与变革过程，已经并将继续对国家发展及其现代化进程产生重大而深远的影响。伴随着从传统的以计划经济体制为基础的社会生活秩序向以市场经济体制为基础的社会生活秩序的转型变革，中国的法律生活领域亦在形成着从传统的人治型国家治理体制向现代的法治型国家治理体制的历史性转变。这是当代中国法治发展的革命性进程，也是源远流长的中国法律文明价值体系的创新发展，从而推动着法学与法律工作者以理性的智识方式回应当代中国法治革命的理论挑战。

本书以"大变革时代的中国法治现代化"为主题，辑录了作者近些年来公开发表的15篇文章，旨在于从一个侧面反映社会转型时期当代中国法治现代化进程面临的重大论题。全书由三编构成。第一编的7篇文章，努力从理论与实践的结合上，深入探讨当代中国法治现代化的重要时代议程。在这里，我们可以看到，在特定的法治国情条件下，中国法治现代化进程具有自身独特的逻辑系统与运行轨迹。研究大变革时代的当代中国法治现代化议程，必须立足中国的国情状况，悉心把握中国法治现代化的运行机理。中共十八大以来，以习近平同志为核心的党中央总揽国家现代化建设的战略与全局，对全面依法治国、建设法治中国作出了重大决策部署，形成了"四个全面"战略布

① 参见《马克思恩格斯全集》第 1 卷，人民出版社 1995 年版，第 220、219—220 页。

局这一中国在新的历史条件下治国理政总方略，确立了推进国家治理
现代化的法治体系格局，致力于建构加快建设法治经济、深化供给侧
结构性改革的法治制度逻辑，从而拓展了中国法治革命的广阔空间，
标志着当代中国法治现代化进入一个崭新的历史阶段。

第二编辑入的 5 篇文章，重在研究全面推进法治中国建设进程
中的区域法治发展领域的基本理论问题。我国是一个地域辽阔、人口
庞大、民族众多、历史悠久的东方大国，不同区域之间经济社会发展
水平与地理自然条件具有明显的差异性。这一基本的国情特点对当代
中国法治发展及其现代化的路径选择与发展进程产生着殊为深刻的
影响，甚或形成决定性的作用。因之，作为一种独具特质的法治发展
现象，当代中国区域法治发展在很大程度上体现了我国经济社会发
展不平衡的规律，是建设法治中国战略在一定区域范围内的展开与落
实，藉以建立区域发展所需要的区域法治秩序，进而构成治国理政
的区域治理法治化模式。在新的时代条件下，深入开展区域法治发
展的理论研究与实践行动，对于探索法治现代化的中国道路，实现
国家区域发展总体战略，推进区域治理现代化，无疑是大有裨益的。

第三编收录的 3 篇文章，则在于深入分析全球化进程中的中国法
治发展及其现代化的历史方位与时代走向。以 1500 年前后的地理大发
现和新航路的开辟为起点，迄今为止近代以来的人类社会经历了三次
全球化浪潮，时下的第三次全球化运动仍处在曲折发展的过程之中。
如果说先前的全球化进程中带有西方主导的鲜明特征，那么，随着全
球治理体系变革进程的波澜壮阔地展开，当代全球化运动日益显示出
新的征候，抑或称之为"新全球化运动"。西方主导的全球秩序的历史
性终结，全球权力中心的转移以及全球秩序的时代重构，正在成为新
全球化运动的基本现象型态。因此，在新全球化运动的进程中，确证

当代中国法治现代化进程的自主性品格，坚定地走出一条自主型的中国法治现代化道路，就显得尤为重要。

在本书所辑录的论文梳理汇集过程中，南京师范大学法学院於海梅博士研究生协助做了大量周备细致的工作。人民出版社领导和有关编辑对本书的编辑出版给予了大力支持。在此，谨一并致以诚挚感谢！

公丕祥

2017 年 3 月 31 日于南京

第一编

中国法治现代化的时代议程

第一章
当代中国法治发展道路的内在逻辑

本章概要

不同国家的经济、政治、社会、文化条件以及历史传统，必然形成迥然相异的法治发展道路。当代中国法治发展道路，就是中国特色社会主义法治道路。这是中国共产党人在领导人民建设中国特色社会主义法治的艰辛探索过程中逐渐形成和发展起来的、符合中国国情实际的法治发展之路，具有鲜明的时代特征，蕴涵着深刻的内在逻辑。它集中地体现为党的领导与依法治国的有机统一、强化政府推动与保持社会活力的有机统一、法治发展的变革性与连续性的有机统一、借鉴国际法治经验与立足本国法治国情的有机统一。在当代中国，科学把握中国法治发展的运动方向，坚定地走出一条符合中国国情条件的中国特色社会主义法治道路，是全面推进依法治国、加快建设法治中国的必然要求。

一、引 言

孟德斯鸠曾经表达过这样一个意味深长的论断："为某一国人民而制

定的法律，应该是非常适合于该国的人民的；所以如果一个国家的法律竟能适合于另外一个国家的话，那只是非常凑巧的事。"① 这一论述实际上揭明了一个深刻的法理：一个国家的法律是在这个国家的社会生活土壤中生长起来的，必须同这个国家的社会条件和人民需要相适应。纵观文明社会法治发展的历史进程，我们可以看到，由于不同国家的经济、政治、社会和文化发展水平的差异性，以及历史发展、风俗习惯和民族特点的不尽相同，乃至这些国家所处的地理环境、自然状况和人口规模诸方面条件的迥然相异，必然会导致不同的法治发展道路。正因为如此，全球法治发展才显得这般丰富多样。

中国法律深深地植根于中国社会的土壤之中，有着源远流长、根深蒂固的民族品格，形成了具有独特表现形式和运动方向的发展道路。在当代中国，法治发展道路就是中国特色社会主义法治道路。这是中国共产党人在领导人民进行法治建设的艰辛探索过程中逐渐形成和发展起来的、符合中国国情实际的现代化的法治发展之路。它具有鲜明的时代特征，蕴涵着深刻的理论逻辑。因此，中共十八届四中全会决定在确立全面推进依法治国指导思想时，明确提出要"坚定不移走中国特色社会主义法治道路"②。习近平强调："在坚持和拓展中国特色社会主义法治道路这个根本问题上，我们要树立自信、保持定力。走中国特色社会主义法治道路是一个重大课题，有许多东西需要深入探索，但基本的东西必须长期坚持。"③ 本文拟对当代中国法治发展道路的内在逻辑作一初步的探讨，努力揭示中国特色社会主义法治道路的基本取向，藉以加深对全面推进依法治国、加快建设法治中国的根本遵循的理解和把握。

---

① ［法］孟德斯鸠：《论法的精神》上册，张雁深译，商务印书馆 1961 年版，第 6 页。

② 参见《中共中央关于全面推进依法治国若干重大问题的决定》，人民出版社 2014 年版，第 4 页。

③ 参见习近平：《加快建设社会主义法治国家》，载《求是》2015 年第 1 期。

二、党的领导与依法治国的有机统一

中国共产党的领导是中国特色社会主义法治道路的根本政治保证，也是中国法治道路与西方法治道路的根本区别所在。[①] 在当代中国的法治发展进程中，作为掌握国家政权的最强大、最权威的政治组织，中国共产党的执政方式及其取向，对于建设中国特色社会主义法治体系，推动中国特色社会主义法治发展，产生着极其深刻而重要的影响。随着1949 年新民主主义革命的胜利，中国共产党从领导人民为夺取全国政权而奋斗的党，成为领导人民掌握国家政权并且长期执政的党。由此，中国共产党的执政方式面临着新的重大的课题。在这里，一个重要的问题就是要正确认识和处理好坚持党的领导与推进依法治国的关系。新中国成立以来，在这个重大问题上经历了一个复杂的变化发展过程。

新中国成立之初，在新民主主义革命刚刚胜利的历史条件下，必须要强化党对国家和社会生活的各方面的直接有力的领导，对法治建设也是如此。当时从中央到地方对这个问题的认识是完全一致的。不过，中央也注意到党的领导与国家政权机关的活动方式还是有所区别的，不能加以混淆。比如，1951 年 9 月，董必武在华北第一次县长会议的讲话中就曾经对党与政权机关的关系作过精辟的分析，强调党领导着国家政权，但这绝不是说党直接管理国家事务，也绝不是说党可以直接把党和国家政权看成是一个东西。在任何情况下，都不应当把党的机关的职能与国家机关的职能混同起来。他指出："党对国家政权机关的正确关系应当为：一是对政权机关工作的性质和方向给予确定的指示；二是通过政权机关及其工作部门实施政策，并对它们的活动实施监督；三是挑选和提拔忠诚而有能力的干

---

① 参见汪习根：《坚定不移走中国特色社会主义法治道路》，载《人民日报》2014 年11 月 6 日。

部（党与非党的）到政权机关中去工作。"[1] 总的来看，在新中国成立之初的特殊的历史条件下，强亿党对国家与社会生活的全面领导包括对法治工作的直接领导，是完全必要的。比如说新中国成立之初的司法改革运动，是新中国司法发展进程中的一个意义重大、影响深远的法治事件。通过司法改革运动，中国共产党对司法工作的领导地位得以巩固和强化。针对"三反"运动中所暴露出来的司法机关存在的政治不纯、组织不纯和思想不纯的问题，在研究部署司法改革运动时，时任政务院副总理兼政治法律委员会主任的董必武就特别强调，"我们应该认识到司法工作是国家政权的重要组成部分，是镇压反动派、保护人民的直接工具，是组织与教育人民群众作阶级斗争的有力武器。人民民主革命的胜利果实是经过艰苦斗争而得来的，我们必须珍惜它，爱惜它，必须在三反运动胜利的基础上，彻底改造与整顿各级司法机关，使各级司法机关从政治上、组织上、思想作风上保持与提高纯洁性"。[2] 因此，加强党对司法机关工作的领导，就成为司法改革运动的重要任务。在 1952 年 6 月 24 日的全国政法干部训练会议上，彭真在说及对法院进行组织整顿的具体措施时，强调进行司法改革，对法院进行彻底的改造与整顿，一个重要任务就是要加强党对司法工作的领导，并给各级人民法院调配一定数量的领导骨干。[3]1953 年 3 月 14 日，由彭真起草的政务院政治法律委员会党组向毛泽东并中共中央的报告，专门论及党的领导与司法工作的关系问题，强调要加强党对司法各部门的领导，从根本上健全司法制度，指出："县以上各级党委，应加强对司法工作的领导和检查，并指定一个常委管理司法工作。司法机关负责同志应主动地及时地向党委反映情况，严格遵守请示报告制度，以取得党委的密切领导。党委讨论有关司法工作的问题时，应尽可能吸收司法部门

---

① 《董必武法学文集》，法律出版社 2001 年版，第 110 页。

② 同上书，第 121—122 页。

③ 参见彭真：《论新中国的政法工作》，中央文献出版社 1992 年版，第 73—74 页。

的党员负责同志参加。"① 同年 4 月 7 日，中共中央作出批示，原则批准政务院政治法律委员会党组的这个报告，并下发全党参照执行。② 正是在这场司法改革运动之后，从中央到地方的各级党委反复强调党委要掌握司法工作的主动权，加强对司法工作的全面领导。

所以，在新中国成立之初的特殊的历史条件下，我们党作为一个刚刚执政的最强大的政治组织，切实加强对政权机关和法治建设的直接领导，不仅是必要的，也是可行的。随着国家政权的巩固和国家法治建设的进展，党委逐渐地从具体的事务中摆脱出来，而由专门的法治机关负责具体的法律与司法事务。比如，中共八大关于政治报告的决议特别提出死刑核准权问题。新中国成立之初，死刑的核准权是掌握在地委市委一级党委手上的。③ 随着整个国家政权的巩固，中共八大强调，"需要处死刑的案件，应当一律归最高人民法院判决或者核准"。④1957 年 7 月 15 日，一届全国人大四次会议通过专门的决议，指出："今后一切死刑案件，都由最高人民法院判决或核准。"⑤ 这就把体现中共八大关于政治报告的决议精神的党的意志上升为国家意志，使之成为具有国家法律效力的法律规范。这表明党充分认识到，不仅要加强党对司法工作的领导，同时也要注意改善党对司法工作的领导。这是非常宝贵的历史经验。当然到了后来，从 1957 年开始，随着反右派斗争的全面展开，法律虚无主义思潮广泛蔓延，把坚持党的领导与加强法治建设截然对立起来，认为加强法治建设是旧法观念的残余，是否定党对法治建设的领导。因此，在具体的法治实践中，强调

---

①　参见彭真：《论新中国的政法工作》，中央文献出版社 1992 年版，第 77 页。

②　参见上书，第 75 页。

③　参见毛泽东：《严格限制镇压范围，控制捕杀批准权》（1951 年 4 月 2 日），载中共中央文献研究室等编：《共和国走过的路——建国以来重要文献专题选辑》，中央文献出版社 1991 年版，第 243 页。

④　参见《中华人民共和国法规汇编》（1956 年 7 月—12 月），法律出版社 1957 年版，第 14 页。

⑤　同上书，第 296 页。

全部的法治活动都必须坚决服从党委的领导和监督，党委有权过问一切案件。所以，党委审批案件的制度是在 1957 年反右斗争之后开始建立起来的，并且一直延续到粉碎"四人帮"之后。

以 1978 年 12 月中共十一届三中全会召开为标志，当代中国的法治建设进入了一个重建和迅速发展的历史新时代。1979 年 9 月，中共中央发出了《关于坚决保证刑法、刑事诉讼法切实实施的指示》（以下简称《九月指示》）。以中共中央名义专门就刑法、刑事诉讼法这两部法律实施问题颁布文件，是非常罕见的。这充分反映了党对"十年动乱"结束后尽快恢复与重建国家法治秩序、加快法治建设进程的高度重视。《九月指示》第一次全面科学地确立了党对司法工作领导的基本原则和工作体制。① 此后，中央多次发出文件进一步重申和强调《九月指示》的基本精神。因之，党的十八届四中全会在回顾总结新中国成立以来六十多年中国法治建设成功经验和深刻教训的基础上，科学揭示了党的领导与依法治国之间的内在关联，强调"党的领导和社会主义法治是一致的，社会主义法治必须坚持党的领导，党的领导必须依靠社会主义法治"。② 这对于我们准确把握坚持党的领导与推进依法治国之间的关系具有重要的指导作用。

首先，必须切实加强党对全面推进依法治国的领导。回眸中国特色社会主义法治发展的进程，我们可以看到，新中国成立以来，特别是中共十届三中全会以来，作为执政党的中国共产党始终总揽法治建设的全局，并且主导着这场伟大的法治革命的发展方向。从 1978 年 12 月中共十一届三中全会提出社会主义民主制度化、法律化的重大法治方针，到 1997 年 9 月中共十五大提出坚持依法治国、建设社会主义法治国家的基本方略；从 2002 年 11 月中共十六大正式确立党的领导、人民当家作主、依法治国有机统一的重大法治原则，并且提出坚持依法执政的重大法治思想，

---

①　参见《三中全会以来重要文献汇编》上，人民出版社 1982 年版，第 259 页。

②　参见《中共中央关于全面推进依法治国若干重大问题的决定》，人民出版社 2014 年版，第 5 页。

到 2007 年 10 月中共十七大强调全面落实依法治国基本方略、加快建设社会主义法治国家；从 2012 年 11 月中共十八大将"依法治国基本方略全面落实"作为全面建成小康社会和全面深化改革开放的重要目标之一，到 2013 年 11 月中共十八届三中全会作出推进法治中国建设的重大战略抉择，再到 2014 年 10 月中共十八届四中全会在我们党的历史上第一次以中央全会的形式专门研究部署全面推进依法治国若干重大问题并作出相应的决定，中国特色社会主义法治发展所走过的不平凡的历程，鲜明地反映了作为执政党的中国共产党对当代中国法治发展的坚持不懈的高度关注和执着努力，进而历史性地确证了中国共产党的领导是中国特色社会主义法治建设的根本政治保证。因此，习近平指出："坚持中国特色社会主义法治道路，最根本的是坚持中国共产党的领导。依法治国是我们党提出来的，把依法治国上升为党领导人民治理国家的基本方略也是我们党提出来的，而且党一直带领人民在实践中推进依法治国。"①

其次，必须切实改进党对全面推进依法治国的领导。在当代中国，作为执政党的中国共产党是国家生活和社会生活的领导核心力量。坚持党的领导，是中国特色社会主义法治建设的根本要求。这是确定无疑的。同时应当看到，中国共产党领导人民依据宪法和法律有效治理国家与社会、实施依法治国基本方略，必然要求党要改革和完善自身的领导方式和执政方式，坚持依法执政，在法治化的轨道上实现对国家和社会的领导。这既是依法治国的内在要求，也是依法治国的根本保证，从而标志着中国共产党的领导方式和执政方式的重大创新。依法执政与依法治国的内在一致性，要求把党的意志上升为国家意志，使之成为国家法律；要求通过法定程序实现对国家与社会生活的领导；要求运用法律机制设定国家权力运行结构，配置社会资源，调控社会利益关系，推进社会变革。很显然，这一重大的创新与转变对党自身提出了新的更高的要求。从执政意志来看，党

---

① 习近平：《加快建设社会主义法治国家》，载《求是》2015 年第 1 期。

要有自觉的法治意识与法权要求，形成执着的法治意志，矢志不渝地为建设法治中国而奋斗；从执政行为来看，党必须在宪法和法律的范围内活动，尤其要抓住领导干部这个"关键少数"，着力增强党员干部的法治思维和依法办事能力①；从执政能力来看，党要善于运用法治思维和法治方式来实现自己的意志要求，努力以法治凝聚改革共识、规范发展行为、促进矛盾化解、保障社会和谐②；从执政机制来看，党要正确处理好法律与政策的关系，既充分发挥政策调整与治理的功能作用，又注意促进从政策向国家制定法的转变，并且把依法治国与依规治党有机衔接起来，努力形成国家法律法规和党内法规制度相辅相成、相互促进、相互保障的格局③。只有这样，才能使党的领导核心力量建立在坚实的法治基础之上，也才能更加卓有成效地加强和改进党对依法治国的领导。因此，习近平强调，"要改善党对依法治国的领导，不断提高党领导依法治国的能力和水平"。④

总之，在中国特色社会主义法治发展的进程中，党的领导与依法治国是内在结合、高度统一的，绝不能将二者割裂开来、对立起来。习近平深刻指出："党和法的关系是一个根本问题，处理得好，则法治兴、党兴、国家兴；处理得不好，则法治衰、党衰、国家衰。"⑤ 中国共产党是中国特色社会主义事业的领导核心，处在总揽全局、协调各方的地位。社会主义法治必须坚持党的领导，党的领导必须依靠社会主义法治。法是党的主张和人民意愿的统一的体现，党领导人民制定宪法法律，党领导人民实施宪法法律，党自身必须在宪法法律范围内活动，这就是党的领导力量的体

---

① 参见《习近平关于全面依法治国论述摘编》，中央文献出版社 2015 年版，第 118 页。

② 同上书，第 110 页。

③ 参见习近平：《关于〈中共中央关于全面推进依法治国若干重大问题的决定〉的说明》，载《中国共产党中央委员会第十八届中央委员会第四次全体会议文件汇编》，人民出版社 2014 年版，第 85 页。

④ 习近平：《加快建设社会主义法治国家》，载《求是》2015 年第 1 期。

⑤ 参见《习近平关于全面依法治国论述摘编》，中央文献出版社 2015 年版，第 33 页。

现。党和法、党的领导和依法治国是高度统一的。①

三、强化政府推动与保持社会活力的有机统一

一定社会、地区或国度的法治发展，总有其自身特定的价值系统。这些特定的价值系统，随着文化的传播与相互影响，又会形成反映某些国度共同生活条件的法治发展类型。在急剧变化的法治发展进程中，这些不同的法治发展类型逐渐演化成为具有不同历史特点和不同变革道路的法治发展模式。

在法制现代化理论研究中，以政府在法制现代化进程中的功能状况为尺度，通常把法治发展类型划分为社会演进型、政府推动型和政府推动与社会演进互动型三种样式。社会演进式法治发展类型，主要是指由社会自身力量产生内部创新、经历漫长过程的法治变革道路，是因社会内部条件的成熟而从传统法制走向现代法治的转型发展过程。这种法治发展类型一般以英国、美国、法国等欧美国家为代表。一般来说，它是因社会内部条件的逐步成熟而渐进式地发展起来的。在英国、美国、法国等最早走上资本主义现代化道路的国家，在其创设和形成现代法治的过程中，尽管充满着许多激荡风云的重大社会变革事件，但从总体上看，却是一个自然演进的自下而上的渐进变革的社会过程。诚然政府对法治发展进程的影响不可忽视，但就总体而言，政府所起到的作用相对有限。政府推动式法治发展类型，是指因域外法律文化的冲击而在政府的强力推动下所导致的自上而下的法治成长与进步过程。这一类型通常以日本、俄国、新加坡等国家为代表。在这种类型法治发展的国度，政治变革往往成为法治发展运动的历史先导，政府发挥着主要的推动作用。由于这种法治发展类型的国家和社会内部，原先的商品经济因素较为薄弱，无法自发形成变革社会的主体

---

① 参见《人民日报》2015 年 2 月 3 日。

力量，政府及现代政党作为有组织的社会力量便在法治发展进程中起到主导作用。政府推动与社会演进互动式法治发展类型，是指在各种内外因素的相互作用下，政府与社会形成自上而下和自下而上彼此互动的格局，进而推动传统法制向现代法治的转型与变革过程。这种类型以中国为典型代表。政府推动与社会演进互动式法治发展模式既具有社会演进型法治发展模式的某些特征，又兼具政府推动型法治发展模式的相关属性，二者内在融合，形成独特的混合式的法治发展类型。在这里，一方面，从法治发展的启动机制来看，政府的能动的有效推动，往往构成启动法治改革运动的重要因素，因而成为推动法治发展的强大力量；另一方面，从法治发展的生成机理来看，国家与社会内部已经逐渐生成了法治变革的因素和基础，从而为法治变革运动的形成与发展提供了重要条件。所以，这种类型的法治发展进程，乃是政府推动与社会演进相互作用的历史产物。

在中国特色社会主义法治发展的进程中，必须正确认识和处理好强化政府推动与保持社会活力之间的关系。应当看到，充分发挥社会主体的自主性、创造性及自治功能，保持社会进步的生机与活力，形成法治变革与发展的内在力量，建设一个有机的法治社会，是当代中国法治发展的重要目标之一。法制现代化与法治社会是内在地结合在一起的。一个已经实现了法制现代化的国家，整体上来说必然是一个法治社会。中国法制现代化的历史性任务，就是要实现向法治社会的历史性转变。因此，推动当代中国法治发展的一项基础性工程，就是要加快建设和形成一个信仰法治、依法治理的社会。而这一目标任务的实现，离不开社会主体的能动作用的有效发挥。人类文明演进史不断地揭示着、证明着一个深刻而伟大的真理：一种新型法律文明的诞生，必然伴随着社会主体自身的革命。作为社会主体的人，是一定的法的价值系统的载体。在法治发展进程中，社会主体的自主性程度如何，往往是衡量法治发展的社会人类学指示器。在新中国成立后的相当长一段时间内，脱离客观存在的一定的社会经济发展水平，构筑了一个高度集权化的计划经济体制和一元化的社会统制模式，压抑了社会主体的积极性、主动性和创造性。这一情形反映到法治发展进程中，就是片面强调政府的主导作用，忽视社会主体的积极能动作用，滞阻了社会与法治发展的内生活力。社会主义市场经济的广泛发展和社会主义民主政治的深入推进，空前激发了社会生活的蓬勃生机，有力地推动着从事这一变革的社会主体自身的飞跃。社会主体的自主性逐步得到了确立，社会成员的首创精神和聪明才智有了充分施展的广阔天地。这一时代特点反映到法治发展进程中，表现为社会主体因素在法治发展中的比重不断增长，社会主体愈益成为推动法治变革与发展的重要力量，因而法治发展的社会内生动力系统得以逐步强化，法治社会建设日益释放出强大的潜能。所以，进入改革开放的历史新时期以来，邓小平多次强调，要把经济搞活，发挥地方、企业和职工的积极性。① 他把尊重人民群众的自主首创精神，调动人民群众的积极性，看作政治体制改革的重要目标之一，并且把它视为改革的一条基本经验，指出："这些年来搞改革的一条经验，就是首先调动农民的积极性，把生产经营的自主权力下放给农民。农村改革是权力下放，城市经济体制改革也要权力下放，让他们参与管理，实现管理民主化，各方面都要解决这个问题。"② 邓小平还把人民相信不相信、人民答应不答应、人民满意不满意，看作是判断制度、路线和政策成功与否的基本尺度。

因此，在当代中国，法治发展的最深厚的动因基础，来自于社会主体的积极性、能动性和首创精神。全面推进依法治国、加快建设社会主义法治国家的一个基本要求，就是运用授权性规范确认社会主体的广泛社会自由，赋予他们广泛的社会权利，激发社会主体投身法治事业、推动法治发展的巨大热忱，使之成为当代中国法治发展进程的源源不竭的动力源泉。我们党始终把坚持人民主体地位、公民有序参与民主政治与法治建设作为

---

① 参见《邓小平文选》第二卷，人民出版社 1994 年版，第 362 页。
② 参见《邓小平文选》第三卷，人民出版社 1993 年版，第 180 页。

促进当代中国民主与法治建设的一项重要原则，通过多种途径、机制与方式，在立法、执法、司法、基层社会自治等各个领域依法保障人民群众参与国家与社会治理的权利，积极鼓励和充分尊重基层群众在法治改革中的实践探索，加强重大法治改革举措的区域和基层试点。人民群众在法治改革与发展中拥有知情权、参与权、决策权和监督权。这是当代中国法治发展类型的制度优势所在，是中国特色社会主义法治不同于资本主义法治的根本区别所在，也集中体现了当代中国法治发展进程的自下而上的基本理路。因之，党的十八大报告把"必须坚持人民主体地位"作为夺取中国特色社会主义新胜利必须牢牢把握的八个方面的基本要求之一，提出要"最广泛地动员和组织人民依法管理国家事务和社会事务、管理经济和文化事业"①。十八届三中全会决定把"解放和增强社会活力"作为全面深化改革指导思想的重要内容，强调要"让一切劳动、知识、技术、管理、资本的活力竞相迸发，让一切创造社会财富的源泉充分涌流，让发展成果更多更公平惠及全体人民"。②十八届四中全会决定把坚持人民主体地位确立为全面推进依法治国必须遵循的原则之一，提出"人民是依法治国的主体和力量源泉"的重大命题，强调"必须坚持法治建设为了人民、依靠人民、造福人民、保护人民"③。习近平进一步指出："我国社会主义制度保证了人民当家作主的主体地位，也保证了人民在全面推进依法治国中的主体地位。这是我们的制度优势，也是中国特色社会主义法治区别于资本主义法治的根本所在。""要充分调动人民群众投身依法治国实践的积极性和主动性，使全体人民都成为社会主义法治的忠实崇尚者、

---

① 胡锦涛：《坚定不移沿着中国特色社会主义道路前进 为全面建成小康社会而奋斗——在中国共产党第十八次全国代表大会上的报告》（2012年11月8日），人民出版社2012年版，第14页。

② 参见《中共中央关于全面深化改革若干重大问题的决定》，人民出版社2013年版，第3页。

③ 参见《中共中央关于全面推进依法治国若干重大问题的决定》，人民出版社2014年版，第6页。

自觉遵守者、坚定捍卫者，使遵法、信法、守法、用法、护法成为全体人民的共同追求。"① 这些重要论述，清晰地揭示了当代中国法治发展类型的主体力量、动力源泉和基本取向，为中国特色社会主义法治发展指明了方向。

应当看到，在中国特色社会主义法治发展的进程中，摒弃以往高度集权化的政府行为模式，扩展社会主体的自主性与自治权能，丝毫不意味着国家及政府功能的弱化，也绝不表明现代化的政府机制是相对无为的。一般说来，法制现代化的过程离不开一定的政治机构的启动，而这一情形在东方国家表现得尤为明显。事实上，近现代中国的每一次法制改革运动，都有赖于适当类型的政治架构的推动。所不同的是，每一种类型的政治架构的价值取向是不一样的。20 世纪最初十年内所展开的晚清法制改革运动，表明当皇朝面临深重的政治危机时政府所能起的作用是有限的。在近现代中国法制转型发展的历史过程中，国家与政府的行动方式是多种多样的。就其总体来说，主要有三种方式：一是建立强有力的官僚体制和国家机器。"只有运用国家机器的强大力量才能将那些极为有限的现代化基础条件动员和集中起来，以用于现代化的最关键的环节。同时，也只有通过国家机器的力量，才有可能有效地解决现代化初期后由社会解体与混乱所造成的种种社会问题。"② 因此，能否建立一个相对独立于社会的强有力的政府体制和有能力的国家机器，直接影响着社会变革及法制转型的启动和进程。1949 年中华人民共和国成立，强有力的、有权威的、人民的中央政府得以确立，从而加快了中国社会变革和法制现代化的进程；二是根据变革目标的需要，建立法律机构，编纂成文法典，加强法治改革方案的顶层设计和组织推动。在近现代中国，每一次大的社会变革都伴随着相应的较大规模的政府创制法制的过程；三是动员和组织社会资源参与法律变革

① 习近平：《加快建设社会主义法治国家》，载《求是》2015 年第 1 期。
② 参见孙立平：《后生外发型现代化模式剖析》，载《中国社会科学》1991 年第 2 期。

过程。如果说政府及其领导集团对于现代化的态度在很大程度上制约着近代以来中国法制现代化的历史过程，那么这种进程在相当大的意义上则取决于政府及其领导集团能否有效地动员和组织社会的各个阶级或阶层来参与这一变革过程，取决于法制现代化的社会支持系统的取向。

中国是一个发展中的东方大国，社会经济发展很不平衡，这就需要有一个在中国共产党的坚强领导下充分行使公共管理职能的强大国家的存在，需要依靠政府的强有力的、正确有效的调控干预，需要政府自觉地担负起正确地引导和推动经济、社会与法治发展的时代重任。三十多年的改革开放把当代中国社会推进到了一个新的历史阶段，极大地解放了社会生产力。但是，在向新体制转轨的过程中，社会运行过程亦出了一些值得关注的"失范"现象，政府权威亟待加以强化，法治实施过程中的公正与效率问题较为突出，社会公正问题远未得到切实有效的解决。这种状况倘若再继续发展下去，势必将严重地妨碍国家治理现代化的顺利推进，妨碍良好有效的社会结构的重塑过程，妨碍当代中国法治发展进程的有效展开，从而使这场深刻的社会与法治变革过程付出沉重的代价。因此，当我们向国家现代化的目标奋力迈进，选择和建构新的国家功能模式时，一定要从自己国家的实际出发，充分考虑到自己国家的经济、政治、社会和法治发展的特点以及自己民族的文化背景和历史传统。只有植根于自己国家的国情和能够应对各种挑战的国家功能模式，才是有生命力的。因此，当中国改革开放面临严峻的形势之际，邓小平谆谆告诫说："中央要有权威。改革要成功，就必须有领导有秩序地进行。没有这条，就是乱哄哄，各行其是，怎么行呢？""我们要定一个方针，就是要在中央统一领导下深化改革。"① 中共十八届三中全会决定强调，经济体制改革的核心问题是处理好政府和市场的关系，不仅要使市场在资源配置中起决定性作用，而且要更好地发挥政府作用，建设法治政府和服务型政府；全面深化改革必须充分

---

① 《邓小平文选》第三卷，人民出版社 1993 年版，第 277—278 页。

发挥党总揽全局、协调各方的领导核心作用，坚决维护中央权威，保证政令畅通。① 面对全面推进依法治国的历史性艰巨任务，中共十八届四中全会决定强调，"党的领导是全面推进依法治国、加快建设社会主义法治国家最根本的保证。必须加强和改进党对法治工作的领导，把党领导贯彻到全面推进依法治国全过程"，要"健全党领导依法治国的制度和工作机制，完善保证党确定依法治国方针政策和决策部署的工作机制和程序。加强对全面推进依法治国统一领导、统一部署、统筹协调"。② 习近平进一步强调，各级领导干部的信念、决心、行动，对全面推进依法治国具有十分重要的意义。党政主要负责人要履行推进法治建设第一责任人的职责，统筹推进科学立法、严格执法、公正司法、全民守法。要抓紧对领导干部推进法治建设实绩的考核制度进行设计，对考核结果运用作出规定。要落实中共十八届四中全会就此提出的一系列制度安排，使其早日形成，早日发挥作用。③ 所以，在当代中国，不断成长、日益壮大的现代社会机制和社会主体力量能够为现代法治的形成与发展提供可靠的社会基础，但是仅仅依靠社会的自发演进机制还远远不能满足现代法治发展的现实需要。拥有强有力的国家能力和现代政府系统，则是中国实现法制现代化的必要条件。中国特色社会主义法治道路鲜明地体现了强化政府推动与保持社会活力之有机统一的时代品格。对此，我们需要有足够的自觉意识。

四、法治发展的变革性与连续性的有机统一

在现代社会，法治发展意味着从传统型法制向现代化法治的历史变革

---

① 参见《中共中央关于全面深化改革若干重大问题的决定》，人民出版社 2013 年版，第 5、16、57—58 页。

② 参见《中共中央关于全面推进依法治国若干重大问题的决定》，人民出版社 2014 年版，第 33—34 页。

③ 参见《人民日报》2015 年 2 月 3 日。

过程。这是一个变革的概念，它表明法治发展的本质性意义，就在于伴随着社会由传统到现代的转变，法律也同样面临着从传统型向现代型的历史更替。这种历史性的跃进，导致整个法律文明价值体系的巨大创新。

马克思指出："社会不是以法律为基础的。那是法学家们的幻想。相反地，法律应该以社会为基础。"① 法治发展的进程，深刻反映了社会发展的法权要求；而法治革命的生成与发展，则在很大程度上体现了社会革命的支配性作用。新中国成立六十多年来，发生了两次深刻的社会革命以及与之相伴而生的两次法治革命。从 1949 年到 1956 年的当代中国第一次社会革命，在古老的中国大地上创建了社会主义国家制度及其国家治理体系。与此相适应，历史性地生成了当代中国第一次法律革命，旨在实现由半殖民地半封建社会的法律秩序向新型的社会主义法治秩序的革命性转变。1978 年 12 月，中共十一届三中全会开启了当代中国改革开放的历史新时代，而改革开放实际上是 1949 年之后中国的又一次社会革命。"改革是中国的第二次革命。这是一件很重要的必须做的事，尽管是有风险的事"。② 由此，当代中国第二次法律革命应运而生，展开了从传统的计划经济体制下的法律架构向社会主义市场经济体制下的法治架构的转型发展。十八大以来，以习近平同志为核心的党中央，从坚持和发展中国特色社会主义的战略高度，形成并提出了全面建成小康社会、全面深化改革、全面依法治国、全面从严治党的重大战略布局，这标志着当代中国第二次社会革命的深化发展。因之，全面推进依法治国、加快建设法治中国，构成了新的历史起点上的当代中国第二次法律革命的时代主旋律。从法律形式上讲，中国特色社会主义法治发展进程中的两次法律革命，实际上都是一场宪法革命。宪法既是社会革命的产物，又是法律革命的根本法基础。当代中国的第一次法律革命以"五四宪法"

---

① 《马克思恩格斯全集》第 6 卷，人民出版社 1961 年版，第 291—292 页。

② 参见《邓小平文选》第三卷，人民出版社 1993 年版，第 113 页。

这一根本法的形式，确立了人民民主和社会主义这两大原则，明确规定了社会主义中国的国体与政体，第一次把社会主义民主政治制度上升为法律；第二次法律革命通过"八二宪法"及其修正案，在中国社会变迁过程中第一次确立了社会主义市场经济体制以及与之相适应的中国特色社会主义民主政治制度。因之，在一定意义上可以说，中国特色社会主义法治发展进程中的两次法律革命都是一场法律观念的革命。法律理念的变革是法治革命的灵魂。当代中国的第一次法律革命寄托了人民共和国的创立者们关于社会主义的自由、正义、平等和共同体的价值理想。而第二次法律革命则充分体现和确证了建设中国特色社会主义法治体系、建设社会主义法治国家的价值目标和社会理想。它要在中国大地上完成从传统的人治社会向现代的法治社会的真正的历史性转变，向着法治中国的宏伟愿景奋力前行。

不仅如此，法治发展还是一个连续的概念。法治发展不是渐进过程的中断，而是一条川流不息的法治长河。这就是说，认识法治发展现象，不能忘记基本的历史联系。在从传统法制向现代法治的历史跃进的过程中，无疑存在着对传统的突破和否定，但是这种否定在一定意义上是一种历史性的"扬弃"。实际上，现代法治的成长过程，包含着对传统法制的形式和内容的诸要素的肯定和保留。在法治发展的进程中，往往会出现这样的情形，传统社会与法制本身蕴含着现代社会与法治赖以生长的某些现代性因素，而在现代社会与法治中常常可以发现许多传统性的成分。所以，传统法制与现代法治之界分，便具有相对的意义。正因为如此，法治发展又是一个具有浓郁民族风格的现象。法治发展的普遍性、世界性的特征，绝不意味着沿袭久远的民族法律传统精神与形式的历史性消逝。实际上，法治发展的历史延续性特征，恰恰赋予各个民族在法治发展进程中自觉选择法治发展道路或模式的深刻必然性。对于非西方社会来说，在外部世界提供的法治模式中，是找不到现成答案的，只能凭借自身基于本民族需要和条件的创造性行动，进而实现民族法制的现代化改造。因之，法治发展是一个连续性的历史过程。作为一种历史文化力量，一定民族或国度的本土资源对法治发展进程产生着深刻的影响，因而铸就着法治发展的特定的民族或国度的印记。① 对于正在走向现代法治社会的中国来说，必须高度重视法治发展中的本土资源，协调好法制转型中的传统性因素与现代性因素，努力实现传统法律文化的创造性转换，保持法治发展深厚的民族风格。所以，习近平指出："优秀传统文化是一个国家、一个民族传承和发展的根本，如果丢掉了，就割断了精神命脉。我们要善于把弘扬优秀传统文化和发展现实文化有机统一起来，紧密结合起来，在继承中发展，在发展中继承。""努力实现传统文化的创造性转化、创新性发展，使之与现实文化相融相通，共同服务以文化人的时代任务。"② 习近平还强调在建设法治中国的历史进程中要充分汲取中华法律文化精华，指出："我们的先人早就开始探索如何驾驭人类自身这个重大课题，春秋战国时期就有了自成体系的成文法典，汉唐时期形成了比较完备的法典。我国古代法制蕴含着十分丰富的智慧和资源，中华法系在世界几大法系中独树一帜。要注意研究我国法制传统和成败得失，挖掘和传承中华法律文化精华，汲取营养，择善而用。"③

　　在当代中国，法治发展的本土资源植根于深厚的法律传统之中。传统与现代性作为一对难解的纽结，贯穿于中国法治发展的整个过程。在中国法治发展的历史长河中，传统法律文化与现代法治的相互排拒性，是显而易见的。这是因为，中国传统法律文化作为一种独特的把握世界的方式，有着自己固有的制度规范和价值取向，体现着独特的民族法律心理和经验。以人身依附为条件的自给自足的自然经济，以父家长为中心的宗法社会结构，以皇帝的独尊为特征的专制皇权主义和以儒家为正宗的意识形

---

① 参见朱苏力：《法治及其本土资源》，中国政法大学出版社 2004 年版，第 6 页。

② 习近平：《在纪念孔子诞辰 2565 周年国际学术讨论会暨国际儒学联合会第五届会员大会开幕式上的讲话》（2014 年 9 月 24 日），载《人民日报》2014 年 9 月 25 日。

③ 习近平：《加快建设社会主义法治国家》，载《求是》2015 年第 1 期。

态体系，构成了传统法律文化机制的固有格局。而现代化的法治则是建立在市场经济及其契约关系的社会架构之上的。它以规范的严格化、体系的完整和谐化、司法过程的程序化和法律实现的效益化为自己的模式特征；它以确证法律的权威性，确信法律能够提供可靠的手段来保障每个公民的自由和权利作为自己的价值取向。因此，传统法制与现代法治是判然有别的。这种历史差异性本身，便构成了传统法律文化因素对当代中国法治变革与法治发展过程影响的时代限度。但是，另一方面，一种法律传统之所以有其历史存在的合理性，重要原因就在于它是该社会诸方面条件和因素的法权要求之体现。在这种传统中，凝结了该社会人们调整行为以及制度安排的丰富历史经验，因而具有历史定在性。因之，它本身为后来的人们提供了各种历史选择的可能性。甚至在情感意义上，它也可以成为后来的人们依恋乃至崇敬的对象。传统中国的法律类型是一种信念伦理意义上的法律伦理主义。① 这种信念伦理在法律生活中的落实，便是伦理规范的法典化或法律的伦理性。它不是形式主义的法律，而是实质的伦理法——追求道德上正义性而非规范的法律。在传统中国，体现儒家信念伦理的法律伦理主义，乃是一个建构于"天人合一"的深厚道德基础之上的以王道精神相标榜的法律价值系统。正是这些若干个层面，构成了传统中国法律伦理主义的深厚底蕴，确立了中国法律文明遗产的基本面貌，进而成为中国法治发展的连续性过程的内在机理。尽管传统中国的法律伦理主义系统中确实存在着与现代法治精神相悖的因素，但它的价值意义依然是很明显的。② 中共十八届四中全会决定把"坚持依法治国和以德治国相结合"作

---

① 有些学者将中国传统法律的特征界定为"法律儒家化"或"儒家伦理法"。参见瞿同祖：《中国法律与中国社会》，中华书局 1981 年版，第 328—346 页；耕耘：《儒家伦理法批判》，载《中国法学》1990 年第 5 期。

② 有的学者指出，中国的现代化运动，不是否定传统，而是批判传统；不是死守传统，而是再造传统。参见金耀基：《从传统到现代》，中国人民大学出版社 1999 年版，第162 页。

为全面推进依法治国必须坚持的一个重要原则。① 这充分体现了对中国传统法律文化的批判性继承。作为两种不同的治国理政的方式，法治与德治尽管有着明显的区别，但是在国家治理的过程中，二者的联系还是相当密切的，可以起到相辅相成的社会功用。"法律是成文的道德，道德是内心的法律。"② 从历史的角度来看，在传统中国社会意识形态中，儒家主张"德治"，强调"德主刑辅"，而法家则崇尚"法治"，力主"事皆决于法"，因之形成了所谓儒法互补关系格局，对传统中国的法律系统影响深远。诚然，传统的儒家"德治"思想体现了儒家伦理的精神，对古代法律世界产生了深刻的影响。这种伦理精神在法律生活中的落实，便是伦理规范的法典化或法律的伦理性。在传统中国伦理法律中，道德律几乎成为法律的化身。传统法制的泛道德主义必然导致对法律的不信任，进而动摇法律在国家治理中的重要地位，与传统法律的泛道德主义相左，现代社会则高度重视法律的作用，确证法律的权威性，进而走向法治社会。因此，儒家的"德治"思想与现代法治精神是判然有别的。但是，随着社会的不断衍化，儒家的"德治"思想及其伦理法律精神作为一种观念的与法律的传统，逐渐成为一种历史文化力量，积淀在普通民众的法律意识、心理、习惯、行为方式及生活过程之中，因而与当下的社会有机体密不可分。在某种程度上，传统的儒家的"德治"思想及其伦理法律精神，作为一种行为评价尺度，深深融入社会主流价值观念体系之中，成为指导和规范人们行为的一种范型。这种评价尺度带有道德经验性的色彩。亦即是说，它是人们在长期交往过程中积累起来的生活经验和交往惯例的聚合体，因而它通常具有伦理规范的性质。它借助于某些流传下来的共同道德准则，对人们行为的合理性进行道德判断，进而与当下社会法律生活交融在一起，发挥

---

① 参见《中共中央关于全面推进依法治国若干重大问题的决定》，人民出版社 2014 年版，第 7 页。

② 参见习近平：《在首都各界纪念现行宪法公布施行 30 周年大会上的讲话》（2012 年 12 月 4 日），人民出版社 2012 年版，第 8 页。

着治理国家与社会的重要价值作用，有力地影响着当代社会法治发展的各个领域和法治文化的长期发展进程，有形或无形地左右着当代社会法治的未来走向。因之，"对一个国家的治理来说，法治和德治，从来都是相辅相成、相互促进的。二者缺一不可，也不可偏废"①。在推进国家治理体系和治理能力现代化的现时代，抛却传统中国"法治"与"德治"学说中的封建性糟粕，汲取这两个概念中的合理性精神，赋予其全新的时代内涵，深刻把握依法治国与以德治国之间相辅相成、相互促进的互动机理，把依法治国与以德治国有机结合起来，这无疑是一种治国方式的内在整合和时代选择。这亦告诉我们，面对着建设中国特色社会主义法治体系、建设社会主义法治国家的艰巨任务，我们应当深刻把握法治发展进程的基本的历史联系，在新的时代条件下，努力促进传统法律文化的创造性转换，推动优秀传统法律文化与现实法律文化的相融相通，进而实现中国特色社会主义法治发展的变革性与连续性的有机融合。

五、借鉴国际法治经验与立足本国法治国情的有机统一

中共十八届四中全会决定指出，全面推进依法治国，"必须从我国基本国情出发，同改革开放不断深化相适应"，"汲取中华法律文化精华，借鉴国外法治有益经验，但决不照搬外国法治理念和模式"。② 这一论述明确告诉我们，在建设中国特色社会主义法治的伟大事业中，必须正确处理好借鉴国际法治经验与立足本国法治国情之间的关系，把二者有机结合起来，从而深刻揭示了坚持和拓展中国特色社会主义法治道路的内在要求。

---

① 参见《江泽民论有中国特色社会主义》（专题摘编），中央文献出版社 2002 年版，第 337 页。

② 参见《中共中央关于全面推进依法治国若干重大问题的决定》，人民出版社 2014年版，第 7—8 页。

从广泛的意义上讲，法制现代化所反映的是从前现代社会向现代社会转变这一特定过程中法律文明创新的激动人心的画面。它体现了一种不同于传统法制的新型法律精神，蕴涵着世界文明进步大道上的基本法律准则。所以，在当代中国法治发展的进程中，对于人类法治文明的优秀成果，对于那些反映国家治理、市场经济运行和社会管理一般规律的域外法治发展的有益经验，无疑应当加以吸收和采纳，以便使当代中国法治发展与世界法治文明的一般准则和通行规则接轨沟通。"对外开放具有重要意义，任何一个国家要发展，孤立起来，闭关自守是不可能的，不加强国际交流，不引进发达国家的先进经验、先进科学技术和资金，是不可能的。"① 特别是在当今的全球化时代，当代中国经济生活日益融入国际市场经济体制的主流，法治领域也同样面临着开放性与国际化的全新挑战。闭关自守、盲目排外，只能导致法治文明进步张力的消失。所以，习近平强调："法治是人类文明的重要成果之一，法治的精髓和要旨对于各国国家治理和社会治理具有普遍意义，我们要学习借鉴世界上优秀的法治文明成果。"②

然而，一个国家的国情状况与特点，对于这个国家的政治、经济、社会、文化生活领域产生着重要影响。同样，一个国家的法治国情条件，在很大程度上决定这个国家的法治发展进程及其取向。习近平强调，"各国国情不同，每个国家的政治制度都是独特的"，因而"世界上不存在完全相同的政治制度，也不存在适用于一切国家的政治制度模式"。③"我们有符合国情的一套理论、一套制度，同时我们也抱着开放的态度，无论是传统的还是外来的，都要取其精华、去其糟粕，但基本的东西必须是我们自己的，我们只能走自己的道路。"④ 在当代中国，坚持走中国特色社会主义

---

① 参见《邓小平文选》第三卷，人民出版社 1993 年版，第 117 页。

② 习近平：《加快建设社会主义法治国家》，载《求是》2015 年第 1 期。

③ 习近平：《在庆祝全国人民代表大会成立 60 周年大会上的讲话》(2014 年 9 月 5 日)，人民出版社 2014 年版，第 16 页。

④ 参见《习近平关于全面依法治国论述摘编》，中央文献出版社 2015 年版，第 35 页。

法治发展道路有着深厚的国情基础。从政治方面看，法治国情的政治要素集中地表现为，工人阶级领导的、以工农联盟为基础的社会主义国家的国体和人民代表大会制度的政体，为中国特色社会主义法治发展提供了坚实的政治基础和根本准则，这就决定了中国特色社会主义法治发展在国家政治生活和国家政权体制中的基本地位；中国共产党的领导是中国特色社会主义的根本政治保证，必须始终坚持党对法治建设与发展的领导，依法服务党和国家的工作大局，则是中国特色社会主义法治的政治使命。从经济方面看，法治国情的经济要素主要在于把握国家经济制度性质及其类型。在当代中国，1978年开始的改革开放，致力于建立社会主义市场经济体制。经过三十多年的广泛而深刻的社会经济革命，一个具有社会主义特点的能够充分发挥市场经济作用的经济体制已经形成。在社会主义市场经济条件下，公平与效率的关系，构成了社会价值系统中的一对矛盾。分析法治国情，推进法治发展，必须认识和处理好公平与效率这一对价值矛盾。从社会方面来看，当代中国仍然处于社会主义初级阶段，法治领域也带有初级阶段的明显特征，法治领域的基本矛盾表现为人民群众日益增长的法治需求与法治机构和法治队伍法治能力相对不足之间的矛盾。进入21世纪，当代中国社会发展显现出一系列阶段性特征，这必然对法治发展进程产生重要影响，进而对法治建设与发展提出相应的要求。因此，在新的形势下，深化法治改革，推动法治发展，就必须从社会主义初级阶段这个最大的实际出发。从文化方面来看，研究中国法治国情的文化要素，应当着力探求法律文化传统对当代中国法治发展进程的内在影响。法律文化传统有大传统与小传统之分。在传统中国，作为法律文化的大传统，在形式意义上表现为法律分化程度较低的诸法合体的法律结构体系，在实体意义上则表现为以宗法为本位的熔法律与道德于一炉的伦理法律价值体系，因而，"德主刑辅"成为国家治理与法制运作的模式选择。作为法律文化的小传统，民俗习惯反映了礼治社会的客观要求，成为维系社会共同体秩序的重要工具，也成为解决纠纷的有力手段。在当代中国，把握法治国情，推动法治发展，必须高度关注本国的法律文化传统问题。因此，中国特色社会主义法治发展是基于中国法治国情条件而展开的一场深刻的法治变革运动，有其特殊的历史运动轨迹，具有独特的路径选择。"走什么样的法治道路、建设什么样的法治体系，是由一个国家的基本国情决定的。""全面推进依法治国，必须从我国实际出发，同推进国家治理体系和治理能力现代化相适应，既不能罔顾国情、超越阶段，也不能因循守旧、墨守成规。"① 在当代中国，全面推进依法治国，加快建设法治中国，固然要吸收借鉴人类法治文明的有益经验和成果，但更重要的是要从中国的实际情况出发。"学习借鉴不等于是简单的拿来主义，必须坚持以我为主、为我所用，认真鉴别、合理吸收，不能搞'全盘西化'，不能搞'全面移植'，不能照抄照搬。"②"照抄照搬他国的政治制度，会水土不服，会画虎不成反类犬，甚至会把国家前途命运葬送掉。只有扎根本国土壤、汲取充沛养分的制度，才最可靠、也最管用。"③ 所以，我们必须自觉立足社会主义初级阶段的基本国情条件，努力构建具有鲜明特色的中国法制现代化模式，绝不能无视中国的法治国情特点而盲目照抄照搬，从而科学把握中国法治发展的运动方向，坚定地走出一条符合中国国情条件的中国特色社会主义法治道路。

本文刊于《江海学刊》2015 年第 5 期，转载于《新华文摘》2016 年第 3 期

---

① 参见习近平：《加快建设社会主义法治国家》，载《求是》2015 年第 1 期。
② 参见同上。
③ 参见习近平：《在庆祝全国人民代表大会成立 60 周年大会上的讲话》（2014 年 9 月 5 日），人民出版社 2014 年版，第 16 页。

第二章
中国特色社会主义法治理论的探索之路

本章概要

中共十八届四中全会明确提出"贯彻中国特色社会主义法治理论"的重大命题，这对于正确把握全面推进依法治国的前进方向具有重大的指导意义。中国特色社会主义法治理论，是中国共产党人把马克思主义法治思想的基本原理与中国具体法治实践相结合的历史产物，经历了一个形成、发展和不断深化的过程。毛泽东思想构成了中国特色社会主义法治理论的重要思想渊源。邓小平法治理论标志着中国特色社会主义法治理论的形成。"三个代表"重要思想及其法治学说、科学发展观及其法治学说，是中国特色社会主义法治理论的发展。中共十八大以来，习近平同志的法治思想进一步丰富和深化发展了中国特色社会主义法治理论，因而是坚持和发展中国特色社会主义法治理论的最新理论成果。中国特色社会主义法治理论是一个有机的法治观念系统，蕴含着一系列相互联系、内在统一的理论构成要素和基本法治要求。

中国特色社会主义法治理论，是中国共产党人把马克思主义法治思想的基本原理与中国具体法治实践相结合的历史产物。伴随着马克思主义中国化进程的两次历史性飞跃，形成了毛泽东思想和中国特色社会主义理论体系这两大理论成果。与此相适应，马克思主义法治思想中国化的伟大进程，波澜壮阔，与时俱进，极大地推动了中国特色社会主义法治理论的创新发展。笔者拟对中国特色社会主义法治理论形成、发展和深化过程做一初步梳理，从而确证中国特色社会主义法治理论巨大而深刻的理论逻辑力量。

一、中国特色社会主义法治理论的形成与发展

（一）毛泽东思想构成了中国特色社会主义法治理论的重要思想渊源

从 1915 年到 1919 年的新文化运动，是近代中国社会发展进程中的一次伟大的思想解放运动，为马克思主义法治思想在中国的传播开辟了道路。特别是 1919 年五四运动以后，马克思列宁主义日益与中国革命的具体实践相结合，并逐渐形成了标志着马克思主义与中国革命实际相结合第一次伟大飞跃的毛泽东思想。毛泽东法治思想是毛泽东思想的重要组成部分，是中国无产阶级运用马克思主义法治观的一般原理来解决中国革命和建设过程中的法律问题的具体产物，是马克思主义法治思想中国化进程的第一个重大理论成果，为新民主主义法制和社会主义法治建设奠定了重要的理论基础。

毛泽东强调，要从新民主主义革命的实际出发，来建设新民主主义革命的法制。新民主主义法制的发展过程，同中国共产党领导下的武装斗争和人民政权的壮大和建设息息相关。它们处于同一个过程之中。尽管它在形式上比较简单，并且具有地方性和局限性，但是它所确立的重要法制原则和法律制度，无疑体现了新民主主义法治文化的基本性质，进而为中国社会主义法治发展打下了基础。

在中国革命和建设的长期斗争过程中，毛泽东坚持运用马克思主义唯物辩证法和法治观，解决具体的刑事法治问题，形成了以刑事策略思想为特色的马克思主义刑事法治学说，丰富和发展了马克思主义法治理论。毛泽东刑事策略思想的基本内容就是镇压与宽大相结合、惩罚与教育相结合。毛泽东认为，在审理刑事案件中，一定要严格注意宽严结合、轻重适度、罚当其罪。关于死刑问题"实行严格控制，务必谨慎从事，务必纠正一切草率从事的偏向。我们一定要镇压一切反革命，但是一定不可捕错杀错"。① 据此，毛泽东提出并阐发了"死缓"这一重要的刑事政策，指出："对于罪大恶极、民愤甚深非杀不足以平民愤者必须处死，以平民愤。只对那些民愤不深，人民并不要求处死，但又犯有死罪者，方可判处死刑缓期二年执行强迫劳动以观后效。"② 当然"缓期二年执行的政策，决不应解释为对于负有血债或有其他重大罪行人民要求处死的罪犯而不处死，如果这样做，那就是错误的"③。毛泽东的刑事策略思想具有深厚的理论基础，这就是关于正确认识和处理两类不同性质矛盾的学说。毛泽东指出："在我们的面前有两类社会矛盾，这就是敌我之间的矛盾和人民内部的矛盾。这是性质完全不同的两类矛盾。""敌我之间的矛盾是对抗性的矛盾。""在一般情况下，人民内部的矛盾不是对抗性的。但是如果处理得不适当，或者失去警觉，麻痹大意，也可能发生对抗。"④ 这两类不同性质矛盾的解决办法，亦是不同的。"在人民民主专政下面，解决敌我之间的和人民内部的这两类不同性质的矛盾，采用专政和民主这样两种不同的方法。"⑤ 这就是说，按照人民民主专政的要求，对于敌我之间的矛盾采取专政的方法，而对于人民内部的矛盾则采用民主的方法。"专政的制度不适用人民内部，

---

① 《建国以来毛泽东文稿》第 2 册，中央文献出版社 1988 年版，第 201 页。

② 同上书，第 358 页。

③ 同上。

④ 《毛泽东著作选读》下册，人民出版社 1986 年版，第 757—764 页。

⑤ 同上书，第 765 页。

人民自己不能向自己专政，不能由一部分人民去压迫另一部分人民。人民中间的犯法分子也要受到法律的制裁，但是，这和压迫人民的敌人的专政是有原则区别的。"① 很显然，毛泽东的刑事策略思想是对马克思主义刑事法治学说的重要发展，从而成为我国社会主义刑事法治建设的重要指导思想。

（二）邓小平法治理论标志着中国特色社会主义法治理论的形成

邓小平理论标志着马克思主义与中国实际相结合的第二次历史性飞跃的形成。邓小平法治理论是邓小平理论的重要内容，构成了马克思主义法治思想中国化进程第二次飞跃的理论开端，表明中国特色社会主义法治理论的形成。邓小平认为，在中国这样一个经济文化比较落后的东方大国建设社会主义法制，必须始终考虑中国的国情特点，探索出一个具有中国特色的法律发展模式。他精辟地指出："我们的现代化建设，必须从中国的实际出发。无论是革命还是建设，都要注意学习和借鉴外国经验。但是，照搬照抄别国经验、别国模式，从来不能得到成功。"② 只有立足于自己的实际情况和条件，对外来的法律发展经验和模式进行具体分析，我们才能把握中国社会主义法治建设的基本方向和途径，顺利推进中国社会主义法治建设。由此出发，邓小平从理论与实践的结合上，揭示了在中国这样一个东方大国如何建设社会主义法制的基本规律。

首先，邓小平精辟地分析了当代中国法治发展的国情条件。他认为，中国是一个有着悠久封建传统的国家，封建主义影响较深，留给我们的封建专制传统较多，民主法制传统很少。"解放以后，我们也没有自觉地、系统地建立保障人民民主权利的各项制度，法制很不完备，也很不重

---

① 《毛泽东著作选读》下册，人民出版社 1986 年版，第 760 页。
② 《邓小平文选》第三卷，人民出版社 1993 年版，第 2 页。

视。"① 与此同时，邓小平也深刻地认识到，社会主义是一个历史的发展过程，"社会主义的本质，是解放生产力，发展生产力，消灭剥削，消除两极分化，最终达到共同富裕"②。而在中国，社会主义现代化建设将会在一个相当长的时期内处于初级阶段，因此，在中国实行法治，不仅要体现社会主义本质的要求，而且要从社会主义初级阶段这个最大的实际出发。

其次，邓小平明确指出了当代中国法治发展的基本目标。法治反映了人类文明社会法律制度成长与变迁的价值目标。在邓小平看来，实行法治、坚持依法治国的关键，就在于将社会主义民主政治建立在法制的基础之上，使民主制度化、法律化。进入改革开放的历史新时期以后，如何保持国家的长治久安，怎样避免"文化大革命"那样的错误，这一重大的时代课题摆在全党、全国人民面前，"还是要靠法制，搞法制靠得住些"。③"为了保障人民民主，必须加强法制。必须使民主制度化、法律化，使这种制度和法律不因领导人的改变而改变，不因领导人的看法和注意力的改变而改变。"④

再次，邓小平深刻地论述了当代中国法治发展的价值基础。由社会主义的本质与价值理想所决定，当代中国法律调整的一项基本功能在于合理地协调和平衡公平与效率之间的关系。社会主义制度从根本上区别于资本主义制度的，不仅在于它能够带来生产力的解放和发展，进而满足人民群众日益增长的物质和文化需要，而且在于它能够带来社会正义和社会平等，进而消除两极分化，促进社会共同富裕。邓小平明确主张把实现共同富裕作为社会主义和资本主义相区别的一个主要标志，指出："社会主义的目的就是要全国人民共同富裕，不是两极分化。如果我们的政策导致两极分化，我们就失败了；如果产生了什么新的资产阶级，那我们就真是走

---

① 《邓小平文选》第二卷，人民出版社 1994 年版，第 332 页。
② 《邓小平文选》第三卷，人民出版社 1993 年版，第 373 页。
③ 同上书，第 379 页。
④ 《邓小平文选》第二卷，人民出版社 1994 年版，第 146 页。

了邪路了。"① 因此，为了有效地实现社会正义，当代中国法律调整的迫切任务，就在于确认和保护社会主体在机会和手段选择过程中的平等权利，解决或缓解社会收入分配不公的现象，制止经济交易过程的不公平行为，建立一个公正有序的市场竞争规则体系，保证社会变革进程的健康发展。

（三）"三个代表"重要思想及其法治学说是中国特色社会主义法治理论的发展

中共十三届四中全会以来，以江泽民同志为主要代表的中国共产党人，运用马克思主义基本原理，科学地分析了国际国内形势的新变化，深刻地总结了中国共产党的历史经验，提出了"三个代表"重要思想，正确回答了建设中国特色社会主义实践中迫切需要解决的重大问题。这是马克思主义基本原理与中国具体实际紧密结合而形成的第二次历史性飞跃的发展。"三个代表"重要思想蕴含着丰富的法治学说，这是马克思主义法治思想中国化进程的最新理论成果之一，是中国特色社会主义法治理论新的发展。

江泽民指出，中国共产党"必须始终代表中国先进生产力的发展要求，代表中国先进文化的前进方向，代表中国最广大人民的根本利益"②。这是对"三个代表"重要思想的集中概括。"三个代表"重要思想蕴含着丰富的马克思主义法治思想。首先，"三个代表"重要思想确立了历史唯物主义法治观的基本原则；其次，"三个代表"重要思想体现了社会主义法律调整的价值取向；再次，"三个代表"重要思想明确指明了当代中国法制建设的根本任务。按照"三个代表"的要求，必须紧紧把握先进生产力的发展趋势和要求，及时做好法律创制工作，并且在司法活动中追求法律效果与社会效果的有机统一，切实维护和促进先进生产力的发展。按照

---

① 《邓小平文选》第三卷，人民出版社 1993 年版，第 110—111 页。

② 江泽民：《论"三个代表"》，中央文献出版社 2001 年版，第 152 页。

"三个代表"的要求，必须充分发挥法律的教育示范和引导功能，倡导诚实守信、尊老爱幼、互相帮助等基本的道德准则，促进全社会的精神文明建设。

很显然"三个代表"重要思想及其法治学说把马克思主义法治思想中国化的理论探索提高到了新的水平。正是基于这一总的指导思想，江泽民提出了依法治国、建设社会主义法治国家的战略思想，指明了当代中国法制建设的历史性任务，推动了中国特色社会主义法治理论的新发展。

一是论述了政治文明与小康社会之间的内在联系。文明的内容与形态是丰富多样的，政治文明是文明的重要组成部分之一。江泽民把社会主义政治文明建设放到全面建设小康社会的时代进程中加以把握，深刻地阐述了政治文明建设与小康社会建设之间的内在关系。他强调："全面建设小康社会的目标，是中国特色社会主义经济、政治、文化全面发展的目标，是与加快推进现代化相统一的目标。"① 因此，全面建设小康社会的一个重要方面，就是要实现从"不全面"向"更全面"的进步，亦即经济、政治、文化全面进步，社会主义物质文明、政治文明和精神文明三大文明协调发展。要从中国的国情出发，总结自己的实践经验，同时借鉴人类政治文明的有益成果，绝不照搬西方政治制度，坚定地走自己的政治发展道路。

二是揭示了依法治国与党的领导之间的密不可分的关系。江泽民高度重视依法治国在国家建设与发展进程中的重要作用，把它视为党领导人民治理国家的基本方略，强调依法治国是发展社会主义市场经济的客观需要，是社会文明进步的重要标志，是国家长治久安的重要保障。在江泽民看来，实行依法治国，建设社会主义法治国家，是一项复杂的社会系统工程，要认真分析研究依法治国进程中所要解决的突出问题和矛盾。与此同时，江泽民认为，中国共产党是执政党，在整个国家政治生活中处于领导地位，要把坚持党的领导同发扬人民民主、严格依法办事、尊重客观规律

---

① 《十六大以来重要文献选编》上，中央文献出版社 2005 年版，第 15 页。

有机统一起来，改进党的领导方式和执政方式，探索实现党的领导的制度化机制。① 依法治国是党领导人民治理国家的基本方略，与党的根本利益是完全一致的。它是实现党的领导制度化的基本途径之一，是党的执政方式与领导方式的重大创新。

三是阐发了依法治国与以德治国之间相辅相成的互动机理。在新的时代条件下，江泽民运用马克思主义法治观，对中国传统法律文化进行了批判性反思，抛却了传统中匡"法治"与"德治"学说中的封建性糟粕，吸取这两个概念系统中的合理性精华，赋予其全新的时代内涵，精辟地阐述了依法治国与以德治国之间的辩证关系。

（四）科学发展观及其法治学说是中国特色社会主义法治理论的进一步发展

中共十六大以来，以胡锦涛同志为主要代表的中国共产党人在领导人民建设全面小康社会的伟大实践中，深刻分析了当代中国改革发展关键时期出现的新情况、新问题，提出并系统阐述了科学发展观等重大战略思想，丰富了马克思主义关于共产党执政规律、社会主义建设规律和人类社会发展规律的思想认识，有力推动了新世纪、新阶段中国马克思主义的理论创新，标志着马克思主义中国化进程中的第二次历史性飞跃的进一步发展。科学发展观及其法治思想的提出与实施，集中体现了新一代中国共产党人坚持依法治国基本方略、建设社会主义法治国家的理论思考和实践探索。

第一，以人为本的科学发展观的法学意义。中共十六届三中全会鲜明地提出了以人为本的科学发展观，强调"坚持以人为本，树立全面、协调、可持续的发展观，促进经济社会和人的全面发展"②。科学发展观

---

① 江泽民：《论"三个代表"》，中央文献出版社 2001 年版，第 171—172 页。

② 《十六大以来重要文献选编》上，中央文献出版社 2005 年版，第 465 页。

是指导发展的世界观和方法论的集中体现，是马克思主义发展理论的崭新升华，是马克思主义中国化的又一重大理论创新成果。科学发展观第一次把以人为本与经济社会发展有机统一起来，把经济发展与社会发展、经济发展与政治发展、经济发展与文化发展以及人与自然的和谐发展诸方面内在地结合起来，从而表明了中国共产党执政理念的新飞跃。

坚持以人为本，这是科学发展观的本质和核心。胡锦涛强调，以人为本，就是要始终把最广大人民的根本利益放在第一位，把实现好、维护好、发展好最广大人民的根本利益作为推进改革开放和现代化建设的出发点和落脚点，不断满足人民群众的经济、政治和文化利益。[①] 显而易见，以人为本的科学发展观闪烁着马克思主义法哲学的理论光辉。坚持以人为本，可以使我们更准确地把握法的现象的本体基础，把法看作社会主体的权利要求，法律则是主体权利的制度化、规范化；坚持以人为本，可以使我们更好地理解文明社会法律发展的基本尺度，进而认识到一部法律文明史，充分展示了人的主体性规律，反映人的价值日益受到重视、弘扬、确证的客观进程；坚持以人为本，可以使我们更好地理解建设社会主义法治国家的价值准则，深切地体会到在一个法治的社会里，法律不仅应该保障和促进公民的权利，而且要创造一个正常的社会生活条件，使个人的合法愿望和尊严能够在这些条件下实现；坚持以人为本，可以使我们更好地把握全球法律文明共同的发展走向，进而清晰地发现全球化背景下法律发展的重要走向之一就是注重人权的保障。正是在以人为本的科学发展观的指导下，十届全国人大二次会议通过现行宪法的第四个修正案，顺应当代人权发展的潮流，明确规定"国家尊重和保障人权"，具有重大而深远的意义。

第二，依法执政的当代法治观的时代价值。在纪念现行宪法公布施行20周年大会上，胡锦涛指出，党坚持依法执政，不断提高依法执政能力，

---

①　参见胡锦涛：《把科学发展观贯穿于发展的整个过程》，载《求是》2005 年第 1 期。

这对于加强和改善党的领导，改革和完善党的领导方式和执政方式，提高党的执政能力和执政水平，具有极其重要的意义。[①] 后来，他又说道："必须坚持依法治国和依法执政，大力加强社会主义民主法治建设，使党和国家的各项工作、社会生活的方方面面都走上制度化、法律化的轨道。"[②] 依法执政这个全新的执政理念的提出，充分反映了新的社会历史条件对党的执政能力建设的新要求，体现了我们党坚持与时俱进、保持党的先进性的新选择，表明了党的领导方式与执政方式的新发展。

在胡锦涛看来，实行依法治国的基本方略，首先要全面贯彻实施宪法。党要坚持依法执政，就必须依宪执政，严格按照宪法办事。"党的各级组织和全体党员都要模范地遵守宪法，严格按照宪法办事，自觉地在宪法和法律范围内活动。"[③] 这是建设社会主义政治文明的一项根本任务，也是建设社会主义法治国家的一项基础性工作。胡锦涛清醒地认识到，在发展社会主义市场经济的新形势下，一些不同程度的违宪现象依然存在。因此，必须研究和健全宪法监督机制，进一步明确宪法监督程序，使一切违反宪法的行为都能够及时得到纠正，在此基础上进而健全社会主义法制，加强立法工作，提高立法质量，推行依法行政，维护司法公正，提高执法水平，加强法制宣传教育，扎扎实实地推进依法治国、建设社会主义法治国家的时代进程。

第三，构建和谐社会的社会治理观的内在意蕴。2005 年 2 月，在中共中央举办的省部级主要领导干部专题研讨班上，胡锦涛对构建社会主义和谐社会做了全面系统深刻的阐述。这样，中国共产党把国家现代化建设的战略布局，从"三位一体"（即物质文明建设、政治文明建设与精神文明建设）拓展到"四位一体"（即物质文明建设、政治文明建设、精神文明建设与和谐社会建设）。由此，整个国家的发展战略就覆盖了经济、政

---

① 《十六大以来重要文献选编》上，中央文献出版社 2005 年版，第 74 页。
② 同上书，第 146 页。
③ 同上书，第 74 页。

治、文化、社会等各个方面。这确乎是当代中国的一次发展战略升级。这一战略升级堪称中国发展处于关键时刻的一个关键举措。社会治理是一项十分复杂的社会系统工程。把构建和谐社会确立为当代中国社会发展与社会治理的战略目标，对于保证转型与变革时期中国社会的平稳运行和社会的有效治理至关重要。作为社会治理的战略行动和战略目标，和谐社会建设旨在构建一个社会结构稳定合理、社会利益协调平衡、社会生活规范有序的社会共同体。因此，和谐社会建设集中反映了当代中国社会治理的法权要求，蕴含着丰厚的法治意义。胡锦涛指出："我们所要建设的社会主义和谐社会，应该是一个民主法治、公平正义、诚信友爱、充满活力、安定有序、人与自然和谐相处的社会。"[1] 这一论断，清晰地揭示了社会主义和谐社会的法权特征。

1. 和谐社会应当是一个法治的社会。在现代社会，法治的价值目标是多层次、多方面的。实现社会的和谐，无疑是现代法治所追求的重要价值目标之一。只有人人遵纪守法，才能形成良好的社会秩序和社会环境，社会生活才能够和谐安定。因此，和谐社会的法治属性，意味着法治是构建和谐社会的前提，必须把和谐社会构筑在坚实的法治基础之上；意味着要贯彻依法治国的基本方略，坚持依法执政、依法行政、依法司法，严格地依法办事，把国家和社会的公共管理活动纳入一个规范有序的法制化轨道；也意味着各级党组织和广大党员领导干部要带头遵守宪法和法律，同时要教育培养社会成员对宪法和法律的信仰，在全社会形成崇尚宪法和法律的良好氛围。

2. 和谐社会应当是一个公正的社会。现代法治是公平正义原则的体现，是实现公平正义的载体。在构建和谐社会的进程中，要把维护社会公正放在更加突出的位置。社会公正是和谐社会的重要基础。

3. 和谐社会应当是一个稳定的社会。在急剧变革的社会转型时期，利

---

① 《十六大以来重要文献选编》中，中央文献出版社 2006 年版，第 706 页。

益关系格局重新调整，社会矛盾错综复杂，各种深层次的社会矛盾逐渐显现出来，多元化的利益主体之间的利益失衡、碰撞和冲突的现象越来越突出。因此，全力维护社会稳定，保证社会生活的安定有序，已经成为构建和谐社会的重要课题。

4.和谐社会应当是一个权威的社会。实际上，社会的和谐并不意味着没有矛盾、没有纠纷、没有差别。既然有矛盾、有纠纷，就要有解决矛盾、化解纠纷的体制、制度和机制，这个体制、制度和机制应当具有高度的权威性。因此，和谐与权威这两者不是对立的，而是相辅相成、并行不悖的。

二、中共十八大以来中国特色社会主义
法治理论的深化

2012年11月召开的中共十八大，是在建设中国特色社会主义的伟大事业的历史进程中召开的一次重要的大会。中共十八大报告通篇蕴含着法治精神、法治思想和法治要求，将"依法治国基本方略全面落实"作为全面建成小康社会和全面深化改革开放的重要目标，强调"法治是治国理政的基本方式"，要"全面推进依法治国"，"实现国家各项工作法治化"；要坚持党的领导、人民当家作主、依法治国有机统一，加快建设社会主义法治国家；要"更加注重发挥法治在国家治理和社会管理中的重要作用，维护国家法制统一、尊严、权威，保证人民依法享有广泛权利和自由"。①这充分体现了当代中国共产党人对法治建设的高度重视，凸显了法治在推进中国特色社会主义事业进程中的重要地位，对于进一步深化中国特色社会主义法治建设具有重大而深远的意义。

中共十八大以来，以习近平同志为核心的党中央深入贯彻落实十八大

---

① 参见《十八大以来重要文献选编》上，中央文献出版社2009年版，第24页。

精神，把全面推进依法治国、加快建设社会主义法治国家摆在事关国家长治久安的重要位置加以谋划和推进，对当代中国法治建设与发展作出了重大战略部署和具体安排。习近平发表了一系列重要讲话，精辟论述了坚持和发展中国特色社会主义、推动新形势下党和国家各项事业创新发展、实现中华民族伟大复兴的一系列重大理论和实践问题，进一步深化了中国共产党人对中国特色社会主义规律和马克思主义执政党建设规律的思想认识，推动了马克思主义与中国具体实际相结合的第二次历史性飞跃的深化发展。讲话从坚持中国特色社会主义法治道路、全面推进依法治国、加快建设法治中国的战略高度，深刻阐述了中国特色社会主义法治建设的重大问题，进一步指明了全面推进依法治国的方向和道路，丰富和发展了中国特色社会主义法治理论，推动马克思主义法治思想中国化进程的第二次历史性飞跃的深化发展，因而是坚持和发展中国特色社会主义法治理论的最新理论成果。

习近平的法治思想内容丰富，蕴含深刻，闪耀着马克思主义法治思想的真理光辉。

首先，要坚定不移走中国特色社会主义政治发展道路。2012 年 11 月 29 日，习近平在参观《复兴之路》展览时的讲话中，提出了实现中国梦的执政理念和治国方略，指出："实现中华民族伟大复兴，就是中华民族近代以来最伟大的梦想。这个梦想，凝聚了几代中国人的夙愿，体现了中华民族和中国人民的整体利益，是每一个中华儿女的共同期盼。""经过鸦片战争以来 170 多年的持续奋斗，中华民族伟大复兴展现出光明的前景。现在，我们比历史上任何时期都更接近中华民族伟大复兴的目标，比历史上任何时期都更有信心、有能力实现这个目标。"①2013 年 3 月 17 日，在十二届全国人大一次会议上的讲话中，习近平把中国道路、中国精神、中国力量这构成中国梦的三大要素内在地统一起来，强调实现中

---

① 参见《人民日报》2012 年 11 月 30 日。

国梦必须走中国道路、必须弘扬中国精神、必须凝聚中国力量，这就为坚持和发展中国特色社会主义注入了新的时代与历史的内涵。坚持走中国特色社会主义道路，这是实现中国梦的根本保证。中国特色社会主义道路内涵丰富，其中包括中国特色社会主义政治发展道路。坚定不移地走中国特色社会主义政治发展道路，是实现中国梦的政治前提。2012 年12 月 4 日，在首都各界纪念现行宪法公布施行 30 周年大会上的讲话中，习近平指出："改革开放以来，我们党团结带领人民在发展社会主义民主政治方面取得了重大进展，成功开辟和坚持了中国特色社会主义政治发展道路，为实现最广泛的人民民主确立了正确方向。这一政治发展道路的核心思想、主体内容、基本要求，都在宪法中得到了确认和体现，其精神实质是紧密联系、相互贯彻、相互促进的。""这些宪法确立的制度和原则，我们必须长期坚持、全面贯彻、不断发展。"① 习近平特别强调："坚持走中国特色社会主义政治发展道路，关键是要坚持党的领导、人民当家作主、依法治国有机统一，以保证人民当家作主为根本，以增强党和国家活力、调动人民积极性为目标，扩大社会主义民主，发展社会主义政治文明。"② 2014 年 9 月 5 日，在庆祝全国人民代表大会成立 60周年大会上的讲话中，习近平深刻指出："以什么样的思路来谋划和推进中国社会主义民主政治建设，在国家政治生活中具有管根本、管全局、管长远的作用。古今中外，由于政治发展道路选择错误而导致政治动荡、国家分裂、人亡政息的例子比比皆是。中国是一个发展中大国，坚持正确的政治发展道路更是关系根本、关系全局的重大问题。"③ 因此，必须从中国的国情实际出发，设计和发展国家政治制度，使之深深植根

---

① 习近平：《在首都各界纪念现行宪法公布施行 30 周年大会上的讲话》（2012 年 12月 4 日），人民出版社 2012 年版，第 6、7 页。

② 同上书，第 7 页。

③ 习近平：《在庆祝全国人民代表大会成立 60 周年大会上的讲话》（2014 年 9 月 5 日），人民出版社 2014 年版，第 14 页。

于中国的社会土壤之中，而决不能照抄照搬别国的政治制度模式。"只有扎根本国土壤、汲取充沛养分的制度，最可靠、也最管用。"① 所以，习近平强调："中国特色社会主义政治制度之所以行得通、有生命力、有效率，就是因为它是从中国的社会土壤中生长起来的。中国特色社会主义政治制度过去和现在一直生长在中国的社会土壤之中，未来要继续茁壮成长，也必须深深扎根于中国的社会土壤。""在前进道路上，我们要坚定不移走中国特色社会主义政治发展道路，继续推进社会主义民主政治建设，发展社会主义政治文明。"② 这就进一步揭示了坚持中国特色社会主义政治发展道路的内在要求。中共十八届四中全会在明确全面推进依法治国的指导思想时，鲜明提出要"坚定不移走中国特色社会主义法治道路"③。对于这一重大论断，习近平在做全会决定的说明时专门论述了中国特色社会主义法治道路的基本内涵及其重大意义，强调党的领导、中国特色社会主义制度、中国特色社会主义法治理论这三个方面，"实质上是中国特色社会主义法治道路的核心要义"④。这一重要论述，指明了全面推进依法治国的正确方向。

其次，法治在推进国家治理现代化进程中具有重要作用。习近平指出，国家治理体系和治理能力是一个国家制度和制度执行能力的集中体现，两者相辅相成。而一个国家选择什么样的治理体系，是由这个国家的历史传承、文化传统、经济社会发展水平决定的，是由这个国家的人民决定的。我们的国家治理体系和治理能力总体上是好的，是有独特优势的，是适应我国国情和发展要求的。同时，我们在国家治理体系和治理能力方

---

① 习近平：《在庆祝全国人民代表大会成立 60 周年大会上的讲话》(2014 年 9 月 5 日)，人民出版社 2014 年版，第 16 页。

② 同上书，第 14 页。

③ 参见《中共中央关于全面推进依法治国若干重大问题的决定》(2014 年 10 月 23 日)，人民出版社 2014 年版，第 4 页。

④ 参见上书，第 49 页。

面还有许多有待改进的地方，在提高国家治理能力上需要下更大气力。①
因此，构建一个以法治为主导的国家治理体系，把国家治理纳入法治化轨
道，通过法律的制定与实施，将国家治理现代化的基本要求、体制机制、
程序方法转化为国家治理主体的实际行动，这是全面推进依法治国、加快
建设社会主义法治国家的必然要求，也是实现国家治理体系和治理能力现
代化的时代抉择。在 2013 年 2 月 23 日十八届中共中央政治局第四次集体
学习时的讲话中，习近平指出，全面建成小康社会对依法治国提出了更高
要求，要"全面推进科学立法、严格执法、公正司法、全民守法，坚持依
法治国、依法执政、依法行政共同推进，坚持法治国家、法治政府、法治
社会一体建设，不断开创依法治国的新局面"②。这一论述，精辟阐述了面
对全面建成小康社会的历史性任务、全面推进依法治国的总体思路。中共
十八届三中全会把这一论述载入全会通过的《中共中央关于全面深化改
革若干重大问题的决定》之中，鲜明地提出要"推进法治中国建设"。这
对于建设中国特色社会主义法治、推进国家治理现代化具有重大的指导
意义。

一是进一步加强和改进立法工作。中国特色社会主义法律体系的形
成，标志着当代中国国家和社会生活在总体上实现了有法可依，这是社会
主义法治国家建设的一个重大进展。面对着中国特色社会主义法治建设的
伟大实践，完善以宪法为统帅的中国特色社会主义法律体系，乃是实现国
家各项工作法治化、提高社会管理法治化水平的法律基础。因此，"实践
是法律的基础，法律要随着实践发展而发展。要完善立法规划，突出立法
重点，坚持立改废并举，提高立法科学化、民主化水平，提高法律的针对
性、及时性、系统性。要完善立法工作机制和程序，扩大公众有序参与，
充分听取各方面意见，使法律准确反映经济社会发展要求，更好协调利益

---

① 参见《习近平在省部级主要领导干部学习贯彻十八届三中全会精神全面深化改革
专题研讨班上的讲话要点》，载《人民日报》2014 年 2 月 18 日。

② 参见《人民日报》2013 年 2 月 24 日。

关系，发挥立法的引领和推动作用"①。

二是要进一步加强和改进行政执法工作。在急剧变动的社会转型时期，营造维护社会主义法制的统一、尊严、权威的良好法治环境，具有特殊重要的意义。在这里，切实加强和改进行政执法工作，努力做到有法必依、执法必严、违法必究，就显得尤为重要。因此，作为实施法律法规的重要主体，"各级行政机关必须依法履行职责，坚持法定职责必须为、法无授权不可为，决不允许任何组织或者个人有超越法律的特权"②。行政机关"要带头严格执法，维护公共利益、人民利益和社会秩序。执法者必须忠实于法律"。一方面，各级领导机关和领导干部要着力提高运用法治思维和法治方式的能力，善于运用法治思维和法治方式"凝聚改革共识、规范发展行为、促进矛盾化解、保障社会和谐"；另一方面，要切实加强对执法活动的监督，坚决排除对执法活动的非法干预。"做到有权必有责、用权受监督、违法必追究。"③只有这样，才能在法治化的轨道上推动国家治理和社会管理。

三是要进一步加强和改进司法工作。司法权作为国家权力的重要组成部分，在本质上是国家治理和社会管理中不可或缺的重要环节。在社会转型与变革的历史条件下，社会生活中的一些深层次的矛盾和问题不断显现，并且以诉讼形式大量涌入司法渠道。作为国家的司法审判机关，人民法院通过依法发挥和延伸审判职能，能动地参与国家治理和社会管理，这是人民法院的法律职责与社会责任之所在。在这一过程中，人民法院要更加注重保障人民群众合法权益，进而维护社会公平正义，坚持法律面前人人平等，切实做到有法必依、执法必严、违法必究，充分体现法律的尊严和权威；坚持严格依法司法，不仅要严格遵守实体法，还要严格遵守程序法，

---

①　参见《人民日报》2013年2月24日。

②　参见习近平：《在庆祝全国人民代表大会成立60周年大会上的讲话》（2014年9月5日），人民出版社2014年版，第10—11页。

③　参见《人民日报》2013年2月24日。

确保一切司法活动在法律的轨道上进行；坚持公正司法，正确处理实体公正与程序公正、个案公正与普遍公正、法律公正观与群众公正观的关系，努力实现办案的法律效果与社会效果的有机统一；坚持司法为民，牢固树立群众观念，准确把握人民群众的司法需求，积极回应人民群众的司法关切，深入推进司法公开，切实保障人民群众对司法工作的知情权、参与权、表决权和监督权，让司法权在阳光下运行，不断提高司法的社会公信力。

再次，依法治国首先是依宪治国。宪法是一个国家法律体系的统帅，是国家治理和社会管理的根本大法，是国家长治久安的根本法制保证。习近平回顾了当代中国宪法制度的发展历程，指出："宪法与国家前途、人民命运息息相关。维护宪法权威，就是维护党和人民共同意志的权威。捍卫宪法尊严，就是捍卫党和人民共同意志的权威。保证宪法实施，就是保证人民根本利益的实现。只要我们切实尊重和有效实施宪法，人民当家作主就有保证，党和国家事业就能顺利发展。反之，如果宪法受到漠视、削弱甚至破坏，人民权利和自由就无法保证，党和国家事业就会遭受挫折。"① 这一论述，深刻分析了维护宪法权威、捍卫宪法尊严、保证宪法实施对于坚持和发展中国特色社会主义事业的极端重要性。由此，习近平精辟阐述了当代中国共产党人在新的时代条件下的崭新的治国理念，强调"依法治国，首先是依宪治国；依法执政，关键是依宪执政"②。

在这里，一是要把全面贯彻实施宪法作为建设社会主义法治国家的首要任务和基础性工作。落实依法治国基本方略，加快建设社会主义法治国家，首要的就是要全面贯彻实施宪法。必须坚持不懈地抓好宪法实施工作，把全面贯彻实施宪法提高到一个新水平。要坚持国家一切权力属于人民的宪法理念，最广泛地动员和组织人民依照宪法和法律，通过各级人民代表大会行使国家权力，通过各种形式和途径管理国家和社会事务；要按

---

① 习近平：《在首都各界纪念现行宪法公布施行 30 周年大会上的讲话》（2012 年 12 月 4 日），人民出版社 2012 年版，第 4 页。

② 同上书，第 11 页。

照宪法确立的民主集中制、国家政权体制和活动准则，保证国家机关依照法定权限和程序行使职权、履行职责；要根据宪法确立的体制和原则，正确处理中央和地方的关系，正确处理民族关系，正确处理各方面利益关系；要遵循宪法确立的社会主义法制的基本原则，全面推进科学立法、严格执法、公正司法、全民守法进程，维护社会主义法制的统一、尊严和权威。

二是要健全和完善保障宪法有效实施的体制机制。"宪法的生命在于实施，宪法的权威也在于实施。"① 应当看到，在依法治国的历史进程中，保证宪法有效实施的监督机制和具体制度体制还不健全，有法不依、执法不严、违法不究的现象在一些地方和部门依然存在，包括领导干部在内的全民宪法意识还有待于进一步提高。因此，进一步健全和完善宪法实施的制度，对于恪守宪法原则、弘扬宪法精神、履行宪法使命，具有特殊重要的意义。要通过完备的法律推动宪法实施，保证宪法确立的制度和原则得到落实；要健全全国人大及其常委会的宪法和法律监督机制和程序，切实加强对宪法和法律实施情况的监督、检查，坚决纠正违宪违法行为；地方各级人大及其常委会要依法行使职权，保证宪法和法律在其行政区域得到遵守和执行。

三是要更加注重改进党的领导方式和执政方式。在当代中国，坚持依宪治国、依宪执政，对改进和转变党的领导方式和执政方式提出了更高的要求。作为执政党的中国共产党，担负着维护宪法尊严、保证宪法实施、依据宪法治国理政的重大职责。"党领导人民制定宪法和法律，党领导人民执行宪法和法律，党自身必须在宪法和法律范围内活动，真正做到党领导立法、保证执法、带头守法。"② 在这里，要坚持党总揽全局、协调各方的领导核心作用，坚持依法治国基本方略和依法执政基本方式，善于使党

---

① 习近平：《在首都各界纪念现行宪法公布施行 30 周年大会上的讲话》（2012 年 12 月 4 日），人民出版社 2012 年版，第 6 页。

② 同上书，第 11 页。

的主张通过法定程序成为国家意志，善于使党组织推荐的人选成为国家政权机关的领导人员，善于通过国家政权机关实施党对国家和社会的领导，支持国家权力机关、行政机关、审判机关、检察机关依照宪法和法律独立负责，协调一致地开展工作。要加强宪法宣传教育，把宪法教育作为党员干部教育的重要内容，使各级领导干部和国家机关工作人员掌握宪法的基本知识，树立忠于宪法、遵守宪法、维护宪法的自觉意识，带头维护宪法权威，厉行国家法治，不断提高依宪治国、依宪执政的能力和水平。

三、中国特色社会主义法治理论的基本要求

中国特色社会主义法治理论集中体现了中国共产党人治国安邦的基本法治观念，反映了中国特色社会主义法治建设的基本规律，彰显了建设法治中国、实现中国法制现代化的基本法治价值取向，因而是推进中国特色社会主义法治发展的基本遵循与基本准则。它是一个有机的法治观念系统，蕴含着一系列相互联系、内在统一的基本法治要求。

第一，坚持中国特色社会主义政治发展道路。一个国家实行什么样的政治制度，选择什么样的政治发展道路，是由这个国家的基本国情条件决定的。在当代中国法治发展的进程中，从本国国情出发，适应国家的根本性质、根本制度和根本任务的要求，坚持走具有鲜明中国特色的社会主义政治发展道路，决不照搬西方政治制度与法治发展模式，这对于坚持法治建设与发展的正确方向，具有十分重要的意义。在全面推进依法治国、加快建设社会主义法治国家的新时代，坚持中国特色社会主义政治发展道路，就必须坚持发挥党总揽全局、协调各方的领导核心作用，提高党科学执政、民主执政、依法执政水平，加强和改善党对依法治国的领导；必须坚持人民主体地位，支持和保证人民通过人民代表大会行使权力，扩大公民有序政治参与，依法治理国家和社会事务，更好地保证人民当家作主；必须坚持依法治国基本方略，树立社会主义法治理念，弘扬社会主义

法治精神，维护社会主义法制的统一、尊严和权威；必须坚持法治政府建设，深化行政体制改革，不断提高政府的公信力和执行力；必须坚持司法为民、公正司法，深化司法体制改革，确保司法机关依法独立公正行使职权；必须坚持把权力关进制度的笼子里，健全权力运行制约和监督体系，确保国家机关按照法定权限和程序行使权力；必须坚持发挥中国特色社会主义政治制度的特点和优势，推进社会主义民主政治制度化、规范化、程序化。

　　第二，坚持党的领导、人民当家作主、依法治国有机统一。这是当代中国法治建设的基本指导方针，也是我们党的基本经验总结。在党的领导、人民当家作主、依法治国这三者的有机统一中，中国共产党的领导是核心，是人民当家作主和依法治国的根本政治保证；人民当家作主，是社会主义民主政治的本质要求和基本目标，这是由社会主义制度的本质属性所决定的；依法治国是中国共产党领导人民治理国家的基本方略，是国家长治久安的法治保障。诚如中共十六大报告所指出的，"发展社会主义民主政治，最根本的是要把坚持党的领导、人民当家作主和依法治国有机统一起来。党的领导是人民当家作主和依法治国的根本保证，人民当家作主是社会主义民主政治的本质要求，依法治国是党领导人民治理国家的基本方略"[1]。在这里，需要强调的是，从根本上讲，党的领导、人民当家作主和依法治国是内在一致的。这就是说，在当代中国，作为执政党的中国共产党是国家生活和社会生活的领导核心力量，通过一定的制度、程序和机制支持和保证人民当家作主、行使国家权力，并确保国家法律和党的政策体现人民的共同意志，维护人民的根本利益。因此，党的领导与人民当家作主是内在统一的。国家宪法和法律是人民共同意志和整体利益的集中体现，是党领导人民通过法定程序把党的主张上升为国家意志的产物，因而

---

　　① 江泽民：《全面建设小康社会，开创中国特色社会主义事业新局面——在中国共产党第十六次全国代表大会上的讲话》（2002 年 11 月 8 日），见《中国共产党第十六次全国代表大会文件汇编》，人民出版社 2002 年版，第 24 页。

是党的主张、人民利益和国家意志的集中体现，① 全面推进依法治国，必须始终遵循党的领导、人民当家作主和依法治国有机统一的基本方针。

第三，坚持依法治国、依法执政、依法行政共同推进。习近平强调，要"坚持依法治国、依法执政、依法行政共同推进"②。这充分表达了中国特色社会主义法治发展的整体观。如上所述，依法治国是中国共产党领导人民治理国家的基本方略。旨在把国家事务和社会事务纳入法治化的轨道。依法执政乃是中国共产党"治国理政的一个基本方式，坚持在宪法和法律范围活动，严格依法办事，善于运用国家法律处理国家事务"③。依法行政就是运用法律手段规范政府行为，规制政府权力在法治轨道上运行，这是政府正确行使行政权力的基本准则。因此，在当代中国法治发展进程中，依法治国、依法执政、依法行政乃是一个内在统一的有机整体。在这个有机统一体中，依法执政处于关键的支配性地位。党领导人民依据法律有效治理国家与社会，实施依法治国基本方略，必然要求党要改革和完善自身的领导方式和执政方式，坚持依法执政，在法治化的轨道上实现对国家和社会的领导。这既是依法治国的内在要义，是依法治国的根本保证，也是依法行政的基础和基本条件，从而标志着党的执政方式和领导方式的重大创新。④ 依法治国、依法执政和依法行政的内在统一性，要求把党的意志上升为国家意志，使之成为国家法律；要求党通过法定的程序实现对国家生活和社会生活的领导；要求党善于运用法律机制设定国家权力

---

① 参见孙业礼等：《中国特色社会主义政治发展道路》，中央文献出版社 2013 年版，第 231—232 页。

② 习近平：《在首都各界纪念现行宪法公布施行 30 周年大会上的讲话》（2012 年 12 月 4 日），人民出版社 2012 年版. 第 12 页；《中共中央关于全面深化改革若干重大问题的决定》，人民出版社 2013 年版，笫 31 页。

③ 胡锦涛：《在首都各界纪念全国人民代表大会成立五十周年大会上的讲话》（2004 年 9 月 15 日），见《十六大以来重要文献选编》，中央文献出版社 2006 年版，第 226 页。

④ 参见石泰峰、张恒山：《论中国共产党依法执政》，载《中国社会科学》2003 年第 1 期。

运行结构，配置社会资源，调控社会利益关系，促进社会变革；还要求党和国家突出地把坚持依法行政作为落实依法治国基本方略、推进依法执政的重要组成部分加以贯彻落实，进而夯实依法治国、依法执政的基础。很显然，必须把依法治国、依法执政、依法行政作为一个有机的整体协同推进，这是中国特色社会主义法治建设与发展的必然抉择。

　　第四，坚持法治国家、法治政府、法治社会一体建设。中国特色社会主义法治建设与发展的进程，乃是一个从传统的人治型治理模式向法治型治理模式的转型与变革过程，因而是一场深刻的法律革命。这一法律革命的基本目标，就是要坚持从中国的国情条件出发，建设法治国家、法治政府和法治社会，进而实现中国法制的现代化。在这一法律革命的进程中，法治国家、法治政府、法治社会这三者之间相互联系，构成一个有机的整体。因此，习近平指出，要"坚持法治国家、法治政府、法治社会一体建设"①。从全球范围来看，法治国家的概念有德国的"法制国"概念与英国的"法治"概念之分。前者意指"通过法律的国家统治"或"法律基础上的国家"，旨在强调国家与法律之间的同一性，致力于寻求对行政权加以控制的法律机制，这反映了近代德国的政治与法制现实；而后者则是指"实行法律统治的国家"，强调国家与法律之间并不存在同一的关系，突出个人自由的法律保护以及对国家权力运行的法律制约，这无疑是近代英国政治与法律传统的产物。随着社会的发展，上述两种不同含义的法治国家概念愈益呈现趋同化的趋势，亦即法治国家与民主政治之间的内在关联。一般来说，法治国家主要是指确立法律统治、维护法律权威的国家，是法治政府、法治社会的基本前提和决定性因素。法治政府是法治国家的有机组成部分，是指严格按照法定权限和程序行使权力、履行职责的政府。它表明，在当代中国，遵守宪法和法律是政府一切工作的根本原则，必须按

---

　　①　习近平：《在首都各界纪念现行宪法公布施行30周年大会上的讲话》（2012年12月4日），人民出版社2012年版，第12—13页；《中共中央关于全面深化改革若干重大问题的决定》（2013年11月12日），人民出版社2013年版，第31—32页。

照合法行政、合理行政、程序正当、高效便民、诚实守信、权责统一的基本要求，加快行政管理体制改革，推进依法行政，转变政府职能，规范行政行为，努力做到有权必有责，用权受监督，侵权要赔偿，违法要追究。法治社会是法治国家和法治政府的基础，是一个信仰法治、依法治理的社会。在当代中国，法治社会意味着法治是社会生活健康运行的重要条件，整个社会有机体建立在坚实的法治基础之上；意味着要严格依法办事，把社会的公共管理活动纳入一个规范有序的法治化轨道，在法治的框架下推动各项工作；意味着引导社会组织健康有序发展，加快形成政社分开、权责明确、依法自治的现代社会组织体制；意味着基层社会自治得到更加充分的发展，努力实现政府治理和社会自我调节、居民自治良性互动；还意味着各级党组织和广大党员领导干部要带头遵守宪法和法律，同时要教育和培养全社会成员对宪法和法律的信仰，大力弘扬现代法治精神，在全社会形成崇尚宪法和法律、维护法治尊严和权威的良好氛围。①

　　第五，坚持全面推进科学立法、严格执法、公正司法、全民守法进程。1978 年 12 月，中共十一届三中全会总结了新中国成立以来法制建设的经验教训，提出了十六字的社会主义法制建设的基本方针，即"有法可依，有法必依，执法必严，违法必究"②。2012 年 11 月召开的中共十八大，科学总结了中国特色社会主义法治发展进程的基本实践经验，对新时期全面推进依法治国的基本方针作出了新的概括，即"科学立法、严格执法、公正

---

　　① 参见胡锦涛：《坚定不移沿着中国特色社会主义道路前进　为全面建成小康社会而奋斗——在中国共产党第十八次全国代表大会上的讲话》（2012 年 11 月 8 日），人民出版社 2012 年版，第 34 页；《中共中央关于全面深化改革若干重大问题的决定》，人民出版社 2013 年版，第 49 页；张文显：《中国步入法治社会的必由之路》，载《中国社会科学》1989 年第 2 期；最高人民法院中国特色社会主义法治理论研究中心编：《法治中国——学习习近平总书记关于法治的重要论述》，人民法院出版社 2014 年版，第 50—51 页。

　　② 《中国共产党第十一届中央委员会第三次全体会议公报》（1978 年 12 月 22 日通过），见《改革开放以来历届三中全会文件汇编》，人民出版社 2013 年版，第 12 页。

司法、全民守法"①。2012 年 12 月 4 日，在首都各界纪念现行宪法公布施行 30 周年大会上的讲话中，习近平进一步重申了这一新的"十六字方针"，指出："落实依法治国基本方略，加快建设社会主义法治国家，必须全面推进科学立法、严格执法、公正司法、全民守法进程。"② 特别是在 2013 年 2 月 23 日中央政治局第四次集体学习时，习近平发表了重要讲话，深入系统地论述了新的"十六字方针"，强调全面推进依法治国，必须坚持科学立法、严格执法、公正司法、全民守法。我们党关于新时期全面推进依法治国的新的"十六字方针"的提出与阐述，构成了中国特色社会主义法治观的重要内容和基本要求，标志着中国特色社会主义法治建设进入了新历史阶段，对于全面推进依法治国、加快建设法治中国具有十分重要的指导意义。在中国特色社会主义法律体系已经形成的新的条件下，面对着社会转型时期广泛而深刻的社会变革，立法工作的任务依然繁重而艰巨。推动中国特色社会主义法律体系的发展完善，已经成为摆在党和国家面前的一个重大课题。因此，坚持科学立法就显得尤为重要。科学立法是全面推进依法治国的前提，它要求从中国的国情条件出发，围绕提高立法质量这个基本目标，遵循立法工作的客观规律，正确认识和利用客观规律，准确反映一定社会关系的法权要求，健全立法体制机制，深入推进立法民主化进程，有效进行法律创制工作，不断增强立法科学化水平，从而促进经济发展和社会进步。如果说立法活动是一个把客观的社会关系的法权要求上升为法律的过程，那么，执法活动则是把法律规范的基本要求转化为人们的实际行为，转化为社会成员享受权利、履行义务的事实上的关系。否则，法律就会成为一纸空文。因之，严格执法就成为全面推进依法治国的关键环节。

---

① 胡锦涛：《坚定不移沿着中国特色社会主义道路前进　为全面建成小康社会而奋斗——在中国共产党第十八次全国代表大会上的讲话》（2012 年 11 月 8 日），人民出版社 2012 年版，第 27 页。

② 习近平：《在首都各界纪念现行宪法公布施行 30 周年大会上的讲话》（2012 年 12 月 4 日），人民出版社 2012 年版，第 8 页。

在执法体制中，行政机关担负着重要职责，是法律实施和执法的重要主体。行政执法的核心在于规范行政执法权的行使。在这里，重要的是严格行政责任，实行行政执法责任制和执法过错追究制，坚决消除执法中的腐败现象，坚决纠正部门本位主义和地方保护主义，切实做到严格执法、公正执法。在现代社会，司法是维护社会公平正义的最后一道防线。而司法的灵魂是公正。因此，公正司法是全面推进依法治国的重要保障。在社会转型时期，要把促进司法公正、维护社会公平正义作为司法工作的生命线，强化司法公开，推进司法民主，加强司法管理，严格司法监督，改进司法作风，规范司法行为，努力从实体上、程序上全面实现司法公正，"努力让人民群众在每一个司法案件中都能感受到公平正义，决不能让不公正的审判伤害人民群众感情、损害人民群众权益"①。全民守法是全面推进依法治国的基础性环节。它要求任何组织或个人都在宪法和法律的范围内活动，特别是领导干部要模范地遵守宪法和法律，从而引导和带动全社会不断增强学法、尊法、守法、用法意识，努力营造全面推进依法治国、加快建设法治中国的浓厚的法治氛围。

第六，坚持依法治国与以德治国相结合。作为两种不同的治国理政的方式，法治与德治尽管有着明显的区别，但是在国家治理的过程中，二者的联系还是相当密切的，可以起到相辅相成的社会功用。"法律是成文的道德，道德是内心的法律。"②从历史的角度来看，诚然，传统的儒家"德治"思想体现了儒家伦理的精神，对古代法律世界产生了深刻的影响。这种伦理精神在法律生活中的落实，便是伦理规范的法典化或法律的伦理性。在传统中国伦理法律中，道德律几乎成为法律的化身。传统法制的泛道德主义必然导致对法律的不信任，进而动摇法律在国家治理中的重要地位，与传统法律和泛道德主义相左，现代社会则高度重视法律的作用，确

---

① 习近平:《在首都各界纪念现行宪法公布施行 30 周年大会上的讲话》(2012 年 12 月 4 日)，人民出版社 2012 年版，第 10 页。

② 同上书，第 8 页。

证法律的权威性，进而走向法治社会。因此，儒家的"德治"思想与现代法治精神是判然有别的。但是，随着社会的不断衍化，儒家的"德治"思想及其伦理法律精神作为一种观念与法律的传统，逐渐成为一种历史文化力量，积淀在普通民众的法律意识、心理、习惯、行为方式及生活过程之中，因而与当下的社会有机体密不可分。在某种程度上，传统的儒家的"德治"思想及其伦理法律精神，作为一种行为评价尺度，深深融入社会主流价值观念体系之中，成为指导和规范人们行为的一种范型。这种评价尺度带有道德经验性的色彩。亦即是说，它是人们在长期交往过程中积累起来的生活经验和交往惯例的聚合体，因而它通常具有伦理规范的性质。它借助于某些流传下来的共同道德准则，对人们行为的合理性进行道德判断，进而与当下社会法律生活交融在一起，发挥着治理国家与社会的重要价值作用，有力地影响着当代社会法治发展的各个领域和法治文化的长期发展进程，有形或无形地左右着当代社会法治的未来走向。

本文刊于《社会科学战线》2015 年第 6 期

第三章
中国特色社会主义法治道路的时代进程

本章概要

  1949 年中国人民革命的胜利开启了旨在创设新型国家与法律制度的当代中国第一次法律革命，为中国特色社会主义法治道路之形成奠定了基础。以中共十一届三中全会为标志，当代中国法治发展进入第二次法律革命的新时代，形成了中国特色社会主义法治道路。经过 30 多年广泛而深刻的社会与法治变革，其间中共十五大提出依法治国基本方略，2011 年初宣告中国特色社会主义法律体系如期形成等标志意义的重大法治事件，充分展示了中国特色社会主义法治道路的蓬勃生机和活力。以中共十八大和十八届三中全会、四中全会为标志，中国特色社会主义法治道路进入了新的历史阶段。把全面依法治国放在"四个全面"战略布局中来把握，精心谋划全面推进依法治国的顶层设计方案，坚定不移推进法治领域改革，成为当代中国法治发展进入新的历史阶段的显著特征。

  中共十八届四中全会提出要"坚定不移走中国特色社会主义法治道路"。习近平强调："在坚持和拓展中国特色社会主义法治道路这个根本问题上，我们要树立自信，保持定力。"[①] 坚定不移走中国特色社会主义法治道路，是一个事关建设社会主义法治国家性质和方向的重大问题，是一条贯穿十八届四中全会决定全篇的红线，也是一个内涵丰富、底蕴深广、意义深刻的重大论断，需要我们悉心思考，深入研究，切实贯彻。中国特色社会主义法治道路已经走过了六十多年的不平凡历程。这个时代进程，既有成功的经验，又有深刻的教益，需要我们认真回顾，深入总结，中国特色社会主义法治道路有其内在的运动规律和丰富的理论内容。在这方面，我国法学界已经做了许多卓有成效的研究工作。在新的时代条件下，运用马克思主义的历史与逻辑相一致的分析原则，深入探讨中国特色社会主义法治道路的运动轨迹，着力揭示中国特色社会主义法治道路的内在逻辑，有着重要的理论价值和实践意义。

一、新中国成立之初中国法治道路的艰辛探索

20 世纪上半叶，中国法律发展大体上依次出现过四种形式或模式，即晚清新政模式、辛亥革命法制模式、北洋军阀政治法制模式和南京国民政府法制模式。自 20 世纪下半叶以来，随着 1949 年中国人民革命的胜利，先后发生了 1949 年到 1956 年的新中国成立之初新型国家与法律制度的创设以及 1978 年 12 月开始的中国式现代法治的重建和发展这两次深刻的法治变革浪潮。在中国特色社会主义法治发展的进程中，伴随着两次历史性巨变，产生了两次法律革命。

1949 年 9 月 21 日，当毛泽东在中国人民政治协商第一届全体会议上庄严宣告"占人类总数四分之一的中国人从此站立起来了"[②]，古老的中华法律文明获得新生。中国人民革命的胜利，催生了中国特色社会主

---

① 习近平：《加快建设社会主义法治国家》，载《求是》2015 年第 1 期。
② 《毛泽东著作选读》下册，人民出版社 1986 年版，第 691 页。

义法治发展进程中的第一次法律革命。以毛泽东为主要代表的中国共产党人在领导中国革命和建设的过程中，从具体国情条件出发，组织和推动了第一次法律革命。这场法律革命是在新民主主义法制发展的基础上展开的，旨在推动从半殖民地半封建社会的法律秩序向新民主主义及社会主义法律秩序的历史更替，为中国特色社会主义法治道路的形成奠定基础。

　　首先，第一次法律革命是在废除旧法的基础上进行的法治发展。如何看待它先前的法律遗产，这是革命的设计者和组织者必须严肃思考的重要问题。按照马克思主义经典作家的看法，无产阶段革命不仅要摧毁旧的经济关系结构，改造旧的社会基础，而且要从根本上改变全部上层建筑——政治、法的关系。"工人阶级不能简单地掌握现成的国家机器，并运用它来达到自己的目的。奴役他们的政治工具不能当成解放他们的政治工具来使用。"① 在中国的历史条件下，中国共产党人清醒地意识到，与俄国十月革命所开辟的法治发展道路有所区别，中国社会主义法治不可能在旧法制的基础上建立，而必须运用革命的暴力手段打碎包括法律制度在内的旧国家机器。因此，在人民大革命胜利的前夕，中共中央于 1949 年 2 月发出了《关于废除国民党的六法全书与确立解放区的司法原则的指示》，这被称为"二月指示"。"二月指示"明确指出："人民的司法工作不能再以国民党的六法全书为依据，而应该以人民的新的法律作依据。在人民新的法律还没有系统地发布以前，应该以共产党政策以及人民政府与人民解放军已发布的各种纲领、法律、命令、条例、决议作依据。目前，在人民的法律还不完备的情况下，司法机关的办理原则应该是：有纲领、法律、命令、条例、决议规定者，从纲领、法律、命令、条例、决议规定；无纲领、法律、命令、条例、决议规定者，从新民主主义的政策。"② 所

① 《马克思恩格斯文集》第 3 卷，人民出版社 2009 年版，第 218 页。

② 参见韩延龙、常兆儒编：《中国新民主主义革命时期革命根据地法制文献选编》第一卷，社会科学文献出版社 1981 年版，第 87 页。

以，废除"六法全书"已成为建立新型国家与法律制度的基本法权要求。1949 年 9 月 29 日，全国政协第一届全体会议通过的具有临时宪法性质的《共同纲领》第 17 条规定："废除国民党反动政府一切压迫人民的法律、法令和司法制度，制定保护人民的法律、法令，建立人民司法制度。"①这就从国家根本法上彻底废除了国民党政府的"六法全书"及其"法统"，代之以人民的法律与司法系统。

其次，第一次法律革命创设了新型的国家制度，有力推动了现代国家发展。任何一场全方位的法律革命，不可避免地涉及创设新的国家制度与政府形式，建立新的国家与社会共同体。人民革命在全国范围内的胜利，历史地提出了实现国家制度的根本创新与变革的重大任务。从 1949 年新中国诞生到 1956 年生产资料私有制的社会主义改造取得决定性的胜利，这是中国几千年历史上最深刻、最伟大的社会变革时期，是中国特色社会主义法治道路的奠基时期。在这里，经历了一个从新民主主义性质的国家制度向社会主义类型的国家制度的转变过程。1949 年《共同纲领》和《中央人民政府组织法》对新中国成立之初的新民主主义国家制度及其政权组织系统作了明确规定。按照这一制度构架，中华人民共和国为新民主主义即人民民主主义的国家，实行工人阶级领导的、以工农联盟为基础的、团结各民主阶级和国内各民族的人民民主专政；新民主主义的政权制度是实行"议行合一"的民主集中制的人民代表大会制度；新民主主义的政府组织，乃是由全国政协全体会议选举产生的中央人民政府委员会行使国家权力，下辖政务院、人民革命军事委员会、最高人民法院和最高人民检察院；鉴于中国的社会条件和民族状况特点，新民主主义的国家结构形式不是多民族联邦制，而是单一制前提下的民族区域自治制度；新民主主义国家制度的经济基础，则是以公有制经济为主导、多种经济成分并存的新民主主义的所有权结构系统。由此，一个全新的国家制度得以确立，

---

① 参见《中央人民政府法令汇编》(1949—1950 年)，法律出版社 1982 年版，第 21 页。

实现了对于近代中国以来各种国家制度方案的历史性超越。随着我国社会由新民主主义向社会主义的过渡，1954 年 9 月召开的一届全国人大一次会议通过了《中华人民共和国宪法》，亦即"五四宪法"。作为人民共和国的第一部正式宪法，"五四宪法"不仅是对《共同纲领》的继承，而且更重要的是对共和国国家制度的进一步创新和发展，确立了我国社会主义政治、经济、社会制度的基本原则，为社会主义制度在中国的全面确立奠定了根本法基础。"五四宪法"赋予国家性质以新的属性与内容，规定中华人民共和国是工人阶级领导的、以工农联盟为基础的人民民主国家；确立了人民代表大会制度作为我国根本政治制度的宪法地位，对国家根本政治制度作了更加完备的规定；建立了更加完备的国家机构体系和国家元首制度；坚持单一制前提下的民族区域自治制度；形成了与国家制度的性质与形式相适应的公民权利体系，使之成为确证新中国国家与社会制度的重要载体和实现形式；创设了社会主义经济制度所必需的新的法律基础，以便适应从新民主主义向社会主义的转型。作为民主原则和社会主义原则这两大原则集中体现的"五四宪法"，建构了具有中国特色的现代国家制度，这对于中国特色社会主义法治道路的形成与发展有着深远的意义。

再次，第一次法律革命致力于形成社会改造的法律机制，初步建立了一种全新的社会和法律秩序。这一时期，通过法律和群众运动方式推行的几次大的社会改造与变革运动，对新中国创立之初的社会与法律秩序的重建发挥了重要作用。在新中国成立以来的一段相当长的历史时期内，中国法治发展进程的一个明显特点是法治发展与群众运动彼此交织，形成有机的互动关系。大规模的群众运动有力推动了新中国成立之初的法治发展。在新生的共和国政权刚刚建立的社会历史条件下，发动群众运动，进行社会改革，这是中国共产党组织社会动员、巩固新生政权的基本方式。然而，群众运动与法治权威之间往往有其矛盾的一面，"因为群众运动是不完全依靠法律的，甚至对他们自己创造的表现自己意志的法律有时也不太尊重"。[①] 在中国的特殊社会历史条件下，群众运动的副作用所造成的影响是相当深刻与深远的，集中表现为助长了不重视和不尊重法治的现象的滋生蔓延。因此，在国家和社会生活转向以经济建设为中心的新的历史条件下，那种依靠群众运动来组织社会动员、推进国家治理的方式或模式已然不合时宜，而必须重视和加强法治建设，善于运用法律手段来治理国家与社会。所以，1956 年 9 月召开的中共八大明确提出了加强社会主义法制建设的方针。[②] 然而，从 1957 年开始，法律虚无主义思潮蔓延，直至酿成"文化大革命"的悲剧，第一次法律革命进程遇到严重挫折。

二、中国法治道路的形成

1978 年 12 月召开的中共十一届三中全会是中国特色社会主义法治进程中具有里程碑意义的一件大事。从此，中国特色社会主义法治发展进入了一个历史变革的新时代，构成了当代中国的又一次法律革命。以邓小平为主要代表的中国共产党人，面对防止"文化大革命"历史悲剧重演、保持国家长治久安的重大时代课题，坚定地实行社会主义法治的方针，推动从人治向法治转变的历史变革，形成了中国特色社会主义法治道路。持续到当下的第二次法律革命的本质性意义，在于实现从计划经济体制下的人治型法律秩序向社会主义市场经济体制下的现代法理型法律秩序的深刻转变。从 1978 年 12 月十一届三中全会到 20 世纪 80 年代的十余年间，中国特色社会主义法治发展呈现出若干鲜明的时代特点。

第一，提出社会主义民主制度化、法律化的重大法治方针。1978 年 12 月 13 日，在为十一届三中全会作准备的中央工作会议闭幕会上，邓小

---

① 参见《董必武法学文集》，法律出版社 2001 年版，第 196 页。

② 参见《中华人民共和国法规汇编》（1956 年 7 月—12 月），法律出版社 1958 年版，第 14 页。

平发表了题为《解放思想，实事求是，团结一致向前看》的著名讲话，强调民主是解放思想的重要条件，深刻指出："为了保障人民民主，必须加强法制，必须使民主制度化、法律化，使这种制度和法律不因领导人的改变而改变，不因领导人的看法和注意力的改变而改变。"① 在这里，邓小平提出了社会主义民主制度化、法律化的重大法治原则。也是在这次会议的闭幕会上，叶剑英分析说，"文化大革命"的血的教训使我们懂得，一个国家非有法律和制度不可。这种法律和制度有稳定性、连续性，它们是人民制定的，一定要具有极大的权威，只有经过法律程序才能修改，而不能以任何领导人个人的意志为转移。② 中共中央工作会议之后召开的十一届三中全会认真讨论了民主和法制问题，正式确立了中国特色社会主义法治建设的指导方针，指出："为了保障人民民主，必须加强社会主义法制，使民主制度化、法律化，使这种制度和法律具有稳定性、连续性和极大的权威，做到有法可依，有法必依，执法必严，违法必究。"全会还对检察机关和司法机关提出了具体工作要求，强调"检察机关和司法机关要保持应有的独立性；要忠实于法律和制度，忠实于人民利益，忠实于事实真相；要保证人民在自己的法律面前人人平等，不允许任何人有超于法律之上的特权。"③ 在十一届三中全会所确立的中国特色社会主义法治建设指导方针的指引下，法治发展大踏步地前进。1979 年 7 月召开的五届全国人大二次会议通过了刑法、刑事诉讼法等七部法律。鉴于"文化大革命"中的非法司法的惨痛历史教训，为了确保刑法和刑事诉讼法得到有效贯彻实施，1979 年 9 月，中共中央专门向全党发出了《关于坚决保证刑法、刑事诉讼法切实实施的指示》（以下简称《九月指示》），强调："在这七个重要法律中，刑法、刑事诉讼法同全国人民每天的切身利益有密切关系，它们能否严格执行，是衡量我国是否实行社会主义法治的重要标志，因此也

---

① 参见《邓小平文选》第二卷，人民出版社 1994 年版，第 146—147 页。

② 参见《叶剑英选集》，人民出版社 1996 年版，第 499 页。

③ 参见《改革开放以来历届三中全会文件汇编》，人民出版社 2013 年版，第 12 页。

更为广大群众所密切注意。各级党委、党的各级领导干部和全体党员，都要充分认识到，这是一个直接关系到党和国家信誉的大问题。"① 在这里，党第一次明确指出"实行社会主义法治"，并且把刑法、刑事诉讼法能否严格执行上升到"直接关系到党和国家信誉"的高度来突出强调。《九月指示》对严格按照刑法和刑事诉讼法办事提出了具体要求，指出：今后，各级司法机关和公安机关都要在党的领导下，严格按照这两个法律办事，正确运用法律武器，保护人民，打击敌人，惩办罪犯，保障社会主义现代化建设的顺利进行。司法机关在处理违法犯罪问题的过程中，必须坚持以事实为根据，以法律为准绳，具体分析，准确量刑；必须严禁公、检、法以外的任何机关和个人，捕人押人，私设公堂，搜查抄家，限制人身自由和侵犯人民的正当权益；也不允许以各种理由，指令公安、检察机关违反刑法规定的法律界限和刑事诉讼法规定的司法程序，滥行捕人抓人，或者背离法律规定，任意判定，加重或减免刑罚。②1982 年 12 月 4 日，五届全国人大五次会议通过的宪法（亦称"八二宪法"），把三中全会以来党推进法治建设的成功经验上升为宪法规范，确立了国家法制统一的原则，规定"国家维护社会主义法制的统一和尊严"，③ 有力推动了当代中国法制现代化的进程。

　　第二，确立党必须在宪法和法律的范围内活动的重大法治原则。在当代中国，中国共产党是执政党，具有丰厚的社会政治资源，在整个国家和社会生活中处于领导地位，在人民群众中享有崇高的威望。这是在长期的革命和建设过程中形成的。把法治建设置于党的领导之下，这既是我们的传统和优势，也是新的历史条件的客观要求。实行社会主义法治决不意味着放弃或削弱党的领导。问题的关键在于：贯彻社会主义民主制度化、法律化的法治原则，对加强和改善党对法治建设的领导提出了新的更高的要

---

① 参见《三中全会以来重要文献汇编》上，人民出版社 1982 年版，第 257 页。

② 参见上书，第 258 页。

③ 参见《中华人民共和国法规汇编》（1982 年 1 月—12 月），法律出版社 1986 年版。

求，而党首先必须在宪法和法律的范围内活动。《九月指示》按照"实行社会主义法治"的指导方针，第一次全面科学地确立了中国共产党对司法工作领导的基本原则和工作体制，指出要加强党对司法工作的领导，切实保证司法机关行使宪法和法律规定的职权。"今后，加强党对司法工作的领导，最重要的一条，就是切实保证法律的实施，充分发挥司法机关的作用，切实保证人民检察院独立行使检察权，人民法院独立行使审判权，使之不受其他行政机关、团体和个人的干涉。国家法律是党领导制定的，司法机关是党领导建立的，任何人不尊重法律和司法机关的职权，这首先就是损害党的领导和党的威信。"《九月指示》还强调："党委与司法机关各有专责，不能互相代替，不应互相混淆。"宣布："中央决定取消各级党委审批案件的制度。"①《九月指示》还对新形势下如何加强和改进党对司法工作的领导提出了具体的要求。《九月指示》对于党探索新时期对法治建设的领导新思路新机制产生了重要影响。如何处理好党与法的关系，这对于实现社会主义民主制度法律化，推进国家和社会生活的法治化进程具有重大意义。1981 年 6 月 27 日十一届六中全会通过的《关于建国以来党的若干历史问题的决议》（以下简称《决议》）深刻分析、总结了发生十年"文革"的复杂的社会历史原因，认为中国是一个封建历史很长的国家，长期封建专制主义在思想政治方面的遗毒仍然不是很容易肃清的，"种种历史原因又使我们没有能把党内民主和国家政治社会生活的民主加以制度化、法律化，或者虽然制定了法律，却没有应有的权威"。②《决议》提出要"完善国家的宪法和法律并使之成为任何人都必须严格遵守的不可侵犯的力量"，"决不能让类似'文化大革命'的混乱局面在任何范围内重演"，强调"党的各级组织同其他社会组织一样，都必须在宪法和法律的范围内活动"。③ 在《决议》之后的第二年九月，中

---

① 参见《三中全会以来重要文献汇编》上，人民出版社 1982 年版，第 259 页。
② 参见《三中全会以来重要文献汇编》下，人民出版社 1982 年版，第 819 页。
③ 参见上书，第 842、844 页。

共十二大通过的《中国共产党章程》总纲在党的历史上第一次规定"党必须在宪法和法律的范围内活动"。① 十二大强调，新党章的这一规定"是一项极其重要的原则。从中央到基层，一切党组织和党员的活动都不能同国家的宪法和法律相抵触"。② 随后"八二宪法"把上述精神上升为宪法原则，规定："一切国家机关和武装力量、各政党和各社会团体、企业事业组织都必须遵守宪法和法律。一切违反宪法和法律的行为，都必须予以追究。""任何组织或个人都不得有超越宪法和法律的特权。"③ 这一重大法治原则和法治要求的提出与贯彻，对于中国特色社会主义法治发展进程产生了深远的影响。

第三，积极推进国家制宪和立法进程。要适应全党全国的工作重心由以阶级斗争为纲向以经济建设为中心的战略性转变的法律需求，进而推动从人治向法治的历史性转变，实现社会主义民主制度化、法律化，就必须把国家和社会生活构筑在牢固的法治基础之上。这就需要大力加强立法工作，切实解决有法可依的问题。在中共中央工作会议闭幕会上的讲话中，邓小平指出："现在的问题是法律很不完备，很多法律还没有制定出来。"所以，应该集中力量制定刑法、民法、诉讼法和其他各种必要的法律，经过一定的民主程序讨论通过。他还专门对如何抓紧做好立法工作提出了明确要求：第一，现在立法的工作量很大，人力很不够，因此法律条文开始可以粗一点，逐步完善；第二，有的法规地方可以先试搞，然后经过总结提高，制定全国通行的法律；第三，修改补充法律，成熟一条就修改补充一条，不要等待"成套设备。"总之，"有比没有好，快搞比慢搞好"。④ 因此，党的十一届三中全会明确提出："从现

---

① 参见《十二大以来重要文献选编》上，人民出版社 1986 年版，第 68 页。

② 参见上书，第 35 页。

③ 参见《中华人民共和国法规汇编》（1982 年 1 月—12 月），法律出版社 1986 年版，第 6 页。

④ 参见《邓小平文选》第二卷，人民出版社 1994 年版，第 147 页。

在起，应当把立法工作摆到全国人民代表大会及其常务委员会的重要议程上来。"① 由此，当代中国进入了立法革命的时代。宪法是社会变革的重大成果在根本法上的记载。在全新的时代条件下，制定一部反映新的历史时期国家与社会生活的全新要求的新宪法已是大势所趋。②1980年9月10日，根据中共中央的建议，五届全国人大三次会议通过了《关于修改宪法和成立宪法修改委员会的决议》，组成了以叶剑英为主任委员的宪法修改委员会，展开了继制定"五四宪法"之后的又一次大规模的宪法典创制活动（尽管这是以修宪的形式出现的）。经过历时两年多的反复研究、全民讨论和充分审议，1982年12月4日，五届全国人大五次会议正式通过了"八二宪法"。这部宪法总结了新中国成立以来宪制建设的经验教训，根据新的历史时期国家民主与法制建设的新形势新任务，在内容与形式的结合上，进一步完备了我国的宪法制度，成为当代中国宪法制度发展的一个里程碑。随着社会变革进程在更大的范围和更深的层面上的深入推进，"八二宪法"的某些条文有必要加以充实完善。在中共中央的积极推动下，全国人大借鉴国外的有益经验，坚持宪法的稳定性与变动性的有机结合，通过宪法修正案的方式修改"八二宪法"的某些条文。1988年4月12日，七届全国人大一次会议通过了两条宪法修正案，明确了私营经济的宪法地位，第一次在法律上确认了土地使用权流转与交易行为的合宪性与合法性。在"八二宪法"的指引下，20世纪80年代我国立法工作取得了重大进展，形成了以宪法为核心的中国特色社会主义法律体系的基本框架。

---

① 参见《三中全会以来重要文献选编》上，人民出版社1982年版，第10页。

② 全国人大曾先后两次对1978年宪法的个别条款加以修改，但是由于1978年宪法在整体上已经不适应变化了的我国社会生活的实际，必须对这部宪法作整体性的全面修改。参见韩大元主编：《新中国宪法发展史》，河北人民出版社2000年版，第157—172页。

三、中国法治道路的丰富

党的十三届四中全会以来，以江泽民为主要代表的中国共产党人，在把中国特色社会主义事业成功推向 21 世纪的历史进程中，科学分析国际国内形势的新变化，深刻总结中国共产党治国理政的历史经验，提出"三个代表"重要思想，作出依法治国、建设社会主义法治国家的重大战略决策，继续推进中国特色社会主义法治发展。当代中国第二次法律革命展示出蓬勃生机。

进入 20 世纪 90 年代，中国社会变革日益向纵深推进，但同时也面临着错综复杂的局面。在这个重要关头，1992 年初，邓小平视察南方，发表了著名的"南方谈话"，以高超的政治智慧和历史辩证法精神，阐述了党和国家事业发展面临的一系列重大理论和实践问题，对于中国特色社会主义法治建设具有重大的指导意义。在邓小平看来，"社会主义的本质，是解放生产力，发展生产力，消灭剥削，消除两极分化，最终达到共同富裕"。① 这就是说，社会主义的本质和价值理想在于，社会主义不仅能够带来生产力的解放和发展，进而满足人民日益增长的物质文化需要，而且带来社会正义与平等，进而消除两极分化，促进社会的共同富裕。对于中国特色社会主义法治来说，这意味着一种新的法律价值体系的确证。由社会主义的本质特征所决定，当代中国法治的基本功能在于发展生产力，实现社会正义，在公平与效益的关系上谋求二者的平衡发展，以便为当代中国法治进程奠定牢固的价值基础。邓小平强调，"计划多一点还是市场多一点，不是社会主义与资本主义的本质区别。计划经济不等于社会主义，资本主义也有计划；市场经济不等于资本主义，社会主义也有市场。计划

---

① 《邓小平文选》第三卷，人民出版社 1993 年版，第 373 页。

和市场都是经济手段"。① 因此，社会主义完全可以实行市场经济。这一重要论断彻底拔除了把社会主义与市场经济截然对立起来的思想藩篱，确立了社会主义市场经济的革命性概念，不仅为当代中国经济改革指明了方向，而且给当代中国法治发展开辟了广阔天地。1992 年初，邓小平视察南方的重要谈话和同年 10 月召开的中共十四大开创了中国特色社会主义法治道路的新阶段。这一阶段的中国特色社会主义法治建设主要有以下方面的显著特点。

其一，努力夯实社会主义市场经济体制的法律基础。在新中国成立之后的相当长一段时间内，法制不够完备，重视程序亦不够，其中一个重要原因是建构了一种高度集权化的计划经济体制。在这样的计划经济基础上，社会生活中的人治状态便是不可避免的。与传统的计划经济秩序不同，现代市场经济在本质上与法治密切相连。现代市场经济生活的统治形式和调控手段是法律。法律具体设定了市场社会运作的规则和原则；法律是衡量市场社会关系主体行为的基本标准，市场主体的各种行为要受到一定的法律规范的制约；在市场社会生活中，无论是官员还是普通民众，在法律面前一律平等，都要服从具有非人格特征的法律秩序。当代中国经济体制改革的核心，就是要建立一个具有社会主义特点的、能够充分发挥市场经济作用的经济体制。1992 年初，邓小平在视察南方的谈话中明确作出社会主义社会完全可以实行市场经济的著名结论。1992 年 6 月 9 日，江泽民在中共中央党校省部级干部进修班上的讲话中，阐明了社会主义市场经济体制的主要特征。②1992 年 10 月召开的中共十四大明确把我国经济体制改革的目标确定为建立社会主义市场经济体制，强调建立社会主义市场经济体制，涉及我国经济基础和上层建筑的许多领域，需要有一系列相应的体制改革和政策调整，其中的一项重要

---

① 《邓小平文选》第三卷，人民出版社 1993 年版，第 373 页。

② 参见《江泽民文选》第一卷，人民出版社 2006 年版，第 203 页。

任务，就是要"高度重视法制建设。加强立法工作，特别是抓紧制订与完善保障改革开放、加强宏观经济管理、规范微观经济行为的法律和法规，这是建立社会主义市场经济体制的迫切要求。要严格执行宪法和法律，加强执法监督，坚决纠正以言代法、以罚代刑等现象，保障人民法院和检察院依法独立进行审判和检察"。①1993 年 11 月召开的十四届三中全会作出《关于建立社会主义市场经济体制若干问题的决定》，提出到 20 世纪末初步建立起新的经济体制，并且强调必须围绕社会主义市场经济体制的主要环节，建立相应的法律体系。② 正是在邓小平南方谈话和中共十四大以及十四届三中全会精神的指引下，围绕建立社会主义市场经济这一经济体制改革的目标，20 世纪 90 年代以来，社会经济生活领域的立法步伐明显加快，体现了改革决策与立法决策的紧密结合，一个既与人类文明社会市场经济法律准则相衔接、又有着鲜明中国特色的社会主义市场经济法律架构逐步形成。

其二，把依法治国确定为党领导人民治理国家的基本方略。从传统的计划经济体制向现代市场经济体制的转型，很大程度上意味着国家制度的转型变革。实际上，建构现代市场经济的法治秩序与推进现代国家制度发展与变革处于同一个历史过程之中。在当代中国，通过改革实现从人治到法治的历史性转变，至为关键的问题在于坚持依法治国，将社会主义民主政治牢固建立在法治的基础之上，使民主制度化、法律化，推动社会主义民主政治法治化进程，建设社会主义法治国家。现代意义上的法治是与民主政治密切联系的。它要求法律的权威高于任何个人的权威，法律是治理国家的基本手段；要求法律适用上一律平等，排斥法律之外的任何特权；要求通过法律机制保障和促进公民的权利，并且要创造一个正常的社会生活条件，使个人的合法愿望和尊严能够在这些条

---

① 参见《十四大以来重要文献选编》上，人民出版社 1996 年版，第 19—20、29 页。
② 参见上书，第 543—544 页。

件下得以实现。因此，明确提出依法治国、建设社会主义法治国家的基本方略，不仅体现了建设社会主义民主政治，发展社会主义市场经济的必然要求，而且事关党和国家的长治久安。1992年10月召开的中共十四大强调，要积极推进政治体制改革，使社会主义民主和法制建设有一个较大的发展。① 1996年2月8日，在中共中央举办的法制讲座上，江泽民第一次明确提出要坚持依法治国，并且作了深入阐发，强调"依法治国是社会进步、社会文明的一个重要标志，是我们建设社会主义现代化国家的必然要求"，"实行和坚持依法治国，就是使国家各项工作逐步走上法制化的轨道，实现国家政治生活、经济生活、社会生活的法制化、规范化；就是广大人民群众在党的领导下，依照宪法和法律的规定，通过各种途径和形式，管理国家事务，管理经济和文化事业，管理社会事务；就是逐步实现社会主义民主的制度化、法律化"。② 不久，1996年3月召开的八届全国人大四次会议，把"依法治国、建设社会主义法制国家"作为我国法治建设的目标。尽管这里表述的是"法制国家"而不是"法治国家"，但其基本意蕴是相通的。在1997年2月27日召开的八届全国人大五次会议、全国政协八届五次会议的党员负责同志会议上的讲话中，江泽民明确把依法治国上升为治国方略加以强调，指出："依法治国是新的历史条件下党领导人民建设和治理国家的基本方略。"③ 经过十一届三中全会以来持续不断的探索，1997年9月召开的中共十五大郑重提出了依法治国、建设社会主义法治国家的基本方略："依法治国，就是广大人民群众在党的领导下，依照宪法和法律规定，通过各种途径和形式管理国家事务，管理经济文化事业，管理社会事务，保证国家各项工作都依法进行，逐步实现社会主义民主的制度化、法律化，使这种制度和法律不因领导人的改变而改变，不因领导人看法和注意力的改变而

---

① 参见《十四大以来重要文献选编》上，中央文献出版社2011年版，第24页。
② 《江泽民文选》第一卷，人民出版社2006年版，第511、513页。
③ 同上书，第644页。

改变。依法治国，是党领导人民治理国家的基本方略，是发展社会主义市场经济的客观需要，是社会文明进步的重要标志，是国家长治久安的重要保障。"① 这是一个历史性的重大战略决策，是中国特色社会主义法治进程中的一个具有里程碑意义的重大法治事件。

其三，推动国家与社会生活的法治化进程。20世纪90年代以来，在发展社会主义市场经济、建设社会主义民主政治所形成的强大动力的有力推动下，在依法治国基本方略的指引下，当代中国国家与社会生活的法治化进程深入展开。这一时期先后两次修宪。1993年3月28日，八届全国人大一次会议通过九条宪法修正案，突出了建设有中国特色社会主义的理论和党的基本路线，把十四大关于建立社会主义市场经济体制的改革目标和基本政策上升为宪法规范，把中国共产党领导的多党合作和政治协商制度写进了宪法，并且将县级人大的任期由三年改为五年。1999年3月15日，九届全国人大二次会议通过六条宪法修正案，集中体现了党的十五大精神，将邓小平理论载入宪法，把依法治国、建设社会主义法治国家的基本方略用根本大法的形式固定下来，明确规定了社会主义初级阶段的基本经济制度和分配制度，明确规定了家庭承包经营为基础、统分结合的双层经营体制，进一步明确了个体经济、私营经济等非公有制经济在我国社会主义市场经济中的地位和作用。此外，还将《宪法》第28条表述的"反革命的活动"修改为"危害国家安全的犯罪活动"，以便与1997年3月八届全国人大五次会议通过的新刑法的有关规定相一致。可以看出，包括1988年修宪在内的对"八二宪法"的三次修改，鲜明地反映了宪制与社会变革之间的互动关系，而社会经济生活的革命性变化及其法权要求像一条红线贯穿其中。这三次修宪基本上确立了发展中国社会主义市场经济的根本法基础。

---

① 参见《十五大以来重要文献选编》上，中央文献出版社2011年版，第26页。

四、中国法治道路的拓展

中共十六大以来，以胡锦涛为主要代表的中国共产党人面对前所未有的机遇和挑战，坚持以科学发展观统领国家发展与现代化全局，把坚持依法执政确定为党治国理政的基本方式，进一步加强中国特色社会主义法治建设，在坚持和发展中国特色社会主义法治道路的时代征途上作出了新的贡献。这一时期中国特色社会主义法治发展的主要特点表现在以下方面。

首先，把依法执政确定为党治国理政的基本方式。1949 年新民主主义革命的胜利揭开了中华民族历史发展的新篇章。中国共产党从领导人民为夺取全国政权而奋斗的党，成为领导人民掌握全国政权并且长期执政的党。随着从革命党向执政党的转变，中国共产党的执政方式面临着新的重大课题。进入 21 世纪以来，中国共产党深刻揭示了共产党的执政规律，鲜明地提出依法执政的重大命题，把坚持依法执政作为改革和完善党的领导方式和执政方式，提高党的执政能力的重要内容。2002 年 11 月召开的中共十六大作出一个重要论断："必须增强法制观念，善于把坚持党的领导、人民当家作主和依法治国统一起来，不断提高依法执政的能力。"① 显然，这里提出了依法执政的概念。在纪念现行宪法颁行二十周年大会上，胡锦涛指出，党要坚持依法执政，不断提高依法执政的能力，这对于加强和改善党的领导，改革和完善党的领导方式和执政方式，提高党的执政能力和执政水平，具有极其重要的意义。② 后来，胡锦涛进一步指出："要进一步改革和完善党的领导方式和执政方式，坚持党总揽全局、协调各方

---

① 参见《中国共产党第十六次代表大会文件汇编》，人民出版社 2002 年版，第 39 页。

② 参见胡锦涛：《在首都各界纪念中华人民共和国宪法公布施行二十周年大会上的讲话》（2002 年 12 月 4 日），见《十六大以来重要文献选编》上，中央文献出版社 2005 年版，第 74 页。

的原则，实行依法执政，更好地实施党对国家和社会的领导。"① 他强调，"要适应新形势新任务的要求，不断改革和完善党的领导方式和执政方式，坚持依法治国的基本方略，把依法执政作为党治国理政的一个基本方式，坚持在宪法和法律范围内活动，严格依法办事，善于运用国家政权处理国家事务"。② 这一论断已经揭明了依法执政的内涵特征和基本要求。2004年9月19日，中共十六届四中全会通过了《中共中央关于加强党的执政能力建设的决定》，系统阐述了中国共产党依法执政的基本内容和要求，指出："依法执政是新的历史条件下党执政的一个基本方式"，"要坚持依法治国，领导立法，带头守法，保证执法，不断推进国家经济、政治、文化、社会生活的法制化、规范化"。③

其次，如期形成中国特色社会主义法律体系。党领导人民依据法律有效治理国家与社会，实施依法治国基本方略，必然要求党要改革和完善领导方式和执政方式，坚持依法执政，在法治化的轨道上实现对国家和社会的领导。这是依法治国的要义，是依法治国的根本保证，也是党的执政方式与领导方式的重大创新。依法治国与依法执政相统一的一个重要方面，就是把党的意志上升为国家意志，使之成为国家法律，以便通过法律机制设定国家权力运行结构，配置社会资源，调控社会利益关系，推动社会变革。自从十一届三中全会提出从现在起应当把立法工作摆在国家立法机关的重要议程以来，加强立法工作，逐步形成中国特色社会主义法律体系，便成为国家法治化进程的一件大事。建立法律体系必须立足中国的国情条件，走中国特色的法律体系形成之路。中共十五大第一次提出到2010年

---

① 参见胡锦涛：《在纪念毛泽东同志诞辰一百一十周年大会上的讲话》（2003年12月26日），见《十六大以来重要文献选编》上，中央文献出版社2005年版，第650—651页。

② 参见胡锦涛：《在首都各界纪念全国人民代表大会成立五十周年大会上的讲话》（2004年9月15日），见《十六大以来重要文献选编》中，中央文献出版社2006年版，第226页。

③ 参见《十六大以来重要文献选编》中，中央文献出版社2006年版，第281、275页。

形成中国特色社会主义法律体系的历史性任务。到九届全国人大任期届满之际，经过各方面的不懈努力，中国特色社会主义法律体系初步形成。在上述基础上，中共十六大进一步重申，到 2010 年形成中国特色社会主义法律体系。2011 年 3 月 10 日，在十一届全国人大四次会议上，吴邦国代表全国人大常委会指出，新中国成立以来特别是改革开放三十多年来，我国立法工作取得了举世瞩目的巨大成就。一个立足中国国情和实际、适应改革开放和社会主义现代化建设需要、集中体现党和人民意志的，以宪法为统帅，以宪法相关法、民法商法等多个法律部门的法律为主干，由法律、行政法规、地方性法规等多个层次的法律规范构成的中国特色社会主义法律体系已经形成，国家经济建设、政治建设、文化建设、社会建设以及生态文明建设的各个方面实现有法可依，党的十五大提出到 2010 年形成中国特色社会主义法律体系的立法工作目标如期完成。① 这样，中国特色社会主义法律体系经历了从九届全国人大初步形成，到十届全国人大基本形成，再到十一届全国人大四次会议如期形成的三个发展阶段。如期形成的中国特色社会主义法律体系，深刻反映了我国社会主义初级阶段的国情条件，集中体现了党对中国特色社会主义事业发展规律和依法执政规律的科学把握，国家生活和社会生活各方面总体上实现了有法可依，标志着中国特色社会主义法律制度愈益成熟。这是中国特色社会主义法治发展进程中的一件具有里程碑意义的大事。诚如习近平所说的，"这是一个了不起的重大成就"。②

再次，构建社会主义和谐社会的法治机制。把构建社会主义和谐社会确定为当代中国社会发展与社会治理的战略目标，对于保证转型与变革时期中国社会的平稳运行和社会的有效治理至关重要。2004 年 9 月召开的

---

① 参见《中华人民共和国全国人民代表大会常务委员会公报》2011 年第 3 号，第 333 页。

② 参见《中共中央关于全面推进依法治国若干重大问题的决定》，人民出版社 2014 年版，第 52 页。

中共十六届四中全会从全面建设小康社会的全局出发，把建设社会主义和谐社会确定为一项重大战略任务，把不断提高构建社会主义和谐社会的能力作为加强党的执政能力建设的主要任务之一。2005年2月19日，在省部级主要领导干部提高构建社会主义和谐社会能力专题研讨班上的讲话中，胡锦涛对构建社会主义和谐社会作了全面深刻的阐述，科学揭示了构建社会主义和谐社会的重大意义、概念内涵、基本特征、重要原则和主要任务，系统回答了什么是社会主义和谐社会以及怎样构建社会主义和谐社会等一系列重大课题。这一讲话充分反映了我们党对中国特色社会主义事业发展规律的新的认识，表明了我们党对在新的历史条件下执政方略和执政方式的新的把握。胡锦涛指出："根据马克思主义基本原理和我国社会主义建设的实践经验，根据新世纪新阶段我国经济社会发展的新要求和我国社会出现的新趋势、新特点，我们要建设的社会主义和谐社会，应该是民主法治、公平正义、诚信友爱、充满活力、安定有序、人与自然和谐相处的社会。"[①] 这一论断清晰地揭示了社会主义和谐社会的内涵特征及其法律意蕴。2006年10月召开的十六届六中全会通过了《中共中央关于构建社会主义和谐社会若干重大问题的决定》，把十六大以来党和国家关于和谐社会建设的理论和实践进行了全面总结，系统阐述和部署了构建社会主义和谐社会的重大战略任务。十七大明确提出"社会和谐是中国特色社会主义的本质属性"。[②] 这是一个极其重要的、事关中国特色社会主义事业全局的重大判断，深化了对和谐社会建设在中国特色社会主义事业总体布局中重要地位和重要作用的认识。在现代社会，法治的价值目标是多层次、多方面的。实现社会和谐，无疑是现代法治所追求的重要价值目标之一。只有人人遵纪守法，才能形成良好的社会秩序和社会环境，社会生活才能够和谐安定。因此，胡锦涛把"民主法治"作为社会主义和谐社会的

[①]　胡锦涛：《论构建社会主义和谐社会》，中央文献出版社2013年版，第52页。

[②]　参见《十七大以来重要文献选编》上，中央文献出版社2009年版，第13页。

首要特征，强调"构建社会主义和谐社会，必须健全社会主义法制，建设社会主义法治国家，充分发挥法治在促进、实现、保障社会和谐方面的重要作用"。① 这就是说，在和谐社会建设过程中，"制度更带有根本性、全局性、稳定性和长期性。完善的体制机制和制度体系，是促进社会和谐、实现社会公平正义的重要保证。"② 十六届六中全会突出强调制度建设和创新对于促进社会和谐的重大作用，从经济、政治、文化、社会等方面提出了和谐社会制度建设的六大任务，其中包括要完善法律制度，夯实社会和谐的法治基础。在构建社会主义和谐社会的历史进程中，"以制度建设来保障社会公平正义，最重要的是推进国家经济、政治、文化、社会生活的法制化、规范化，以法治理念、法治体制、法治秩序维护和促进社会公平正义"。③ 这一时期的立法活动充分反映了构建社会主义和谐社会的法权要求。2004 年 3 月 14 日，十届全国人大二次会议审议通过了第四个宪法修正案，着重申明"国家尊重和保护人权"，宣布"公民的合法的私有财产不受侵犯"。这一宪法精神在其后的制定物权法、修改刑法、刑诉法等重要法律中都得到集中体现。这亦表明，构建和谐社会的法治体制机制，是中国特色社会主义法治建设的客观要求，是中国特色社会主义法治道路的必然选择。

五、中国法治道路的历史新阶段

2012 年 11 月 8 日召开的中共十八大是在建设中国特色社会主义的伟大事业的历史进程中一次十分重要的大会。十八大报告通篇蕴含了法治精神、法治思想和法治要求，将"依法治国基本方略全面落实"作为全面建成小康社会和全面深化改革开放的重要目标，强调"法治是治国理政的基

---

① 胡锦涛：《论构建社会主义和谐社会》，中央文献出版社 2013 年版，第 57 页。

② 参见《十六大以来重要文献选编》下，中央文献出版社 2008 年版，第 677 页。

③ 参见上书，第 710 页。

本方式"，要"全面推进依法治国"，"实现国家各项工作的法治化"；要坚持党的领导、人民当家作主、依法治国有机统一，加快建设社会主义法治国家；要"更加注重发挥法治在国家治理和社会管理中的重要作用，维护国家法制统一、尊严、权威，保证人民享有广泛权利和自由"。① 这充分体现了当代中国共产党人对法治建设的高度重视，凸显了法治在推进中国特色社会主义事业进程中的重要地位，对于坚持中国特色社会主义法治道路具有重大而深远的意义。

党的十八大以来，以习近平同志为核心的中共中央从坚持和发展中国特色社会主义全局出发，提出并形成了全面建成小康社会、全面深化改革、全面依法治国、全面从严治党的重大战略布局，把全面推进依法治国、加快建设社会主义法治国家放在"四个全面"的战略布局中来把握，摆在事关党和国家长治久安的重要议程加以谋划和推进。2013 年11 月召开的十八届三中全会通过了《中共中央关于全面深化改革若干重大问题的决定》，把"完善和发展中国特色社会主义制度，推进国家治理体系和治理能力现代化"作为全面深化改革的总目标，提出"推进法治中国建设"的重大战略任务，强调"建设法治中国，必须坚持依法治国、依法执政、依法行政共同推进，坚持法治国家、法治政府、法治社会一体建设"。②2014 年 10 月召开的十八届四中全会，在中国共产党历史上第一次专题研究全面推进依法治国重大问题，专门作出《中共中央关于全面推进依法治国若干重大问题的决定》，鲜明地提出要"坚定不移走中国特色社会主义法治道路"，并且把"建设中国特色社会主义法治体系，建设社会主义法治国家"确定为全面推进依法治国的总目

---

① 胡锦涛：《坚定不移沿着中国特色社会主义道路前进　为全面建成小康社会而奋斗——在中国共产党第十八次全国代表大会上的报告》(2012 年 11 月 8 日)，人民出版社2012 年版，第 17、27、27、19、25 页。

② 参见《中共中央关于全面深化改革若干重大问题的决定》，人民出版社 2013 年版，第 3、31—32 页。

标，① 为当代中国法治发展指明了前进方向。以中共十八大和十八届三中全会、四中全会为标志，中国特色社会主义法治道路进入了一个新的历史阶段。

首先，把全面依法治国放在"四个全面"战略布局中来把握。"四个全面"重大战略布局的提出与形成，集中体现了习近平的重要战略思想，充分展示了当代中国共产党人宏阔而深邃的战略视野，丰富和发展了中国特色社会主义理论体系，实现了我们党重大战略思想的又一次与时俱进，是中国共产党继往开来、推进治国理政宏伟大业的战略抓手，是马克思主义中国化的最新成果。"四个全面"的重大战略布局是一个相互融通、相互促进、相互关联、不可分割的有机整体。"这个战略布局，既有战略目标，也有战略举措，每一个'全面'都具有重大战略意义"。在这里，"全面建成小康社会是我们的战略目标"，"全面深化改革、全面依法治国、全面从严治党是三大战略举措，对实现全面建成小康社会战略目标一个都不能缺"。② 在协调推进"四个全面"战略布局的进程中，全面依法治国具有举足轻重的基础性、保障性作用。诚如习近平所强调的，"从这个战略布局看，做好全面依法治国各项工作意义十分重大。没有全面依法治国，我们就治不好国、理不好政，我们的战略布局就会落空。要把全面依法治国放在'四个全面'的战略布局中来把握，深刻认识全面依法治国同其他三个'全面'的关系，努力做到'四个全面'相辅相成、相互促进、相得益彰"。③ 全面依法治国是一个内涵丰富、意蕴深刻的重大命题，也是"四个全面"战略布局的有机组成部分。十八大提出确保到 2020 年全面建成小康社会的奋斗目标，把依法治国基本方略全面落实作为全面建成小康社会的宏伟目标的重要内容之一，并且作出全面深化改革开放、全面推进依

---

① 《中共中央关于全面推进依法治国若干重大问题的决定》，人民出版社 2014 年版，第 11 页。

② 《习近平关于全面依法治国论述摘编》，中央文献出版社 2015 年版，第 14 页。

③ 同上书，第 15 页。

法治国、全面提高党的建设科学化水平的战略部署。① 为了贯彻十八大精神，十八届三中全会对全面深化改革作出了具体部署。十八大以来全方位、高标准管党治党的实践举措，开创了全面从严治党的新局面。这深刻体现了全面建成小康社会、全面深化改革、全面依法治国、全面从严治党这"四个全面"之间的内在逻辑联系，充分表明党把"四个全面"作为一个总体战略部署在时间轴上的有序展开。在"四个全面"的战略布局中，作为战略目标，全面建成小康社会处于灵魂和统帅的地位；作为三大战略举措，全面深化改革和全面依法治国乃是实现战略目标的"鸟之两翼、车之两轮"，全面从严治党则是"四个全面"之魂，是实现战略目标、推进改革和法治的根本政治保证。② 在当代中国，作为治国理政基本方式的法治，旨在把国家与社会生活纳入制度化、规范化、程序化的轨道之中，实施有效规则之治。全面推进依法治国，就是要为协调推进"四个全面"战略布局夯实制度基础。在全面建成小康社会这一新的时代任务面前，当代中国法治建设面临着全新的形势和要求。全面建成小康社会，不仅意味着法律在社会生活中的地位更加重要，法律的作用愈益明显，而且意味着法律的职能更加全面，法律的制度和机制更加健全。很显然，小康社会应当是一个法治社会，必须构筑在坚实的法治基础之上。全面深化改革就是为实现全面建成小康社会提供强大动力，应当体现各领域改革对提高法治水平的基本要求，"在法治轨道上不断深化改革"。③ 同样地，作为全面建成小康社会的根本政治保证，全面从严治党要求我们党坚持依法执政，把依法治国与依规治党内在地统一起来，加强党内法规制度建设，

---

① 参见《中国共产党第十八次全国代表大会文件汇编》，人民出版社 2012 年版，第15—16、25、45 页。

② 参见人民日报评论员：《引领民族复兴的战略布局——一论协调推进"四个全面"》，载《人民日报》2015 年 2 月 25 日；光明日报编辑部：《四个全面：继往开来的重大战略布局》，载《光明日报》2015 年 2 月 9 日。

③ 参见《中共中央关于全面推进依法治国若干重大问题的决定》，人民出版社 2014 年版，第 51 页。

注重党内法规同国家法律的协调衔接。习近平强调,"现在,全面建成小康社会进入决定性阶段,改革进入攻坚期和深水区。我们党面对的改革发展稳定任务之重前所未有、矛盾风险挑战之多前所未有,依法治国在党和国家工作全局中的地位更加突出、作用更加重大","要推动我国经济社会持续健康发展,不断开创中国特色社会主义事业更加广阔的发展前景,就必须全面推进社会主义法治国家建设,从法治上为解决这些问题提供制度化方案"。① 把全面依法治国放在"四个全面"的重大战略布局中来加以把握和推进,彰显了全面依法治国对于协调推进"四个全面"战略布局的制度基础和法治保障的功能作用,意义重大。

其次,精心谋划全面推进依法治国的顶层设计方案。在中国这样一个幅员辽阔、人口庞大、民族众多、国情复杂的发展中的社会主义大国,作为执政党的中国共产党要跳出"历史周期律"、实现长期执政,确保党和国家长治久安,就必须做好为民族复兴筹、为子孙后代计、为长远发展谋的战略谋划,坚定不移地厉行法治,全面推进依法治国,为中国特色社会主义事业发展提供根本性、全局性、长期性的制度保障。习近平指出:"全面推进依法治国是关系我们党执政兴国、关系人民幸福安康、关系党和国家长治久安的重大战略问题,是完善和发展中国特色社会主义制度、推进国家治理体系和治理能力现代化的重要方面","必须在全面推进依法治国上作出总体部署、采取切实措施、迈出坚实步伐"。② 正是基于这样的深刻把握,当代中国共产党人以高度的历史主动性,充分认识法治这个治国理政最大最重要的规矩在国家现代化进程中的重要作用,在党的十八届三中全会作出全面深化改革、推进法治中国建设的重大决策的基础上,立足全局和长远来统筹谋划,又在十八届四中全会上

---

① 习近平:《关于〈中共中央关于全面推进依法治国若干重大问题的决定〉的说明》(2014年10月20日),见《中国共产党第十八届中央委员会第四次全体会议文件汇编》,人民出版社2014年版,第70—71、69页。

② 同上书,第71页。

对全面推进依法治国提出顶层设计方案，作出重大战略部署，开启了全面推进依法治国、加快建设法治中国的新航程。

全面推进依法治国是我们党治国理政的一个重大战略思想，也是"四个全面"战略布局这个大系统中的一个子系统。党的十八届四中全会决定在明确全面推进依法治国的指导思想时，鲜明地提出要"坚定不移走中国特色社会主义法治道路"。① 习近平在作十八届四中全会决定的说明中对坚持中国特色社会主义法治道路作了精辟的阐述，指出四中全会决定"向国内外鲜明宣示我们将坚定不移走中国特色社会主义法治道路"，"在走什么样的法治道路问题上，必须向全社会释放正确而明确的信号，指明全面推进依法治国的正确方向，统一全党全国各族人民认识和行动"。② 中国特色社会主义法治道路体现了中国的国情条件，反映了中国社会发展的内在需要，指明了全面推进依法治国、加快建设法治中国的前进方向，必须旗帜鲜明，切实增强坚定不移走中国特色社会主义法治道路的自觉性和坚定性。③ 在当代中国，"改革和法治如鸟之两翼、车之两轮"。④ 十八届三中全会把完善和发展中国特色社会主义制度、推进国家治理体系和治理能力现代化作为全面深化改革的总目标，而"法治是国家治理体系和治理能力的重要依托"。⑤ 法治发展与国家治理现代化之间有着密切的关系，二者处于同一时代进程之中，内在相连，不可分割。十八届四中全会提出全面推进依法治国的总目标，是建设中国特色社会主义法治体系，建设社会

---

① 《中共中央关于全面推进依法治国若干重大问题的决定》，人民出版社 2014 年版，第 4 页。

② 《中国共产党第十八届中央委员会第四次全体会议文件汇编》，人民出版社 2014 年版，第 80—81 页。

③ 参见徐显明、张文显、李林：《中国特色社会主义法治道路如何走？——三位法学家的对话》，载《求是》2015 年第 5 期。

④ 参见《习近平关于全面依法治国论述摘编》，中央文献出版社 2015 年版，第 14 页。

⑤ 参见《中国共产党第十八届中央委员会第四次全体会议文件汇编》，人民出版社 2014 年版，第 68 页。

主义法治国家。习近平强调，"建设中国特色社会主义法治体系、建设社会主义法治国家是实现国家治理体系和治理能力现代化的必然要求，也是全面深化改革的必然要求，有利于在法治轨道上推进国家治理体系和治理能力现代化，有利于在全面深化改革总体框架内全面推进依法治国各项工作，有利于在法治轨道上不断深化改革"。① 显然，全面深化改革的总目标与全面依法治国的总目标之间是一个相辅相成、相互衔接、相互促进的有机整体。作为国家法治体系骨干工程的中国特色社会主义法治体系是当代中国法治运行状况的"指示器"，是衡量国家法治发展及其现代化水准的基本评价尺度。建设中国特色社会主义法治体系，必须加快形成完备的法律规范体系、高效的法治实施体系、严密的法治监督体系、有力的法治保障体系，形成完善的党内法规体系。习近平将建设中国特色社会主义法治体系称之为"全面推进依法治国的总抓手"，指出："依法治国各项工作都要围绕这个总抓手来谋划、来推进。"② 这为全面推进依法治国确定了行动指向。

中国特色社会主义法治事业是一项前无古人的开创性的事业，涉及党的建设、国家发展与社会生活的各个方面，需要统筹协调，整体谋划，合力推进。党的十八届四中全会决定围绕全面推进依法治国的总目标，确立了全面依法治国的工作布局，提出建设中国特色社会主义法治体系，建设社会主义法治国家，要"坚持依法治国、依法执政、依法行政共同推进，坚持法治国家、法治政府、法治社会一体建设"。③ 对此，习近平强调，"全面推进依法治国是一项庞大的系统工程"，要"准确把握全面推进依法治国工作布局"，坚持"统筹兼顾、把握重点、整体谋划、在共同推进上

---

① 参见《中国共产党第十八届中央委员会第四次全体会议文件汇编》，人民出版社2014年版，第81页。

② 参见上书，第81页。

③ 参见《中共中央关于全面推进依法治国若干重大问题的决定》，人民出版社2014年版，第4页。

着力，在一体建设上用劲"。① 这表明当代中国共产党人在谋划治国理政方略时，更加注重法治建设的整体推进和协调发展。在把握全面推进依法治国工作布局的同时，还要落实全面推进依法治国的重点任务。1978 年12 月的十一届三中全会总结了新中国成立以来法制建设的经验教训，提出了十六字的社会主义法制建设的基本方针，即"有法可依、有法必依、执法必严、违法必究"。②2012 年 11 月的十八大在总结中国特色社会主义法治发展进程的基本实践经验的基础上，对全面推进依法治国的重点任务作出了新的概括："科学立法、严格执法、公正司法、全民守法。"③2012 年 12 月 4 日，在首都各界纪念现行宪法公布施行 30 周年大会上的讲话中，习近平重申了这一新时期我国法治建设的重点任务。④2014 年 10 月的十八届四中全会决定把"实现科学立法、严格执法、公正司法、全民守法"纳入全面推进依法治国总目标的具体内容之中加以谋划和推进。⑤ 在2014 年 10 月 23 日十八届四中全会第二次全体会议上的讲话中，习近平进一步强调，"全面推进依法治国，必须从目前法治工作基本格局出发，突出重点任务，扎实有序推进"，要"准确把握全面推进依法治国重点任务，着力推进科学立法、严格执法、公正司法、全民守法"。⑥ 这更加突出了全面推进依法治国、加快建设社会主义法治国家的重点任务和工作要求：一要推进科学立法。这是全面推进依法治国的前提。面对着中国特色社会主义的伟大实践，完善以宪法为核心的中国特色社会主义法律体

---

① 习近平：《加快建设社会主义法治国家》，载《求是》2015 年第 1 期。

② 参见《改革开放以来历届三中全会文件汇编》，人民出版社 2013 年版，第 12 页。

③ 参见《中国共产党第十八次全国代表大会文件汇编》，人民出版社 2012 年版，第25 页。

④ 参见习近平：《在首都各界纪念现行宪法公布施行 30 周年大会上的讲话》，人民出版社 2012 年版，第 8 页。

⑤ 参见《中共中央关于全面推进依法治国若干重大问题的决定》，人民出版社 2014 年版，第 4 页。

⑥ 习近平：《加快建设社会主义法治国家》，载《求是》2015 年第 1 期。

系，乃是实现国家各项工作法治化、健全国家治理体系、提高国家治理能力的法律基础；二要推进严格执法。如果说立法活动是一个把客观的社会关系的法权要求上升为法律的过程，那么执法活动则是将法律规范的基本要求转化为人们的实际行为，转化为社会成员享受权利履行义务的事实上的关系。严格执法是全面推进依法治国的关键环节；三要推进公正司法。在现代社会，司法是维护社会公平正义的最后一道防线，而公正是司法的灵魂。公正司法是全面推进依法治国的重要保障；四要推进全民守法。全民守法是全面推进依法治国的基础性环节。它要求任何组织或个人都必须在宪法和法律的范围内活动，特别是领导干部更要模范地遵守宪法和法律。习近平强调，"全面依法治国，必须抓住领导干部这个'关键少数'"。① 只有这样才能引导和带动全社会不断增强学法尊法守法用法意识，努力营造全面推进依法治国、加快建设法治中国的深厚法治氛围。

可见，中共十八大以来，中国共产党人着眼于实现中华民族伟大复兴中国梦、实现党和国家长治久安的长远考虑，形成了更加完整的全面依法治国基本思路、更加清晰的全面依法治国总体框架、更加明确的全面依法治国实施纲要，从展现出一幅全面推进依法治国的路线图，旨在于为全面建成小康社会的"第一个百年"奋斗目标实现之后，坚定地向着"第二个百年"奋斗目标奋力前行，打下坚实的法治基础。

再次，坚定不移推进法治领域改革。全面推进依法治国的历史性任务对深化法治领域改革提出了新的、更高的要求。党的十八大以来，一个全方位的法治领域改革正在蓬勃兴起。习近平明确提出，要"坚定不移推进法治领域改革，坚决破除束缚全面推进依法治国的体制机制障碍"。② 进入全面深化改革时代的当代中国法治领域改革的任务，就是要

---

① 参见《习近平关于全面依法治国论述摘编》，中央文献出版社 2015 年版，第 118 页。
② 习近平：《加快建设社会主义法治国家》，载《求是》2015 年第 1 期。

在中国特色社会主义法治理论的指导下，推动从传统的人治型国家治理体系向现代的法治型国家治理体系的革命性转变，建设中国特色社会主义法治体系，实现中国法律制度的现代化，进而推进中国国家治理体系和治理能力现代化，完善和发展中国特色社会主义制度，向着法治中国的伟大目标奋力前行。总体而言，当代中国新一轮法治领域改革呈现出五个明显特点。

一是推进全方位的法治领域改革，已经成为全党意志的法权要求。党的十八届三中全会、四中全会对推进新一轮法治领域改革作出全面部署，这表明，在新的时代条件下推进全方位的法治领域改革，已经成为全党的普遍共识，成为全党意志的集中体现。不仅如此，党中央还加大推进法治改革的组织领导力度。根据十八届三中全会决定精神，中央成立了以习近平总书记为组长的中央全面深化改革领导小组，其职责是"负责改革总体设计、统筹协调、整体推进、督促落实"。① 在中央全面深化改革领导小组的强有力的领导推动下，新一轮法治改革如火如荼、有声有色，法治改革的顶层设计方案、试点方案以及一系列具体的改革项目计划相继推出。法治领域改革的计划性和系统性大大增强，法治领域改革的组织化程度显著提升，成为法治领域改革向纵深推进的强大动力。此外，各级党委强化责任担当，切实履行对本地区、本部门法治改革的领导责任，根据中央关于法治改革的大政方针，结合本地区、本部门实际，制定和实施法治改革的具体方案，着力形成推动法治领域改革的合力。

二是推进全方位的法治领域改革，已经成为破解法治难题的重要手段。多年来，我国法治机关坚持以改革应对挑战，以改革破解难题，法治事业取得了长足进展。但是，面对着人民群众日益增长的对现代化法治的新需求，法治机关在法治理念、法治体制、法治机制、法治队伍、法治保

---

① 参见《中共中央关于全面深化改革若干重大问题的决定》，人民出版社 2013 年版，第 58 页。

障等方面，还存在诸多不相适应的地方，亟待通过深化法治领域改革切实加以解决。党中央清醒地认识到法治事业发展面临的困难和问题。以习近平总书记为组长的十八届四中全会决定起草组在起草全会决定时的一个重要考虑，就是要"坚持改革方向、问题导向，适应推进国家治理体系和治理能力现代化要求，直面法治建设领域突出问题，回应人民群众期待，力争提出对依法治国具有重要意义的改革举措"。① 无论是中央确定的推进法治领域改革的总体方案，还是相关法治机关的具体改革方案，以及地方党委的具体实施意见，都把解决突出问题、破解法治难题作为推进法治领域改革的重点方向而予以统筹部署。这充分体现了新一轮法治改革的求真务实精神。对此，习近平指出："解决法治领域的突出问题，根本途径在改革。如果完全停留在旧的体制机制框架内，用老办法应对新情况新问题，或者用零敲碎打的方式来修修补补，是解决不了大问题的。"四中全会决定"必须直面问题、聚焦问题，针对法治领域广大群众反映强烈的问题，回应社会各方面关切"。②

三是推进全方位的法治领域改革，已经成为维护社会公平正义的重要途径。公平正义作为一种价值理念和生活形态，反映了人类社会文明进步的艰难曲折的历程，构成了衡量和评价社会文明进步程度的价值尺度。党的十八大把"必须坚持维护社会公平正义"作为发展中国特色社会主义的"八个基本要求"之一，提出要"加紧建设对保障社会公平正义具有重大作用的制度"。③ 十八届三中全会决定强调，全面深化改革必须"以促进社会公平正义、增进人民福祉为出发点和落脚点"。④ 十八届

---

① 参见《中国共产党第十八届中央委员会第四次全体会议文件汇编》，人民出版社 2014 年版，第 75 页。

② 习近平：《加快建设社会主义法治国家》，载《求是》2015 年第 1 期。

③ 参见《中国共产党第十八次全国代表大会文件汇编》，人民出版社 2012 年版，第 13—14 页。

④ 参见《中共中央关于全面深化改革若干重大问题的决定》，人民出版社 2013 年版，第 3 页。

四中全会决定把"维护社会公平正义"确立为全面推进依法治国指导思想的重要内容，强调法治建设要"以保障人民根本权益为出发点和落脚点"；在立法方面，"要把公正、公平、公正原则贯穿立法全过程"，"加快完善体现权利公平、机会公平、规则公平的法律制度"，"实现公民权利保障法治化"；在法治政府建设方面，"行政机关不得法外设定权力，没有法律法规依据不得作出减损公民、法人和其他组织合法权益或者增加其义务的决定"；在司法方面，"司法公正对社会公正具有重要引领作用"，"必须完善司法管理体制和司法权力运行机制，规范司法行为，加强对司法活动的监督，努力让人民群众在每一个司法案件中感受到公平正义"；在法治社会建设方面，要"健全依法维权和化解纠纷机制"，"引导和支持人们理性表达诉求、依法维护权益，解决好群众最关心最直接最现实的利益问题"①，等等。促进和实现社会公平正义不仅是社会主义法治国家实现程度的重要评价尺度，也是推进法治领域改革的重要目标。

四是推进全方位的法治领域改革，已经成为满足人民群众对法治工作新需求和"获得感"的有效机制。中国特色社会主义法治的本质性特征是人民性。进入 21 世纪新阶段以来，伴随着社会的剧烈转型与变革，人民群众对法治工作提出了一系列新要求和新期待。新一轮法治领域改革鲜明地强化法治改革的人民性，把实现好、维护好、发展好人民群众的合法权益作为法治改革的出发点和落脚点，深入分析新的历史条件下人民群众对法治工作的新要求和新期待，由此统筹规划新一轮法治改革的方案和具体项目，坚持以人民是否满意、是否有"获得感"来检验法治改革的成败得失，把握人民群众对法治改革的认可程度，使法治改革合乎民心、顺乎民意。诚如习近平所强调的，要科学统筹各项改革任务，在法治下推进改

---

① 参见《中共中央关于全面推进依法治国若干重大问题的决定》，人民出版社 2014 年版，第 4、6、8、11、16、20、29 页。

革，在改革中完善法治，把改革方案的含金量充分展示出来，让人民群众有更多获得感，切实做到人民有所呼、改革有所应。①

五是推进全方位的法治领域改革，已经成为彰显依法改革的现代法治精神的时代"窗口"。推进法治领域改革，必须坚持依法改革的原则，恪守改革的合法性要求，依照宪法和法律的规定稳妥有序进行。习近平指出："法治领域改革有一个特点，就是很多问题都涉及法律规定。改革要于法有据，但也不能因为现行法律规定就不敢越雷池一步，那是无法推进改革的，正所谓'苟利于民不必法古，苟周于事不必循旧'。需要推进的改革将来可以先修改法律规定再推进。对涉及改革的事项，中央全面深化改革领导小组要认真研究和督办。"② 新一轮法治领域改革的一个鲜明特点就是坚持在法治化的轨道上推进法治领域改革，做到重大改革于法有据，实现立法决策与改革决策有机衔接、相互促进。对于不需要通过立法修改法律，属于法治机关内部工作机制改革措施的，抓紧落实；对于法律没有明确规定，则根据宪法和法律的基本原则，积极探索；对于与现行法律相冲突，或者需要通过立法加以规范的，先期组织调研论证，依法适时有序推进法律修改工作；对于法治实践证明行之有效的法治改革举措，及时总结经验，使之上升为法律；对于法治实践证明条件尚不成熟的，需要先行先试的法治改革措施，按照法定程序作出授权；对于不适合法治改革要求的法律法规，按照法定程序适时修改和废止；对于现行法律规定完善具有可操作性，但实践中没有遵循法律规定，另搞一套的，则严格按照法律规定，坚决予以纠正。藉以确保法治改革的合法性。

---

① 参见 2015 年 2 月 27 日习近平在主持召开中央全面深化改革领导小组第十次会议时的讲话要点，载《人民日报》2015 年 2 月 28 日；2015 年 4 月 1 日习近平在主持召开中央全面深化改革领导小组第十一次会议时的讲话要点，载《人民日报》2015 年 4 月 2 日。

② 习近平：《加快建设社会主义法治国家》，载《求是》2015 年第 1 期。

六、结　语

　　新中国成立六十多年来，中国特色社会主义法治道路的形成和发展过程，集中体现了中国特色社会主义法治建设的重要成就和宝贵经验，充分表明中国特色社会主义法治道路，是中国共产党人坚持把马克思主义法治思想的基本原理与中国具体法治实践相结合，在建设中国特色社会主义法治的伟大实践中，走出的一条符合中国国情条件的法治发展道路。习近平强调，"走中国特色社会主义法治道路是一个重大课题，有许多东西需要深入探索，但基本的东西必须长期坚持"。[①] 进而，习近平深刻阐述了中国特色社会主义法治道路的基本内涵，指出："全面推进依法治国这件大事能不能办好，最关键的是方向是不是正确、政治保证是不是坚强有力，具体讲就是要坚持党的领导，坚持中国特色社会主义制度，贯彻中国特色社会主义法治理论"，"这三个方面实质上是中国特色社会主义法治道路的核心要义，规定和确保了中国特色社会主义法治体系的制度属性和前进方向"。[②] 中国特色社会主义法治道路的核心要义，清晰地展示了中国特色社会主义法治道路的深刻的内在逻辑和鲜明的实践指向。

　　中国共产党的领导是中国特色社会主义最本质的特征，是社会主义法治最根本的保证。正确认识和处理好党的领导与依法治国的关系这一法治建设的重大理论和实践问题，是坚定不移走中国特色社会主义法治道路的核心问题。党的十八届四中全会决定把坚持中国共产党的领导作为全面推进依法治国必须首先坚持的原则，明确提出坚持党的领导，是社会主义法治的根本要求，是全面推进依法治国的题中应有之义；强调党的领导和社会主义法治是一致的，社会主义法治必须坚持党的领导，党的领导必须依

---

　　① 习近平：《加快建设社会主义法治国家》，载《求是》2015 年第 1 期。

　　② 参见《中国共产党第十八届中央委员会第四次全体会议文件汇编》，人民出版社2014 年版，第 78—79 页。

靠社会主义法治；提出坚持依法执政、加强和改进党对全面推进依法治国领导的"三统一"、"四善三"的基本要求；强调要健全党领导依法治国的制度和工作机制，完善保证党确定依法治国方针政策和决策部署的工作机制和程序，加强对全面推进依法治国的统一领导、统一部署、统筹协调，等等。① 对此，习近平指出："党和法的关系是一个根本问题，处理得好，则法治兴、党兴、国家兴；处理得不好，则法治衰、党衰、国家衰。"② 在当代中国，中国共产党在整个国家和社会生活中的领导地位，是在长期革命、建设和改革的历史进程中形成的。坚持中国共产党对依法治国的领导，必须充分发挥党总揽全局、协调各方的领导核心作用，统筹做好依法治国各领域工作，把党的意志和主张贯彻到全面推进依法治国的全过程和各个方面，"必须具体体现在党领导立法、保证执法、支持司法、带头守法上"。③ 当然，毫无疑问，全面推进依法治国，对加强和改善中国共产党对法治建设的领导提出了新的、更高的要求，党的领导必须依靠社会主义法治。这就必然要求中国共产党及其各级党组织必须在宪法和法律范围内活动，健全完善党领导依法治国的制度和工作机制，着力提高党员干部的法治思维和依法办事能力。

在当代中国的社会变革进程中，中国特色社会主义最鲜明的特色，就是中国特色社会主义道路、理论体系和制度统一于中国特色社会主义的三位一体的伟大实践，而中国特色社会主义制度是根本保障。党的十八大报告对中国特色社会主义制度作出了基本的界定，指出："中国特色社会主义制度，就是人民代表大会制度的根本政治制度，中国共产党领导的多党合作和政治协商制度，民族区域自治制度以及基层自治制度等基本制度，中国特色社会主义法律体系，公有制为主体、多种所有制经济共同发展的

---

① 参见《中共中央关于全面推进依法治国若干重大问题的决定》，人民出版社 2014 年版，第 5—6、33—34 页。

② 参见《习近平关于全面依法治国论述摘编》，中央文献出版社 2015 年版，第 14 页。

③ 习近平：《加快建设社会主义法治国家》，载《求是》2015 年第 1 期。

基本经济制度，以及建立在这些制度基础上的经济体制、政治体制、文化体制、社会体制等各项具体制度。"① 这些制度是中国共产党人把马克思主义基本原理同中国具体实际相结合所进行制度文明的伟大创造，是在长期革命和建设的艰辛探索中形成的具有强大生命力的体系化的制度系统，是构成中国特色社会主义法治道路的根本制度保障。习近平深刻分析了中国特色社会主义制度与中国特色社会主义法治道路之间的内在关联，指出："中国特色社会主义制度是中国特色社会主义法治体系的根本制度基础，是全面推进依法治国的根本制度保障",② 强调"我们要建设的中国特色社会主义法治体系，本质上是中国特色社会主义制度的法律表现形式"。③ 中国特色社会主义法律制度是中国特色社会主义制度体系的有机组成部分，是中国特色社会主义法治文明的重要制度载体，也是中国特色社会主义法治道路的基本依托。这主要包括中国特色社会主义法律体系、法律机构制度、法律实施制度、司法制度机制、法律监督制度、法律保障制度、法律职业制度等。这些制度深深扎根于中国社会的土壤之中，把党的领导、人民当家作主和依法治国内在地结合起来，有效地调节国家和社会的基本关系，起到了解放和发展社会生产力、依法推进国家治理和社会治理、维护和促进社会公平正义的重要职能作用，成为国家现代化建设的坚强法治保障。因此，坚持中国特色社会主义法治道路，就必须坚持中国特色社会主义法律制度；坚定中国特色社会主义法治道路自信，就必须坚定中国特色社会主义法律制度自信，从而以此为重要依托，推动中国特色社会主义法治发展进入新境界。应当看到，如同中国特色社会主义制度体系中的其他制度一样，中国特色社会主义法治制度正在经历着一个发展完

---

① 参见《中国共产党第十八次全国代表大会文件汇编》，人民出版社 2012 年版，第 11—12 页。

② 参见《中国共产党第十八届中央委员会第四次全体会议文件汇编》，人民出版社 2014 年版，第 78 页。

③ 参见《习近平关于全面依法治国论述摘编》，中央文献出版社 2015 年版，第 35 页。

善、成熟定型的历史性过程。我们要深入推进法治领域改革，以中国特色社会主义法治实践基础上的中国特色社会主义法治理论创新，推动中国特色社会主义法律制度的与时俱进、不断完善和发展，使中国特色社会主义法律制度更加完备、更加成熟、更加行之有效，更加坚定有力地开辟中国特色社会主义法治道路的广阔天地。

中国特色社会主义法治理论是中国共产党人把马克思主义法治思想的基本原理与中国具体法治实践相结合的历史产物，集中体现了中国共产党人治国安邦的基本法治理念，反映了中国特色社会主义法治建设的基本规律，彰显了建设法治中国、实现中国法制现代化的基本法治价值取向，是推进中国特色社会主义法治发展的基本准则和根本遵循。伴随着马克思主义中国化进程的两次历史性飞跃，形成了毛泽东思想和中国特色社会主义理论体系这两大理论成果。与此相适应，马克思主义法治思想中国化的伟大进程波澜壮阔，与时俱进，极大地推动了中国特色社会主义法治理论的创新发展。新中国成立以来，特别是改革开放三十多年来，在中国特色社会主义法治理论的指引下，中国共产党人成功地开辟了中国特色社会主义法治道路，有力地推动了中国特色社会主义法律制度的建立和发展。中国特色社会主义法治道路的每一步新进展，中国特色社会主义法律制度的每一个新发展，都伴随着中国特色社会主义法治思想的新飞跃，马克思主义法治思想中国化的最新理论成果始终成为指导中国特色社会主义法律制度不断成长和有效实践、引领中国特色社会主义法治发展的科学指南。因此，十八届四中全会决定把"贯彻中国特色社会主义法治理论"确立为全面推进依法治国总目标的重要内容。① 习近平把贯彻中国特色社会主义法治理论作为中国特色社会主义法治道路的核心要义之一，指出："中国特色社会主义法治理论是中国特色社会主义法治体系的理论指导和学理支

---

① 参见《中共中央关于全面推进依法治国若干重大问题的决定》，人民出版社 2014 年版，第 4 页。

撑，是全面推进依法治国的行动指南"，① 强调"我们要发展的中国特色社会主义法治理论，本质上是中国特色社会主义理论体系在法治问题上的理论成果"。② 在新的时代条件下，中国特色社会主义法治理论的创新发展面临着新形势与任务。我们要着眼于当代中国发展着的马克思主义法治理论的实际运用，不断实现中国特色社会主义法治理论创新与中国特色社会主义法治实践创新的良性互动，在这种统一互动中推动当代中国马克思主义法治思想的不断丰富和创新发展，开拓中国特色社会主义法治道路的崭新境界。

本文刊于《中国法学》2015 年第 5 期

---

① 参见《中国共产党第十八届中央委员会第四次全体会议文件汇编》，人民出版社 2014 年版，第 78 页。

② 参见《习近平关于全面依法治国论述摘编》，中央文献出版社 2015 年版，第 35 页。

第四章
新发展理念引领下的中国法治现代化

本章概要

　　创新、协调、绿色、开放、共享的新发展理念，鲜明体现了当代中国共产党人对新的历史条件下中国社会发展规律的崭新认识，深刻表达了当代中国法治现代化进程的内在逻辑。以人民为中心的发展思想，是新发展理念的本体论根据，彰显着历史唯物主义法哲学的理论品格，构成了当代中国法治发展的基本准则。运用法治思维和法治方式践行新发展理念，必须紧密联系中国特色社会主义法治建设的实际，着力创设催生创新发展的法治基础，建构推动协调发展的法治机制，健全保障绿色发展的法治体制，塑造推动开放发展的法治格局，弘扬实现共享发展的法治价值。因之，我们要在新发展理念的战略引领下，统揽当代中国法治现代化进程的战略全局和时代走向，深刻把握这一革命性进程的环境条件、功能定位、价值取向和总体格局，坚定地走出一条具有鲜明中国特质的自主型的法治现代化之路。

一、引　言

全面深化改革时代的中国法治现代化正在呈现出革命性变化的趋势。2015 年 10 月 29 日，中共十八届五中全会通过的《中共中央关于制定国民经济和社会发展第十三个五年规划的建议》（以下简称《建议》）鲜明提出实现"十三五"时期经济社会发展目标，"必须牢固树立创新、协调、绿色、开放、共享的发展理念"。"坚持创新发展、协调发展、绿色发展、开放发展、共享发展，是关系我国发展全局的一场深刻变革。"① 2016 年 3 月 16 日，十二届全国人大四次会议审议通过的《中华人民共和国国民经济和社会发展第十三个五年规划纲要》（以下简称《纲要》），通过国家法定程序，把党的意志转化为国家意志，强调"实现发展目标，破解发展难题，厚植发展优势，必须牢固树立和贯彻落实创新、协调、绿色、开放、共享的新发展理念"。② 由此，新发展理念便成为阐明国家发展战略意图、实现国家发展基本目标的根本遵循，必将对当代中国法治现代化的历史进程产生深远影响。

文明社会法治发展的历程表明，每一场法治革命的生成与演进，都凝结着特定的社会与法治发展理念，反映了社会与法治发展理念的深刻变动，体现出鲜明而独特的社会与法治发展理念取向。在当代中国，伴随着经济与社会的历史转型过程，法治领域亦处在一个从传统向现代转换的大变革过程之中。这是一个从理念制度到行为实践的全方位的极为深刻的法治革命，承载着社会与法治发展理念的时代变革。新发展理念的提出，是以习近平同志为核心的党中央对当代中国发展理论的重大创新发展，"是'十三五'乃至更长时期我国发展思路、发展方向、发展着力点的集中体

---

①　参见《中共中央关于制定国民经济和社会发展第十三个五年规划的建议》，人民出版社 2015 年版，第 8、9 页。

②　同上书，第 14 页。

现，也是改革开放 30 多年来我国发展经验的集中体现，反映出我们党对我国发展规律的新认识"。① 树立和践行新发展理念，乃是当代中国法治革命的大逻辑，构成了中国法治现代化进程的行动指南。因此，深刻理解新发展理念的基本内涵和实践要求，对于我们清醒把握正在历史性展开的当代中国法治现代化所面临的重要战略机遇期，努力洞悉当代中国新的发展阶段基本特征对于中国法治现代化进程的深刻影响，着力增强运用新发展理念引领当代中国法治现代化的理性认知与实践自觉，进而科学把握推进当代中国法治现代化的战略与策略选择，深刻揭示当代中国法治现代化的内在机理，无疑是大有裨益的。本文拟对此作一初步的理论阐发，藉以探寻我们这个大变革时代的中国法治现代化的实践逻辑与运动方向。

二、坚持以人民为中心的法治发展准则

时下，人们愈益注意到改革的动力和社会的活力问题是当代中国转型发展所面临的紧迫课题之一。② 这是很有道理的。改革的动力和社会的活力，这不仅是经济领域的议题，也不仅仅是社会生活领域的论题，而且是当代中国法治发展进程中的一项重大议程。如何重聚改革的动力？怎样激发社会的活力？中共十八届五中全会《建议》提出了一个崭新的论断："坚持以人民为中心的发展思想。"③ 这一科学论断，深刻揭示了当代中国发展的根本目的，鲜明回应了重聚改革动力、激发社会活力的时代议题，为推动当代中国法治发展及其现代化进程确立了基本准则。

---

① 参见习近平：《关于〈中共中央关于制定国民经济和社会发展第十三个五年规划的建议〉的说明》，见《中共中央关于制定国民经济和社会发展第十三个五年规划的建议》，人民出版社 2015 年版，第 48 页。

② 参见郑永年：《未来三十年：改革新常态下的关键问题》，中信出版社 2016 年版，第 156 页。

③ 参见《中共中央关于制定国民经济和社会发展第十三个五年规划的建议》，人民出版社 2015 年版，第 5 页。

以人民为中心的发展思想，这是新发展理念的本体论根据，彰显了新发展理念的人民至上的价值取向，闪烁着历史唯物主义法哲学的理论光辉。我们知道，贯彻马克思理论探索全部活动的一个共通的主题，乃是人的解放和人的全面发展。在《莱茵报》时期，马克思强调，作为人类本质体现的自由，必须通过一定的形式表现出来，真正的法律应当是人类自由理性这一人类的自由规律的实现和保障，"因为法律上所承认的自由在一个国家中是以法律形式存在的"。① 马克思鲜明地提出了"法典就是人民自由的圣经"的著名命题，② 认为法要成为真正的法律，就必须以规范的形式确认人的自由权利，哪里的法律真正实现了人的自由，哪里的法律就成了真正的法律。随着由新理性批判主义法哲学观向历史唯物主义法哲学观的转变，马克思逐渐摒弃了以理性法思想为根基的二元论法哲学观，转向唯物主义的基地，指出要深入到现存的客观关系和具体的社会生活过程之中揭示人的社会本质，对人的认识"应当按照他们的社会特质，而不应该按照他们的私人特质来考察他们"，"国家只有通过各个人才能发生作用"，"国家的职能等等只不过是人的社会特质的存在方式和活动方式"。③ 在《〈黑格尔法哲学批判〉导言》中，马克思强调，"人不是抽象的蛰居于世界之外的存在物。人就是人的世界，就是国家、社会"。"理论一经掌握群众，也会变成物质力量。理论只要说服人 [ad hominem]，就能掌握群众；而理论只要彻底，就能说服人 [ad hominem]。所谓彻底，就是抓住事物的根本。而人的根本就是人本身"。因之，马克思指出，无产阶级的社会革命，"就是人的解放"，是一场"人的高度的革命。"④ 在《德意志意识形态》这部马克思主义法哲学思想系统化的经典文献中，马克思、恩格斯分析了"偶然的个人"与"有个性的个人"之间的对立，认为"有个性

① 《马克思恩格斯全集》第 1 卷，人民出版社 1995 年版，第 176 页。
② 同上。
③ 《马克思恩格斯全集》第 3 卷，人民出版社 2002 年版，第 29—30 页。
④ 《马克思恩格斯文集》第 1 卷，人民出版社 2009 年版，第 1、11、18、11 页。

的个人与偶然的个人之间的差别，不是概念上的差别，而是历史的事实。
在不同的时期，这种差别具有不同的含义"。这个历史过程交织着生产力
与交往形式之间的矛盾运动。在近代社会，个人自主活动与交往形式的矛
盾发展到了日益尖锐和普遍的形式。共产主义革命就是要推翻那种敌视人
的资产阶级国家制度，使无产者作为个性的个人确立下来。共产主义制
度的现实基础，就是"使一切不依赖于个人而存在的状况不可能发生"。①
只有在这个阶段上，个人的自主活动同物质生活之间才一致起来，劳动转
化为自主活动，个人的全面发展才成为可能。因此，在《共产党宣言》中，
马克思、恩格斯明确提出，共产主义社会"将是这样一个联合体，在那里，
每个人的自由发展是一切人的自由发展的条件"。② 可见，坚持以人民为
中心的发展思想，与历史唯物主义法哲学关于人的解放和人的自由全面发
展的思想是一脉相承的，充分体现了马克思主义法哲学的基本原理。

　　每个时期的法哲学研究，都应当密切关注自己的时代所提出的种种问
题，使之成为时代精神的体现。以人民为中心的发展思想，突出强调人民
是推动发展的根本力量，把增进人民福祉、促进人的全面发展作为发展的
出发点和落脚点。③ 这无疑蕴涵着马克思主义法哲学价值论的思想要义，
反映了马克思主义法学中国化进程的最新理论成果，标识着新发展理念的
鲜明价值取向，从而构成当代中国法治发展的价值准则，并且成为大变革
时代中国法哲学研究的重大论题。

　　坚持以人民为中心的法治发展准则，要求法治发展必须坚持人民主体
地位。一部法律文明史，充分展示了人的主体性规律，反映了人的价值日

----

① 《马克思恩格斯文集》第 1 卷，人民出版社 2009 年版，第 574 页。

② 《马克思恩格斯文集》第 2 卷，人民出版社 2009 年版，第 53 页。

③ 有的学者认为，坚持以人民为中心的发展思想，将宏观的国家发展规划与促进人
的全面发展的人民规划有机结合起来，这正是中国人民创造历史的动力所在，也是中国持
续发展成功的创新所在。参见胡鞍钢、鄢一龙等：《中国新理念：五大发展》，浙江人民出版
社 2016 年版，第 8—9 页。

益受到重视、弘扬、确证的客观进程。在法权关系演进的历史进程中，法治现象始终与社会主体具有一定的社会自由和权利密切联系在一起。从法哲学价值论意义上讲，法治乃是对在生产力和交换关系发展的基础上形成的社会主体的自由和权利的确认与实现。在当代中国，伴随着社会主义民主政治和社会主义市场经济的广泛发展，个人在社会生活中的地位明显提高，个人的首创精神和聪明才智有了充分施展的广阔天地。因此，在法治发展进程中，"人民是依法治国的主体和力量源泉"。① 一方面，要充分发挥人民在法治发展进程中的能动作用，保证人民在党的领导下有序参与法治建设，依照法律管理国家和社会事务，成为中国法治事业的积极参与者和推动者；另一方面，要"坚持法治建设为了人民、依靠人民、造福人民、保护人民"，② 充分运用授权性规范调动社会主体的积极性，保证人民依法享有广泛的自由和权利，从而推动社会与法治的进步。

　　坚持以人民为中心的法治发展准则，要求法治发展必须不断满足人民群众的法治需求。经过新中国成立以来六十多年特别是改革开放以来三十多年的改革、发展和建设，当代中国的法治领域发生了历史性的变化。但是，应当看到，法治领域仍然带有社会主义初级阶段的明显特征，我国法治领域的基本矛盾依然表现为人民群众日益增长的法治需求与法治机关的法治能力相对不足之间的矛盾。这一基本法治国情和法治领域的基本矛盾，在相当长的历史时期内都不会发生根本性的改变。当代中国的法治发展必须从这个最大的法治状况实际出发，以不断满足人民群众的法治需求为出发点，以解决影响和制约法治发展的突出问题为重点，深入推进法治改革，大力推进法治发展理念、思路、体制和机制的创新。要坚持以人民是否满意为标准检验法治改革的成败得失，通过改革使人民群众有"获得感"，不断增强人民群众对坚定不移走中国特色社会主义法治道路的信心

----

　　①　参见《中共中央关于全面推进依法治国若干重大问题的决定》，人民出版社 2014 年版，第 6 页。

　　②　参见同上。

和自觉，努力走出一条体现中国国情、具有中国风格的法治现代化之路。

坚持以人民为中心的法治发展准则，要求法治发展必须切实保障人民的发展权益。习近平指出："以人民为中心的发展思想，不是一个抽象的、玄奥的概念，不能只停留在口头上、止于思想环节，而要体现在经济社会发展各个环节。要坚持人民主体地位，顺应人民群众对美好生活的向往，不断实现好、维护好、发展好最广大人民根本利益，做到发展为了人民、发展依靠人民、发展成果由人民共享。"① 这一论述，深刻揭示了坚持以人民为中心的发展思想的根本要求。按照这一要求，最广大人民的发展权益对于当代中国发展始终是决定性的因素。当代中国法治发展的根本出发点，就是要致力于维护和实现最广大人民群众的发展权益。利益是社会主体的行为目标和内在动力，也是社会主体权利要求的深厚根源。法治发展的基本社会功用，就在于法律通过赋予社会主体以一定的法律地位，确认和实现社会主体的利益，形成一定的法治秩序，进而达到调整关系、促进发展的目的。因此，在当代中国，利益是决定最广大人民对法治发展是否赞成、是否拥护、是否满意的概括性因素。法治建设与发展必须把维护人民的发展权益作为基本的出发点和最终归宿，通过一定的法治机制，设定必要的法律规范，运用法治方式促进人民日益增长的物质文化需要得到有效满足，全面调动社会主体的积极性、主动性和首创精神。在立法工作中，国家立法活动要着眼于维护和实现最广大人民的发展权益，正确地认识人民群众利益需求的内在必然性，合理平衡和调节不同方面社会群体的利益关系，引导全体人民朝着共同富裕的方向稳步前进。在执法和司法工作中，要把维护和实现最广大人民的发展权益作为衡量自身工作的最高标准，在现行法律和政策所可能允许的范围内，最大限度地保护一切合法的劳动收入和非劳动收入，以此指导相关案件的审理工作；要运用执法和司

---

① 习近平：《在省部级主要领导干部学习贯彻党的十八届五中全会精神专题研讨班上的讲话》（2016 年 1 月 18 日），人民出版社 2016 年版，第 24—25 页。

法手段妥善调节社会分配领域中的各种纠纷，健全完善执法与司法机制，加强对社会弱势群体的执法与司法保护，切实维护社会弱势群体的合法权益。

三、践行新发展理念的法治需求

新发展理念的提出与贯彻，集中体现了坚持以人民为中心的发展思想的根本要求，为科学把握当代中国法治发展的战略方向，深入推进中国法治现代化提供了基本准则。这就是说，评价当代中国法治发展的基本标尺，关键就是要看法治建设是否真正促进了创新发展、协调发展、绿色发展、开放发展、共享发展。习近平指出："贯彻落实新发展理念，必须发挥改革的推动作用、法治的保障作用。""要深入分析新发展理念对法治建设提出的新要求，深入分析贯彻落实新发展理念在法治领域遇到的突出问题，有针对性地采取措施，运用法治思维和法治方式贯彻落实新发展理念。"①因之，在当代中国法治现代化的进程中，必须按照贯彻落实新发展理念的要求，正确认识和把握法治建设与发展的基本方向、根本任务和工作重点，奋力开创中国特色社会主义法治发展的新局面。

第一，创设催生创新发展的法治基础。当下中国经济生活领域正在进入以速度变化、结构优化、动力转换为基本表征的经济发展新常态，其中，发展动力转换是关键所在。能否顺利实现从主要依靠资源和低成本劳动力等要素投入向创新驱动的发展动力转换，这对于把握和引领新常态至为重要。倘若发展动力转换问题解决不好或不到位，那么，发展速度、发展质量、发展效能以及结构优化、可持续发展等等方面就失却了基础。近代以来世界发展历程和当代中国发展实践揭示了一个基本道理：创新发

---

① 习近平：《在省部级主要领导干部学习贯彻党的十八届五中全会精神专题研讨班上的讲话》（2016 年 1 月 18 日），人民出版社 2016 年版，第 38—39 页。

展是增强发展动力的根本之策。在这里，充分展示了创新发展的价值意义，"创新是引领发展的第一动力"，① 是打造发展新引擎的核心要义。因此，推动创新发展，实现动力转换，就成为当代中国法治发展面临的重大议题。应当看到，就总体而言，当前我国法治领域的现实状况还不能适应创新发展的客观要求，激励创新的法治机制尚未真正建立起来，科技成果转化和收益分配的法律规范还不完善，企业的创新主体地位和主导作用还缺乏有效的法治保障，企业家财产权和创新收益的法律保护还需要进一步强化，知识产权保护体系亦有待进一步改进和完善，等等。因之，创设有利于创新发展的法治基础，就显得尤为迫切。要大力营造创新发展的法治环境，进一步建立健全激励创新的法治机制，增强各类市场主体的创新动力，着力形成崇尚创新、乐于创新的法治生态。要善于运用法治手段深化科技管理体制改革，改进和调整科技成果转化体制和机制，优化科技成果转化的收益分配机制，"全面下放创新成果处置权、使用权和收益权，提高科研人员成果转化收益分享比例"，促进以增加知识价值为导向的分配机制的法治化，进而"加强对创新人才的股权、期权、分红激励"。② 要全面推进产权保护法治化，依法保护各种所有制经济权益，依法保护企业家财产权和创新收益，更加充分激励非公有制经济的活力和创造力，"保证依法平等使用生产要素、公平参与市场竞争、同等受到法律保护、共同履行社会责任"，③ 使民营企业成为创新发展的重要生力军。要积极实施知识产权强国战略，加大知识产权保护力度，进一步完善有利于激励创新的知识产权归属制度，加强和改进知识产权司法保护，努力构筑促进知识产权创造和保护的法治高地。

---

① 参见《中共中央关于制定国民经济和社会发展第十三个五年规划的建议》，人民出版社 2015 年版，第 8 页。

② 参见《中华人民共和国国民经济和社会发展第十三个五年规划纲要》，人民出版社 2016 年版，第 21—22 页。

③ 参见上书，第 29 页。

第二，建构推动协调发展的法治机制。协调发展内涵丰富，外延广泛，其中的一个基础性的层面乃是区域协调发展。中国是一个各个区域之间经济社会发展不平衡的东方大国。在中国这样一个幅员辽阔的超大规模的国度里，由于不同区域的经济的、社会的、政治的、文化的、风俗的、历史的乃至自然环境等等诸方面条件的差异性，势必会影响着各个区域发展状况。因此，制定和实施国家区域协调发展战略，推进区域协调发展，乃是中国政府面临的艰巨任务。经过长期坚持不懈的努力，我国区域之间的发展差距呈现逐步缩小的趋势，但是区域发展不平衡的问题依然较为突出。中共十八届五中全会《建议》把协调发展纳入五大新发展理念体系之中，强调"协调是持续健康发展的内在要求"，要"以区域发展总体战略为基础，以'一带一路'建设、京津冀协同发展、长江经济带建设为引领，形成沿海沿江沿线经济带为主的纵向经济轴带"，进而"塑造要素有序自由流动、主体功能约束有效、基本公共服务均等、资源环境可承载的区域协调发展新格局"。[①] 这就指明了推动区域协调发展的重点领域，也对推动区域法治发展、建构区域协调发展的法治体制提出了新的要求。应当看到，区域协调发展的法治体系还较为薄弱，把区域协同发展纳入法治化轨道，乃是一项亟待解决的紧迫任务。法学视域下的"区域"，不仅是指以行政区划为基础的地域单元，而且包括跨行政区划的地域单元。因此，把区域协调发展纳入法治化轨道，不仅要运用法治手段促进一定的行政区域内部各区域之间的协调发展，还要以跨行政区域的地域单元之间的协调发展为重点，以缓解东部区域与中西部区域之间发展差距过大问题为着力点，以深入实施西部开发、东北振兴、中部崛起和东部率先的区域发展总体战略为基础，加强国家发展总体规划与区域发展规划的法律制度设计，创新区域间政府合作的法律机制，建立健全法治化的生态保护补偿、资源

---

① 参见《中共中央关于制定国民经济和社会发展第十三个五年规划的建议》，人民出版社 2015 年版，第 8、19 页。

开发补偿等区际利益平衡机制和区际公平促进机制，坚持运用法治方式推进区域协调发展。当下正在积极推动的京津冀协同发展、长江经济带发展和"一带一路"建设，实际上构成了新的历史条件下协调区域发展的战略新布局，意义重大，影响深远。要使这三大战略顺利实施，就必须推进制度创新，强化实施三大战略的基本法治建设，加快中央地方事权和支出责任制度法治化进程，加快形成统一开放、竞争有序的市场体系，打破行政壁垒、地域分割和行业垄断，促进生产要素跨区域自由流动，为聚合区域协调发展新动力，构建连接东中西、贯通南北方的开放式的当代中国区域协调发展新格局打下坚实的法治基础。

第三，健全保障绿色发展的法治体制。人与自然和谐共生，深刻反映了人类文明发展的基本定则。在走向生态文明新时代的历史进程中，"绿色是永续发展的必要条件和人民对美好生活追求的重要体现"。[①] 坚持绿色发展，建设美丽中国，这是实现中华民族永续发展的历史责任之所在，也是推动生态文明建设迈上新台阶的内在要求。因之，健全完善保障绿色发展的法治体系至为重要。从功能意义上讲，绿色发展的一个基本要求，就是要建立起一个有效的自然生态空间治理体系，形成经济、人口、资源、环境诸方面因素或条件的有机协调格局。在这里，既涉及国家空间规划体系的制定和实施，又关涉主体功能区规划布局，还涉及社会主体治理责任的制度安排，同时也与构建综合治理机制密切相关，必须充分发挥法治的调节功能。首先，要按照法治原则制定或完善土地规划、城乡规划等空间性规划，切实解决各类空间性规划之间彼此脱节、标准不一、重叠交叉的问题，以主体功能区规划为基础统筹各类空间性规划，把国家空间规划体系构筑在坚实的法治基础之上。其次，要通过法治途径强化主体功能区的国土空间开发保护基础制度的作用，理顺不同层级的行政区域的空间

---

① 参见《中共中央关于制定国民经济和社会发展第十三个五年规划的建议》，人民出版社 2015 年版，第 9 页。

治理关系，确定相应的空间治理机制。当下，要以推进市县级层面的空间规划改革试点为契机，加大力度，循序渐进，建立起以市县级行政区为单元、"由空间规划、用途管制、差异化绩效考核等构成的空间治理体系"。① 再次，要加强建构空间治理体系、实施环境治理的基础性的法治化制度建设。这里主要有：完善国土空间开发许可制度，建立资源环境承载能力监测预警机制，健全环境信息公布制度，建立健全用能权、用水权、碳排放权初始分配制度及其相关交易市场体系，建构政府、企业、公众共治的环境治理体系，建立环境质量目标责任制和评价考核机制，实行省以下环保机构监测监察执法垂直管理制度，探索建立跨地区环保机构，推行全流域、跨区域联防联控和城乡协同治理模式，建立健全排污权有偿使用和交易制度，建立多元化生态补偿机制，健全环保执法体系，建立跨区域联合执法机制，建立企业环境信用记录和违法排污黑名单制度，建立领导干部环境保护责任离任审计制度，建立健全生态环境损害评估和赔偿制度，建立生态环境损害责任终身追究制度，完善环境公益诉讼制度，等等。又次，要积极实施《环境保护法》，依法审理涉环境污染防治和自然资源开发利用、生态环境保护的各类案件，建立健全环境资源司法体制、制度和机制，依法严厉打击破坏环境资源的犯罪行为，妥善化解生态环境保护领域的矛盾纠纷，努力维护环境正义和代际公平，为坚持绿色发展、建设生态文明提供有力的司法保障。②

第四，塑造推动开放发展的法治格局。当代全球化运动正面临着全新的境况。如果说西方国家曾经是全球化进程的主要推手，主导着全球化进程的走向，那么随着中国的和平崛起，中国正在成为当代全球化的重要推动力量，甚至"被认为是世界上推动贸易和投资自由化便利化的最大

---

① 参见《中华人民共和国国民经济和社会发展第十三个五年规划纲要》，人民出版社2016年版，第104页。

② 参见《最高人民法院关于充分发挥审判职能作用为推进生态文明建设与绿色发展提供司法服务和保障的意见》（2016年5月26日），载《人民法院报》2016年6月3日。

旗手"，① 在一定程度上引领着世界发展潮流的走向。1978 年 12 月的中共十一届三中全会，开启了改革开放的历史新时代。中国充分运用当代全球化运动带来的战略机遇，因势利导，能动作为，不断扩大开放，坚定走向世界，主动顺应世界发展潮流，实现了综合国力的大幅提升，成为全球第二大经济体、全球第一货物贸易大国和主要对外投资大国。正是在当代全球化的进程中，中国在世界政治、经济、军事版图中的地位举足轻重，中国与世界的关系已经发生了历史性的变化。因之，"开放是国家繁荣发展的必由之路"，② 这是从中国的历史与现实中所得出的必然结论。面对着应对风险挑战、坚持开放发展的客观要求，当代中国法治发展的一项重要议程乃是着力塑造推动开放发展的法治新格局。其一，要营造法治化、国际化、便利化的营商环境。在全球经济格局发生深刻变化的条件下，完善法治化的营商环境，有利于加快形成对外开放的新体制。因此，要在深入总结上海等地自由贸易试验区先行先试经验的基础上，将在服务业开放、金融开放和创新、投资贸易便利化、事中事后监管等方面的成功经验，在更大范围内复制推广。要进一步完善市场准入和监管、产权保护、信用体系等方面的法律法规制度，对外资全面实行准入前国民待遇加负面清单管理制度，努力创设内外资企业一视同仁、公平竞争的法治市场环境。要进一步完善涉外法律法规体系，统一内外资法律法规，制定外资基础性法律，切实保护外资企业合法权益，创造公正透明的法律环境。其二，要加强"一带一路"建设的法治保障。推进"一带一路"建设，这是党中央统筹国内国外两个大局，更好利用两个市场、两种资源，推动互利共赢、共同发展而作出的重大战略决策，是具有鲜明中国印记的重构国际秩序体系的战略方案，涉及完善双边和多边合作机制、打造全面开放新格局等诸多重

---

① 参见习近平：《在省部级主要领导干部学习贯彻党的十八届五中全会精神专题研讨班上的讲话》（2016 年 1 月 18 日），人民出版社 2016 年版，第 22 页。

② 参见《中共中央关于制定国民经济和社会发展第十三个五年规划的建议》，人民出版社 2015 年版，第 9 页。

大事项。① 因此，必须着力构建保障"一带一路"战略顺利实施的法治格局。要以企业为主，走市场化运行之路，遵循国际通行规划和商业惯例，开展契约化的项目合作，做到利益共享、风险共担。要加强企业"走出去"的社会与法律风险研判和预防，推动政府建立企业"走出去"法律风险机制，有效规避企业参与"一带一路"建设所可能出现的社会与法律风险，保证"一带一路"战略的顺利实施。要密切关注地缘政治与经济格局的变化走向，把推进"一带一路"建设与加快实施自由贸易区战略有机结合起来，坚持开放的区域主义，完善跨区域合作的法律机制，促进"一带一路"建设取得丰硕成果。其三，要自主参与全球治理变革进程。当今全球治理革命正在向纵深推进，已经或正在深刻地改变着全球格局与体系。作为一个重新崛起的负责任的世界大国，中国无疑担负着维护和完善现有国际秩序和国际体系、推动全球治理体制改革的历史天职。② 在这里，要着力把中国的经济实力转化为全球治理体系变革进程中的国际制度性话语权力，积极参与国际贸易规则制定，推动形成公正、合理、透明的国际经贸规则体系。尤其要积极参与网络、深海、极地、空天等所谓"新边疆"领域国际规则的制定过程，在这些新领域的国际制度和国际规则建设过程中更多地提出中国方案，努力维护中国的国家利益。此外，作为世界上最大的发展中国家，中国要支持发展中国家平等参与全球治理变革进程，通过多种途径、机构、机制和方式，增加新兴市场国家和发展中国家在全球治理中的发言权和代表性，切实维护发展中国家的共同利益，从而不断增强中国的

---

①　有的学者认为，从人类文明史和全球化史的视角来看，"一带一路"倡议完全可以成为国际秩序新理念的试验场，旨在于打造文明秩序、国际秩序、公民秩序三位一体的命运共同体，让中国站在人类道义制高点。参见王义桅：《世界是通的——"一带一路"的逻辑》前言，商务印书馆 2016 年版，第Ⅴ—Ⅵ页。

②　2016 年 9 月 4—5 日在中国杭州召开的二十国集团领导人峰会，通过了《二十国集团领导人杭州峰会公报》，其中提出"构建创新、活力、联动、包容的世界经济"的基本共识，被认为是新发展理念的国际版，凝结着推动全球经济治理体系变革的中国智慧。参见《二十国集团领导人杭州峰会公报》（2016 年 9 月 5 日），载《人民日报》2016 年 9 月 6 日。

软实力和国际影响力。

第五，彰显实现共享发展的法治价值。在当代中国，"共享是中国特色社会主义的本质要求"。① 共享发展是中国特色社会主义本质属性的集中体现。邓小平在论及社会主义的本质问题时精辟指出："社会主义的本质，是解放生产力，发展生产力，消灭剥削，消除两极分化，最终达到共同富裕。"② 这一论断从生产力与生产关系的有机结合上，揭示了社会主义本质属性的两个基本要求：一方面，要推动社会生产力的解放和发展，不断满足人民日益增长的物质文化需要；另一方面，要实现社会正义与平等，消除两极分化，促进社会的共同富裕。因此，当代中国法治发展的时代使命在于对法治制度与机制作出有效安排，坚持共享发展，进一步发展社会生产力，实现社会正义，努力使发展为了人民，发展依靠人民，发展成果由人民共享，进而为中国法治现代化进程奠定牢固的价值基础。实际上，"共享理念实质就是坚持以人民为中心的发展思想，体现的是逐步实现共同富裕的要求"。③ 社会主义制度从根本上区别于资本主义制度，不仅在于它能够带来生产力的解放和发展，不断满足人民日益增长的物质文化需要，而且在于它能够带来社会正义和社会平等，朝着共同富裕的方向前进。在发展中国特色社会主义的历史进程中，共享发展体现的社会正义，涵盖了社会主义的价值理想，体现了社会主义制度的本质特征，构成了社会价值系统的终极依托。应当看到，随着转型期中国的改革发展进入关键阶段，社会矛盾和问题也日益凸显出来。比如，城乡之间、区域之间经济发展与社会发展之间的矛盾更加突出；社会利益分层化，利益冲突形式多样，社会利益关系格局日趋复杂；收入差距拉大，劳动就业、社会保

① 参见《中共中央关于制定国民经济和社会发展第十三个五年规划的建议》，人民出版社 2015 年版，第 9 页。

② 《邓小平文选》第三卷，人民出版社 1993 年版，第 373 页。

③ 参见习近平：《在省部级主要领导干部学习贯彻党的十八届五中全会精神专题研讨班上的讲话》（2016 年 1 月 18 日），人民出版社 2016 年版，第 25 页。

障、收入分配、教育、医疗、住房等方面的利益矛盾愈益突出；人民内部矛盾错综复杂，信访问题居高不下，社会主体的利益诉求与表达方式显现出新特点，社会安全稳定也面临严峻的挑战，等等。这些社会矛盾和问题在相当程度上与共享发展及其社会正义方面的问题密切相关，这也更加表明在新的历史条件下坚持共享发展、实现社会正义的极端重要性、紧迫性和复杂性。发展不能以牺牲社会主体的自由和权利、忽视社会正义为代价。① 处于转型期的当代中国法治发展，必须始终关注和认真对待坚持共享发展、促进社会正义问题，使之成为中国法治发展的基本价值取向。要着眼于充分调动人民群众的积极性、主动性和创造性，加强坚持共享发展、促进社会正义的法治制度设计，创新法治制度安排，抓紧建设对保障共享发展、促进社会正义具有重大作用的法治制度，逐步建立起以权利公平、机会公平、规则公平为主要内容的坚持共享发展、促进社会正义的法治制度体系。要深入分析影响坚持共享发展、促进社会正义的突出现象和问题，尤其要清醒认识到合理的收入分配制度是共享发展和社会正义的重要体现。实现发展成果由人民共享，必须正确处理好分配制度所体现的公平与效率的关系，无论是初次分配还是再分配，都要兼顾效率和公平，再分配要更加注重公平，从而在经济发展的基础上，"增加低收入者收入、扩大中等收入者比重，努力缩小城乡、区域、行业收入分配差距，逐步形成橄榄型分配格局"。② 要把坚持共享发展、促进社会正义的要求，贯彻落实到当代中国法治建设的全过程和各个方面，"公正是法治的生命线"，"全面依法治国，必须紧紧围绕保障和促进社会公平正义来进行"。③ 要坚

---

① 有的学者区别了自由型发展与威权主义发展或反自由型发展两种发展类型。参见[美] 威廉·伊斯特利：《威权政治——经济学家、政策专家和那些被遗忘的穷人权利》序言，冯宇、邓敏译，中信出版社 2016 年版，第 XXI—XXIV 页。

② 参见《中共中央关于全面深化改革若干重大问题的决定》，人民出版社 2013 年版，第 46 页；并参见姚洋：《确立有利于社会公正的分配正义原则》，载《人民日报》2016 年 8 月 26 日。

③ 参见《习近平关于全面依法治国论述摘编》，中央文献出版社 2015 年版，第 38 页。

持立法为民原则，完善科学立法、民主立法机制，创新和扩大公众有序参与立法过程的途径与方式，及时有效回应人民群众对立法工作的关切期待；要以全面推进法治政府建设为目标，"行政机关不得法外设定权力，没有法律法规依据不得作出减损公民、法人和其他组织合法权益或者增加其义务的决定"，①深入推进政务公开，推行行政权力清单制度，自觉接受人民群众的监督；要围绕"努力让人民群众在每一个司法案件中都能感受到公平正义"的目标要求，深入推进司法体制改革，坚持司法为民，充分发挥人民司法的权利救济、定分止争、制约公权的基本职能，从而"提高司法公信力，让司法真正发挥维护社会公平正义最后一道防线的作用"。②只有这样，才能全面保障人民在各方面的合法权益，使人民群众有更多的"获得感"，着力营造坚持共享发展、促进社会正义的良好法治环境，把共享发展的理念落到实处。

四、以新发展理念统领中国法治现代化全局

在当代中国，发展理念与法治实践内在联系，密不可分。新发展理念的提出与贯彻，乃是关乎中国发展全局的一场深刻革命，对中国法治现代化进程提出了崭新要求。因之，必须以坚定不移推进法治领域改革为动力，强化法治问题导向，推动法治创新发展，充分展现新发展理念对于中国法治现代化进程的战略引领作用。在这里，拟需妥善把握好以下若干重要问题。

一是深刻认识中国法治现代化进程的环境条件。纵观文明社会法治现代化的历史进程，我们会注意到，每个国家在推进法治发展及其现代化的过程中，通常都会面临独特的时代境况，存在着亟须妥善应对的战略环

---

① 参见《中共中央关于全面推进依法治国若干重大问题的决定》，人民出版社2014年版，第16页。

② 参见《习近平关于全面依法治国论述摘编》，中央文献出版社2015年版，第67、78页。

境，由此深入分析法治现代化进程中的诸方面影响因素或条件，把握推进法治现代化进程的历史机遇，进而确定本国法治现代化的战略与策略。这就是所谓法治现代化的战略机遇问题。当下中国法治现代化的进程，亦正遇到这样的战略机遇问题。战略机遇期的把握，通常是与对战略形势和战略格局的分析研判密切联系在一起的。当代中国共产党人始终注重把握战略发展大势，统筹谋划战略全局，进而制定和实施战略路线、战略方针和战略政策。习近平强调，"'十三五'时期我国发展仍处于可以大有作为的重要战略机遇期，但战略机遇期内涵发生了深刻变化，我国发展既面临许多有利条件，也面临不少风险挑战"。① 这一战略研判，在确证重要战略机遇期依然客观存在的基础上，深刻揭示了当下战略机遇期与风险挑战彼此并存、相互交织的新特点，进一步提示人们要高度关注战略机遇期内涵的新变化。从国内环境条件来看，经过三十多年改革开放的伟大实践，中国经济总量稳居世界第二位，综合国力大幅提升，中国正在具备着实现民族复兴的强国之梦的雄厚的物质基础。时下，中国正面临到 2020 年全面建成小康社会的重大而艰巨的历史性任务，经济发展进入新常态，呈现出速度变化、结构优化、动力转换的三大鲜明特点，供给侧结构性改革正在深入推进，旨在为国家经济持续健康发展提供不竭的内在动力。与此同时，全面深化改革时代的全面依法治国进程亦在向纵深展开，建设中国特色社会主义法治体系、建设社会主义法治国家的战略目标与实际行动，正在极其深刻地改变着国家与社会生活的基本面貌，有力推动着国家治理制度与体系更加成熟更加定型。再从国际环境条件来看，全球治理体系深刻变革，"争夺全球治理和国际规则制定主导权的较量十分激烈"，② 大国之

---

① 习近平：《关于〈中共中央关于制定国民经济和社会发展第十三个五年规划的建议〉的说明》，见《中共中央关于制定国民经济和社会发展第十三个五年规划的建议》，人民出版社 2015 年版，第 45 页。

② 参见习近平：《在省部级主要领导干部学习贯彻党的十八届五中全会精神专题研讨班上的讲话》（2016 年 1 月 18 日），人民出版社 2016 年版，第 23 页。

间的战略博弈明显加剧，坨缘政治冲突持续不断，保守主义和民粹主义思潮正在欧美国家乃至更大的范围内勃勃涌动，世界经济的复苏与增长亦缺乏强劲动力，当今世界格局与全球秩序正处在一个历史性的重构过程之中，当下中国发展的外部环境风险前所未有。新发展理念鲜明表达了重要战略机遇期内涵的深刻变化，指明了治国理政的战略方向。因之，面对着重要战略机遇期的国内外环境条件错综复杂的新变化，我们必须坚持以新发展理念为战略引领，把中国法治现代化进程放置到仍然可以大有作为但却充满风险挑战的重要战略机遇期之中加以观照，从战略上考量国内国际环境的新情况新特点对于中国法治现代化进程的重大影响，准确把握中国法治现代化进程的战略走向，科学估定中国法治现代化的时代方位，藉以审慎地确立中国法治现代化进程的战略目标和路径选择，从而为实现"两个一百年"奋斗目标和中华民族伟大复兴的中国梦奠定坚实的法治根基。

二是深刻认识中国法治现代化的功能定位。发展是当今世界的主旋律。从法哲学本体论意义上讲，现实的经济社会发展构成了法治发展的根源与基础，制约和影响着法治发展的进程及其表现形式。离开一定的经济社会发展条件，法治发展就失却了赖以存在的基础和条件。诚如马克思所指出的，"社会不是以法律为基础的。那是法学家们的幻想。相反地，法律应该以社会为基础"。① 然而，法哲学辩证法告诉我们，法治对于经济社会发展具有能动的反作用，甚至在一定社会条件下有着主要的决定性的作用，能够在某种限度内影响或改变着经济社会发展的运动方向与实际效果。在经济社会发展的过程中，伴随着生产的物质发展和它的社会形式之间的矛盾冲突，迫切需要变革经济社会发展的法治类型，改变旧有的法治体系，推动从传统型法制向现代型法治的转型发展。在社会变革中产生的新的法治类型，成为表现经济社会发展条件的新的法治样式，并且成为反映经济社会发展程度和水平的法治尺度。因之，法治以其特有的形式，标

---

① 参见《马克思恩格斯全集》第 6 卷，人民出版社 1961 年版，第 291—292 页。

志着经济社会发展的进程与阶段，为新的经济社会系统确立相应的规范与制度基础，从而成为推动经济社会发展的重要工具。当代中国正处于一个深刻的社会转型与变革的历史过程之中。运用法治思维和法治方式推动发展，把经济社会发展纳入法治化轨道，这集中体现了大变革时代社会转型与经济发展的法治需求，充分展示了法治在当代中国发展全局中的地位和作用。习近平强调，"现在，全面建成小康社会进入决定性阶段，改革进入攻坚期和深水区。我们党面对的改革发展稳定任务之重前所未有、矛盾风险挑战之多前所未有，依法治国在党和国家工作全局中的地位更加突出、作用更加重大"。"要推动我国经济社会持续健康发展，不断开创中国特色社会主义事业更加广阔的发展前景，就必须全面推进社会主义法治国家建设，从法治上为解决这些问题提供制度化的方案。"① 只有充分发挥法治的引领、规范和保障功能，才能为实现当代中国发展的战略目标营造公正规范有序的法治环境。因此，《建议》和《纲要》提出了一个重大的命题："法治是发展的可靠保障。"② 这一命题突出了发展与法治之间的内在关联，确证了法治对于推动和保障发展的当代价值。新发展理念深刻反映了当代中国的发展思路、发展方向和发展着力点，深化了"发展是硬道理"的时代内涵。在新的历史条件下，推进中国法治现代化的宏伟大业，就必须把新发展理念融入中国法治现代化事业的总体布局之中，准确把握中国法治现代化与当代中国发展全局之间的内在关联，深入梳理中国法治现代化事业在实现什么样的发展、如何实现发展的时代进程中的功能定位，充分展示中国法治现代化对于保障和实现更高质量、更有效率、更加公平、更可持续的科学发展的鲜明目标指向。

---

　　①　习近平：《关于〈中共中央关于全面推进依法治国若干重大问题的决定〉的说明》，见《十八大以来重要文献选编》中，中央文献出版社 2016 年版，第 142、141 页。

　　②　参见《中共中央关于制定国民经济和社会发展第十三个五年规划的建议》，人民出版社 2015 年版，第 6 页；《中华人民共和国国民经济和社会发展第十三个五年规划纲要》，人民出版社 2016 年版，第 9 页。

　　三是深刻认识中国法治现代化进程的价值取向。新发展理念蕴涵着深厚的法治价值指向，确立了衡量当代中国法治发展状况的基本价值尺度，构成了中国法治现代化进程的价值基准。特别是作为新发展理念系统有机构成要素的共享发展理念的提出，鲜明突出社会主义的本质要求，从而使法治发展领域中的公平与效率关系这一时代法哲学论题愈加凸显出来。当代中国的法治现代化进程，凝结着独特而深刻的价值取向，在中国的法治国情条件下，在很大程度上表现为公平与效率之间关系的合理解决。是坚持效率优先兼顾公平，还是恪守公平优先兼顾效率，抑或其他？由此，社会面临着对这两者的重大抉择。合理地协调处理这一价值关系，乃是当代中国国家发展及其现代化进程亟须面对的一个重大时代议题。美国法哲学家约翰·罗尔斯提出所谓作为公平的正义的观念，并且把它视为"一种政治的正义观念"，其中蕴含着六个基本理念，指出："在这种正义观念中，最基本的理念是社会作为一个世代相继的公平的社会合作体系的理念"。在罗尔斯看来，要理解作为公平的正义之内涵取向，就必须讨论两个正义原则，即：第一个正义原则是保证平等的基本自由原则；第二个正义原则包括公平的机会平等原则和差别原则两个方面。在这里，存在着一个词典式的顺序，"第一个原则优先于第二个原则；同样在第二个原则中，公平的机会平等优先于差别原则"。而第二个原则涉及调节社会与经济领域中的不平等现象，差别原则的理念在更深的层面上涉及互惠性或分配正义问题。这里需要关注的是"最不利者"。在一个平等的基本自由和公平的机会平等得以保证的社会里，"最不利者是指拥有最低期望的收入阶层"。因此，差别原则要求"应该按照有利于最不利者的最大利益来加以安排"，这体现了"公民所适当共享的基本善"。① 显然，在罗尔斯的心目中，平等对于效率具有优先性的价值地位。与罗尔斯的看法不同，美国经济学家

---

　　① 参见［美］约翰·罗尔斯：《作为公平的正义》，姚大志译，上海三联书店2002年版，第9—10、70—71、93—96页。

阿瑟·奥肯试图在平等与效率之间建立起某种平衡关系。他分析了现代市场经济条件下的平等与效率之间的深刻矛盾，认为"对效率的追求不可避免地产生出各种不平等。因此在平等与效率之间，社会面临着一种抉择"。在这一抉择面前，奥肯给出的答案是："市场需要有一定的位置，而且市场需要受到约束"。因之，在平等与效率之间存在着"互相需要的道理"，即："在平等中注入一些合理性，在效率中注入一些人道。"① 对于平等与效率之间的两难选择，许多学者提出了具体的经济与社会政策主张，试图破解平等与效率之间的尖锐矛盾。比如，英国经济学家詹姆斯·E. 米勒企望通过建立所谓"财产所有民主制"来实现财产所有权的均等化，提出了在选择经济政策时必须牢记心头的四项基本原则，其中的第三个原则是："在任何时点上都应该把收入和财富公平地分给社会全体公民。"如何实现这一基本经济原则的要求？米勒所主张的经济政策是采取财产所有权均等化和社会化措施，通过经济和财政政策来改变经济和人口因素，使财产分配更加公平，以便兼顾资源使用效率和收入分配公平。② 在当代中国的社会转型时期，公平与效率之间的张力呈现出紧张的状态，要求国家通过社会经济结构与制度化的合理安排，在提高效率的同时最大限度地实现公平，努力形成平衡健康的社会经济秩序。"共享发展"理念的提出，无疑为建构体现公平与效率相平衡的经济社会结构与制度体系提供了基本准则。在这里，运用法治方式建立起能够为社会成员的自由发展创造机会平等的机制与条件，进而公平合理地分配利益并且实现"矫正的正义"，确乎殊为关键。当代中国法治的时代使命，不仅在于依法赋予社会主体应有的自主权利和广泛的社会自由，激发创新创造的热忱，推动生产力的发展和效率的提高，而且在于强化法律的利益调节功能，在"不断把'蛋糕'

---

① 参见［美］阿瑟·奥肯：《平等与效率——重大的抉择》，王奔洲译，华夏出版社1987年版，第1、105页。

② 参见［英］詹姆斯·E. 米勒：《效率、平等和财产所有权》，沈国华译，机械工业出版社2015年版，第13、43—56页。

做大"的同时完善社会分配制度，把"不断做大的'蛋糕'分好"，① 平等地对待社会主体的权利义务，有效缓解社会分配不公的状况。特别是对于社会经济生活中的弱者给予必要的帮扶，加大实施扶贫攻坚工程的力度，切实维护和实现社会正义。② 只有这样，才能合理平衡社会利益关系，建立起良好秩序的社会结构，逐步实现共享发展、共同富裕的社会价值理想，推动当代中国社会转型变革进程的顺利展开。

四是深刻认识中国法治现代化进程的总体格局。中国法治现代化是一场意义深刻、影响深远的法治革命，涉及国家发展与社会生活的广泛领域，需要总揽全局，统筹协调，整体谋划，合力推进。新发展理念相互融通、指向鲜明，反映了当代中国共产党人对中国社会发展规律的崭新认识，因而是把握中国法治现代化总体格局的大逻辑。按照新发展理念的整体性要求，推进中国法治现代化首先要明确这一革命性进程的基本目标。建设中国特色社会主义法治体系，建设社会主义法治国家，这是中共十八届四中全会决定所确立的全面推进依法治国的总目标，也是当代中国法治现代化进程的基本目标设定。中国特色社会主义法治体系乃是在从传统社会向现代社会的转型过程中，由法律规范体系、法治实施体系、法治监督体系、法治保障体系和党内法规体系所组成的，反映国家法治运行状况的法治共同体系，是一个法律制度与法治价值有机联结、内在统一的和谐法治整体。习近平把建设中国特色社会主义法治体系称之为"全面推进依

---

① 参见习近平：《在省部级主要领导干部学习贯彻党的十八届五中全会精神专题研讨班上的讲话》(2016 年 1 月 18 日)，人民出版社 2015 年版，第 28 页。

② 阿马蒂亚·森运用"权利方法"深入研究贫困现象的权利属性，认为"饥饿现象基本上是人类关于食物所有权的反映。""对食物的所有权是最基本的权利之一，每个社会都有规范这种权利的法律。权利方法所重视的是每个人控制包括食物在内的商品组合的权利，并把饥饿看作是未被赋予取得一个包含有足够食物消费组合权利的结果。"因此，"权利方法把饥荒看作是经济灾难，而不只是粮食危机"。由此，阿马蒂亚·森提出了旨在维护每个社会成员食物所有权的反贫困政策措施。参见 [美] 阿马蒂亚·森：《贫困与饥荒——论权利与剥夺》，王宇、王文玉译，商务印书馆 2001 年版，第 61、198 页。

法治国的总抓手"，指出："全面推进依法治国涉及很多方面，在实际工作中必须有一个总揽全局、牵引各方的总抓手，这个总抓手就是建设中国特色社会主义法治体系。依法治国各项工作都要围绕这个总抓手来谋划、来推进。"① 这就为当代中国法治现代化的时代进程指明了前进方向。其次，要把握中国法治现代化的推进方略。中国法治现代化是一项前无古人的开创性的法治事业，是一个从传统人治型国家治理模式向现代法治型国家治理模式的转型与变革进程，必须从中国的法治国情条件出发，稳妥审慎，有序推进。在这里，一方面，要把依法治国、依法执政、依法行政作为一个有机的整体协同推进，牢固确立依法执政在这个有机统一体中的关键的支配性地位，为依法治国和依法行政提供根本保证，创设基本条件；另一方面，要正确认识法治国家、法治政府、法治社会之间的关系，坚持三者一体建设，把国家与社会生活纳入法治化轨道，加快建设职能科学、权责法定、执法严明、公开公正、廉洁高效、守法诚信的法治政府，大力弘扬现代法治精神，在全社会形成崇尚宪法和法律、维护法治尊严和权威的良好法治环境。因之，坚持依法治国、依法执政、依法行政共同推进，法治国家、法治政府、法治社会一体建设，深刻反映了中国法治现代化进程的内在机理，构成了推进中国法治现代化的工作布局。此外，中国法治现代化进程面临的基本国情状况的一个重要方面，就是在中国的广阔幅员范围内，区域之间经济社会发展的不平衡现象，不可避免地导致区域之间法治发展进程的历史差异性，甚至在一定程度上呈现出区域之间法治发展的非均衡性的特征。这一法治国情条件必然要求我们按照协调发展理念的要求，坚持国家法治与区域法治的协调发展，在遵循国家主权一元化和国家法制统一性原则的前提下，从不同区域经济社会条件的基本现实出发，制定与实施区域法治发展的战略行动方案，进而把区域社会发展构筑在坚实

①　习近平：《关于〈中共中央关于全面推进依法治国若干重大问题的决定〉的说明》，见《中国共产党第十八届中央委员会第四次全体会议文件汇编》，人民出版社 2014 年版，第 83 页。

可行的法治基础之上。再次，要确定中国法治现代化进程的重要任务。从中共十一届三中全会提出'有法可依，有法必依，执法必严，违法必究"①十六字的社会主义法治建设的基本方针，到中共十八大对新时期全面推进依法治国的工作方针作出新的概括，强调要"推进科学立法、严格执法、公正守法、全民守法"，②这实际上阐明了当代中国法治现代化进程的重心所在，从而表明当代中国法治现代化进入了新的历史阶段。新的十六字的重点任务的提出，突出了全面推进依法治国的工作重点，集中反映了中国大变革时代的法治需要。在中国特色社会主义法律体系已经形成的新的条件下，面对着社会转型时期广泛而深刻的社会变革，立法工作的任务依然繁重而艰巨。"科学立法是处理改革和法治关系的重要环节。"③它要求从中国的国情条件出发，遵循立法工作的客观规律，主动适应改革发展的法治需要，有效进行法律创制工作，努力实现立法与改革决策的有机衔接，做到重大改革于法有据。"法律的生命力在于实施，法律的权威也在于实施。"④因之，严格执法就成为全面推进依法治国的关键环节。它要求依法全面履行政府职能，坚持法定职责必须为、法无授权不可为，严格规范行政执法权的行使，切实解决执法不规范、不严格、不透明、不文明的问题。在现代社会，司法是维护社会公平正义的最后一道防线。而司法的灵魂是公正。"法律本来应该具有定分止争的功能，司法审判本来应该具有终局性的作用，如果司法不公、人心不服，这些功能就难以实现。"⑤因此，要把促进司法公正、维护社会公平正义作为司法工作的生命线，深化司法体制改革，完善司法权力运行机制，强化司法公开，推进司法民主，

---

① 参见《改革开放以来历届三中全会文件汇编》，人民出版社 2013 年版，第 12 页。

② 参见《十八大以来重要文献选编》上，中央文献出版社 2014 年版，第 21 页。

③ 参见《习近平关于全面依法治国论述摘编》，中央文献出版社 2015 年版，第 51 页。

④ 参见《中共中央关于全面推进依法治国若干重大问题的决定》，人民出版社 2014 年版，第 15 页。

⑤ 参见《习近平关于全面依法治国论述摘编》，中央文献出版社 2015 年版，第 67 页。

加强司法管理，严格司法监督，改进司法作风，规范司法行为，努力从实体上、程序上全面实现司法公正，进而充分发挥司法公正对于社会公正的重要引领作用。全民守法是全面推进依法治国的基础性环节。它要求牢固树立起对法律的信仰，着力增强全民法治观念，任何组织或个人都要在宪法和法律的范围内活动，特别是要抓住领导干部这个"关键少数"，坚持领导干部要模范地遵守宪法和法律，从而引导和带动全社会不断增强尊法学法守法用法意识，努力营造全面依法治国、建设法治中国的浓厚的法治氛围。很显然，在新发展理念的引领下，全面推进依法治国的总体布局的精心谋划和扎实推进，必将对当代中国法治现代化进程产生深远的影响。

五、结　语

在新的历史条件下，创新、协调、绿色、开放、共享的新发展理念的提出与贯彻，在丰富和深化发展是硬道理、发展是党执政兴国的第一要务、坚持科学发展等重大命题的基本内涵的同时，为经济发展新常态下的当代中国发展全局确立了新的发展思路与发展方向，进而成为当代中国法治现代化进程的战略引领与实践取向。

作为新发展理念的本体论依据，以人民为中心的发展思想，鲜明体现了马克思主义历史唯物主义法哲学的理论品格。在推进当代中国法治现代化的过程中，要坚持以人民为中心的法治发展准则，确立人民在法治发展进程中的主体地位，充分发挥人民在法治发展进程中的积极能动作用，有效满足人民群众不断增长的法治需求，依法维护和实现人民群众的发展权益，维护和实现人民群众的发展权益，从而使最广大人民群众获得更多的法治"获得感"。

运用法治思维和法治方式贯彻落实新发展理念，这是当代中国法治现代化进程的重大时代论题，也是推进中国特色社会主义法治事业科学发展的题中应有之义。在这里，重要的是要适应经济发展新常态的客观要求，着力构筑有利于促进发展动力转换、催生创新发展局面的法治基础；要认清中国社会各个区域之间发展不平衡的国情特点，着力创设有利于推动协调发展、积极实施区域协调发展国家战略的法治机制；要顺应全球绿色革命的历史进程，着力构造有利于坚持绿色发展、建设美丽中国的法治体制；要把握全球治理变革进程的时代趋势，着力形成有利于推动开放发展、坚定走向世界、促进全球治理体系变革的法治格局；要体现中国特色社会主义的本质要求，着力弘扬实现共享发展、维护社会正义的法治价值。因之，贯彻新发展理念的法治需求及其法治实践，不仅构成了当代中国法治发展进程的评价准则，而且成为中国法治文明成长的时代测度，历史性地展示着当代中国日益崛起、走向复兴进程中的法治竞争力量。

显然，坚持以新发展理念统领当代中国法治现代化全局，具有特殊重要的意义。它有助于我们深刻认识中国法治现代化进程的环境条件，悉心把握推进中国法治现代化所面临的重要战略机遇期，藉以确立中国法治现代化进程的战略方位；有助于我们深刻认识中国法治现代化的功能定位，紧紧围绕发展与法治这一重大关系问题，确证法治发展在当代中国发展全局的基础性、保障性、长远性的地位和作用，进而深化对于"法治是发展的可靠保障"这一重大命题的理解；也有助于我们深刻认识中国法治现代化进程的价值取向，正确认识和妥善处理好社会转型与变革进程中的公平与效率的关系，努力运用法治化的机制与制度安排，逐步消解公平与效率之间的紧张关系，逐步实现共享发展、共同富裕的社会价值理想；还有助于我们深刻认识中国法治现代化进程的总体格局，整体谋划全面依法治国的总抓手、工作布局、推进方略和重点任务，形成推动当代中国法治现代化、建设社会主义法治国家的强大合力。

本文刊于《法治现代化研究》2017 年第 1 期创刊号

第五章
国家治理现代化进程中的中国公法发展

本章概要

公法发展与国家发展和国家治理内在相连，国家与社会的关系亦构成公法调整的主要对象之一。公法发展的历程记录了国家发展及其现代化进程的演进轨迹，反映了不同历史时期国家与社会之间关系的变动特点。自近代以来，伴随着国家与社会的发展进程，中国公法发展经历了三次转型。20世纪初晚清十年政制改革及至1911年的辛亥革命，促进了中国公法领域的第一次转型。1949年新民主主义革命的胜利，创设了新型国家治理体系，由此展开中国公法的第二次转型发展。1978年中共十一届三中全会开启了创新中国国家制度与国家治理体系的时代进程，遂而形成中国公法发展的第三次转型。推进国家治理现代化这一重大战略性目标的提出与实施，为当代中国公法发展提供了强劲动力。以中共十八大和十八届三中、四中、五中全会为标志，中国公法发展进入了一个革命性变革的历史新时期。在当代中国，深入探讨国家治理现代化进程中的中国公法革命的基本理论与实践问题，藉以把握中国法治现代化运动规律，是时代赋予中国法学工作者的学术使命。

一、问题的研究范式

当代中国正处于国家治理体系的深刻变革过程之中，这一变革有力地推动着公法关系及其体系的转型发展，进而改变着法治生活领域的基本面貌，导引着法治中国建设的成长趋向。在新的时代条件下，深入探讨国家现代化与公法发展之间的相互关联，对于科学揭示当代中国国家治理现代化的运动规律，悉心探寻现代公法转型发展的基本轨迹，不断深化中国法治现代化的理论研究与实践探索，无疑是大有裨益的。

公法发展源远流长，与国家的起源和演化进程相向同行。在不同的国度，公法系统彼此分别、各具特质。然而，世界各国公法所涉范围，大体上与国家制度和国家治理体系的构造密切相关。国家与社会的关系，是公法调整的主要对象之一。文明社会法治现代化的进程表明，国家与社会之间的矛盾运动，构成了从传统法制向现代法治历史性转变的内在动力。公法结构与体系的每一步进展，都深刻反映了国家与社会之间关系的新的变动，体现了国家治理体系的新的型态。运用国家与社会相互关系这一概念分析范式，可以使我们在广阔的社会变革进程中认识国家治理体系转型发展的政治与社会条件，由此洞察现代公法变革进程的社会机理。诚然，这一概念工具乃是域外社会科学的舶来品，但在中国的语境下经过创造性的转换，可以使之具有独特的理论蕴涵，显示出具有历史与逻辑力量的解释工具价值。因此，本文拟将近代以来中国国家治理体系与公法发展的变革进程放置在国家与社会关系的概念框架之中加以观照，着重考察国家治理体系变迁及其公法基础，以期把握致力于调整国家与社会之间关系的中国现代公法转型发展的历史脉络。毋庸讳言，这是中国法治现代化研究领域一个重要的时代论题。

二、中国公法发展的第一次转型

《剑桥中华民国史》的作者借助于国家与社会的概念架构，从总体上描述了晚清和民国时期的政治历史面貌，指出："社会与国家是整体与部分的关系，也许就像细胞与细胞核的关系。中国从其政治上很有作为的时代——例如秦和汉初、隋和初唐——接受了一笔遗产，即异常强大的、已经历了时间检验的社会结构、管理经验和观念为基础的国家。同样重要的是，这一国家的力量也表现为联盟政治的能力和分散行政管理的能力。"在1800—1949 年这 150 年间，"的确有过一次政权倾覆、政权空白及其重新巩固的过程。政府也的确试图使之权威，即中国控制得以延伸并重组其财政和行政。但另一方面，我们又相信，这 150 年的历史应更恰当地定义为一场社会革命运动。在这一革命运动中，旧国家控制被摆脱了；新的社会阶层出现了；各种政治关系得到重新确定；新的国家结构和意识形态诞生了。这是一个不规则的、有多次阵痛的、并且常常是流血的过程"①。这一论述，确乎从一个侧度概要地表达了近代中国的国家与社会之间的复杂的矛盾运动图景。19 世纪下半叶以来，伴随着中国国家生活的急剧变动，特别是进入 20 世纪的晚清十年政制改革以及 1911 年的辛亥革命，传统中国的国家治理体系与法律结构发生了根本性的变化，虚弱的社会自组织系统力图突破强大的国家体制开始顽强地生长起来。近代中国的国家与社会之间关系的结构性变革，有力地促进了近代以来中国公法领域的第一次转型发展。

在传统中国，国家与社会之间存在着一种内在同一性的关系。强大的专制国家的力量，淹没了社会自身独立存在的地位。虽然乡村社会自成一体，具有内在的封闭性，脱离国家政治生活之外，但是，作为社会

---

① 参见 [美] 费正清主编：《剑桥中华民国史》第二部，章建刚等译，上海人民出版社 1992 年版，第 56—57 页。

结构的基本单元，乡村社会始终是专制国家体制赖以存在的社会基础。因此，并不存在公法与私法之分的传统中国法典化体系，有一个确定不移的基本出发点，即极力维护专制皇权的至高无上的地位，构造一个以皇权为中心的国家治理结构。不过，在传统的国家治理体系中，根深蒂固的宗法家族系统占据着重要地位，行使着指向明确的社会治理职能，而乡村的绅士阶层亦担负着不可或缺的基层治理角色。

在内外诸因素的合力推动下，近代中国的国家与社会之间的关系呈现出新的特点。面对近代西方法律文化的尖锐挑战和日益阽危的国内政局的艰难困境，晚清统治集团被迫推行宪政与法制改革，选择中央与直省官制改革作为预备立宪的突破口，遂而制定预备立宪九年应行筹备清单，揭开了近代以来中国公法发展第一次转型的历史序幕。这份宪制改革的顶层设计方案旨在革新传统的国家与社会制度架构，把九年逐年立宪筹备事宜分列为"预备自上者"和"预备自下者"两大类。其中，将关涉国家治理体系重构的厘定官制、编纂法典、筹备各级审判厅等确定为改革清单之"预备自上者"。与此同时，推进地方自治也成为这份改革清单的重要组成部分，认为地方自治乃是"立宪之根本，城、镇、乡又为自治之基础，诚非首先开办不可"，强调官治与地方自治之间的关系是"地方自治乃辅官治之所不及，仍统于官治之内，并非离官治而独立"。[①]不仅如此，在晚清社会，商会、银行家公会、律师公会等各种行业协会纷纷建立起来，逐渐超然于传统的官僚体制之外。[②] 这一现象反映了晚清国家对于社会的一定程度的扶植。[③] 由此，在传统的国家治理体系的

①　参见上海商务印书馆编译所编纂：《大清新法令》（1901—1911）点校本第一卷，李秀清等点校，商务印书馆 2010 年版，第 71 页。

②　参见［美］费正清编：《剑桥中国晚清史》（1800—1911）下卷，中国社会科学院历史研究所编译室译，中国社会科学出版社 1985 年版，第 626 页。

③　参见朱英：《转型时期的国家与社会——以近代中国商会为主体的历史透视》，华中师范大学出版社 1997 年版，第 36—73 页。

转型变革进程中，新的国家与社会之图式及其法律体制日渐形成。晚清政府采纳大陆法系的公法与私法相分立的观念和法律结构模式，改造传统的高度一体化的固有法律结构体系，[①] 形成了以宪法性文件为核心的具有西法特点的新的法律结构系统。随着《钦定宪法大纲》、《议院法要领》、《选举法要领》、《钦定大清商律》、《法院编制法》以及《地方自治章程》等一系列法律的颁行，一个以有限皇权、关注民权、行政与司法相分立、地方自治等为基本构成要素的晚清近代型的公法制度体系开始出现，并且在一定程度上促进了晚清国家治理体系的革新。

政治革命进一步推动了国家治理体系的转型和发展，也促使现代型公法架构的大踏步前进。1911 年的辛亥革命，结束了绵延数千年的中国封建帝制统治，打破了传统中国的国家治理体系，代之以民主共和制的法治结构为基础的近代型的国家治理体系，力图改造传统的国家与社会的关系结构，推动了近代以来中国公法系统第一次转型的形成。以孙中山为代表的近代中国资产阶级革命派起初仿行美国总统制模式的宪法与政治体制，拟定《中华民国临时政府组织大纲》，后又基于限制即将掌握民国总统大权的袁世凯权力行为之考量，采用法国责任内阁制模式制定了《中华民国临时约法》。孙中山企望把近代欧美的政制实践与中国政治国情结合在一起，在立法权、行政权、司法权三权之外，加上考选权和纠察权，形成具有本土特点的"五权宪法"的政治模式。在孙中山看来，这种五权分立政治体制，不但是各国制度上所未有，便是学说上也不多见，"可谓破天荒的政体"，将来以此而成中华民国的宪法。这样的国家，"便是民族的国家、国民的国家、社会的国家，皆得完整无缺

---

① 光绪三十三年五月（1907 年 6 月），民政部大臣善耆在给清廷的奏折中指出："查东西各国法律，有公法与私法之分。公法者定国家与人民之关系，即刑法之类是也。私法者定人民与人民之关系，即民法之类是也。二者相同，不可偏废。而刑法所以纠匪僻于已然之后，民法所以防争伪于未然之先，治忽所关，尤为切要"。参见朱寿朋编：《光绪朝东华录》第 5 册，中华书局 1987 年版，总第 5682 页。

的治理"。① 南京临时政府在建构民族国家的近代型国家治理体系的同时，亦注重在晚清政府地方自治改革的基础上，继续推进地方自治事业，颁行《省议会议员选举法》（1911 年 9 月 5 日）、《省议会暂行法》（1912 年 4 月 3 日）等法律，藉以增强地方社会的自治权利，调和国家与社会之间的关系，推动公法体系的转型变革。应当看到，由于南京临时政府存在的时间很短，因此这一时期的公法体系不够系统完备。但是，辛亥革命及其法治实践所构造的民主共和国的方案，权力分立原则的确证、民权主义的高扬、依法行政的倡导、司法独立原则的坚守等公法基本原则之确立，以及重视维护法律权威，强调"中华民国建设伊始，宜首重法律"，② 建立规制行政权力运行机制，推进律师制度建设等等厉行法治的实际行动，奠定了中国近代型国家治理体系的公法法治基础，在近代中国公法发展史上显然具有革命性意义。

从 1912 年 4 月到 1928 年的民国北洋政府时期，是 20 世纪初叶中国社会变革时期的一个错综复杂的历史阶段。其间，经历了袁世凯的帝制运动、护法运动、张勋复辟、南北和会、联省自治、北洋政府走马灯式的更迭以及军阀混战等等重要的历史事件。在数千年帝制皇朝的废墟上刚刚建立起来的中华民国，尽管在形式上披上了共和的新装，但是实际的政治运作却依旧打上了传统政治文化的深深印记，新兴的共和制度亦还缺乏深厚的社会基础。这就使得民国之初的政治生活呈现出异常复杂的格局。不过，这一时期特殊的动荡的政治形势，却在一定程度上催生了公法关系的活跃。围绕反对袁世凯恢复帝制斗争而展开的民初国体之争，以共和制战胜君宪制而告结束。创制宪法、护法运动、省宪运动等等，莫不以坚持共和制为前提条件，这表明共和理想与理念在民初社会日益深入人心。一个值得注意的现象是，在这一时期，近代中国工商业有了较快发展，以银行

---

① 参见孙中山：《〈民报〉周年纪念大会上的演说》（1906 年 12 月），见丁守和主编：《中国近代启蒙思潮》上卷，社会科学文献出版社 1999 年版，第 402—404 页。

② 参见《孙中山全集》第二卷，中华书局 1981 年版，第 14 页。

业为核心的近代金融体系初步形成，企业经营活动日趋复杂化，产业结构较晚清也有一定的改善，进出口贸易得到发展，并且出现对外贸易收支平衡的趋势。① 政治时局的动荡，导致了重构国家治理体系的不确定局面，而社会经济生活的变动，则给整个社会生活和思想观念领域带来了较大的松动甚或某种"活力"，新文化运动乃至五四运动应运而生。这一时期的地方自治在经过袁氏当国的初步努力的基础上，② 进一步活跃起来。袁世凯之后的北洋政府制定了一系列有关地方自治方面的法律，诸如《县自治法》（1919 年 9 月 7 日）、《县自治法施行细则》（1921 年 6 月 18 日）、《县议会议员选举规则》（1921 年 6 月 23 日）、《市自治制》（1921 年 7 月 3 日）、《乡自治制》（1921 年 7 月 3 日）等等。这预示着一种新的社会治理体系开始形成，而军阀时代的中央政府权威的丧失，进一步改变了传统的国家与社会关系结构。

在中华民国南京国民政府统治中国的 22 年间，国家治理体系与公法领域发生了显著的变化。南京国民政府奉行所谓三民主义的国家社会本位的国家治理理念与原则，以此来指导国家治理体系的建构与法律制度的创制和实行。作为南京国民政府第一任立法院院长，胡汉民认为，三民主义

---

① 有的学者把从 1912 年到 1922 年这十年间中国经济生活的变化与发展，称为中国资本主义发展"黄金时代"。参见虞和平主编：《中国现代化历程》第二卷，江苏人民出版社 2001 年版，第 473—491 页；[法] 白吉尔：《中国资产阶级的黄金时代》（1911—1937 年），张富强、许世芬译，上海人民出版社 1994 年版，第 77—108 页。

② 应当说，袁世凯对地方自治颇为热心。早在晚清立宪改革过程中，作为直隶总督的袁氏在天津先行试办地方自治，主持制定《试办天津县地方自治章程》（1907 年 3 月 6 日），后深得清廷重视。尽管袁氏身居民国大总统之后试图恢复君主立宪体制，但似乎对其在晚清变局中积极试办地方自治的经验"情有独钟"，重又把地方自治摆上重要议程，先后制颁《地方自治试行条例》（1914 年 12 月 29 日）、《地方自治试行条例施行规则》（1915 年 4 月 14 日）等法律文件。但是这一变革努力是有限度的。按照地方自治方案，此项事业拟分为自治事宜之调查、自治事宜之整理及提倡、自治事宜之实行等三期筹办，且有县知事主持负责，最后由大总统定夺。参见王建学编：《近代中国地方自治法重述》，法律出版社 2011 年版，第 98 页。

的立法观念,是"根本上从认定社会生活民族生存和国家存在之关系而生的。无社会无国家无民族则一切法律可以不需要。有此最大团体之存在,便有最大团体之生存目的,然后法律上所规定的义务和权利才发生。我们要把这种最大团体的公共目的视为三民主义立法的出发点,然后所定出来的法律,才不会违背三民主义的原则"。① 在国家社会本位的法律原则指导下,南京国民政府展开了大规模的立法活动,逐步形成了以宪法及关系法规、民法及关系法规、民事诉讼法及关系法规、刑法及关系法规、刑事诉讼法及关系法规和行政法规为内容构成的六法全书体系。尽管六法全书体系的构成内容十分庞杂,但从法律技术角度而言,这显然是一个法律逻辑较为严整的法律系统。它按照大陆法系的法律分类学说,把法律法规划分为公法和私法两大类别,亦即把宪法、行政法、刑法、诉讼法等纳入公法的范围,而把民法、公司法、票据法、海商法、保险法等列入私法的范畴。在六法全书体系中,公法部分占有尤为突出的分量和地位,不仅决定着这个法律系统的基本面貌,而且构成了以五权宪法制度为本体的国家治理体系的法律基础。胡汉民申言,"三民主义,乃救国的宗旨,五权宪法,乃建国的制度","三民主义,乃五权宪法之目的;五权宪法,乃三民主义之实行。不经由五权宪法之制度,三民主义即无由而整个的实现"。② 此外,孙中山早年提出的军政、训政、宪政的"建国三时期"学说,亦被南京国民政府利用来作为构造国家体制的基本依据,其中对于训政时期的国家治理结构的制度安排殊为重视。1928 年 10 月,国民党中央常委会讨论通过的《中国国民党训政纲领》和《中华民国国民政府组织法》,确立了五权制政府的组成原则及其制度体系;1931 年 5 月的《中华民国训政时期约法》,则成为南京国民政府政权建设的法统依据。无论是《训政纲领》

---

① 参见胡汉民:《三民主义之立法精义与立法方针》,见《胡汉民先生文集》第四册,台北:"中央文物供应社"1978 年版,第 784—785 页。

② 参见胡汉民:《训政大纲提案说明书》,见《胡汉民先生文集》第三册,台北:"中央文物供应社"1978 年版,第 412—413 页。

还是《训政时期约法》，都把推进地方自治摆在重要位置。① 蒋介石强调，训政时期是实行约法之治，主要工作是要开始实行地方自治，而地方自治包含心理建设、伦理建设、社会建设、政治建设、经济建设等五项建设。② 实际上，在"党治政府"的体制下，此一地方自治受制于政府的需要，缺乏独立存在的地位，而由政府来行使治权。用胡汉民的话来说，"人民还没有能够自治，还没有适用四权——选举权、罢免权、创制权、复制权——的能力"。③ 训政时期的任务之一，是要训练国民行使四权，但四权行使的范围则要以地方自治的进展状况来决定。因此，南京国民政府时期的国家与社会之间的关系，反映了一种畸形的国家治理结构关系，公法领域亦表现出明显的形式与实体之间彼此悖离的特征。

三、中国公法发展的第二次转型

1949 年新民主主义革命的胜利，开辟了创设新型国家治理体系和公法发展类型的历史新纪元，近代以来的中国公法由此展开了第二次转型发展进程。新生的人民共和国经历了在废除国民党政权"六法全书"体系的基础上，从新民主主义性质的国家政权结构向社会主义类型的国家政权结构的转变过程。1949 年 2 月，中共中央发出的《关于废除国民党的六法全书与确定解放区的司法原则的指示》（以下简称《二月指示》），作出

---

① 在这一时期，南京国民政府对地方自治法制建设投入了一定的立法资源，制定了诸如《地方自治专门委员会条例》(1928 年 10 月 17 日)、《县组织法》(1929 年 6 月 5 日)、《县组织法施行法》(1929 年 10 月 2 日)、《区自治施行法》(1929 年 10 月 2 日)、《省政府组织法》(1930 年 2 月 3 日)、《区乡镇坊调解委员会权限规程》(1931 年 4 月 3 日) 等等一批涉及地方自治问题的法律。

② 参见蒋介石：《三民主义之体系及其实行程序》，见蔡尚思主编、姜义华编：《中国现代思想史资料简编》第四卷，浙江人民出版社 1983 年版，第 334—340 页。

③ 参见胡汉民：《党治的政府》，见《胡汉民先生文集》第三册，台北："中央文物供应社"1978 年版，第 408 页。

了打碎以"六法全书"为基础的南京国民政府所谓的"法统"的重大抉择。随后不久，在新中国成立之初起到"临时宪法"作用的《中国人民政治协商会议共同纲领》（1949 年 9 月 29 日，以下简称《共同纲领》），把在《二月指示》中提出的废除国民党"六法全书"及其"法统"的革命法权要求上升到国家根本法的地位，明确规定："废除国民党反动政府一切压迫人民的法律、法令和司法制度，制定保护人民的法律、法令，建立人民司法制度。"[1] 应当看到，《共同纲领》所建构的新民主主义的国家制度，既与旧民主主义的国家制度不同，也同苏俄式的无产阶级专政的国家制度相区别，而是一个在工人阶级领导下的工农联盟为基础的国家制度。毛泽东说："我们把这样的国家制度称之为新民主主义的国家制度。"[2] 与新民主主义的国家制度之基本性质相适应，新民主主义国家政权的基本构成形式是人民代表大会制度。"可以采取全国人民代表大会、省人民代表大会、县人民代表大会、区人民代表大会直到乡人民代表大会的系统，并由各级代表大会选举政府。"[3]"中华人民共和国的权力机关是各级人民代表大会及其选出的各级政府。"[4] 这就为创设具有鲜明中国特色的社会主义国家治理体系确定了基本准则。

按照《共同纲领》和《中央人民政府组织法》（1949 年 9 月，以下简称《组织法》）的总体构架，"中华人民共和国为新民主主义即人民民主主义的国家"（《共同纲领》第 1 条），"是工人阶级领导的，以工农联盟为基础的，团结各民主阶级和国内各民族的人民民主专政的国家"（《组织法》第 1 条）。这些规定明确了新民主主义国家制度的性质。"从政权构成形式上看，新民主主义的政权制度是民主集中制的人民代表大会的制度"。[5]

---

① 《中央人民政府法令汇编》（1949—1950 年），法律出版社 1982 年版，第 21 页。

② 《毛泽东选集》第三卷，人民出版社 1991 年版，第 1056 页。

③ 《毛泽东选集》第二卷，人民出版社 1991 年版，第 677 页。

④ 《毛泽东选集》第四卷，人民出版社 1991 年版，第 1272 页。

⑤ 《周恩来选集》上，人民出版社 1980 年版，第 369 页。

在这里，"人民行使国家权力的机关为各级人民代表大会和各级人民政府"（《共同纲领》第 12 条）。与旧民主主义的五权分立原则相对应，"各级政权机关一律实行民主集中制"（《共同纲领》第 15 条），具有议行合一的特性。"我们的制度是议行合一的，行使国家权力的机关是各级人民代表大会和它产生的各级人民政府。"① 在新民主主义国家制度的性质和政权组织形式的统摄下，人民共和国的缔造者们对政府组织系统和国家结构形式进行了深入筹划。在全国人民代表大会没有成立之前，由中国人民政治协商会议全体会议选举产生的中央人民政府委员会行使国家的最高权力，"对外代表中华人民共和国，对内领导国家政权"（《组织法》第 1 条）。这个最高国家权力机关下辖政务院、人民革命军事委员会、最高人民法院和最高人民检察院。其中政务院是国家政务的最高执行机关，对中央人民政府委员会负责并报告工作；人民革命军事委员会是国家军事最高统辖机关，统一管辖并指挥中国人民解放军和其他人民武装力量；最高人民法院是全国最高审判机关，并负责领导和监督全国各级审判机关审判活动；最高人民检察院是国家最高检察机关，对政府机关、公务人员和全国公民之严格遵守法律，负最高检察责任。国家政权组织体系实行民主集中制的原则，各下级人民政府均由上级人民政府加以委任，并服从上级人民政府，全国各地方人民政府均服从中央人民政府，而无论是政务院、人民革命军事委员会，还是最高人民法院和最高人民检察院，均受中央人民政府委员会的领导。再从国家结构形式来看，新中国成立前夕，曾经就是否要实行多民族的联邦制问题进行慎重的斟酌与抉择。中国共产党人坚持从中国的国情特点、民族状况和历史条件出发，坚定地实行单一制前提下的民族区域自治制度，而不搞多民族的联邦制，联邦制不符合中国的国情条件和民族状况的特点。因之，《共同纲领》第 51 条强调，"各少数民族聚居的地区，应实行民族的区域自治，按照民族聚居的人口多少和区域大小，分别建立

---

① 《董必武法学文集》，法律出版社 2001 年版，第 19—20 页。

各种民族自治机关"。由上可以看出，由《共同纲领》和《中央人民政府组织法》所建构的新民主主义国家政权系统，为新中国成立之初的国家治理体系之重构提供了国家制度基础。

1954 年 9 月，一届全国人大一次会议通过的《中华人民共和国宪法》（以下简称"五四宪法"），在《共同纲领》的基础上，深入分析从新民主主义性质的国家制度向社会主义类型的国家制度之转型发展的诸方面因素和条件，确立了我国社会主义政治、经济、社会制度的基本原则，构造了一个全新的中国特色社会主义国家制度体系，实现了对 20 世纪初叶晚清以来各种国家制度与国家治理体系方案的历史性超越，有力推动了国家发展及其现代化的进程。按照"五四宪法"的国家制度设计蓝图，"中华人民共和国是工人阶级领导的、以工农联盟为基础的人民民主国家"（第 1条），工人阶级对于国家生活的领导是人民民主国家的核心，工农联盟则是人民民主国家的基础。如果说《共同纲领》对新中国国家制度的规定还较为原则，并且把"议行合一"原则贯彻到国家政权体系之中，那么，"五四宪法"则在深入总结新中国成立以来国家发展与国家治理的实际经验和主要进展的基础上，对中国特色社会主义国家制度作出了更为详尽完备的设定，建立了一个以人民代表大会制度为核心的国家政权系统。有的学者在论及"五四宪法"关于新中国国家制度的设定之特点时认为，除了继续保留了《共同纲领》中统一战线的立场外，新宪法同 1949 年中央人民政府组织法的制度性条例在基本结构上有一些相似点。但那些条例相对来说不太健全，而新宪法却确立了更为明确的国家机构。这一重大变化反映了 1949 年的动乱环境与计划发展的新阶段之间的差异。"1949 年允诺的人民代表大会（理论上最高的国家权力机关）制度至此正式形成"。①在这一全新的国家政权体系中，"中华人民共和国的一切权力属于人民。

---

① 参见 [美] 费正清、罗德里克·麦克法夸尔主编：《剑桥中华人民共和国史》(1949—1965)，王建朗等译，陶文钊等校，上海人民出版社 1990 年版，第 110 页。

人民行使权力的机关是全国人民代表大会和地方各级人民代表大会"（第2条）。因此，人民代表大会制度乃是国家的根本政治制度，从全国到地方的各级人民代表大会处于国家机构体系的核心地位。"人民代表大会制度既规定为国家的根本政治制度，一切重大问题都应当经过人民代表大会讨论，并作出决定。全国性的重大问题，经过全国人民代表大会讨论和决定，在它闭会期间，经过它的常务委员会讨论和决定；地方性的重大问题经过地方人民代表大会讨论和决定。我国的人民代表大会就是这样能够对重大问题作出决定并能够监督其实施的国家权力机关。"①国家行政机关从国务院到地方各级人民委员会，国家审判机关从最高人民法院到地方各级人民法院，都由全国人大和地方各级人大产生，受它们的监督，并可以由它们罢免；最高人民检察院由全国人大产生，对全国人大负责并接受其监督，可由其罢免（"五四宪法"并未规定地方各级人民检察院由地方各级人大产生）。"五四宪法"还建立了中国特色的国家元首制度，即集体的国家元首制度，国家元首职权由全国人大选出的全国人大常委会和国家主席结合起来行使；详尽设定了国家行政机关组织系统，建立了自上而下的统一的国家行政机关运行体制；对国家司法机关体系作了比较完整的规定；在《共同纲领》的基础上，进一步规定了民族自治地方的自治机关之构成、职权以及财政、公安与地方立法诸方面的自治权，丰富了民族区域自治制度。很显然，"五四宪法"所创设的国家制度体系，与中国的国情条件相适应，确立了崭新的社会主义国家治理体系与公法系统的基本制度准则，对中国法治现代化进程产生了深远的影响。

适应新的人民共和国的国家建构与国家治理的需要，在从 1949 年到 1956 年的七年间，近代以来中国公法的第二次转型发展取得了重要进展。1956 年 9 月 19 日，董必武在中共八大上的发言，大致勾勒出建国之初中国公法发展的基本面貌。他这样说道："一九四九年九月随着人民解放

---

① 《刘少奇选集》下，人民出版社 1985 年版，第 156 页。

战争的胜利，我们党和各民主党派共同商定，召开了代表全国人民意志的中国人民政治协商会议，制定了共同纲领和中华人民共和国中央人民政府组织法。"《共同纲领》"是我国的临时宪法。建国初期的一切法制都是以它为基础"。新中国成立后，根据《共同纲领》建立了中央国家机关和地方各级人民政府，开展了全国范围内的法制建设，先后制定了地方各级人民政府和司法机关的组织通则，制定了工会法、民族区域自治等法律法令。"在镇压反革命、'三反'、'五反'运动中，国家制定了惩治反革命条例和惩治贪污条例"。"一九五四年九月召开的我国第一届全国人民代表大会第一次会议，制定了中华人民共和国宪法。这部宪法是共同纲领的发展，是我们国家的根本法"，"我国法制建设也由此进入了一个新的阶段。依据宪法，重新制定了一些有关国家机关和国家制度的各项重要法律、法令"。① 在这一时期，尽管未能编纂出台刑法典，但是刑法典的编纂工作的进展还是比较明显的。新中国创建之初的一年间，就大体上拟就了刑法大纲草案。② 从这部草案来看，建国之初的刑事立法水平已经达到了相当高的程度。③ 到 1957 年 6 月之前，国家立法机关曾经起草刑法草案达到二十二稿之多。④ 这为 1979 年刑法典的制颁提供了宝贵的刑事立法经验。需要指出的是，在建国之初，新中国的司法制度获得了革命性的重构。"五四宪法"颁行之前，由于从全国到地方各级人大尚未建立起来，加之新中国成立初期经济社会发展和司法工作的实际情况，司法机关实行上级业务机关和该级人民政府委员会的双重领导体制，⑤ 这在相当程度上具有司法与行政相结合的特征。而在"五四宪法"

---

① 参见《董必武法学文集》法律出版社 2001 年版，第 341—342 页。

② 参见李光灿：《法理念的求索》，人民法院出版社 1999 年版，第 285 页。

③ 参见高铭暄、赵秉志编：《新中国刑事立法文献资料总览》上，中国人民公安大学出版社 1998 年版，第 137—166 页。

④ 参见周振想、邵景春主编：《新中国法制建设 40 年要览》（1949—1988），群众出版社 1990 年版，第 23 页。

⑤ 参见李光灿：《法理念的求索》，人民法院出版社 1999 年版，第 3 页。

以及《全国人民代表大会组织法》（1954 年 9 月 20 日）、《地方各级人民代表大会和地方各级人民委员会组织法》（1954 年 9 月 21 日）、《人民法院组织法》（1954 年 9 月 21 日）和《人民检察院组织法》（1954 年 9 月 21 日）中，一种新型的社会主义司法体制开始确立，司法机关不再实行双重领导体制，而是建立了上级法院监督下级法院审判工作的监督体制，人民检察机关则实行垂直领导体制；强化司法机关依法独立行使职权的司法地位，"人民法院独立进行审判，只服从法律"（"五四宪法"第 78 条），"地方各级人民检察院独立行使职权，不受地方国家机关的干涉"（"五四宪法"第 83 条）；① 建立人民法院审判案件的合议制与独任制相结合的制度以及审判委员会制度，检察机关则采取首长负责制，检察委员会实行集体领导基础上的个人负责制。

经过新中国成立之初的艰辛努力，一个具有强大社会组织动员力量的中国特色社会主义国家制度系统与国家治理体系出现在中国大地上，与之相适应的新的公法架构逐步形成，现代国家建构取得了历史性的进步。这一进程的鲜明特点之一在于国家发展、公法转型与大规模的群众运动相互交织在一起。土地改革运动、镇压反革命运动、抗美援朝运动、贯彻《婚姻法》运动、"三反"和"五反"运动、司法改革运动以及"一化三改造"运动、肃反运动、人民公社化运动等等重大的社会改革运动，成为推动国家建构与公法发展的强大动力，也为创设与施行新的国家治理体系提供了重要的载体。应当看到，这种全国范围内的大规模的群众运动，不仅在一

---

①　当然，这里强调法院独立进行审判、检察院独立行使职权，与西方所谓的"司法独立"根本不同。1954 年 11 月，彭真在全国检察业务会议上的报告中强调，法院独立进行审判活动是指其机关组织而言，而不是指审判员个人；同时，这种独立也只是相对的，法院要向本级人大及其常委会负责并报告工作，下级法院受上级法院的监督，还要受检察院的监督，所以说法院并不是什么特权机关。所谓独立行使职权，是指法院只依照法律行使自己的审判职权，依法判案，也就是说法院的审判活动只服从法律，不受其他干涉。检察机关独立行使职权，不受地方国家机关的干涉，这是为了保证法律在全国统一、正确地实施。参见《彭真文选》，人民出版社 1991 年版，第 268—269 页。

定程度上助长了人们轻视法制的心理，① 而且加快了国家与社会的同一化进程，国家权力大幅度地广泛介入从城市到农村的社会生活的各个领域，从而造成了"强国家—弱社会"的格局。作为国家与社会之间关系的调节器的公法系统，愈益失却社会的"重心"，调节社会组织体的行为及其关系的公法规范较为薄弱，政社合一的人民公社体制集中表达了"强国家—弱社会"的法权要求。当然，在现实生活中有大量的政策性规范，担负着规制社会组织、影响社会结构、形成社会秩序的相应职能。但是，在接连不断的群众运动的影响下，这些政策规范缺乏必要的稳定性和可预期性，更多地成为社会控制的基本手段。因之，自20世纪50年代后期开始直至十年"文革"，近代以来中国公法发展的第二次转型进程便处于停滞甚或中断的状态。

四、中国公法发展的第三次转型

1978年12月召开的中共十一届三中全会，不仅标志着当代中国进入了改革开放的历史新时期，而且开启了创新中国国家制度与国家治理体系的时代进程。② 正是在这一过程中，中国公法发展的第三次转型遂而形成，当代中国的公法系统发生了革命性的变化。

首先，当代中国公法的转型发展，意味着国家发展基本法治准则的历史性生成。中国是一个封建主义传统源远流长、根深蒂固的国度。"旧中

---

① 董必武曾经分析说，"全国解放初期，我们接连发动了几次全国范围的群众运动，都获得了超过预期的成绩。革命的群众运动是不完全依靠法律的，这可能带来一种副产物，助长人们轻视一切法制的心理，这也就增加了党和国家克服这种心理的困难"。参见《董必武法学文集》，法律出版社2001年版，第350页。

② 美国学者傅高义在描述1978年以来中国改革开放时这样说道："中国自1978年实行改革开放政策以来，终于走上了一条具有中国特色的现代化发展道路，这场改革被邓小平称为'中国的第二次革命'"。参见张敏杰主编：《中国的第二次革命——西方学者看中国》，商务印书馆2001年版，第1页。

国留给我们的，封建专制传统比较多，民主法制传统很少。解放以后，我们也没有自觉地、系统地建立保障人民民主权利的各项制度，法制很不完备，也很不受重视。"①中共十一届三中全会认真讨论了民主和法制问题，提出社会主义民主制度化、法律化的重大法治原则，强调"为了保障人民民主，必须加强社会主义法制，使民主制度化、法律化，使这种制度和法律具有稳定性、连续性和极大的权威，做到有法可依，有法必依，执法必严，违法必究"。②1981 年 6 月中共十一届六中全会通过的《关于建国以来党的若干历史问题的决议》提出，要"完善国家的宪法和法律并使之成为任何人都必须严格遵守的不可侵犯的力量"③。1982 年 12 月 4 日，五届全国人大五次会议通过的《中华人民共和国宪法》（亦即"八二宪法"），把三中全会以来中国共产党推进法治建设的成功经验上升为宪法规范，规定："一切国家机关和武装力量、各政党和各社会团体、各企业事业组织都必须遵守宪法和法律。一切违反宪法和法律的行为，必须予以追究"，"国家维护社会主义法制的统一和尊严"。④1997 年 9 月召开的中共十五大在我们党的历史上第一次提出了依法治国、建设社会主义法治国家，把依法治国确定为中国共产党领导人民治理国家的基本方略。⑤进入 21 世纪以来，中国共产党深刻揭示了共产党的执政规律，鲜明地提出了依法执政的重大命题。2004 年 9 月中共十六届四中全会通过的《中共中央关于加强党的执政能力建设的决定》，系统阐述了中国共产党依法执政的基本内容和要求，把依法执政确定为中国共产党治国理政的基本方式。⑥依法治国基本方略和依法执政基本方式的提出与贯彻，表明当代中国国家发展向

①　《邓小平文选》第二卷，人民出版社 1994 年版，第 332 页。
②　参见《改革开放以来历届三中全会文件汇编》，人民出版社 2013 年版，第 12 页。
③　《三中全会以来重要文献选编》下，人民出版社 1982 年版，第 842 页。
④　《中华人民共和国法规汇编》(1982 年 1 月—12 月)，法律出版社 1986 年版，第 6 页。
⑤　参见《十五大以来重要文献选编》上，中央文献出版社 2011 年版，第 26 页。
⑥　参见《十六大以来重要文献选编》中，中央文献出版社 2006 年版，第 281 页。

法治型国家治理体系的历史性的变革过程，为当代中国国家发展及其现代化确立了基本运行准则，进而指明了当代中国公法转型发展的运动方向。这无疑是中国公法领域一场伟大而深刻的革命。

其次，当代中国公法的转型发展，意味着国家制度体系价值取向的时代重塑。作为国家制度与国家治理体系的法治化基础，当代中国公法发展蕴涵着两个相互联系、不可分割的价值属性：一是增进法律对国家权力的制约功能。为了使国家权力真正按照人民的意志进行活动，国家就必须运用法律形式为国家权力的行使规定必要的原则和程序，确定不同权力系统之间的合理分工及其相互关系，维护社会主义民主制度；只有按照法律的轨道行使国家权力，才能成为合法的权力，才能提出并实现真正的法治。二是关注法律对于维护社会主体权利的基本功用。社会主体的自由、权利和尊严的实现程度，是文明社会公法成长与进步的标尺，也是公法发展的真正价值所在。当代中国公法转型发展的一个重要方向，就是要在法律的基础上确认和实现社会主体的自由与权利，保障社会主体的独立性、自由选择行为方式的可能性，进而发挥社会主体的积极性、能动性和首创精神，推动社会的进步。1978年以来中国公法系统的深刻变革，充分彰显了上述两个方面的基本价值特征，反映了当代中国国家制度与国家治理体系内在运动趋向。"八二宪法"深入总结新中国成立以来国家发展的历程，根据当代中国改革开放的时代要求，把完善和发展国家制度和国家治理体系摆在更加突出的位置，对全国人大及其常委会的职权作了更为细致明确的规定，充实了地方人大的组织体系，从而进一步完善了我国人民代表大会制度；充实和加强了有关民族自治机关组织及其职权的规定，进一步发展民族区域自治制度，使我国的国家结构形式更具有中国特色；不仅恢复了国家主席制度的设置，确立了国家军事委员会在国家生活中的法律地位，而且架构了国家行政机关的首长负责制体制，设定了国家的基本司法制度和体制，进而使当代中国国家机构及其运行机制更加健全；明确规定一定范围内的国家机关领导人的任职不超过两届，充分体现了国家民主政治的发展要求。与此同时，"八二宪法"更加重视对公民权利和自由的保障，不仅在条文结构上把这部分内容放置在国家机构之前，而且详尽地设定了公民的基本权利和自由，强调权利与义务之间的内在平衡及其一致性。伴随着国家发展及其现代化进程的深入展开，1999 年 3 月，九届全国人大二次会议通过的宪法修正案，以国家根本大法的形式，把中共十五大关于依法治国、建设社会主义法治国家的重大战略决策确认下来；2004 年 3 月，十届全国人大二次会议通过的宪法修正案，则宣布"公民的合法私有财产不受侵犯"，并且顺应当代人权发展的时代潮流，申明"国家尊重和保障人权"。在"八二宪法"及其修正案精神的指引下，一批有关国家机构、国家结构形式、依法行政、司法法治、公民权利义务等方面的法律法规相继颁行，鲜明地体现了规制国家权力运行、保障公民权利和自由的现代公法价值取向。

再次，当代中国公法转型发展，还意味着新的历史条件下国家与社会之间关系的深刻变动。在新中国成立之后相当长的一段时间内，由于受"苏联模式"的影响，加之根深蒂固的传统基础以及国际国内的实际情况，我们建构了一个高度集中化的政治、经济与社会体制，国家对社会经济生活实行一元化的全面控制，整个社会生活缺乏应有的活力。毛泽东曾经意识到这个问题应予认真解决，在《论十大关系》（1956 年 4 月 25 日）的讲话中提出，鉴于苏联建设社会主义过程中的经验教训，要"围绕着一个基本方针，就是要把国内外一切积极因素调动起来，为社会主义事业服务"；"我们不能像苏联那样，把什么都集中到中央，把地方卡得死死的，一点机动权也没有"；"应当在巩固中央统一领导的前提下，扩大一点地方的权力，给地方更多的独立性，让地方办更多的事情。"[1] 显然，这里所涉及的是对国家治理结构的清醒反思，并且从中央与地方的关系格局中触及

---

[1] 《毛泽东著作选读》下，人民出版社 1986 年版，第 720、729 页。

国家与社会之间的深层次关系。① 尽管在当时的历史背景下毛泽东的这一国家制度建构的调整思路并未得到很好的贯彻，但是强调调动中央和地方"两个积极性"乃至调动一切积极因素的基本方针，则在1978年改革开放蓬勃兴起的时代大潮中成为生动的现实。这亦是中国经济增长"奇迹"的重要成因之一。在《党和国家领导制度的改革》（1980年8月18日）的讲话中，邓小平强调，要"切实改革并完善党和国家的制度，从制度上保证党和国家政治生活的民主化、经济管理的民主化、整个社会生活的民主化，促进现代化建设事业的顺利发展"②。后来，邓小平一再提出要"真正下放权力，扩大社会主义民主，把人民群众和基层组织的积极性调动起来"③。特别是在1992年春著名的"南方谈话"中，邓小平明确提出："计划经济不等于社会主义，资本主义也有计划；市场经济不等于资本主义，社会主义也有市场。计划和市场都是经济手段。"④ 社会主义市场经济在当代中国的迅猛发展，不仅重塑了国家与政府行为的发展走向，而且把社会从国家有机体中逐渐解放出来，社会自身愈益获得相对独立的存在与发展的地位，进而深刻地改变了国家与社会之间的关系。在这一新的国家与社会关系构架中，社会成员与社会组织展示了空前的积极性、能动性和首创精神。他们在国家制度体系的总体统摄下，在社会活动中拥有广泛的行动方案的选择自由，能够依法自由地表达自己的意愿，实施自己的行为，充分体现了社会主体自身的自主性和创造性。在持续不断的改革推动下，社会结构的重整趋势明显，社会阶层的分化格局渐而形成，社会生活的流动性增强，各种类型的中间组织的作用也开始表现出来，整个社会生活日益

---

① 苏力认为，《论十大关系》第一次从政治制度结构上讨论了中央和地方的分权问题，反映出中国高层力图寻求在中国建立某种中央与地方分权的基本方针和制度格局。参见苏力：《道路通向城市：转型中国的法治》，法律出版社2004年版，第62页。

② 《邓小平文选》第二卷，人民出版社1994年版，第336页。

③ 《邓小平文选》第三卷，人民出版社1993年版，第160页。

④ 同上书，第373页。

显现出蓬勃的生机和活力。作为国家与社会之间关系的调节器之公法系统，势必反映和表现国家与社会之间的关系变化的新情况新特点。在这样一个广泛而深刻的社会经济与法治的大变革时代，当代中国公法结构中规制国家权力运行的限权性规范显著增加，确认与保障社会主体自主性地位的授权性规范则更加丰富，遂而使国家与社会之间的格局深刻变动有了更为扎实的法治基础。这表明近代以来中国公法发展的第三次转型进程正在向纵深展开。

五、国家治理现代化进程中的公法革命

当今世界正处于全球治理变革的进程之中。这是一个全球范围内的治理革命，极为深刻地影响和改变着国际关系领域的基本规则型态，历史性地重构着全球治理体制。[①] 时下中国正在深入推进的国家治理现代化，实际上与全球治理变革进程息息相关，反映了全球治理革命对当代中国国家发展及其现代化的内在要求，旨在通过创新国家治理体系、完善和发展国家制度，改进国家发展环境与条件，以期更加坚定有力地参与变革全球治理体制的进程，为国家现代化与民族振兴夯实基础。国家治理现代化是一个涵义丰富而深刻的重要概念。在当代中国，"国家治理体系和治理能力是一个国家制度和制度执行能力的集中体现。国家治理体系是在党领导下管理国家的制度体系，包括经济、政治、文化、社会、生态文明和党的建设等各领域体制机制、法律法规安排，也就是一整套紧密相连、相互协调的国家制度；国家治理能力则是运用国家制度管理社会各方面事务的能力，包括改革发展稳定、内政外交国防、治党治国治军等各个方面。国家治理体系和治理能力是一个有机整体，相辅相成，

---

① 参见 2015 年 10 月 12 日习近平总书记在主持中共中央政治局第二十七次集体学习时的讲话要点，载《人民日报》2015 年 10 月 14 日。

有了好的国家治理体系才能提高治理能力，提高国家治理能力才能充分发挥国家治理体系的效能"。① 中共十八届三中全会决定把完善和发展中国特色社会主义制度、推进国家治理体系和治理能力现代化确立为全面深化改革的总目标。中共十八届四中全会决定把"促进国家治理体系和治理能力现代化"列入全面推进依法治国的总目标之中。中共十八届五中全会通过的《中共中央关于制定国民经济和社会发展第十三个五年规划的建议》，把"各方面制度更加成熟更加定型，国家治理体系和治理能力现代化取得重大进展"确立为全面建成小康社会的目标之一。② 这是一个极为宏大的社会工程，需要通过全面深化改革，在各个领域推进国家治理现代化。在这里，必须全面推进依法治国，适应变革时代的法治发展的新要求，把实现国家治理现代化构筑在坚实的法治基础之上。③因之，习近平强调，"法律是治国之重器，法治是国家治理体系和治理能力的重要依托"。④ 构建一个以法治为基本依托的国家治理体系，是深入推进国家治理现代化、加快建设法治中国的内在需要。所以，以中共十八大和十八届三中、四中、五中全会为标志，当代中国公法发展迎来了革命性变革的新时代。

在当代中国，公法发展与国家治理现代化之间有着密切的关系。从广泛的意义上讲，国家治理现代化构成了中国公法发展的基本目标。这就是说，国家治理现代化是一个从传统国家治理系统向现代化国家治理系统的历史转变过程，这是一个从国家治理理念、国家治理体系到国家治理机制、国家治理方式乃至国家治理能力、国家治理行为的全方位的革命性变

---

① 习近平:《切实把思想统一到党的十八届三中全会精神上来》(2013 年 11 月 12 日)，见《十八大以来重要文献选编》二，中央文献出版社 2014 年版，第 547—548 页。

② 参见《人民日报》2015 年 10 月 30 日。

③ 参见张文显:《法治与国家治理现代化》，载《中国法学》2014 年第 4 期;李林:《依法治国与推进国家治理现代化》，载《法学研究》2014 年第 5 期。

④ 习近平:《关于〈中共中央关于全面推进依法治国若干重大问题的决定〉的说明》，载《人民日报》2014 年 10 月 29 日。

革的进程。作为建构国家治理体系的法律机制的公法规范，必须与国家治理现代化的时代进程相适应，实现自身的创造性转换，建构一个以推进国家治理现代化为基本取向的公法转型发展模式。① 在这里，应该把公法制度体系对于实现国家治理现代化的功能作用的发挥程度或实际效果，作为评价当代中国公法转型发展的基本尺度。由此出发，紧紧围绕中国国家发展及其现代化的内在要求，合理衡平国家与社会之间的有机关系，着力把握中国公法系统变革进程的运动方向，深入推动从传统的国家治理体系向现代的法治型的国家治理体系的创造性的转变，藉以反映大变革时代中国公法革命的生动场景。

其一，关注良法善治的新型公法理念的确立。善治思想的渊源可以追溯到亚里士多德的法治概念。按照亚氏的看法，"法治应包含两重意义：已成立的法律获得普遍的服从，而大家所服从的法律又应该本身是制订得良好的法律"。② 可见，在亚里士多德那里，法治是为了公民的利益而实行的统治，以区别于为某种偏私利益或个人利益的宗法统治或专横统治。公民自愿遵从普遍的法律，而决非在暴力的威胁下被迫服从；而这样的法律必须是良法，决非"恶法"。因之，法治乃是一种合法的统治，而不是专横的统治；是一种凭据良法的统治，而不是恶法的统治；是一种公民自愿服从的统治，而不是被迫服从的消极统治。因而法治是一种良好的统治，这是法治的基本标志，由此达至善治的状态。尽管亚氏没有明确善治的概念，但是他的法治观念蕴涵着善治的深刻意义，对后世影响很大。善治作为一个正式的概念表达，乃是现代的事情。第二次世界大战以后，随着全球化进程的展开，全球治理问题被突出地提上了国际议程。随着政治国家与市民社会关系的新变化，一种致力于探究政府与公民对公共生活的合作管理的善治学说风靡国际学术界。人们通常

---

① 参见罗豪才、宋功德：《公域之治的转型——对公共治理与公法互动关系的一种透视》，载《中国法学》2005 年第 5 期。

② ［古希腊］亚里士多德：《政治学》，吴寿彭译，商务印书馆 1965 年版，第 199 页。

把合法性、法治看作是善治的基本构成要素之一，强调没有得到公民发自内心的体认与服从的权威和秩序，没有公民对法律的充分尊重和自愿遵从，就没有善治可言。① 在这里，我们可以看到，善治的前提和基础乃是具有良好的法律，只有良好的法律才能得到公民的自愿服从，也才能取得公民对权威和秩序的信任和自觉体认。当代中国公法革命的深厚底蕴，就在于确证良法善治的价值意义，把实现良法善治与推动国家发展、推进国家治理现代化内在地联结在一起，遂而使良法善治成为重构国家与社会之间关系的价值尺度。体现良法善治要求的当代中国公法革命不仅强调依法而治，注重国家治理过程的形式合法性，而且更加突出实质法治的优先地位，追求国家治理的目的性价值，主张法治应成为维护与实现社会公平正义的重要机制与手段。社会公平正义作为一种价值理念和生活形态，反映了人类社会文明进步的艰难曲折的历程，构成了衡量良法善治状态的评价标准。因此，处于转型期的当代中国，必须始终高度关注和重视解决社会公平正义问题，这亦应成为公法革命面临的一项重大议题。中共十八大报告把"必须坚持维护社会公平正义"作为发展中国特色社会主义的八个基本要求之一，强调"公平正义是中国特色社会主义的内在要求"，要"加紧建设对保障社会公平正义具有重大作用的制度，逐步建立以权利公平、机会公平、规则公平为主要内容的社会公平保障体制，努力营造公平的社会环境，保证人民平等参与、平等发展权利"。② 中共十八届三中全会决定强调，全面深化改革必须"以促进社会公平正义、增进人民福祉为出发点和落脚点"。③ 权利发展是社会公平正义的鲜明表征。当代中国正在进入一个权利的时代。这意味着国

---

① 参见俞可平：《论国家治理现代化》，社会科学文献出版社 2014 年版，第 24—30 页。

② 参见《中国共产党第十八次全国代表大会文件汇编》，人民出版社 2012 年版，第 13—14 页。

③ 参见《中共中央关于全面深化改革若干重大问题的决定》，人民出版社 2013 年版，第 3 页。

家发展的历史性进步，反映了国家与社会之间关系的新的运动趋向，也表明创新国家治理结构与体系的价值选择，从而对良法善治提出了全新的要求。中共十八届四中全会决定把权利保障法治化确立为实现良法善治的重要途径之一，提出要"依法保障公民权利，加快完善体现权利公平、机会公平、规则公平的法律制度，保障公民人身权、财产权、基本政治权利等各项权利不受侵犯，保障公民经济、文化、社会等方面权利得到落实，实现公民权利保障法治化"。① 很显然，一个有效的权利保障体系有赖于体现现代化法治精神的公法制度重构，权利发展在很大程度上取决于由国家发展及其现代化所推动的公法革命。适应国家与社会关系的新变化，构架一个有助于实现良法善治的有机协调的合理性的现代权利体系，与公法的转型发展处于同一个历史进程之中。正是在这里，充分展示了当代中国公法革命的精髓所在。

其二，政府治理革命的历史性展开。革新政府治理体制，推进政府治理现代化，是重塑政府与社会的关系架构、实现国家治理现代化的题中应有之义，也是当代公法转型变革的内在动力。② 在当代中国，发展市场经济、建设法治国家的时代进程，有力推动着政府治理体制的历史性转变。早在 1984 年 10 月中共十二届三中全会通过的《中共中央关于经济体制改革的决定》中，就明确提出"按照政企职责分开、简政放权的原则"改革政府治理体制的重大战略任务，强调这是"社会主义上层建筑的一次深刻改造"，"避免由于高度集中可能带来的弊端"。③ 随着建立社会主义市场经济体制这一改革目标的确立，转变政府职能、改革政府机构、创新政府治理体制的任务愈益迫切。1993 年 11 月，中共十四届

---

① 参见《中共中央关于全面推进依法治国若干重大问题的决定》，人民出版社 2014 年版，第 11 页。

② 参见何增科：《政府治理现代化与政府治理改革》，载《行政科学论坛》2014 年第 2 期。

③ 参见《改革开放以来历届三中全会文件汇编》，人民出版社 2013 年版，第 34—37 页。

三中全会通过的《中共中央关于建立社会主义市场经济体制若干问题的决定》，第一次鲜明提出"依法行政"的概念，强调"各级政府都要依法行政，依法办事"，完善行政执法机制，提高行政执法水平。①"依法行政"这一重大命题的提出，更加突出了政府治理体制法治化的时代要求，为推进政府治理现代化设定了基本路径。1997 年 9 月，中共十五大作出坚持依法治国、建设社会主义法治国家的重大战略决策，为政府治理法治化进程提供了强大动力。进入 21 世纪新阶段以来，面对错综复杂的国际国内环境，加快政府治理体制转型改革的要求更高、任务更重。2012年 11 月，中共十八大报告强调要"更加注重发挥法治在国家治理和社会管理中的重要作用"，把"法治政府基本建成"确立为到 2020 年全面建成小康社会的重要目标之一，提出要"推进依法行政，切实做到严格规范公正文明执法"。② 这些重要论述为重构政府治理体制、推进政府治理革命指明了方向。中共十八大以来，当代中国政府治理革命不断向纵深推进，已经或正在深刻地改变着政府治理方式与结构，政府治理领域愈益呈现出革命性的变化。这场政府治理革命的基本特点是还权力于市场，还权力于社会，重构政府与市场、政府与社会之间的关系体系。中共十八届三中全会决定把政府治理革命纳入推进国家治理体系和治理能力现代化的进程之中，基于"使市场在资源配置中起决定性作用和更好发挥政府作用"的战略考量，③ 提出"进一步简政放权，深化行政审批制度改革"。而行政审批制度改革的基本要求是"两个一律"，即"市场机制能有效调节的经济活动，一律取消审批"；"直接面向基层、量大面广、由地方管理更方便有效的经济社会事项，一律下放地方和基层管理。"④

---

① 参见《改革开放以来历届三中全会文件汇编》，人民出版社 2013 年版，第 83、84 页。

② 参见《十八大以来重要文献选编》上，中央文献出版社 2014 年版，第 20、14、22 页。

③ 参见《中共中央关于全面深化改革若干重大问题的决定》，人民出版社 2013 年版，第 5 页。

④ 参见上书，第 17—18 页。

因此，市场准入负面清单制度①、主要由市场决定价格机制、工商注册便利化制度等等，体现了政府向市场放权的改革取向的新的制度架构。与此同时，中共十八届三中全会决定还把正确处理政府与社会关系、激发社会组织活力，视为创新社会治理体制的重要内容，强调要"加快实施政社分开，推进社会组织明确权责、依法自治、发挥作用"，完善基层群众自治制度，进而"实现政府治理和社会自我调节、居民自治良性互动"。② 因之，政府向社会放权的进程正在逐步展开。中共十八届四中全会决定设计了加快建设法治政府的制度方案，提出"行政机关要坚持法定职责必须为、法无授权不可为"；"行政机关不得法外设定权力，没有法律法规依据不得作出减损公民、法人和其他组织合法权益或者增加其义务的决定"；"推行政府权力清单制度，坚决消除权力设租寻租空间。"③这些举措旨在确保把行政权力的运作纳入法治化的轨道，彰显权责法定的现代公法精神。中共十八大以来，全国人大常委会多次采取一揽子打包修改法律的方式，通过修改有关法律的决定，进一步简政放权，取消和下放一批行政审批事项，为推行行政审批制度改革提供法律支持，从而使当代中国政府治理革命建立在坚实的法治基础之上。

其三，法治国家、法治政府与法治社会一体建设、有机互动。在当代中国社会的大变革进程中，国家与社会之间关系变动的新趋向，乃是法治因素的日益增长，法治国家、法治政府与法治社会之间构成一个法治发展的共同体。实际上，这一现象的出现从一个侧面表明国家治理模式的深刻

---

① 2015 年 10 月 2 日，国务院发布了《关于实行市场准入负面清单制度的意见》，确立了制定市场准入负面清单的法治、安全、渐进、必要、公开的原则，并且选择部分地区先行试点，强调"试点应当遵循简政放权、依法监管、公正透明、权责一致、社会共治的原则，处理好政府和市场的关系"。参见《人民日报》2015 年 10 月 20 日。

② 参见《中共中央关于全面深化改革若干重大问题的决定》，人民出版社 2013 年版，第 50、28、49 页。

③ 参见《中共中央关于全面推进依法治国若干重大问题的决定》，人民出版社 2014 年版，第 15—16 页。

转换。从本质意义上看，国家与政府是同一个硬币的两面，二者内在相连、不可分割。法治国家与法治政府彼此有机联系，法治政府构成法治国家的组成部分（甚至是至为关键的部分），而法治国家则内在地蕴涵着法治政府的全部内容。因此，研究法治国家、法治政府与法治社会之间的关系，在很大程度上归之于法治国家与法治社会的关系。正是在这里，我们可以清晰地发现当代中国公法革命的基本取向。一方面，法治国家是法治社会的必要条件。一般来说，法治国家的基本表征乃是国家生活的法治化。国家权力的设立与运作必须遵从法律设定的轨道，法律制定与实施的每一个环节均需遵循严格的法定程序，政党、社会组织和公民亦应当在宪法和法律的范围内活动，而正是在这样一个有序化的法治体系中，社会主体享有相应的自由与权力。因之，法治国家体现了国家发展及其现代化的基本方向，这就从总体上创设了法治社会赖以形成与发展的制度性的条件。只有确立建设法治国家的基本目标，才有可能把建设法治社会的任务提上重要议程。当代中国法治发展的历程就证明了这一点。然而，另一方面，法治社会是法治国家的基础。国家和法律从来都是以社会为基础的。离开了一定的社会生活条件，国家和法律就如同无源之水，无本之木，失却了其生存与发展的基地。法治社会是一个信仰法治、依法治理的社会。它表明在全社会形成崇尚宪法和法律、维护法治尊严和权威的良好氛围，法治已经成为社会生活健康运行的基本条件，并且坚持运用法治思维和法治方式治理社会、开展工作，社会成员逐渐养成自觉遵从法律的法治习惯，整个社会有机体自我调节、规范有序。显然，法理型社会是法治国家须臾不可或缺的最为深厚的基础。只有在这样的社会基础上，法治国家建设才有可能达致预期的目标。正是在这个意义上，习近平不仅认为"法治国家、法治政府、法治社会三者各有侧重、相辅相成"，而且更加强调推进法治社会建设的极端重要性，指出："全面推进依法治国需要全社会共同参与，需要全社会法治观念增强，必须在全社会弘扬社会主义法治精神，建设社会主义法治文化。要在全社会树立法律权威，使人民认识到法律既是保障自身权利的有力武器，也是必须遵守的行为规范，培育社会成员办事依法、遇事找法、解决问题靠法的良好环境，自觉抵制违法行为，自觉维护法治权威。"① 中共十八届四中全会决定在对加强宪法实施、完善法律体系、推进依法行政、保证公正司法等等与建设法治国家密切相关的法治事业作出部署的同时，还在我们党的历史上第一次全面阐述了推进法治社会建设的重大议题，明确提出"要通过推动全社会树立法治意识、推进多层次多领域依法治理、建设完备的法律服务体系、健全依法维权和化解纠纷机制等多方面的措施，加强法治社会建设，向着建设法治中国不断前进"②。因之，在当代中国，法治国家、法治政府与法治社会的一体建设、有机互动，形成了以法治为基础和条件的国家与社会之间交互运动的崭新方向，从而有力推动了国家治理领域的深刻变革，为当代中国公法革命开拓了广阔的发展前景。

六、一个尚需深入探讨的重大论题

法国著名公法学家狄骥在《公法的变迁》一书中曾经这样探讨公法制度变迁所面临的境况，说道："各种迹象已经表明，我们正处在国家史上的这样一个关键时期。我们并不是从悲观主义的意义上说现在正处于一个关键阶段，而仅仅是描述性地指出这一事实。不管我们多么不喜欢这一事实，现有的证据已经断然地向我们表明：以前曾经作为我们政治制度之基础的那些观念正在逐渐解体。到目前为止仍然左右着我们这个社会的那些法律制度正在发生巨大的变化"，"我们正身临其境的并不是一场范围狭小的变迁。所有的法律制度都已经卷入其中"。③ 这番论说揭示了社会大变

---

① 参见习近平：《加快建设社会主义法治国家》，载《求是》2015 年第 1 期。

② 《中共中央关于全面推进依法治国若干重大问题的决定》，人民出版社 2014 年版，第 8 页。

③ 参见［法］狄骥：《公法的变迁》，郑戈译，商务印书馆 2013 年版，第 1—2 页。

革进程对于包括公法在内的全部法律制度的重大影响，提示人们要正视公法制度及其观念已经或正在经历的深刻变化，这对于我们研究国家治理现代化与当代中国公法转型发展，进而把握中国法治现代化的运动规律不无启迪意义。

公法发展和社会变迁、国家建构与发展进程，是内在地交织在一起的。伴随着近代以来中国社会变革进程，中国公法发展走过了一个不平凡的历程，先后经历了从晚清政制改革到辛亥革命的第一次公法转型，1949年新民主主义革命的胜利所展开的第二次公法转型，以及1978年以来改革开放所形成的第三次公法转型。每一次公法转型发展，都反映了特定历史时期社会生活条件的性质与特点，体现了国家发展及其现代化进程的各不相同的法权要求，建构了有着不同历史特点的国家治理结构与体系，进而映现出国家与社会之间关系运动变化的基本轨迹。因之，中国社会的转型变革催生了中国公法的转型发展，这是一个不以人们的主观意志为转移的客观的自然历史进程；而中国公法的转型发展也在很大程度上表达或固化着中国社会变革进程的制度性成果，这确乎显示了法律作用于社会发展的能动性的内在价值。这里所需要或期待的是人们对于这一社会变革与公法发展相互作用进程的恰当的理论描述。

当代中国的社会大变革进程波澜壮阔、汹涌澎湃，极为深刻地调整或改变着中国社会经济、政治、法律乃至文化等等诸领域的基本存在样态，昭示着我们身处其间的时代生活与精神发展的未来走向。中共十八大以来，一场全方位的法治领域改革正在有序地向纵深推进。这是全面推进依法治国、加快建设法治中国的必然抉择，凝聚着坚持和拓展中国特色社会主义法治道路的坚定意志与行动。推进国家治理现代化的重大战略发展目标的设定与实施，顺应了社会大变革时代的国家与社会关系新变化的客观要求，从而确立了国家发展及其现代化的运动方向，确证着全面依法治国、建设法治中国的时代方位，为当代中国公法转型发展与法治现代化提供了深厚动力。毫无疑问，这是一个伟大而深刻的当代中国国家发展与公法革命的历史性进程。我们要从理论、历史与现实相结合的意义上，研究国家治理现代化进程中的中国公法变革发展的重大论题，努力把握当代中国公法革命的内涵特性、观念取向、价值基础、制度建构及其模式转换，细心思考当代中国公法革命的系统逻辑表达，深刻揭示当代中国公法革命的内在机理，以期回应大变革时代的中国公法理论需要。

本文刊于《中国高校社会科学》2016 年第 1 期

第六章
加快建设法治经济

本章概要

加快建设法治经济，这是中共十八届五中全会《建议》提出的一个重大法治命题。法治经济是市场主体创造性得以充分发挥的契约经济，是市场主体地位平等的平权经济，是市场主体权力得到有效保护的产权经济，是市场主体活动的规范运行的规则经济，也是市场主体交易活动有序化的秩序经济。在当代中国，加快建设法治经济，关键是要正确处理好政府与市场的关系，切实解决市场的活力问题；正确处理好政府与社会的关系，切实解决社会的创造力问题。因之，要抓紧完善社会主义市场经济法律体系，进一步加大产权保护法治化的工作力度，加快构建市场决定资源配置的法律机制，努力夯实政府革命的法治基础，充分发挥司法在建设法治经济进程中的功能作用。

中共十八届五中全会通过的《中共中央关于制定国民经济和社会发展第十三个五年规划的建议》（以下简称《建议》）和十二届全国人大四次会议审议通过的《中华人民共和国国民经济和社会发展第十三个五年规划纲

要》（以下简称《纲要》），高度重视运用法治思维和法治方式推动发展，把"坚持依法治国"确定为如期实现全面建成小康社会奋斗目标，推动经济社会持续健康发展所必须遵循的原则之一，强调要"加快建设法治经济和法治社会，把经济社会发展纳入法治轨道"。① 显然，加快建设法治经济，这是一个内涵丰富、意义深刻的重大法治命题，关乎当代中国经济改革与发展的全局，需要我们深入理解，细心把握。

一、法治经济的基本内涵

一般来说，法治经济是指社会经济生活在法治化轨道上运行的经济类型，旨在于把市场主体的经济行为与活动建立在坚实的法治基础之上。在现代社会，法治经济的建立，是现代市场经济发展的必然产物，也是对掌权者个人意志主导经济活动的人治型经济的历史性超越。

法治经济的主要特征有：

其一，法治经济是市场主体创造性得以充分发挥的契约经济。从本质意义上讲，市场经济关系是一种蕴涵着市场主体的自由要求的契约法权关系。马克思认为，在这种法权关系中，"第一次出现了人的法律因素以及其中包含的自由的因素"。② 在法治经济条件下，市场主体拥有对自己的经济行为与活动进行选择的自由，并且能够依法自由地表达自己的经济意愿。市场主体的意志自由，充分体现了主体自身的自主性、能动性和创造性，成为推进现代市场经济蓬勃发展的内在动力。

其二，法治经济是市场主体地位平等的平权经济。与传统的高度集

---

① 参见《中共中央关于制定国民经济和社会发展第十三个五年规划的建议》，人民出版社 2015 年版，第 6 页；《中华人民共和国国民经济和社会发展第十三个五年规划纲要》，人民出版社 2016 年版，第 9 页。

② 参见《马克思恩格斯全集》第 46 卷（上册），人民出版社 1979 年版，第 195—196 页。

中化的人治型经济不同，法治经济实际上是一种平权型经济。在这种经济关系类型中，市场主体充分认识到自己的独立存在及其价值，以自然人或法人的身份进入经济生活领域。所以，法治经济致力于依法确认与维护市场主体的独立性，反映了市场主体之间在财产、行为以及其他方面互不依赖的平等地位。在法治经济关系中，市场主体的地位平等，并且依法作出以取得一定平等权利为目的的行为，市场主体之间本着平等协商的精神从事相应的经济活动，决不允许任何一方的强迫命令、独断专横，国家亦依法平等保护各类所有制的经济权益。因之，法治经济是以市场主体的平等地位及平权要求为特征的新型经济体系。

其三，法治经济是市场主体权利得到有效保护的产权经济。在法治经济状态下，市场主体从事经济活动的前提，"是每个人对自己产品的所有权和自由支配权"。① 市场主体之所以能够自由地表达自己的经济意愿，享有作出行为方案选择的自由，并且彼此处于平权关系之中，互不隶属，一个基本的原因就是市场主体拥有自己的产权，从而获取相应的利益，在经济上实现自己和增殖自己。因此，法治经济是市场主体的产权及其利益切实受到依法保护的经济型态。

其四，法治经济是市场主体活动规范运行的规则经济。法治是规则之治，是一个规则规范体系。在法治为主导的经济发展中，没有一般的法律规则，就不可能实现市场经济关系的统一调整。只有充分发挥法律规则规范对于市场主体行为及其活动的调整功能，才能实现规则之治的法治经济价值。对于法治经济来说，规则之治的基本途径是通过依法赋予市场主体以一定的权利并使他们履行相应义务的方式，藉以调整错综复杂的市场经济关系。应当看到，法治经济的规则性调整体系，绝不是杂乱无章的东西，而是一个结构严整、层次分明、内在联系紧密的有机整体，以便把经济活动纳入法治化的轨道之中。

---

① 参见《马克思恩格斯全集》第 48 卷，人民出版社 1985 年版，第 161 页。

其五，法治经济是市场主体交易活动有序化的秩序经济。如同社会构成体一样，法治经济的存在与发展离不开一定的秩序性和组织性。这种秩序性和组织性是法治经济自身的内在属性。现代法治经济的发展历程充分证明，"只要现状的基础即作为现状的基础的关系不断再生产，随着时间的推移，取得了有规则和有秩序的形式，这种情况就会自然产生，并且这种规则和秩序本身，对于任何要摆脱单纯的偶然性或任意性而取得社会的固定性和独立性的生产方式来说，是一个必不可少的要素"[1]。因此，在实行法治经济的条件下，必然要求通过一定的行为规则体系，把市场主体的活动纳入一定的轨道和秩序之中，使整个市场经济生活摆脱单纯偶然性和任意性的羁绊。这种有规则的秩序体系的基本目标，是要排除市场主体的主观性和随意性，进而形成发展市场经济所需要的法治秩序，保证市场经济活动的健康平稳运行。

二、加快建设法治经济的重大意义

当代中国正处在一个深刻的社会转型与变革进程之中。加快建设法治经济这一历史性任务的提出，集中体现了大变革时代经济转型发展的法治需求，充分展示了当代中国经济变革的法治意义，意义重大，影响深远。

第一，加快建设法治经济，是全面建成小康社会决胜阶段的法治保障。《建议》和《纲要》指出："法治是发展的可靠保障。"[2]"十三五"时期是全面建成小康社会的决胜阶段。要贯彻创新、协调、绿色、开放、共享的新发展理念，实现更高质量、更有效率、更加公平、更可持续的发展，一个至关重要的条件就是把经济社会发展纳入法治化轨道之中，

---

[1]　参见《马克思恩格斯全集》第 25 卷，人民出版社 1975 年版，第 894 页。
[2]　参见《中共中央关于制定国民经济和社会发展第十三个五年规划的建议》，人民出版社 2015 年版，第 6 页。

积极推进法治经济建设，运用法治思维和法治方式推动经济转型发展，把全面建成小康社会决胜阶段的经济发展大业构筑在牢固的法治基础之上。因此，加快建设法治经济，是如期全面建成小康社会的不可或缺的重要保障。

第二，加快建设法治经济，是引领和推动经济发展新常态的客观要求。"十三五"时期，我国经济发展进入新常态，经济社会发展总体环境发生了重大变化。习近平强调，"新常态下，我国经济发展表现出速度变化、结构优化、动力转换三大特点"。① 打造质量效率型的经济发展方式，加快调整存量、优化增量并举的经济结构调整，促进创新驱动的发展动力转换，都离不开法治的引领和推动。尤其在当下贯彻新发展观念、推进供给侧结构性改革的进程中，加快建设法治经济，把经济发展新常态纳入法治化的轨道之中，有利于强化这一改革的制度创新和法治动能，有利于把握市场机制的决定性作用，充分释放市场主体的自主性、能动性与创造活力，有利于确立政府权力运行的法治边界，营造技术、劳动力、资本、土地等生产要素正向流动的法治环境，也有利于运用法治思维和法治方式推动"去产能、去库存、去杠杆、降成本、补短板"五大重点任务的平稳落实。

第三，加快建设法治经济，是完善社会主义市场经济体制的内在要求。与传统的计划经济不同，现代市场经济在本质上与法治密切相连。这表明，现代市场经济生活的统治形式和调控手段是法律。法律具体设定了市场经济运作的规则和原则，构成了衡量市场主体行为的基本标准，市场主体的各种行为都要受到一定的法律规范的制约，服从具有非人格特征的法治秩序。因此，现代市场经济本质上是一种法治型经济。当代中国经济体制改革的基本目标，就是要建立一个具有社会主义特点的能够充分发挥

---

① 习近平：《关于〈中共中央关于制定国民经济和社会发展第十三个五年规划的建议〉的说明》，见《中共中央关于制定国民经济和社会发展第十三个五年规划的建议》，人民出版社 2015 年版，第 47 页。

市场经济作用的经济体制。"厉行法治是发展社会主义市场经济的内在要求。"①加快建构一个现代市场经济发展需要的法治经济秩序，在很大程度上已经成为推动当代中国社会经济文明变革、完善社会主义市场经济体制的关键所在。

第四，加快建设法治经济，也是加快建设中国特色社会主义法治体系的重要内容。《建议》在中共十八届四中全会决定提出全面推进依法治国总目标的基础上，进一步强调要"加快建设中国特色社会主义法治体系，建设社会主义法治国家"。②法治体系是反映一个国家法治运行状态的法治共同体系统。作为依法调控和治理经济的法治经济，无疑构成法治体系的有机组成部分。在全面依法治国的时代条件下，加快建设中国特色社会主义法治体系，必然要求在经济生活领域中抓紧形成完备的市场经济法律规范体系，建立起高效的市场经济法治实施体系和有力的市场经济法治监督体系，加强法律对市场经济关系的有效调节，牢固树立经济活动中的法治权威，建构和发展一个巩固、稳定的法治经济秩序，从而实现国家经济生活的规则之治。因此，加快建设法治经济，已经成为加快建设中国特色社会主义法治体系的时代课题。

第五，加快建设法治经济，还是有效破解转型社会经济领域中突出问题的必然抉择。在急剧变革的社会转型时期，随着市场取向改革的日益深入，经济利益关系格局重新调整，经济领域中各种层次的矛盾逐渐显现出来，多元化的市场主体之间的利益碰撞与冲突现象越来越突出，经济转型发展面临着许多复杂的难题，发展不平衡、不协调、不可持续的问题仍然突出。因此，《建议》明确提出，要"依法调控和治理经济"。③因此，加快建设法治经济，充分运用法治方式和手段，坚持依法调控经济，依法治

---

①　参见《中共中央关于制定国民经济和社会发展第十三个五年规划的建议》，人民出版社 2015 年版，第 41 页。

②　参见上书，第 6 页。

③　参见上书，第 41 页。

理经济，重塑法治型经济秩序，这是完成全面建成小康社会决胜阶段各项任务的客观要求，是促进当代中国经济转型发展平稳有序运行的题中应有之义。

三、加快法治经济建设拟应解决的关键问题

由于历史的原因，在新中国成立以来的一个相当长的历史时期内，构筑了一个高度集中化与一体化的计划经济体制，政府权力无限扩张，社会经济生活缺乏内在的动力。1978 年以来改革开放的第二次革命，开启了由计划经济体制转向现代市场经济体制的革命性变革的历史进程，确立了建立社会主义市场经济体制、建设社会主义法治国家的战略目标，给当代中国社会经济生活领域带来了空前的活力，极大地增强了民族国家的综合国力。中国经济一跃成为世界上第二大经济体。中国已经成为中等偏上收入的国家，创造了影响全球进程的"中国的奇迹"。面对着新的形势和任务，我们必须清醒地意识到，在当代中国，尽管发展社会主义市场经济确实取得了历史性的重大进展，但是，从计划经济体制向现代市场经济体制的转型还没有最终完成，[①] 加之当下经济发展的新常态，无论在速度变化，还是结构优化，抑或动力转换，都呈现出新的特点。[②] 因之，经济体制转型与经济发展新常态这两大进程相互交织在一起，这是当代中国加快建设法治经济进程所面临的客观境况。那么，在这样的外部条件下，中国的法治经济建设拟应着力解决的关键问题是什么？简言之，这就是市场的活力问题以及社会的创造力问题。

---

① 参见林毅夫、蔡昉、李周：《中国的奇迹——发展战略与经济改革》（增订版），格致出版社、上海三联书店、上海人民出版社 2014 年版，第 4 页。

② 参见习近平：《关于〈中共中央关于制定国民经济和社会发展第十三个五年规划的建议〉的说明》，见《中共中央关于制定国民经济和社会发展第十三个五年规划的建议》，人民出版社 2015 年版，第 47 页。

要切实解决市场的活力问题，核心之处就在于正确处理好政府与市场的关系：一方面，要遵循市场决定资源配置的一般规律，深入推进市场化改革，依据市场规则、市场价格、市场竞争配置资源，以期实现资源配置的效益最大化与效率最优化，大幅度地减少政府对资源的行政性的直接配置，最大限度地开启市场的活力，充分发挥市场这只"看不见的手"在资源配置中的决定性作用；另一方面，要理性把握政府在市场经济中的功能取向，深化行政管理体制改革，持续推进简政放权、放管结合、优化服务，着力破解政府对于市场活动干预太多或监管不到位的顽症，有效规制政府对企业经营决策的行政干预，妥当地运用好政府这只"看得见的手"对于市场经济发展的调控作用。因此，推进当代中国的法治经济建设，必须积极探索旨在实现市场决定资源配置与更好发挥政府作用有机耦合的法律机制，赋予市场主体的广泛选择自由权，加快形成有利于激发市场活力、有利于创新发展的市场经济法治环境。

要切实解决社会的创造力问题，关键之点就在正确处理好政府与社会的关系。在发展现代市场经济的条件下，社会生活领域蕴藏着蓬勃的生机和创造力，需要建构一个既能有效履行政府管理职能、又能充分发挥社会力量作用的市场社会新机制，"充分调动各方面积极性，最大限度增强社会发展活力，充分发挥人民群众首创精神，使全社会创造能量充分释放、创业活动蓬勃开展"。① 因此，在加快建设法治经济的时代进程中，要努力推动政府对社会主体行为的规范性的社会控制转变为在国家与社会利益允许的范围内，用足用好授权性规范，赋予社会主体以广泛的权利和自由，保障其合法利益的充分实现，最大限度地激发社会主体的创造性活动和首创精神，从而"让一切劳动、知识、技术、管理、资本的活力竞相迸

---

① 参见《习近平关于全面深化改革论述摘编》，中央文献出版社 2014 年版，第 93—94 页。

发，让一切创造社会财富的源泉充分涌流，让发展成果更多更公平惠及全体人民"，① 使创新发展得到有力的法治保障。

四、加快建设法治经济的主要路径

在当代中国，加快推进法治经济建设，把经济社会发展纳入法治轨道，无疑是经济转型发展的一场深刻变革。我们要认真梳理法治经济建设的主要路径，确保加快建设法治经济的历史性任务顺利实现。

第一，要抓紧完善社会主义市场经济法律体系。随着中国特色社会主义法律体系的形成，面对着广泛而深刻的经济变革，市场经济立法的任务依然繁重而艰巨，推动中国特色社会主义市场经济法律体系的发展完善，已经成为加快建设法治经济亟待解决的一个重大而紧迫的课题。中共十八届四中全会决定提出，"使市场在资源配置中起决定性作用和更好发挥政府作用，必须以保护产权、维护契约、统一市场、平等交换、公平竞争、有效监管为基本导向，完善社会主义市场经济法律制度"。② 民法是调整市场经济关系的基本法律，是法治经济的制度基石。时下，民法典编纂工作已经开始启动。根据中外编纂民法典的成功经验，建议全国人大常委会作出成立民法起草委员会的专门决议，统筹协调民法典编纂工作的各项事宜，确保在"十三五"时期制定出一部既与世界民法文明准则相沟通、又具有鲜明中国特色的 21 世纪中国民法典，为加快推进当代中国法治经济建设奠定坚实的法治根基。

第二，进一步加大产权保护法治化的工作力度。"产权是所有制的核

---

① 参见《中共中央关于全面深化改革若干重大问题的决定》，人民出版社 2013 年版，第 3 页。

② 参见《中共中央关于全面推进依法治国若干重大问题的决定》，人民出版社 2014 年版，第 12 页。

心"，^① 也是法治经济的要义所在。中共十八届三中全会决定和四中全会决定都把完善产权保护制度作为全面深化改革、全面依法治国的重要内容。在此基础上，《建议》和《纲要》把"产权得到有效保护"确定为全面建成小康社会新的目标要求之一，鲜明提出"推进产权保护法治化，依法保护各种所有制经济权益"^②，加快形成有利于创新发展的产权制度。因此，建设法治经济，必须把产权保护法治化摆在更加突出的位置，使产权保护在法治轨道上健康运行。在这里，一是要贯彻公平原则，坚持公有制经济财产权与非公有制经济财产权一体平等保护，依法保护各种所有制经济产权和合法利益；二是要适应积极发展混合所有制经济的客观要求，努力创新多元化的产权保护制度；三是要按照权利平等、机会平等、规则平等的要求，抓紧清理历史上遗留下来的对非公有制经济产权保护有违公平的法律法规条款，更好激发非公有制经济活力和创造力；四是要运用法律规范与机制激发企业家精神，依法保护企业家财产权和创新收益；五是要完善激励创新的产权制度，加强知识产权保护，修订《促进科技成果转化法》，依法保护科研人员成果转化收益并提高分享比例。

第三，加快构建市场决定资源配置的法律机制。《建议》提出，要健全使市场在资源配置中起决定性作用的制度体系。^③ 在推进法治经济建设的过程中，要围绕加快完善现代市场体系这一重大改革任务，进一步加强和改进相关领域法制建设。一是要依法建立健全公平竞争保障机制，修改《反垄断法》和《反不正当竞争法》等法律法规，打破地域分割和行业垄断，加快形成统一开放、竞争有序的市场秩序；二是要在市场准入负面清单制

---

① 参见《中共中央关于全面深化改革若干重大问题的决定》，人民出版社 2013 年版，第 8 页。

② 参见《中共中央关于制定国民经济和社会发展第十三个五年规划的建议》，人民出版社 2015 年版，第 8、16 页；《中华人民共和国国民经济和社会发展第十三个五年规划纲要》，人民出版社 2016 年版，第 11、29 页。

③ 参见《中共中央关于制定国民经济和社会发展第十三个五年规划的建议》，人民出版社 2015 年版，第 5—6 页。

度试点工作的基础上，依法建立健全公平开放透明的市场规则体系；三是要按照主要由市场决定价格形成的总体要求，修改《价格法》，切实减少政府对价格形成的干预；四是要修改《证券法》和《商业银行法》，进一步完善金融市场体系。

第四，努力夯实政府革命的法治基础。加快建设法治经济，必须加快建设法治政府。法治政府与法治经济之间有机联系、不可分割，共同构成推动经济文明革命的强大推进器。中共十八大以来，一场以简政放权为主要标志的政府革命正在深入推进。《建议》在十八届三中全会决定、四中全会决定的基础上，提出要进一步转变职能，持续推进简政放权、放管结合、优化服务，提高政府效能，激发市场活力和社会创造力。因此，在推进法治经济建设的进程中，要坚持法定职责必须为、法无授权不可为的原则，尽快制定《行政程序法》等法律法规；要完善有关法律制度，推进各级政府事权规范化、法律化；要推行政府权力清单制度，依法设定权力、行使权力、制约权力，从而把政府活动全面纳入法治轨道。需要强调的是，在体制转轨没有最终完成且经济发展进入新常态的新的条件下，政府的责任不是有所弱化，而是更为繁重与艰巨。合理运用国家政权的组织力量，建立健全依法调控与治理经济的法律规范体系与法治实施体系，这对于促进从计划经济体制向现代市场经济体制的最终转变，有效应对经济生活新常态下的各种挑战，都是不可或缺的。所以，《建议》强调，要健全更好发挥政府作用的制度体系。[1] 这是加快建设法治经济的必然要求。

第五，充分发挥司法在建设法治经济进程中的功能作用。"公正司法是维护社会公平正义的最后一道防线。"[2] 推动经济转型，发展法治经济，离不开公正司法的有力保障。实际上，在现实经济生活中，市场主体之间往往会发生因利益矛盾而产生各种民事的或经济的纠纷。更有甚者，少数

---

[1]　参见《中共中央关于制定国民经济和社会发展第十三个五年规划的建议》，人民出版社 2015 年版，第 5—6 页。

[2]　参见《习近平关于全面依法治国论述摘编》，中央文献出版社 2014 年版，第 67 页。

市场主体不能正确认识权利与责任的关系，缺乏对社会与法律责任的自觉认同与履行，选择损害市场秩序的行动方案，作出侵犯社会利益和他人利益的行为，这就不可避免地招致随之而来的惩罚结果，并被强制承担一定的社会责任或法律责任。正是在这里，彰显了现代司法的价值意义。在加快建设法治经济的现时代，作为定纷止争的一种重要机制，司法的职责就在于按照公平公正的要求，依法妥善地解决涌入诉讼渠道的矛盾纠纷，维护市场主体的合法权益，监督某些公共权力的滥用，消除损害社会公平正义的消极因素，促进正常的市场秩序的形成与发展，进而实现"矫正的正义"，构建一种有机的法治经济秩序。因此，《建议》和《纲要》强调要"完善对权利的司法保障、对权力的司法监督"。① 保障市场主体权利，监督公共权力运行，这正在成为加快建设法治经济的时代条件下中国司法的新的功能定位。当前，在推进供给侧结构性改革的过程中，要充分发挥司法的重要作用。尤其是要善于运用破产重整法律机制化解产能过剩，处理"僵尸企业"，有效缓解去产能的社会风险，把去产能的司法任务落到实处。

本文刊于《唯实》2016 年第 7 期

---

① 　参见《中共中央关于制定国民经济和社会发展第十三个五年规划的建议》，人民出版社 2015 年版，第 42 页；《中华人民共和国国民经济和社会发展第十三个五年规划纲要》，人民出版社 2016 年版，第 186 页。

第七章
经济新常态下供给侧改革的法治逻辑

本章概要

当下中国推进供给侧结构性改革，不仅构成适应把握引领经济发展新常态这一经济生活大逻辑的重要标志，而且对当代中国法治发展提出了全新要求。供给侧改革的核心在于制度创新，这显然蕴含着深刻的法治逻辑。中国法治的时代使命，就是要最大限度地聚合创新发展的法治动能，加快构建推动创新发展的法治体系，推进产权保护法治化，运用法治方式强化企业创新主体地位，形成激发企业家创新精神的法治激励机制；着力构筑充分发挥市场机制作用的法治基础，依法确认市场主体的意志自由与自主地位，依法建立与维护市场主体的平等地位，努力完善现代市场体系的法律机制；依法划定政府与市场之间的权责边界，恪守"法定职责必须为、法无授权不可为"的现代法治原则，进而适应供给侧改革的法治需求，推动当代中国政府革命向纵深发展。

进入"十三五"时期，当代中国经济发展正在经历着一个深刻的转型过程，这是经济领域的革命性变化的过程。认识新常态，适应新常态，引领新常态，已经成为当下中国经济发展的大逻辑。以习近平同志为核心的党中央不失时机地作出加快推进供给侧结构性改革的战略决策，这是引领经济新常态的重大创新举措，也是中国经济大逻辑的显著标志之一。这一影响广泛而深远的当代中国经济革命，对当代中国法治发展提出了全新的要求。一般来说，供给侧结构性改革，简称供给侧改革，主要是指通过改革不适应生产力发展要求的生产关系，最大限度地解放和发展生产力，加强结构调整，扩大有效供给，不断提高资源配置效率和全要素生产率，促进经济长期持续增长；而近期的工作重点则是要完成"去产能、去库存、去杠杆、降成本、补短板"的五大任务，从而有效增强经济发展的内在动力。① 法治是治国理政的基本方式，也是推进供给侧改革的制度保障。从法权意义上讲，供给侧改革的核心要义在于释放作为市场主体的企业的创造活力，加大制度创新力度，降低市场交易费用，依法调控经济运行，为激发市场主体能动作用创设坚实的法治基础。显然，这是当代中国法治的不可回避的重大使命。本文旨在探讨供给侧改革的法治需求，把握供给侧改革的法治逻辑，进而确证法治在供给侧改革中的基础性作用，藉以自觉运用法治思维和法治方式推进供给侧改革，逐步把供给侧改革纳入法治化轨道，为供给侧改革提供有力的法治保障。

一、聚合创新发展的法治动能

人类社会经济发展的历程表明，必须遵循生产力与生产关系相互作用的经济法则，创新生产力和生产关系，提升社会经济供给体系的质量和效

---

① 参见《七问供给侧结构性改革——权威人士谈当前经济怎么看怎么干》，载《人民日报》2016 年 1 月 4 日；刘元春：《论供给侧结构性改革的理论基础》，载《人民日报》2016 年 2 月 25 日；中国人民大学国家发展与战略研究院：《供给侧结构性改革的理论逻辑探析》，载《国家治理周刊》2016 年第 3 期；贾康：《供给侧改革是攻坚克难引领新常态的系统工程》，载《光明日报》2016 年 4 月 5 日。

率，使之成为推动经济增长的不竭动力系统。"一次次科技和产业革命，带来一次次生产力提升，创造着难以想象的供给能力。"因之，创新发展乃是从农业革命到工业革命再到信息革命的人类经济文明的革命性进程的一条基本运动轨迹。① 当下正在展开的中国供给侧改革，致力于打造优化经济格局的新的动力体系。这就要求充分发挥法治的保障功能，构造有利于创新发展的法治制度与机制，突出创新发展的主导地位和作用，把释放和发展科技第一生产力作为新一轮经济增长的原生动力，为增强有效供给创造高附加值经济成长的制度空间。

"十三五"时期中国经济发展的基本目标，是要保持中高速增长的态势，年均经济潜在增长率大约为7%。这是一个有可能实现但却面临诸多不确定因素的增长速度。② 要实现这样一个有质量、有效益、可持续的经济增长，就必须把转变经济发展方式、实现创新发展摆在国家发展全局优先考量与选择的时代方位，从供给侧发力，大力实施创新驱动发展战略，全面优化有效供给体系，把经济的中高速增长由可能转化为现实。"创新是引领发展的第一动力。"③ 约瑟夫·熊彼特在《经济发展理论》一书中提出了著名的"创新理论"，认为经济体系中的创新是一个经济史上的不可逆转的变动，是人们通过不懈的努力，运用自己的智慧改进生产方式和商业方法的产物。由于改进生产技术，占领新的市场，投入新的产品等等，从而产生我们所能支配的原材料和力量的间断出现的新组合。"创新就是生产函数的变动"，亦即经济体系中不曾出现过的生产关系和生产条件的新组合，或曰生产手段的新组合。创新包括采用一种新的产品、采用一种

---

① 参见习近平：《在省部级主要领导干部学习贯彻党的十八届五中全会精神专题研讨班上的讲话》（2016年1月18日），载《人民日报》2016年5月10日。

② 参见习近平：《关于〈中共中央关于制定国民经济和社会发展第十三个五年规划的建议〉的说明》，见《中共中央关于制定国民经济和社会发展第十三个五年规划的建议》，人民出版社2015年版，第51—52页。

③ 参见《中共中央关于制定国民经济和社会发展第十三个五年规划的建议》，人民出版社2015年版，第8页。

新的生产方法、开辟一个新的市场、获取或控制一种新的供应来源、实现一种新的工业组合等五种情形。从这个意义上讲，并非任何经济现象的变化或增长都可以称之为发展；只有能够形成生产手段的新组合的经济变动，才能视为发展。"发展主要在于用不同的方式去使用现有的资源，利用这些资源去做新的事情，而不问这些资源的增加与否"。因之，"我们所说的发展，可以定义为执行新的组合"。① 以创新为基础的生产手段新组合的出现，为现实的经济生活创造了一个全新的经济环境和有利的经济条件，甚至会形成一种新的经济社会刺激，从而导致经济体系中生产手段新组合的广泛运用。显然，熊彼特把"创新"看作是经济发展的本质特性，高度重视"生产手段新组合"或生产技术变革在经济发展进程中的巨大作用，详尽考察了创新或生产手段新组合的具体样态及其运动机理，这有助于我们深刻把握创新发展的内在价值意义。毋庸置疑，在推进供给侧改革的过程中，创新发展构成了由低端供给类型生产体系向中高端供给类型的生产体系转型升级的强大动力，蕴含着丰厚的法治意义。因此，必须加快构建推动创新发展的法治制度体系，聚合创新发展的法治动能，把创新发展构筑在健全的法治供给制度的基础上，使之成为改善供给体系，提高供给质量的法治激励体系，为供给侧改革打下坚实的法治基础。② 在这里，拟应着力加强以下若干方面的法治建构：

首先，要加快完善促进创新发展的产权制度体系。在现代市场经济条件下，产权是市场交易的基本前提，也是激励市场主体创新发展、改善供给侧的制度安排。道格拉斯·C.诺思说道，"投资新知识和开发新技

① 参见［美］约瑟夫·熊彼特：《经济发展理论——对于利润、资本、信贷、利息和经济周期的考察》，何畏、易家祥等译，张培刚、易梦虹、杨敬年校，商务印书馆1990年版，第290、73—74页。

② 吴敬琏先生指出："改善供给有两种不同的方法。在我看来，正确的办法是建立有利于创新创业的制度体系，通过市场化、法治化、国际化这样的制度体系，推动供给侧的改善、供给体系和供给结构的改善。"参见吴敬琏、厉以宁、郑永年等：《读懂供给侧改革》，中信出版社2016年版，第183页。

术的盈利能力，需要有某种程度的对思想和创新的产权。在这种缺乏产权的情况下，新技术便不可能来临"。① 因此，产权能够为市场主体通过创新发展提高供给绩效注入行为动力，设定制度结构，从而激发市场主体的创造潜能，使发明和创新的源泉充分涌流。推进供给侧改革，必须把激励创新发展的产权保护法治化摆在更加突出的位置。十二届全国人大四次会议通过的《中华人民共和国国民经济和社会发展第十三个五年规划纲要》（以下简称《纲要》）以供给侧结构性改革为主线，把"产权得到有效保护"作为"十三五"经济社会发展主要目标的重要内容，在第十二章对建立现代产权制度、推进产权保护法治化作出专门系统的制度安排。② 这对于构建激励创新的产权体制机制，具有重大意义。在这里，至为重要的是要深化知识产权领域改革，健全完善有利于激励创新的知识产权制度。③ 作为一种与创新发展内在关联的现代产权型态，知识产权的价值意义在于激发社会主体的能动的竞争性活动，提高资源配置效率，从而促进技术创新，扩大有效和中高端供给，把经济发展纳入创新驱动的轨道。当前，要适应推进供给侧改革、建设知识产权强国的客观要求，加快构建与实施知识产权严格保护制度，建立健全面向供给侧发力的知识产权研发创造制度与政策体系，完善有利于激励创新的知识产权归属制度；尤其要加大知识产权司法保护力度，强化对加快发展新经济具有突破性带动作用的新兴产业、优势产业等领域中知识产权的司法保护，强化对核心技术、自主知识产权和知名品牌的司法保护，强化对具有高附加值的供给产品的知识产权司法保护，强化对与重大科技

---

① 参见［美］道格拉斯·C.诺思：《经济史上的结构和变革》，厉以平译，商务印书馆 1992 年版，第 14 页。

② 参见《中华人民共和国国民经济和社会发展第十三个五年规划纲要》，人民出版社 2016 年版，第 29—30 页。

③ 参见吴汉东：《新常态下应大力推动知识产权产业化》，载《中国知识产权报》2015年 3 月 20 日。

项目、重大科技工程密切相关的知识产权司法保护，探索建立知识产权"三审合一"审判体系，依法制裁侵犯知识产权行为，不断提高有利于推进供给侧改革的知识产权司法保护水平。

其次，要运用法治方式积极推动企业自主创新。在现实经济世界中，生产活动并非自动运行，常常需要价格机制或组织机制的调节。实际上，生产活动中存在着不可缺少的交易费用，这就决定了企业存在的客观必要性。作为一种组织型态，企业构成了一种特定的资源配置机制，具有节约交易费用的作用。按照罗纳德·科斯的看法，"市场的运行是有成本的，通过形成一个组织并允许某个权威（一个'企业家'）来支配资源，就能节约某些市场运行成本。企业家不得不在较低成本状态下行使他的职能，其鉴于如下事实：他可以低于他所替代的市场交易的价格得到生产要素"。① 因此，企业是与市场制度并行存在的能够节约市场交易费用的非市场制度。② 企业不仅仅是一种体现"命令—服从"原则的科层制类型的经济组织，而且是一种旨在于改善资源配置、提高劳动效率的经济机制。企业的功用不仅在于节约市场交易成本，也能够优化分工协作体系，从而成为一种推动经济增长的组织力量。这就必然赋予企业以创新使命。近代以来的经济增长历程表明，企业组织的研发与创新活动往往成为经济增长的强大动力。由于技术研发工作要花费大量的资金，"因此不是个别小厂家负担得了的。所以开拓这种研究工作都是规模最大的厂家，这反转来就给了他们胜过其他中小型竞争对手非常大的竞争优势"。而那些技术发明成果的商业性应用，通常出现在那些对于这种商业性应用的潜在需求作出判断并勇于作出商业决定的大企

---

① 参见［美］罗纳德·科斯：《企业的性质》，陈郁译，盛洪校，盛洪主编：《现代制度经济学》上卷，中国发展出版社 2009 年版，第 115 页。

② 张五常认为，"科斯的中心命题是，制度运行成本（交易费用）的差别致使企业出现取代了市场"。参见张五常：《企业的契约性质》，朱云雁、陈郁译，盛洪校，盛洪主编：《现代制度经济学》上卷，中国发展出版社 2009 年版，第 151 页。

业之中。① 然而，在全球产业革命风起云涌的新的时代条件下，企业创新主体地位愈益突出和重要，这往往并非决然取决于企业规模的大小，不同规模的企业组织都能够成为研发活动的能动参与者。这一方面取决于企业对于投身研发活动及其预期商业前景的判断与决策；另一方面也有赖于政府所作出的制度安排与政策支持，而后者乃是企业自主创新活动的制度性保障。只有这两类因素的有效结合，才能为企业的研发活动与自主创新带来不竭的动力。因之，推进供给侧改革，推动企业成为自主创新的主体，就必须在不断激发企业自主创新的内在需求与潜能的同时，善于运用法律与政策机制，强化企业创新主体地位，使之成为有效供给和中高端供给的稳定提供者。中共十八届五中全会通过的《中共中央关于制定国民经济和社会发展第十三个五年规划的建议》（以下简称《建议》）和《纲要》高度重视优化创新组织体系问题，强调要强化企业创新主体地位和主导作用，鼓励企业开展基础性、前沿性创新研究，深入实施创新企业百强工程，形成一批有国际竞争力的创新型领军企业，支持科技型中小企业发展。② 在这里，要更加注重优化法治供给，依法赋予企业自主开发、自主创新的法律权能，努力营造有利于强化企业创新主体地位的法治环境，激励和保障企业作出技术创新决策，加大研发投入力度，形成生产手段的新组合，创新商业运行模式，把企业真正打造成为自主创新的高地。③ 需要注意的是，充分发挥企业自主创新的主

---

① 参见［英］阿瑟·刘易斯：《经济增长理论》，周师铭、沈丙杰、沈伯根译，商务印书馆 1996 年版，第 183—185 页。约瑟夫·斯蒂格利茨认为，大企业有更强的动力从事研发活动，从而形成某种竞争优势；但是，大企业也可能带来一些管理问题，那些有才华的创新者在大企业的发展环境中可能感到压抑而离开，并开办自己的新企业。参见［美］斯蒂格利茨：《经济学》上册，梁小民、黄险峰译，吴敬琏校，中国人民大学出版社 2000 年版，第 384 页。

② 参见《中共中央关于制定国民经济和社会发展第十三个五年规划的建议》，人民出版社 2015 年版，第 13 页；《中华人民共和国国民经济和社会发展第十三个五年规划纲要》，人民出版社 2016 年版，第 18 页。

③ 参见沈国明：《企业创新发展的法治环境》，载《民主与法制时报》2016 年 3 月 31 日。

导作用，要防止落入大型企业的路径依赖。诚然，企业规模的扩大，有助于为企业研发活动注入动力遂而形成优势竞争地位。但是，随之可能出现的情形是大型企业垄断地位的形成，这势必会对面广量大的中小企业的创新活动构成威胁，从而损害自由竞争的市场环境。为此，就必须加强反垄断法律与政策系统的建设。"反托拉斯政策的一个目标就是保持一种经济环境，使具有创新精神的小企业能够有效地同现有的巨型公司进行竞争"。[①] 在大众创业、万众创新的时代，维护自由竞争的法治经济环境，对于构筑平等竞争的自主创新平台、调动全社会创业创新的积极性，确乎至关重要。

再次，要注重运用法治机制激发企业家精神。在现代社会，企业家群体是一支推动创新发展的重要力量，那么，什么是企业家？《社会市场经济辞典》一书作了这样的历史性分析与概念界定，认为早先的企业家主要是指那些资产的所有者或企业拥有者，他们独立经营自己的企业并且以其在公司内的资本投资或者其全部个人资产为担保承担着企业风险。随着19世纪股份制企业的出现，企业家的形式获得了新的发展，更多的是指接受企业董事会的聘用而在企业中拥有最大限度决策权的经理人。他们经营着一般不属于自己的资产，也不承担风险。[②] 实际上，无论是哪一种形式的企业家，在市场经济条件下，企业家在市场过程中每每起到关键性的作用，因而是市场过程的支配性力量。"市场过程本质上是一个企业家的过程。"[③] 市场力量在很大程度上源自于企业家所扮演的能动性角色，即一种打破均衡状态而寻求最大化获利机会的角色。这就是熊彼特把企业家

---

① 参见 [美] 斯蒂格利茨：《经济学》上册，梁小民、黄险峰译，吴敬琏校，中国人民大学出版社2000年版，第384页。

② 参见 [德] H.罗尔夫·哈赛、赫尔曼·施奈德、克劳斯·魏格尔特主编：《社会市场经济辞典》，卫茂平、陈虹嫣等译，复旦大学出版社2004年版，第215页。

③ 参见 [美] 伊斯雷尔·柯兹纳：《竞争与企业家精神》，刘业进译，浙江大学出版社2013年版，第14页。

界定为"创新者"的内在缘由所在。在熊彼特看来，典型的企业家的独特任务在于打破旧传统，创造新传统，实现生产手段的新组合。"不管是哪一种类型，每一个人只有在他实际上'实现新组合'时才是一个企业家。"作为一种特殊的类型，企业家以"创新"作为其行为的特有目的，"必须是一个智慧和意志的巨人"，具有经济首创精神的独特品质，因而"实现新组合"构成了企业家完成职业任务的特殊工具。企业家的执着于创新活动的禀赋，使之形成一种以"理智的"行为与动机为表征的超越享受主义的人格特征。因之，"企业家成批的出现是繁荣产生的唯一原因"。① 显然，熊彼特把"创新"视为企业家的本质性特征，这确乎揭示了企业家首创精神在实现生产技术进步或生产手段新组合、推动经济创新发展中的独特作用。就总体而言，在现代经济的成长过程中，企业家始终以创新者的姿态活跃在市场经济的大潮之中，推动着社会经济生活领域的革命性变动，深刻地改变着经济发展的基本面貌。因之，"创新"乃是现代企业家精神的集中体现，展示了企业家锐意进取、追求卓越、创造成功的能力、智慧与梦想，构成了企业家精神的内在特质与核心要素。在当代中国，推进供给侧改革，促进经济变革发展，有效激发企业家精神，深入建构弘扬企业家创新精神的激励机制，便成为一项刻不容缓的重大议程摆在人们面前。在这里，重要的是法治的力量。《建议》和《纲要》都从法治的视角提出了激发企业家精神的重大任务，强调"激发企业家精神"必须"依法保护企业家财产权和创新收益"；《纲要》还进一步指出，要"更好发挥企业家作用，包容创新对传统利益格局的挑战"。② 这表明作为经济增长与

---

① 参见［美］约瑟夫·熊彼特：《经济发展理论——对于利润、资本、信贷、利息和经济周期的考察》，何畏、易家祥等译，张培刚、易梦虹、杨敬年校，商务印书馆1990年版，第102、82—93、256页。

② 参见《中共中央关于制定国民经济和社会发展第十三个五年规划的建议》，人民出版社2015年版，第16页；《中华人民共和国国民经济和社会发展第十三个五年规划纲要》，人民出版社2016年版，第22页。

创新发展的关键性要素的企业家精神，应当受到法律上的认真对待，从而使企业家的创新资源得到充分的法律保护。一是要依法保护企业家财产权。从法权关系上看，财产所有权是激励财富积累的最有利因素。"如果财产既不是现实的东西又不是权利，那就不能说财产存在。只在财产是权利和现实的东西的场合下，生产的泉源即土地、资产和劳动才能发挥其最大生产力。"① 如同任何社会主体的财产权利一样，企业家财产权是企业家创造财富的法律证明，是企业家合法享用与自由支配的财产权益，具有唯一性和排他性。它意味着企业家不仅合法占有和使用自己的财产，而且能够自由处置其财产，拥有对自己财产的最终支配权。它还意味着企业家的财产权应当受到社会的普遍尊重，非经法定程序与机制，不得受到肆意侵害。它也意味着必须通过健全相关法律制度，确认企业家财产权的不可侵犯性，防止在对"公共利益"作扩张解释的藉口下为干预企业家的私有财产打开方便之门。二是依法保护企业家的创新收益。作为创新者的企业家，在为社会创造财富的同时，也会给自己带来丰厚的利润，形成不可或缺的创新收益。这是企业家的智慧与才能的物质载体，理应受到法律的有效保护。能否形成创新收益，是判断企业家的创新活动及其绩效的一个基本尺度。② 因此，必须把企业家的创新收益纳入法律保护的范围，建立健全依法保护企业家创新收益的法律机制，从而激发企业家更加朝气蓬勃地投身创新活动之中。三是为激发企业家精神、包容创新对传统利益格局的挑战创设公平竞争的法治环境。真正的企业家的使命，就在于打破旧传统，创造新格局，实现生产要素的新组合。这是一个挑战传统、推动变革、形成创造的充满风险与机遇的过程，是一个从均衡体系向不均衡状态的创造性转换的过程。因此，有必要营

---

① 参见［法］萨伊：《政治经济学概论——财富的生产、分配和消费》，陈福生、陈振骅译，商务印书馆 1963 年版，第 146—147 页。

② 参见张维迎、盛斌：《企业家——经济增长的国王》，上海人民出版社 2014 年版，第 100 页。

造一种宽松且包容的良好法治氛围，尊重企业家致力于打破传统利益格局的创新意愿与行动。当然，在全面依法治国的新时代，现代企业家亦需要注重培育法治素养，树立规则意识，提高运用法治思维推动创新发展的能力，努力成为具有现代法治精神的"创新者"，这是现代企业家精神的应有之义。

二、构筑充分发挥市场机制作用的法治基础

当下中国推进供给侧结构性改革，决非是搞所谓的新的"计划经济"，而是鲜明体现了充分发挥市场在资源配置中决定性作用的价值取向，清晰地表达了现代市场经济的法权要求，因而是最大限度激发市场主体活力的时代确证。因之，在供给侧改革实施过程中，要遵循市场决定资源配置的一般规律，着力建构适应现代市场经济发展的法治机制，深入推进市场化改革，依据市场规则、市场价格、市场竞争配置资源，以期实现资源配置的效益最大化与效率最优化，大幅度地减少政府对资源的行政性直接配置，有效开启市场活力，进而形成和完善充分发挥市场这只"看不见的手"在资源配置中的决定性作用的法治基础。[1]

第一，要依法确认市场主体的意志自由和自主地位。从本质意义上讲，市场经济关系是一种蕴含着市场主体的自由要求的法权关系。市场交换的过程，是市场主体之间意志表示共同一致的过程，契约是市场主体的意志自由的载体。市场交换作为意志表示的一种特定表现形式，充分体现了市场主体的意志自由和自主地位。马克思认为，在市场交换过程中，"尽管个人 A 需要个人 B，但他并不是用暴力去占有这个产品，反过来也是一样，相反地他们互相承认对方是所有者，是把自己的意志渗透到商品中去的人。因此，在这里第一次出现了人的法律因素以及其中包含的自由

---

① 参见吴志攀：《深化改革需要更完善的法治》，载《人民日报》2014 年 10 月 21 日。

的因素"。① 只有市场主体拥有对自己的行为进行选择的自由，并且能够自由地表达自己的经济意愿，成为相互离异、互不隶属的独立的主体，市场交换过程才能得以发生。市场主体的意志自由，充分体现了主体自身的自主性、能动性和创造性。它是市场主体支配自己的活动所应有的权能要求。因之，充分发挥市场决定资源配置作用的一项重要的基础性的法治准则，乃是运用法律的形式确认市场主体的意志自由和自主地位。离开了市场主体的意志自由和自主性，就不可能实现市场主体对自己的活动的自我意识、自我支配、自我控制和自我调节，因而也就谈不上市场主体的能动性。而市场主体的积极性、能动性和首创精神，是推进供给侧改革、发展现代市场经济的强大推进器。构筑充分发挥市场机制作用的法治基础，就必须依法赋予市场主体的广泛意志自由，允许市场主体在具体经济活动中拥有广泛的行动方案的选择自由，使市场主体享有"法律下的自由"，自主实施自己的经济行为，根据市场的信号和需求，优化劳动力、资本、土地、技术、管理等生产要素配置，独立自由地处分自己的财产，及时创造新的有效供给，实现利润最大化。正如《纲要》所强调的，要以着力推进供给侧结构性改革为主线，"调整各类扭曲的政策和制度安排"，"最大限度激发微观活力，优化要素配置，推动产业结构升级，扩大有效和中高端供给"。②

第二，要依法建立和维护市场主体的平等地位。现代市场经济是一种平权型的经济秩序。在这种经济关系类型中，市场主体充分认识到自己的独立存在及其价值，以自然人或法人的身份进入经济生活领域。市场主体在地位上是平权的，法律假定所有人都是平等的，并依此赋予同样的权利能力，要求一视同仁地对待每一个人。在现代市场经济的条件下，市场主体的地位平等，理性化的法律致力于依法确认与维护市场主体的独立性，

---

① 参见《马克思恩格斯全集》第 46 卷（上册），人民出版社 1979 年版，第 195—196 页。

② 参见《中华人民共和国国民经济和社会发展第十三个五年规划纲要》，人民出版社 2016 年版，第 15—16 页。

反映了市场主体之间在财产、行为以及其他方面互不依赖的平等地位。市场主体依法作出以取得一定平等权利为目的的行为，他们之间本着平等协商的精神从事相应的经济活动，决不允许任何一方的强迫命令、独断专横，国家亦依法平等保护各类所有制的经济权益。推进供给侧改革的一项重要任务，就是要加快形成平等保护市场主体权益的法治市场环境。《建议》和《纲要》都强调"坚持公有制为主体、多种所有制经济共同发展"。[①]为此，就要贯彻公平原则，坚持公有制经济财产权与非公有制经济财产权一体平等保护，依法保护各种所有制经济产权和合法权益。当前，一个突出的问题就是运用法治机制，更好地激发非公有制经济活力与创造力。由中国国情条件所决定，我国仍处于并将长期处于社会主义初级阶段，因而非公有制经济和公有制经济一样，都是社会主义市场经济的重要组成部分。长期以来，非公有制经济经历了从小到大，由弱变强的发展过程，为国家经济腾飞作出了不可或缺的突出贡献。然而，应当清醒地看到，由于多种原因，在现实经济生活中，民营企业的平等市场主体地位还没有真正确立，市场准入的种种限制依然存在，民营企业特别是中小企业融资难的问题还相当突出，民营企业的市场交易的制度性成本确乎很高，这些都严重滞阻了非公有制经济的生机与活力。推进供给侧改革，就必须花大气力依法加强各类所有制经济权益的平等保护，确立和维护民营企业的平等市场主体地位，从而有效激发非公有制经济的创造活力。一是要坚持权利平等、机会平等、规则平等，积极推动放开市场准入。中共十八大报告提出，要"保证各种所有制经济依法平等使用生产要素、公平参与市场竞争、同等受到法律保护"。[②] 中共十八届三中全会决定进一步提出，"国家保护

---

① 参见《中共中央关于制定国民经济和社会发展第十三个五年规划的建议》，人民出版社 2015 年版，第 15 页；《中华人民共和国国民经济和社会发展第十三个五年规划纲要》，人民出版社 2016 年版，第 27 页。

② 参见《中国共产党第十八次全国代表大会文件汇编》，人民出版社 2012 年版，第 19 页。

各种所有制经济产权和合法利益"，"制定非公有制企业进入特许领域具体办法"。① 中共十八届四中全会决定强调，要"健全以公平为核心原则的产权保护制度"。② 中共十八届五中全会《建议》则提出，"鼓励民营企业依法进入更多领域，引入非国有资本参与国有企业改革"。③2016 年 3 月4 日，习近平同志在参加全国政协十二届四次会议民建、工商联界委员联组会议时，发表了《毫不动摇坚持我国基本经济制度推动各种所有制经济健康发展》的重要讲话，在重申对非公有制经济"三个没有变"的同时，④强调"要着力放开市场准入，凡是法律法规未明确禁入的行业和领域都应该鼓励民间资本进入，凡是我国政府已向外开放或承诺开放的领域都应该向国内民间资本开放"。⑤ 可见，依法扩大民营企业的市场准入领域，这不仅彰显了现代市场经济中市场主体机会平等的法治原则，而且有利于贯彻现代法治的平等保护原则，更好地实现市场主体的权利平等，为民营企业投身经济新常态下的当代中国经济改革与发展大潮，开拓更加广阔的法

---

① 参见《中共中央关于全面深化改革若干重大问题的决定》，人民出版社 2013 年版，第 11 页。

② 参见《中共中央关于全面推进依法治国若干重大问题的决定》，人民出版社 2014年版，第 12 页。

③ 参见《中共中央关于制定国民经济和社会发展第十三个五年规划的建议》，人民出版社 2015 年版，第 16 页。

④ 这"三个没有变"是指："非公有制经济在我国经济社会发展中的地位和作用没有变，我们毫不动摇鼓励、支持、引导非公有制经济发展的方针政策没有变，我们致力于为非公有制经济发展营造良好环境和提供更多机会的方针政策没有变"。参见习近平：《毫不动摇坚持我国基本经济制度推动各种所有制经济健康发展》(2016 年 3 月 4 日)，载《人民日报》2016 年 3 月 9 日。

⑤ 李克强同志在十二届全国人大四次会议上所作的《政府工作报告》中提出，要"大幅度放宽电力、电信、交通、石油、天然气、市政公用等领域市场准入，消除各种隐性壁垒，鼓励民营企业扩大投资，参与国有企业改革。在项目核准、融资服务、财税政策、土地使用等方面一视同仁"，从而更好激发非公有制经济活力。参见李克强：《政府工作报告——2016 年 3 月 5 日在第十二届全国人民代表大会第四次会议上》，人民出版社 2016 年版，第 25 页。

治经济空间。二是切实降低民营企业市场交易的制度性成本。市场交易成本是客观存在的。按照科斯的说法，"交易成本的存在使得愿意交易的人从事于能带来交易成本减少的活动——只要采取这些行动在其他方面的损失小于交易成本的节约。交易成本的存在会影响到与哪些人交易、采取什么类型的合约以及提供哪些产品或服务。"尤其是对于企业来说，"交易成本决定了企业购买、生产和销售什么"。[①] 在当代中国经济发展过程中，市场交易成本有着自身特有的表现形式。当前，民营企业遇到的一个突出的现实性问题，便是涉及民营经济发展的相关政策执行中，大量存在着"玻璃门"、"弹簧门"、"旋转门"现象，名目繁多的行政审批事项和税费项目，造成民营企业参与市场交易活动的制度性成本居高不下。对此，《建议》把包括民营企业在内的优化企业发展环境的任务摆上重要议程，提出要"开展降低实体经济企业成本行动"。[②] 习近平强调，"要进一步清理、精减涉及民间投资管理的行政审批事项和涉企收费，规范中间环节、中介组织行为，减轻企业负担，降低企业成本"。[③] 只有运用法律与政策机制，切实降低民营企业制度性交易成本，帮助民营企业搬走"市场的冰山、融资的高山、转型的火山"这"三座大山"，才能极大地调动民营企业参与供给侧改革的主动能动性和创新创造精神，展示经济发展新常态下的新作为。三是抓紧清理有违公平的涉非公有制经济产权保护的法律法规条款。由于历史的原因，在新中国成立以来的一个相当长的历史时期内，建立了一个高度集中化的计划经济体制，各种所有制经济平等保护的法律机制难以建立起来。1978 年改革开放以来，我们党和国家确立了"公有

---

① 参见 [美] 罗纳德·H. 科斯：《企业、市场与法律》，盛洪、陈郁译校，格致出版社、上海三联书店、上海人民出版社 2014 年版，第 5—6 页。

② 参见《中共中央关于制定国民经济和社会发展第十三个五年规划的建议》，人民出版社 2015 年版，第 16 页；参见《这些成本最该降——对两省四市五十三家企业制度性交易成本的调查》，载《人民日报》2016 年 5 月 9 日。

③ 参见《人民日报》2016 年 5 月 9 日。

制为主体、多种所有制经济共同发展"的大政方针,《民法通则》、《合同法》和《物权法》等国家法律亦确认了各种所有制经济平等保护的法治原则。但是,从实际情况来看,涉及非公有制经济平等保护的法制建设明显滞后,现有的法律法规系统中背离各种所有制经济权利平等、机会平等、规则平等原则的法律法规条款和政府规章屡见不鲜,因而民营企业融资难、资金链紧张等问题殊为突出,民营企业财产权和经济权益的法律保护不尽到位,随意侵犯民营企业合法权益的现象时有发生。因此,中共十八届三中全会决定针对性地指出:"公有制经济财产权不可侵犯,非公有制经济财产权同样不可侵犯。"[1] 中共十八届四中全会决定进一步提出,要"加强对各种所有制经济组织和自然人财产权的保护,清理有违公平的法律法规条款"。[2]《纲要》特别强调,要"废除对非公有制经济各种形式的不合理规定,消除各种隐性壁垒,保护依法平等使用生产要素、公平参与市场竞争、同等受到法律保护、共同履行社会责任"。[3] 这对于实现各种所有制经济平等保护的法治要求,无疑有着重要的促进作用。

第三,着力构建加快形成统一开放、竞争有序的现代市场体系的法律机制。竞争是现代市场经济的本质属性之一,也是体现市场决定资源配置作用的基本机制。劳动力、土地、资本、技术、管理等生产要素的市场化,对于提高资源配置效率,激发微观领域活力,具有不可或缺的重要作用。而生产要素领域的有效而充分竞争,则是增强要素供给能力、降低要素成本、提高产业竞争力的内生动力。[4] 从现实情况来看,由于多

---

[1]　参见《中共中央关于全面深化改革若干重大问题的决定》,人民出版社 2013 年版,第 11 页。

[2]　参见《中共中央关于全面推进依法治国若干重大问题的决定》,人民出版社 2014 年版,第 12 页。

[3]　参见《中华人民共和国国民经济和社会发展第十三个五年规划纲要》,人民出版社 2016 年版,第 29 页。

[4]　参见范必:《要素市场改革是供给侧改革的重要领域》,见滕泰、范必等:《供给侧改革》,东方出版社 2016 年版,第 53—57 页。

方面的原因（尤其是制度环境），在我国，生产要素的自由流动与交易尚面临制度性的瓶颈约束，一些重要的资源领域仍处于政府的严格管制之下，要素市场的公平竞争的活力还没有充分展现出来。由此，与要素市场有关的法律法规无论在体系化程度，还是在可执行方面，都不能适应构建现代市场体系的法治需求，规范市场竞争秩序的法律亦较薄弱。因之，在当今中国，推进供给侧改革的基本取向，就是要遵循市场竞争法则，打通要素市场有序流通、平等交换的管道，使市场在资源配置中真正起到决定性作用，维护公平竞争的市场经济秩序，以期全面提高要素生产率。① 与此相适应，必须采取有力措施，加强要素市场法律制度建设，把生产要素自由流动、公平交易、平等使用纳入法治化轨道，打牢加快形成统一开放、竞争有序的现代市场体系的法治基础。一是依法建立健全公平、开放、透明的市场规则体系。现代市场经济发展的实践充分表明，建构公平、开放、透明的市场规则，是生产要素自由有序流动的制度性条件，也是构造要素市场体系的规则保障。作为市场经济的基本大法，民法对于调节市场交易活动及其关系起到了根本法律准则的作用。根据中共十八届四中全会的总体部署，全国人大常委会已经启动我国民法总则的编纂工作。这是当代中国法治发展进程中的一个具有标志性意义的重大法治事件。制定出一部既与世界法律民法文明准则相沟通、又打下鲜明中国印记的 21 世纪中国民法典，必将有力地推进市场法律制度建设，奠定完善社会主义市场经济法律体系的法治基石。此外，实行统一的市场准入制度，亦是促进生产要素自由有序流动、平等交换的一项基础性工作。当前，按照国务院的统一部署，市场准入负面清单试点工作正在全国范围内有序推开。因此，有必要在试点工作的基础上，制定全国统一适用的市场准入负面清单。根据这一负面清单管理模式，"各

---

① 参见刘世锦：《供给侧改革的主战场是要素市场改革》，见林毅夫等：《供给侧结构性改革》，民主与建设出版社 2016 年版，第 186 页。

类市场主体可依法平等进入清单外领域"，① 最大限度地调动市场主体的主观能动性和创造精神，缓解要素市场自由有序流动的制度性约束。二是依法建立健全公平竞争保障机制。现代市场经济是一种注重公平竞争的价值体系。它要求把市场主体的行为纳入一定的轨道和秩序之中，形成公平竞争的法治秩序，使市场经济生活摆脱单纯偶然性和任意性的羁绊。任何具有健全理智而清醒的市场主体，在获得自由选择和自主经营权利的同时，应当承担相应的社会与法律责任，自觉运用公平竞争的市场规则来规范自己的行为。只有这样，才能规制和约束市场主体的不正当的经济行为，纠正市场交易过程中有悖公平竞争原则的行为，促进正常的公平竞争的市场秩序的形成与发展，保障市场经济的健康发展。为此，《建议》提出，要"建立公平竞争保障机制，打破地域分割和行业垄断"。②《纲要》进一步提出，要"清理废除妨碍统一市场和公平竞争的各种规定和做法。健全竞争政策，完善市场竞争规则，实施公平竞争审查制度"。要"健全统一规范、权责明确、公正高效、法治保障的市场监管和反垄断执法体系"。③ 当前，拟着手修订《反垄断法》和《反不正当竞争法》等法律法规，完善维护公平竞争市场秩序的法律体系，为打破地区和行政封锁、规制行政垄断和不正当竞争行为提供更加坚实的法治保障。此外，要按照减少政府对价格形成的干预、全面放开竞争性领域

---

① 参见《中共中央关于全面深化改革若干重大问题的决定》，人民出版社 2013 年版，第 12 页。时下，《市场准入负面清单草案》（试点版）正在天津、上海、福建、广东四个自贸试验区所在省级行政区率先开展试点工作，为期一年，共有 328 项清单事项，其中禁止准入类 96 项，限制准入类 23 项。通过试点，检验清单涉及事项的合法性、合理性、可行性和可控性，适时按照程序予以调整，尽量缩短负面清单，以期在更大范围内推广成熟经验，为创造面上能够应用的制度供给、建设更高水平的市场经济体制打下坚实的基础。参见《法制日报》2016 年 4 月 14 日。

② 参见《中共中央关于制定国民经济和社会发展第十三个五年规划的建议》，人民出版社 2015 年版，第 16 页。

③ 参见《中华人民共和国国民经济和社会发展第十三个五年规划纲要》，人民出版社 2016 年版，第 31 页。

的商品和服务价格的改革要求，抓紧修改《价格法》，为推进价格形成机制改革构筑法治基础；要适应加快金融体制改革、促进资本市场健康发展的总体要求，抓紧修改《证券法》和《商业银行法》，进一步完善金融市场法律规范系统，有效劝范和化解金融风险。

三、划定政府与市场权责边界的法治机理

在当代中国，深入推进供给侧结构性改革，乃是一场极其深刻的政府制度变革。这意味着经济发展新常态下政府职能的重新定位，意味着要把政府活动全面纳入法治轨道，也意味着新发展理念引领下的政府转型发展。这里的关键在于正确认识和处理好政府与市场的关系。《纲要》明确提出，要"建立健全权力清单、责任清单、负面清单管理模式，划定政府与市场、社会的权责边界"。[①] 因此，从法理意义上深入探讨社会主义市场经济条件下政府与市场之间的关系，努力揭示划定政府与市场之间的权责边界的法治蕴含及其意义，无疑有助于把握当代中国政府革命的时代走向，进而坚定地推进供给侧结构性改革，更加卓有成效地激发市场活力。

政府与市场之间的关系，是现代市场经济关系体系中的一对基本矛盾，也是经济与政治理论乃至法律理论中争议颇大的重要议题之一。作为近代古典政治经济学奠基人，亚当·斯密适应自由资本主义时代社会经济发展的要求，提出了著名的"自由放任"学说，认为"一切特惠或限制的制度，一经完全废除，最明白最单纯的自然自由制度就会树立起来。每一个人，在他不违反正义的法律时，都应听其完全自由，让他采用自己的办法，追求自己的利益，以其劳动及资本和任何其他人或其他阶级相竞争。这样，君主们就被完全解除了监督私人产业、指导私人产业、使之最适合

---

① 参见《中华人民共和国国民经济和社会发展第十三个五年规划纲要》，人民出版社2016年版，第32页。

于社会利益的义务"。① 诚然，斯密极力确证市场机制对于经济活动的自发调节作用，强调自由市场经济对于促进经济繁荣发展的主导性功能。但是，斯密也同样注意到政府的公正规范的管理活动的必要性，强调"按照自然自由的制度"，君主或政府只有三项应尽的义务，即：保护社会；设立严正的司法机关，以尽可能保护社会上各个人；建设并维持某些公共事业和公共设施。而法律是实现上述义务的基本方式，"法律的目的在于防止损害，而这乃是政府的基础"。"法律和政府似乎只有这个目的：它们保护那些积了巨资的人，使他们能够平安地享受劳动的果实"，一切技艺亦因此而日益蓬勃发展。② 这就是斯密的所谓"国家守夜人"理论。供应学派的思想先驱让-巴蒂斯特·萨伊在提出并阐释"生产给产品创造需求"这一著名的"萨伊定律"的同时，继承了斯密的古典自由主义经济学的"守夜人"理论，主张政府应该尽量减少对经济活动的干预，加强对于创造或扩大效用的生产财富活动的激励，其中尤为重要的，就是要确保财产所有权的不可侵犯性。在萨伊看来，财产所有权是激励财富积累的最有利因素。"阻碍人自由运用生产手段，就是侵犯人的财产所有权。"③ 萨伊关于生产（供给）创造需求的思想以及减少政府干预、保护财产所有权的政策主张，为古典自由主义经济学奠定了理论基础，构成了 19 世纪以来西方经济学的主流趋向，一直持续到 20 世纪初叶西方经济危机的爆发。面对 1929 年蔓延全球的经济大萧条，崇尚自由放任的"萨伊市场法则"失去

---

① ［英］亚当·斯密：《国民财富的性质和原因的研究》下卷，郭大力、王亚南译，商务印书馆 1979 年版，第 252 页。

② 参见［英］亚当·斯密：《国民财富的性质和原因的研究》下卷，郭大力、王亚南译，商务印书馆 1979 年版，第 252—253 页；［英］坎南编著：《亚当·斯密关于法律、警察、岁入及军备的演讲》，陈福生、陈振骅译，商务印书馆 1962 年版，第 31、176—177 页；并参见 ［美］Arthur A.Goldsmith，《政府、市场及经济发展——对亚当·斯密思想的再思考》，冯利译，见胡鞍钢、王绍光编：《政府与市场》，中国计划出版社 2000 年版，第 59—60 页。

③ 参见［法］萨伊：《政治经济学概论——财富的生产、分配和消费》，陈福生、陈振骅译，商务印书馆 1963 年版，第 152、147 页。

了其解释力而让位于倡导政府干预的凯恩斯理论。凯恩斯不赞同萨伊关于总供给等于总需求的基本结论，进一步发展了马尔萨斯的有效需求思想，强调"有效需求的不足却会妨碍生产"，国家有必要采取财政措施，刺激消费，增加投资，进而加强需求管理，解决有效需求不足的问题。这就必须大为扩充传统的政府职能，"使消费倾向和投资诱导相互协调而引起的政府职能的扩大"。这"不但是避免现在的经济制度完全被摧毁的唯一可行之道，而且也是个人动力能成功地发生作用的前提条件"。① 凯恩斯理论的出现及其引发的所谓"凯恩斯革命"，终结了古典自由主义经济学的主流地位，宣告了凯恩斯主义时代的到来。不过，随着 20 世纪 70 年代西方"滞涨"时期的出现，凯恩斯主义的一统地位难以为继，新自由主义经济思潮开始以诸多新的理论型态在新的历史条件下得以传播开来。当代西方新马克思主义代表人物大卫·哈维深刻概括了新自由主义经济思潮的理论特性，认为"新自由主义首先是一种政治经济实践的理论，即认为通过在一个制度框架内——此制度框架的特点是稳固的个人财产权、自由市场、自由贸易——释放个体企业的自由和技能，能够最大限度地促进人的幸福。国家的角色是创造并维持一种适合于此类实践的制度框架"。"政府在市场（一旦建立起来）中的干预必须被控制在最小的限度。"② 在新自由主义经济学家那里，尽管一种完全自由放任的经济并不是非常稳定，但政府对市场经济活动的任何干涉，都更可能加剧而不是缓和经济动荡，经济领域的动荡在很大程度上是政府干预的结果。③ 作为新自由主义经济学的领军人物之一，米尔顿·弗里德曼强调，在主要依赖市场组织经济活动的

---

① 参见 [英] 约翰·梅纳德·凯恩斯：《就业、利息和货币通论》（重译本），高鸿业译，商务印书馆 1999 年版，第 36、397 页。

② 参见 [美] 大卫·哈维：《新自由主义简史》，王钦译，上海译文出版社 2016 年版，第 2 页。

③ 参见 [法] 亨利·勒帕日：《美国新自由主义经济学》，李燕生译，王文融校，北京大学出版社 1985 年版，第 282—283 页。

社会中，政府的职责范围是有限度的，除了"提供货币机构、从事对抗技术垄断的活动和从事广泛地被认为重要到使政府能进行干预的邻近影响的消除"，政府的主要作用在于"保护法律和秩序，保证私人契约的履行，扶植竞争市场"，这些都是市场本身所不能从事的事情。当然，自由市场的存在并不排除对政府的需要，不过"政府的必要性在于：它是'竞赛规则'的制定者，又是解释和强制这些已被决定的规则的裁判者"。① 而以罗纳德·科斯、道格拉斯·诺思等经济学家为代表的新制度经济学派，则主张在产权明晰条件下，市场机制可以纠正市场失灵，市场之外的政府干预于事无补。按照诺思的看法，"国家的存在对于经济增长来说是必不可少的；但国家又是人为的经济衰退的根源"。产权提供了人们在其经济活动中相互影响的制度框架，构成了市场交易活动的前提条件。由于国家是一种在行使暴力上有比较利益的组织，因而它处于规定和强制实施产权的地位，对产权的效率负责。从经济史的观察可以看出，"国家的普遍趋势是产生低效率的产权，从来不能达到持续增长"。由于国家统治者通常受到竞争约束和交易成本约束，因此低效率的产权不可避免地会广泛传播，这就必然影响着经济增长，甚至导致经济衰退。② 随着欧美国家经济的起伏动荡，主张更多的政府干预藉以管制不受束缚的市场需要之呼声日益高涨，从 20 世纪 90 年代开始，新凯恩斯主义愈益以成熟的理论型态应运而生。以"干预经济学"著称于世的 2001 年诺贝尔经济学奖获得者约瑟夫·斯蒂格利茨深入分析了政府在市场经济中的角色，强调"一般而言，如果没有政府干预，就不能实现有效的市场配置"。由于政府拥有全体的社会成员和强制力，这就使得政府在纠正市场失灵方面具有某些明显优势，比如，拥有征税权、禁止权、处罚权。并且具有一定的交易费用优势

---

① 参见［美］米尔顿·弗里德曼：《资本主义与自由》，张瑞玉译，商务印书馆 1986年版，第 4、36、16 页。

② 参见［美］道格拉斯·C.诺思：《经济史上的结构和变革》，厉以平译，商务印书馆 1992 年版，第 25、26、28、34 页。

等。①

通过以上关于近代以来思想界若干政府与市场关系问题论述的简要概览可以看出，如何看待政府的经济角色，已经成为关乎世界各国经济发展路径选择的重大议程，而不仅仅是一个学理争辩的论域。在中国的语境条件下，政府与市场之间的权责边界关系问题更有其独特的蕴含。在新中国成立以后的相当长的时间内，在"苏联模式"的影响下，加之其他的原因，逐步形成了一个国家全面控制经济生活的集中统一的计划经济体制，政府权力无限扩张，市场生活完全依附于国家与政府的纵向行政命令，国家与政府俨然成为高居于市场领域之上的庞大的"利维坦"。政府与市场之间呈现出彼此不分、高度融合的关系格局，严重束缚了社会生产力的发展。1978 年 12 月召开的中共十一届三中全会明确提出改革经济管理体制的历史性任务，强调要切实解决权力过于集中的问题，大力精简各级经济行政机构，把它们的大部分职权转交给企业性的专业公司或联合公司。②随着城乡经济体制改革的逐步展开，建立起赋予企业自主权的充满生机的社会主义经济体制，已经成为一项更加迫切的任务摆上党和国家的重要议程。1984 年 10 月的中共十二届三中全会把确立国家与企业之间的正确关系，扩大企业自主权，视为经济体制改革的中心环节，并且按照所有权与经营权适当分离的原则，具体设定了企业经营权的范围，强调"要使企业真正成为相对独立的经济实体，成为自主经营、自负盈亏的社会主义商品生产者和经营者，具有自我改造和自我发展的能力，成为具有一定权利和义务的法人"。实际上，这里提及的国家与企业之间的关系，乃是政府与市场的关系问题在那个时期的集中表达。基于上述总体把握，十二届三中全会提出了政企职责分开、简政放权的改革思路，确立了政府机构管理经

---

① 参见［美］斯蒂格利茨：《政府为什么干预经济：政府在市场经济中的角色》，郑秉文译，中国物资出版社 1998 年版，第 68、74—77 页。

② 参见《中国共产党第十一届中央委员会第三次全体会议公报》(1987 年 12 月 22 日)，见《改革开放以来历届三中全会文件汇编》，人民出版社 2013 年版，第 7 页。

济的主要职责范围。① 进入 20 世纪 90 年代以来，随着建立社会主义市场经济体制这一经济改革目标的确立，政府与市场之间关系的制度安排开始获得历史性的重构。1993 年 11 月，按照中共十四大提出的经济体制改革任务，中共十四届三中全会作出《关于建立社会主义市场经济体制若干问题的决定》，重新设置了政府与市场之间的权责关系，强调"要使市场在国家宏观调控下对资源配置起基础性作用"，"转变政府管理经济的职能，建立以间接手段为主的完善的宏观调控体系"，提出要着重发展生产要素市场，培育包括金融、劳动力、房地产、技术、信息市场等在内的市场体系。② 十年之后，中共十六届三中全会又作出《关于完善社会主义市场经济体制若干问题的决定》，进一步提出"更大程度地发挥市场在资源配置中的基础性作用"，"完善政府社会管理和公共服务职能"，"深化行政审批制度改革，切实把政府经济管理职能转到主要为市场主体服务和创造良好发展环境上来"。③ 中共十八大以来，当代中国进入全面深化改革的历史新时代，政府与市场的关系构架被设置于全新的基础之上。2013 年 11 月召开的中共十八届三中全会通过《关于全面深化改革若干重大问题的决定》，基于推进国家治理现代化的战略目标，第一次创造性地提出要"紧紧围绕使市场在资源配置中起决定性作用深化经济体制改革"，进而明确指出经济体制改革的"核心问题是处理好政府与市场的关系，使市场在资源配置中起决定性作用和更好发挥政府作用"。由此出发，形成了政府与市场之间的全新的权责关系图式，即：一方面，遵循市场决定

---

① 参见《中共中央关于经济体制改革的决定》（1984 年 10 月 20 日），见《改革开放以来历届三中全会文件汇编》，人民出版社 2013 年版，第 24—26、31—37 页。

② 参见《中共中央关于建立社会主义市场经济体制若干问题的决定》（1993 年 11 月 14 日），见《改革开放以来历届三中全会文件汇编》，人民出版社 2013 年版，第 56、57、64—67 页。

③ 参见《中共中央关于完善社会主义市场经济体制若干问题的决定》（2003 年 10 月 14 日），见《改革开放以来历届三中全会文件汇编》，人民出版社 2013 年版，第 119、126、128 页。

资源配置的规律，从广度和深度上推进市场化改革，着力解决市场体系不完善，政府干预过多和监管不到位问题，大幅度减少政府对资源的直接配置，推动资源配置依据市场规则、市场价格、市场竞争实现效益最大化和效率最优化。另一方面，在市场决定资源配置的条件下划定政府的职责边界和范围，主要表现为八项职能：(1)保持宏观经济稳定；(2)加强和优化公共服务；(3)保障公平竞争；(4)加强市场监管；(5)维护市场秩序；(6)推动可持续发展；(7)促进共同富裕；(8)弥补市场失灵。[1] 这表明，政府与市场之间资源配置的权责界限更加清晰，不仅反映了市场在配置资源中起决定性作用的法权要求，而且确立了更好发挥政府作用的制度取向，一个全新的具有鲜明中国特质的政府与市场的权责关系架构正在展示出革命性突破的前景。因之，适应现代市场经济发展需要，创设一个法理型的现代政府制度系统，既是推进供给侧改革、推动当代中国经济文明变革的关键所在，亦是加快转变政府职能、重构当代中国政府治理秩序的必然要求。[2]

从广泛的意义上讲，重构新型的政府与市场之间权责体系，是形成现代市场经济条件下政府有效治理规则与秩序的内在要求。[3] 市场经济的运行过程交织着各种矛盾和冲突。这种复杂性要求对市场经济活动进行规范性调整，建立起市场经济运行的一整套规则体系。没有这一套调整规则，就不可能实现对市场经济关系的统一调整，排除主观任意性，也就无法保障一个巩固的、稳定的市场经济秩序。在市场经济关系的规范性调整体系中，市场规则居于基本的主导的地位。这是因为，在现代

---

[1] 参见《中共中央关于全面深化改革若干重大问题的决定》，人民出版社 2013 年版，第 177、178—179 页。

[2] 参见张恒山：《怎样建设法治政府和服务型政府?》，载《光明日报》2013 年 12 月 8 日。

[3] 参见宋林飞：《厘清五大关系，提高供给体系的质量与效率》，载《新华日报》2016 年 4 月 8 日。

市场经济运行机制中，市场发挥着一种特殊的效能。这是商品货币关系的总和与枢纽，是利用竞争机制配置资源的有效形式。建立有效、有序、合理的市场规则体系，是促进市场发育和成长、建立市场体系、加速市场机制形成、理顺政府与市场之间权责关系的基础性环节。只有建立发达的市场规则体系，才能切实优化政府治理方式，扼制不规则、不合理的政府经济行为，使市场成为政府表达经济治理意愿的有力杠杆，进而使政府调控经济活动的规则与秩序建立在可靠的基础之上。① 中共十八大以来，一场以简政放权、放管结合、优化服务为主要内容的政府革命正在深入展开。这一政府革命的着力点，就在于通过建构权力清单、责任清单和负面清单这"三个清单"的政府权力运行模式，大力推进行政审批制度改革，重新划定政府与市场之间的权责边界。② 这一政府革命的价值取向，旨在于理性把握政府在市场经济活动中的行为准则，努力破解政府对于市场活动干预太多或者监管不到位的顽症，有效规制政府对企业经营决策的调控行为，"最大限度减少政府对企业经营的干预，最大限度缩减政府审批范围"，③ 遂而最大限度地激发微观活力。④ 这一政府革命的法治要求，就是要遵循"法定职责必须为、法无授权不可为"的现代法治政府行为准则，⑤ 完善有关法律法规制度，全面实施《法治政府建设实施纲要》，深入推进依法行政，"依法设定权力、行使权力、制约

----

① 有的学者认为，市场要有效地运行，不能没有政府；但政府力量的扩张，可能导致市场本身的毁灭。这似乎是一个"悖论"。参见张维迎：《市场与政府：中国改革的核心博弈》，西北大学出版社2014年版，第264页。

② 参见《法治政府建设实施纲要(2015—2020年)》，载《人民日报》2015年12月28日。

③ 参见《中华人民共和国国民经济和社会发展第十三个五年规划纲要》，人民出版社2016年版，第32页。

④ 参见顾功耘主编：《政府与市场关系的重构：全面深化改革背景下的经济法治》，北京大学出版社2015年版，第17—20页。

⑤ 参见《中共中央关于全面推进依法治国若干重大问题的决定》，人民出版社2014年版，第15页。

权力、监督权力，实现政府活动全面纳入法治轨道"，① 从而把依法调控和治理经济的法治经济建设任务落到实处。应当看到，在中国这样一个经济社会发展很不平衡的东方大国，在体制转轨没有最终完成且经济发展进入新常态的新的条件下，推进超大规模的国家经济调控与治理，实现国家治理现代化，确乎是一项极其艰巨的国家发展任务。因此，政府的职能与责任不是有所弱化，而是更为重要与繁重。② 依法合理运用强大国家政权的组织力量，建立健全更好发挥政府作用的制度体系，加快推进法治经济建设，实现调控与治理经济的法治化，这对于更好发挥政府这只"看得见的手"的作用，促进从计划经济体制向现代市场经济体制的最终转变，有效应对经济发展新常态下的各种风险和挑战，都是不可或缺的。在当下推进供给侧改革的过程中，抓好去产能、去库存、去杠杆、降成本、补短板，尤其需要更加发挥好政府的依法调控与治理作用，在厘清政府的权力边界、推动简政放权的同时，也要切实履行好政府在宏观调控、改善市场环境、市场监管、公共服务、社会治理、保护环境等方面的基本职责。完全可以这样说，离开了政府依法能动的作为，供给侧改革就不可能顺利推进。比如，开展降低实体经济企业成本行动，一个重要的举措就是要求政府在坚持积极的财政政策的过程中，加大力度对企业实行减税。调整与改革税制结构，制定合理的税收法律与政策，进而建立理想的税制，是激励经济行为、促进经济增长、增进社会公平，

---

① 参见《中华参见人民共和国国民经济和社会发展第十三个五年规划纲要》，人民出版社 2016 年版，第 185—186 页。

② 著名思想家卡尔·波兰尼把市场机制的作用放置到广阔的社会背景下加以反思，打破自律性市场机制的神话，认为"这样一种经济生活的组织法则是完全不自然的，而且在严格经验意义上是例外的"。其实自律性市场依赖于经济上的"自利"。"经济史显示，全国性市场的形成并不是政府逐渐放松控制经济活动的结果。相反地，市场乃是政府有意识且激烈干涉之后所产生的结果。它将市场组织加诸社会之上，以达成非经济之目的"。参见［匈］卡尔·波兰尼：《巨变：当代政治与经济的起源》，黄树民译，社会科学文献出版社2013 年版，第 412—413 页。

并且以较低的成本提供必要的税收收入的基本制度性条件。[1] 当前，我国企业税费负担沉重，是造成企业交易成本高企、企业活力与动力不足的重要成因之一。因此，有效实施减税，切实降低企业经营成本，已经成为供给侧改革的应然之道。最近一个时期，中央政府陆续推出一批减税政策措施。诸如，根据 2016 年 3 月《政府工作报告》的部署安排，从 2016 年 5 月 1 日起全面实施营改增，将试点范围扩大到建筑业、房地产业、金融业、生活服务业，并将所有企业新增不动产所含增值税纳入抵扣范围，确保所有行业税负只减不增；取消违规设立的政府性基金，停征和归并一批政府性基金，扩大水利建设基金等免征范围，将 18 项行政事业性收费的免征范围，从小微企业扩大到所有企业和个人。实施上述减税降费政策，2016 年将比改革前减轻企业和个人负担 5000 多亿元。[2] 此外，不少地方政府也实行了减轻企业税费负担的措施。江苏省确立了以降本增效为目标降低企业生产成本，以落实国家财税政策为抓手降低企业税负成本，以简政放权为关键降低企业制度性交易成本的"降成本"改革思路，确保 2016 年为企业直接减负 1000 亿元，从而切实降低企业负担，增强企业的竞争力。当然，更好地发挥政府在供给侧改革进程中的引导作用，同样需要遵循市场经济规律，更加注重运用市场化、法治化手段落实好"三去、一降、一补"的五大重点任务，把握好政府干预市场经济生活的合理限度与边界范围，把纠正市场失灵、解决市场管不了或管不好的问题作为政府干预市场的基本权责边界，[3] 加大制度创新与制度供给的力度，切实为供给侧改革营造良好的法治氛围。

---

① 参见［美］阿瑟·拉弗、史蒂芬·摩尔、彼得·塔诺斯：《繁荣的终结：什么样的政策和法则才能带来繁荣》，王志毅译，凤凰出版社 2012 年版，第 32—37 页。

② 参见《营改增给力供给侧改革》，载《人民日报》2016 年 4 月 11 日。

③ 参见［新加坡］陈惠华：《变革：市场中的政府角色》，刘阿钢译，北京大学出版社 2014 年版，第 44 页。

四、结　语

当下中国正在推进的供给侧结构性改革之核心要义在于制度创新与变革，蕴涵着深刻的法治逻辑。悉心把握供给侧改革的法治逻辑，有助于我们准确理解供给侧改革的法治蕴含，努力揭示扎实推进供给侧改革的法治需求，进而在经济发展新常态的新的历史条件下推动当代中国法治发展进入新境界。

创新是引领发展的第一动力。推进供给侧改革，就是要构造当代中国经济发展的崭新的动力系统。在这里，充分展示了法治的价值意义。中国法治发展的时代使命，就是要最大限度地聚合创新发展的法治动能，加快建立推进创新发展的法治制度体系，努力优化法治体系供给结构与质量。因此，要切实完善促进创新发展的产权制度体系，把激励创新发展的产权保护法治化摆在更加突出的位置，健全完善有利于激励创新的知识产权制度，加大知识产权司法保护力度。要运用法治方式引领企业成为自主创新的主体，善于运用法律与政策机制强化企业的创新主体地位，从而使企业成为有效供给与中高端供给的稳定提供者。要更加注重激发企业家精神，积极建构激发企业家创新精神的法治化激励机制，加强企业家创新资源的法律保护，依法维护企业家的财产权和创新收益，为弘扬企业家精神创设公平竞争的法治环境。

充分发挥市场在资源配置中的决定性作用，这是中共十八届三中全会决定提出的一个具有革命性意义的重大论断。推进供给侧改革，从根本上讲就是要充分体现市场决定资源配置的能动作用，最大限度地释放市场主体的活力。从法权关系上看，加快建设法治经济的基本任务之一，就是要构筑充分发挥市场机制作用的法治基础。因之，要依法确认市场主体的意志自由和自主地位，依法赋予市场主体在经济活动中拥有广泛的行动方案的选择自由，而市场主体的积极性、能动性和首创精神，是推进供给侧改革、促进经济增长的强大动力。要依法建立和维护市场主体的平等地位，坚持公有制经济财产权与非公有制经济财产权一体平等保护原则，尤其是要更加重视运用法治机制，积极推动放开市场准入，依法扩大民营企业的市场准入领域，降低民营企业市场交易的制度性成本，抓紧清理有违公平的涉民营经济产权保护的法律法规条款，进而充分激发民营经济的活力与创造力。此外，还要着力形成完善现代市场体系的法律机制。

　　政府与市场之间的权责边界，是现代市场经济体系的一对重大关系。中共十八届三中全会决定在提出市场决定资源配置这一重大命题的同时，还强调要更好发挥政府作用，这对当代中国政府革命提出了新的要求。供给侧改革的制度供给，在相当程度上归之于划定政府与市场之间的权责边界，因而意味着深刻的政府制度变革。因此，建构一个法理型的现代政府制度体系，乃是重构当代中国政府治理秩序、推进供给侧改革的时代要求。时下，一场以简政放权、放管结合、优化服务为主要标志的政府革命正在深入展开。这一政府革命的基本取向，就是要强化问题导向，着力解决政府对市场活动干预太多或者监管不到位的问题，理性把握政府在市场经济活动中的行为准则，遵循"法定职责必须为、法无授权不可为"的现代法治原则，构造权力清单、责任清单和负面清单管理模式，坚持依法调控和治理经济，把政府活动全面纳入法治轨道。在中国的国情条件下，依法合理地运用国家政权的强大组织力量，建构更好发挥政府作用的制度体系，在市场化与法治化的框架下有效应对供给侧改革进程中的重大挑战，这对于推动当代中国经济社会平衡发展，无疑是至关重要的。

本文刊于《法学》2016 年第 7 期

第二编

区域法治发展的分析架构

第八章
法治中国进程中的区域法治发展

本 章 概 要

在建设法治中国的时代进程中，推进区域法治发展是探索法治发展的中国道路的必然要求，是实现区域社会治理现代化的有效途径，也是保障国家区域发展总体战略顺利实施的题中应有之义。区域法治发展是与国家法治发展相对而言的，而国家法治发展与国家发展或国家现代化处于同一个历史进程之中，乃是国家发展或国家现代化的重要内容，构成了国家发展及其现代化的制度基础。区域法治发展是国家法治发展在一定空间区域范围内的具体的历史性展开，是在遵循国家法治发展的总体方向的前提下，适应区域发展的现实需求，建构区域法治秩序、推动区域发展的法治进程，因而是治国理政的区域性依法治理模式。

一、问题的重大意义：法治中国建设的
　　战略与策略选择

　　当代中国正处在一个大变革时代。这是一个社会结构剧烈变动、社会主体利益多元、国家治理深刻转型的历史性的过程。影响这一过程的因素是错综复杂的，抑或呈现出某种程度上的不确定状况。如何消解这个变革进程的矛盾冲突及其不确定因素，引导我们这个社会的健康稳定发展，使之顺利地度过这个急剧变化的革命性的转型时期，这是摆在国人面前的一项重大议题。面对大变革时代的严峻挑战，中共十八届三中全会明确地把"完善和发展中国特色社会主义制度推进国家治理体系和治理能力现代化"作为全面深化改革的总目标并且把"推进法治中国建设"作为实现这个总目标的基本途径之一。① 中共十八届四中全会在我们党的历史上第一次专题研究全面推进依法治国重大问题并且通过了相应的《决定》，强调要坚定不移走中国特色社会主义法治道路，提出全面推进依法治国的总目标是建设中国特色社会主义法治体系，建设社会主义法治国家进而促进国家治理体系和治理能力现代化。② 这一重大战略抉择给当代中国社会变革、国家发展与法制现代化的进程提供了强劲的动力，意义重大，影响深远。全面推进依法治国、加快建设法治中国，就是要把当代中国的法治建设纳入国家治理现代化的总体目标之中加以谋划和推进，坚持中国特色社会主义法治道路，加强和改进法治中国的体制、制度和机制建设，推进法治中国的社会基础再造，形成法治中国建设的强大推动力量，从而为确保国家长治久安奠定坚实的法治

---

　　① 参见《中共中央关于全面深化改革若干重大问题的决定》，人民出版社 2013 年版，第 3、31 页。

　　② 参见《中共中央关于全面推进依法治国若干重大问题的决定》，人民出版社 2014 年版，第 4 页。

基础。①

　　坚持依法治国，建设法治中国，必须高度重视区域法治发展。在不同的经济发展水平、社会结构、历史进程、文化传统和地理环境等因素的影响和作用下，当代中国不同区域间的法治发展形成了历史的差异性，这是中国这样一个东方大国的经济社会发展不平衡规律在法治建设领域中的集中体现。各具特色、程度不同的区域法治发展的不平衡性，构成了当代中国法治发展进程的区域性的表现形态。这是毋庸置疑的客观的法律发展现象！充分认识到这一基本的法治发展状况无疑有助于我们深刻把握当代中国的法治国情特点，准确理解当代中国法治发展的固有逻辑，自觉认知中国法制现代化进程的内在机理，进而科学地揭示法治中国建设的基本规律，为深入谋划全面推进法治中国建设的战略与策略问题提供可行且可靠的路径选择。

　　这就是说：第一，推进区域法治发展，是探索法治发展的中国道路的必然要求。法治发展是一个世界性的进程。尽管这个进程在不同国度的历史命运是不同的，但是作为一种法律生活成长的趋势，却是不可避免的，而且在很大程度上具有不可逆性。不过，我们应当清醒地看到，不同民族与国家的法治发展道路是迥然有别的，并不存在一个呆板划一的固定的模式。中国的法治发展进程受到中国社会的、经济的、政治的、文化的、历史的和地理的诸方面条件或因素的深刻影响，因而有其独特的历史特点。特别是在中国这样一个幅员辽阔的国度，东中西部各个区域之间的经济社会发展水平与状况存在着明显的差异性，必然影响或制约着各个区域法治发展的进展状况与实际效

---

　　① 参见张文显：《全面推进法制改革，加快法治中国建设——十八届三中全会精神的法学解读》，载《法制与社会发展》2014 年第 1 期；徐显明：《国家治理现代化关乎国家存亡》，载《法制与社会发展》2014 年第 5 期；胡云腾：《关于建设法治中国的几点思考》，载《法学研究》2013 年第 2 期。

果。① 因之，区域之间法治发展的历史差异性，成为中国国家法治发展进程中的一个突出的客观实在，亦在很大程度上成为中国法制现代化的模式变量之一。这就需要我们悉心把握中国法制现代化进程的内在特质，探寻法治发展的中国路径选择，确立推进中国法制现代化的现实基点，进而为走出一条具有中国特点的法治发展道路作出不懈的努力。

第二，推动法治中国进程中的区域法治发展，是实现当代中国区域社会治理现代化的有效途径。从总体上看，治理有全球意义上的区域治理与主权国家意义上的国家治理范围中的区域治理之分。就后者而言，作为与国家治理既密切相关又有所差别的地区性的治理体系，区域治理更具有基础性和根本性，构成了国家治理体系的有机组成部分和重要的前提性因素。中共十八大报告第一次在我们党的文献中正式提出"国家治理"的概念②；中共十八届三中全会则明确提出"推进国家治理体系和治理能力现代化"，强调要"改进社会治理方式"，坚持系统治理、依法治理、综合治理、源头治理；③ 中共十八届四中全会进一步提出要"推进多层次多领域依法治理"，"提高社会治理法治化水平"。④ 这就把国家治理及其现代化的重大议题提到了改革时代党和国家的战略议程之中。在这里，如同国家法治发展在推进国家治理现代化中所具有的重要地位一样，区域法治发展与区域社会治理现代化乃是同一个时代进程的两个不可分割的方面，二

---

① 参见葛洪义：《法治建设的中国道路——自地方法制视角的观察》，载《中国法学》2010 年第 2 期。

② 中共十八大报告指出，要"更加注重发挥法治在国家治理和社会管理中的重要作用"。参见胡锦涛：《坚定不移沿着中国特色社会主义道路前进 为全面建成小康社会而奋斗——在中国共产党第十八次全国代表大会上的报告》（2012 年 11 月 8 日），人民出版社2012 年版，第 25 页。

③ 参见《改革开放以来历届三中全会文件汇编》，人民出版社 2013 年版，第 176、212 页。

④ 参见《中共中央关于全面推进依法治国若干重大问题的决定》，人民出版社 2014年版，第 27 页。

者的有机互动构成了当代中国国家治理现代化的强劲动力，也是区域经济社会发展的前进方向与基本保障。因此持续不断地推进区域法治发展，不仅可以夯实国家治理现代化以及国家法治发展的区域性基础，而且对于引领和推动区域社会的健康发展，实现区域社会治理现代化具有至关重要的作用。

第三，重视法治中国进程中的区域法治发展是保障国家区域发展总体战略顺利实施的内在需要。制定国家区域发展战略，实施区域发展规划与政策，进而推进区域协调发展，这是当今世界各国普遍面临的一个重大课题与艰巨任务。长期以来中国政府基于对于中国国情与区情的深刻把握，始终高度重视区域协调发展问题，不断调整和完善国家区域发展战略与政策。改革开放以来，特别是进入20世纪90年代以来，中国政府陆续形成与实施了西部大开发战略、振兴东北老工业基地战略、中部地区崛起战略、东部地区率先发展战略等一系列重大的国家区域发展总体战略。中共十八大把"区域协调发展机制基本形成"作为到2020年全面建成小康社会的目标之一加以设定，强调要"继续实施区域发展总体战略，充分发挥各地区比较优势，优先推进西部大开发，全面振兴东北地区等老工业基地，大力促进中部地区崛起，积极支持东部地区率先发展"。[①] 不仅如此，中国政府还从不同地区的特点出发，围绕城市发展与城乡一体化，形成了以城市经济圈或城市群为基础的国家区域发展战略，诸如，长江三角洲地区一体化发展战略，珠江三角洲地区一体化发展战略，京津冀地区一体化发展战略，苏南现代化建设示范区发展战略，等等。当代中国国家区域发展战略的制定与实施，在中国大地上汇聚为一股强大的力量，深刻地改变着中国社会的面貌，而其中蕴含着的乃是制度创新的蓬勃生机与活力。[②] 在这里，尤为重要的则是法治的力量。推进国家区域发展总体战略不仅

---

①　参见《十八大以来重要文献选编》上，中央文献出版社2014年版，第13—14、18页。

②　参见黎雨编：《大格局——变动中的中国区域发展战略布局》，国家行政学院出版社2013年版，第89—90页。

对国家法治发展提出了相应的要求，中央政府必须从国家发展及其现代化的全局出发，制定和完善有利于国家区域发展总体战略得以实施的法律制度和政策体系；而且对区域法治发展产生了直接的效应，相关区域性的地方政府面临的一项重大任务，就是要在国家法治发展的总体方向的基础上，适应贯彻国家区域发展战略的现实需求，通过法治化的方式建立健全保障国家区域发展总体战略有效实施的制度、机制与政策系统，为实施国家区域发展战略营造法治环境。① 因之，变革时代的国家区域发展总体战略的形成与实施，对推进当代中国区域法治发展提出了历史性的重大需求。

因此，本文的主旨在于把区域法治发展放置于推进法治中国建设的历史进程中加以把握，着力探讨国家法治发展和区域法治发展的概念特征与内在关联，进而为区域法治发展基础理论研究作出必要的学术努力。

二、国家发展与国家法治发展

在一个主权国家的疆域范围内，不同区域之间的法治发展状况既有共同性、又有差异性，遂而形成区域法治发展的客观现实。如何认识区域法治发展这一法的现象的基本属性与固有特征，这是一个需要我们认真对待的法治发展领域的重要论题。在这里，我们首先需要探讨的是作为区域法治发展基础的国家法治发展问题。

一般来说，区域法治发展是与国家法治发展相对而言的。按照法制现代化理论的分析框架，国家法治发展是一个国家的法制从传统走向现代化的转型变革的过程，反映了国家现代化的运动趋向，因之国家法治发展与国家发展或国家现代化处于同一个历史进程之中，构成了国家发

---

① 参见夏勇：《论西部大开发的法治保障》，载《法学研究》2001 年第 2 期。

展或国家现代化的法律制度基础与法律价值依托。① 所以，我们要从国
家发展或国家现代化的意义上把握国家法治发展的内在逻辑。

近代以来，伴随着民族国家的建构过程，国家发展成为国家政治生活
的主旋律，这一进程的价值指向乃是推进和实现国家现代化。然而，这一
进程在不同的国度，其推进的方式与实现的后果是迥然有别的。美国学者
巴林顿摩尔试图以现代化进程中的乡村社会地主与农民之间的不同关系为
分析坐标，概括出从前工业世界向现代世界转变的过程中所经历的三条
主要的现代化道路，即：以英国、法国和美国为代表的"资产阶级革命道
路"，这是一条资本主义和民主政治相结合的国家发展道路；以德国、日
本为典型的"反动的资本主义道路"，这是一条先前经过了一段简短而又
不稳定的民主时期而后却走上了法西斯主义的国家发展道路；以俄国和中
国为代表的农民革命所导致的共产主义的国家发展道路。② 在这里，我们
看到，摩尔关于现代化道路的类型学分析所透示出来的学术价值取向显然
是有片面性的，但是，他致力于揭示在不同社会条件的影响下国家发展及
其现代化道路的多样性的理论努力还是应予肯定的。

与近代西方的国家发展道路不同，在中国，近代以来的中国民族国家
的建构及其国家发展确乎走过了一条极不平凡且复杂独特的道路。西方列
强的入侵以及随之而来的外部世界的严峻挑战，构成了对传统帝国的国家
制度的强烈冲击。本来，"帝国的国家制度建立得非常牢固，它的权威建
立在根深蒂固的观念基础上，有长期积累的历史传统可循，一直保持着能
接受任何管理体制挑战的不败记录。中国的政治结构已经精细地专业化
了，并进一步分别实行了再分工。由专职官僚按照高度管理的、有详细记

---

① 有的学者认为，现代化是一个全方位的变革过程，本质上就是现代国家制度建设与
体制改革。参见胡鞍钢等：《中国国家治理现代化》，中国人民大学出版社 2014 年版，第 84
页；江必新：《法治国家的制度逻辑》，中国法制出版社 2014 年版，第 31—32 页。

② 参见［美］巴林顿·摩尔：《专制与民主的社会起源——现代世界形成过程的地主
和农民》，王茚、顾洁译，上海译文出版社 2013 年版，第 4—7 页。

载的规章和惯例进行了管理，可以说在许多方面中国都具备了向现代化国家转变的条件"。① 然而，经过 19 世纪至 20 世纪初一系列屈辱性的政治与军事失败，国家日益陷入深重的民族危机之中。为了摆脱危机，晚清统治集团虽然作过种种努力，诸如嘉庆官制改革、洋务运动等等，但这些努力从来都是以一个不可动摇的原则为前提，即：传统的国家制度与政治体制具有神圣不可侵犯的合法性与合理性。而 1894—1895 年甲午海战的败北，更加激起了空前的民族危机，直接触发了采纳日本政制模式、改变固有国家政治制度的维新运动，企望在中国建立君主立宪制的国家体制。虽然"百日维新"以失败告终，但是这一维新运动的遗产是异常丰富的。它愈加表明：变革中国传统国家制度是拯救中国于危机的唯一选择。随后爆发的义和团事件，进一步刺激了清廷改革固有政治体制的愿望。1901 年启动的晚清 10 年法制改革虽然最终走向流产，但它毕竟深刻地改造了传统的国家制度型态，推动了法制的转型，催生出一个近代型的国家制度与法律系统。

1911 年的辛亥革命，则彻底推翻了延续两千多年的封建专制帝国体制，建立了以资产阶级民主共和为标志的现代国家制度。"它表明改革的模式从德、日式的君主立宪转变为法、美式的共和立宪。人们也许会认为，这一重要转变再次改变了中国政治制度改革的方向，从当时比较实际的目标变为更加困难的目标，但中国当时的确别无选择，因为它的君主已经成为国家颓败无能的象征。尽管推翻了王朝制度，但是仍可以说，新的共和制度的形式是 1901 年 1 月宣布改革以来中国政治发展的直接结果。"② 然而，辛亥革命之后的中国国家发展并没有因为这场革命而走上现代化的道路，形式上的共和与实质上的专制之间的二律背反，成为 20 世纪上半叶国家生活的突出现象。1949 年人民大革命的胜利，第一次在中国大地

---

① 参见［美］吉尔伯特·罗兹曼主编：《中国的现代化》，陶骅等译，上海人民出版社 1989 年版，第 269—270 页。

② 参见上书，第 352 页。

上创设了崭新的社会主义国家制度，实现了民族国家体系的革命性重构，国家转型发展取得了历史性的进步。作为当代中国的又一次革命，1978年12月中共十一届三中全会开启的改革开放，极大地推动了国家发展的基础由计划经济体制转向社会主义市场经济体制，进而重建国家现代化的动力系统。2013年11月召开的中共十八届三中全会和2014年10月召开的中共十八届四中全会则在三十多年改革的基础上分别提出全面深化改革和全面推进依法治国的总体目标，把完善和发展中国特色社会主义国家制度、推进国家治理体系和治理能力现代化，确立为当代中国国家建设与发展的重大战略议程。这实际上是一场国家现代化的伟大实践。

　　国家发展及其现代化以及与此密切相关的国家治理现代化，为国家法治发展设定了全新的制度取向与价值准则。国家法治发展是国家发展的重要内容，是在中央政府的主导下致力于建立覆盖于全国范围的法治秩序的国家法律创制与法治实施的过程，进而实现国家对总体社会的有效的法律治理，增进国家发展及其现代化的事业。因之，国家法治发展具有自身基本的规定性。亦即：第一，它属于国家发展的范畴。在现代社会，国家发展乃是一个以国家制度发展为核心的国家生活的规范化、民主化、法治化的过程，在很大程度上反映了国家制度、国家行为与国家生活价值准则的深刻变革。国家法治发展构成了国家发展的不可或缺的重要组成部分，进而成为国家制度发展的基础和本质要求。随着国家生活的变动与发展，国家法治生活也必然发生相应的变化，并且以其能动的方式积极作用于国家发展的进程。离开了国家法治发展，国家发展就失去了主体内容，国家制度发展就无法有效地推进，国家生活的转型变革也就缺乏应有的活力与动力。第二，国家法治发展与国家有机体的建构内在相连。我们知道，国家生活是一个具有多层次结构的，通过内在矛盾的解决而发展着的，并且在自我调节的基础上来发挥功能的有机系统。国家生活的运转在客观上要求具有国家法律规则体系，以满足国家生活运行的一般需要。国家法治发展实际上就是指国家法律规则体系按照一定的方向和目标把国家生活纳入一定的法治化的轨道和秩序之中，建立起符合现代国家发展方向的现代国家法治秩序，从而有效地维护国家有机体的存在与发展。中共十八届四中全会把建设中国特色社会主义法治体系、建设社会主义法治国家确定为全面推进依法治国的总目标，这对于夯实当代中匡国家有机体的法律规则制度体系基础，有着重大的意义。第三，国家法治发展与国家治理现代化密切相关。人们通常把国家治理现代化看作是政治现代化的基本表征。实际上，国家治理现代化乃是国家发展及其现代化的集中体现，它意味着国家制度体系和国家制度体系执行能力的现代化。① 在这里作为国家制度体系之基础的国家法治发展状况，在很大程度上制约着国家治理现代化的进展和实现程度，影响着国家治理现代化进程的运动方向。② 因此推进国家治理现代化，必须首先高度重视国家法治发展及其现代化，把国家治理体系构筑在坚实的法律制度基础之上，悉心谋划国家法治发展的战略与策略。只有这样，国家发展的进程，国家有机体的建构以及国家治理现代化的实现，才具有现实的可能性。

在当代中国，国家法治发展的基本目标，就是要全面推进依法治国，加快建设法治中国。作为国家法治发展的目标指向，法治中国意味着国家建设与发展的法治化抉择，意味着法律体制、制度与机制的深刻转型，意味着法律机构与组织的历史性重构，还意味着法治理念与原则

---

① 参见习近平：《切实把思想统一到党的十八届三中全会精神上来》，载《求是》2014年第1期。

② 有的学者把法治视为国家治理体系现代化的基本评价标准和运行基础，认为在推进国家治理体系现代化的过程中，宪法和法律要成为国家和社会治理的最高权威，在法律面前人人平等，不允许任何组织和个人有超越法律的权力。参见张文显：《法治与国家治理现代化》，载《中国法学》2014年第4期；李林：《依法治国与推进国家治理现代化》，载《法学研究》2014年第5期；江必新、王红霞：《法治社会建设论纲》，载《中国社会科学》2014年第1期；季卫东：《问题导向的法治中国构思》，载《法制与社会发展》2014年第5期；俞可平：《论国家治理现代化》，社会科学文献出版社2014年版，第4页。等等。

以及法律行为的价值重塑，确定起一种新的法律秩序以及法律正义标准及其运行机制，给新的国家与社会生活系统提供有效的规范、制度与价值体系的支持，因而也意味着中华法律文明价值体系的时代创新——这无疑是 1978 年以来当代中国伟大的法律革命的深化与升华。

三、区域发展与区域法治发展

区域法治发展是国家法治发展进程在一定区域内的、具体的、历史的展开。这里所说的区域，主要是指主权国家范围内的以特定行政辖区为基本构成单元的特定地域空间，在当代中国，这涉及诸如省级、市级和县级的不同行政辖区层级。当然，那些由相邻地域所组成的跨越不同层次的行政辖区的空间地域，亦属于区域的概念内涵的构成要素。比如，西部地区、中部地区、长江三角洲地区、珠江三角洲地区、京津冀地区、东北地区，等等。① 因之基于特定区域范围的法治发展现象，无疑有着丰富多彩的历史时空的个别化的特性。那么，何谓区域法治？对此，学术界见解纷呈，各具特色。② 我的基本观点是：在当代中国，区域法治乃是实施依法治国基本方略、推进法治中国建设的有机组成部分，是在国家法治发展进程的基本要求的基础上，根据区域发展的法律需求，运用法治思维和法治方式推进区域社会治理现代化的法治实践活动。由此，我们可以看出，区

① 参见公丕祥：《区域法治发展的概念意义——一种法哲学方法论上的初步分析》，载《法制现代化研究》（2013 年卷），法律出版社 2014 年版。

② 参见文正邦：《区域法治——深化依法治国方略中的崭新的法治形态》，载《甘肃社会科学》2008 年第 6 期；文正邦：《区域法制研究纵论》，载《法制现代化研究》（2009 年卷），法律出版社 2009 年版；李爱平：《关于我国区域法治几个问题的思考》，载《西部法学评论》2011 年第 1 期；张胜全：《我国区域法治的宪政基础与实践探索》，载《唯实》2012 年第 4 期；夏锦文：《区域法治发展的基础理论研究构架》，见《法制现代化研究》（2013 年卷），法律出版社 2014 年版；蔡宝刚：《增进区域法治发展的法理证立》，载《法制现代化研究》（2013 年卷），法律出版社 2014 年版，等等。

域法治发展实际上是在遵循国家法治发展的总体方向的前提下，适应特定空间范围内的区域发展的现实需求，建构有机协调的区域法治秩序，推动区域发展的法治进程，因而是治国理政的区域性依法治理模式。① 因之，区域法治发展基本特征在于：

首先，区域法治发展是国家法治发展的有机组成部分。在当代中国，国家法治发展的基本目标就是要推进法治中国建设，实现中国法制现代化。所以，从本质意义上讲，法治中国昭示着国家法治发展趋势和走向，这意味着中国法律系统及其法律价值体系的深刻转型，呈现出从法律观念、法律制度到法律实践、法律行为的各个领域变化的多方面进程，进而在全球法治发展进程中重构具有鲜明的中国风格的法律制度与准则系统。很显然，作为国家法治发展以及法治中国进程的有机构成要素的区域法治发展，乃是国家法治发展以及法治中国建设在国家的特定区域范围内的具体实现，是在从传统的总体社会向现代的多元社会转变的进程中国家法律系统转型与变革在特定区域的历史性展开，因而并不存在一个脱离国家法治发展以及法治中国建设的历史进程而孤立自在的区域法治发展。② 这充分表明，区域法治发展与法治中国进程乃是当代中国国家法治的发展与命运的共同体，法治中国建设引导和规制着区域法治发展的运动方向，区域法治发展必须以法治中国建设的总体战略为依据和准绳，必须以维护国家法治的统一和权威为基本前提。在建设法治中国、推动国家法治发展的进程中，不同区域法治的运动发展汇聚为一股内生性的强大力量，不可遏制地推进着法治中国建设大潮汹涌澎湃、奔腾向前。

其次，区域法治发展是区域发展的推动力量。发展是当今世界的主旋律之一。在主权国家的范围内，发展问题亦已经成为社会生活领域的本质性的趋势。不同区域之间的发展进程呈现出独具个性的丰富多彩的运动样

---

① 参见张文显：《变革时代区域法治发展的基本共识》，见《法制现代化研究》（2013年卷），法律出版社 2014 年版，第 28 页。

② 参见周尚君：《国家建设视角下的地方法治试验》，载《法商研究》2013 年第 1 期。

式，因而构成个别化的区域发展类型。这就是说，区域发展是国家发展进程在一定地域或区域中的实现状态，它在反映国家发展的前进方向和基本要求的同时，集中地表达了特定区域经济社会条件的固有属性，形成具有鲜明的区域特点的发展机理，从而展示出区域经济社会生活的成长趋向。从法权意义上讲，区域发展不可避免地凝结为一定的法权关系，提出相应的法权需求，因而构成区域发展的法权基础。① 换言之，区域法治发展与区域发展处于同一个历史过程之中，区域发展的实践有力地推动着区域法治的发展与变革。在这一过程中，区域法治发展以其特有的方式，生成或改变着区域发展的法治生态。具体地讲，一是反映区域发展进程的法律需求。从本质意义上看，区域发展是一个利益关系的产生、变化和调整的过程，其间所关涉的法权关系复杂多样。这就要求一定区域的法治发展必须迅即敏捷地反映区域发展进程中因利益关系变动而产生的特定的法权要求。在转型中国的历史条件下，区域发展面临的一个突出矛盾，就是正确处理好区域发展进程中的政府与市场、政府与社会的关系问题。在不同区域的经济社会条件的作用下，政府与市场、政府与社会的矛盾关系往往有其不同的表现形式和特点，因而必然形成虽有共性但却更具个性的不同区域的发展进程的法权要求。对于区域法治发展来说，如何从不同区域的实际出发，建构政府与市场、政府与社会之间的各具特点和优长的法权关系模式，藉以调整不同区域的差异化显著的利益关系，这显然是区域法治发展进程中的一项重大的历史性课题。二是引导区域发展的进程。法律调整的基本功能表征之一就是它的指引性或引导性。社会主体遵循法律的规

---

① 有的学者把发展权的概念架构引入区域发展的现象领域，提出"区域发展权"的概念，认为区域发展在本质上是一项权利，是隶属于作为基本人权的发展权的拓展性权利。这一从道义到权利的理念升华，使区域发展由特定性的国内政策递归为普遍性的基本人权。不仅如此，要把区域发展权放到特定的时空中加以思考，和特定区域的实际条件、发展程度、历史传统、风俗舆情联系起来进行综合考量。参见汪习根、王康敏：《论区域发展权与法理念的更新》，载《政治与法律》2009 年第 1 期。

则之治，可以对自己的行为取向作出合理的预期。在特定的经济社会条件的作用下，区域发展的行为准则问题愈益突出地成为国家和地方政府必须高度关注的重要议题。诚如有的学者所指出的，20世纪80年代以来，在全球化的背景下，对区域发展问题的关注已经从量的问题转移到了质的问题，亦即从对经济增长和对发展的约束的关注，逐渐演变为对生活质量的关注，以及对于可持续发展的关注。这一从增长到发展的转变，促使经济和社会活动者正在重构他们的生产和消费习惯，从而引起区域发展的行为准则的变化。[①] 在这一新的情况下，不仅是作为经济社会活动的规制者的国家，而且包括地方及区域性政府都在试图通过法律的、经济的、行政的诸种调节手段，形成相应的社会调整机制，构造起区域发展的新的行为准则系统，引导区域发展向着更加关注生活质量、更加重视可持续发展的方向健康稳定地运行。因之，在区域发展的进程中，区域发展的行为规则就具有基础性的甚至是关键性的作用。区域法治发展的任务之一，就是要致力于建构一套有利于区域经济社会健康发展的规则体系，藉以有效地调节区域社会主体的行为预期，引导区域社会主体向市场和社会提供能够增进区域社会根本福祉的产品，进而为区域发展确立可靠且可行的规则基础。三是优化区域发展的法治环境。区域经济社会的发展状况及其质量如何，除了区域发展的自然禀赋条件以及国家所能提供的宏观环境因素的影响之外，在很大程度上取决于该区域的政府创设的区域性的外部环境。这种区域发展环境的营造，不仅有赖于区域政府所运用的具有吸引力的政策工具，而且更为需要一种法治化的营商环境的营造，这就凸显了在市场取向的改革全方位推进与深化的新的历史条件下，切实优化区域发展的法治环境的要求，比以往任何时候都更加迫切、更为重要。

再次，区域法治发展是建构区域社会法治秩序的法治实践活动。如同

---

① 参见［英］安迪·派克、安德烈·罗德里格斯-珀斯、约翰·托梅尼：《地方和区域发展》，王学峰等译，格致出版社、上海人民出版社2011年版，第3—4页。

整个社会有机体一样，区域社会是一个在自我调节的基础上充分发挥能动作用的区域性的社会系统。它的存在和发展离不开一定的秩序性和组织性，在客观上要求具有相应的调整机制，以满足区域社会生活的一般需要。这种秩序性和组织性是区域社会有机体的内在属性，它不可避免地表现为一定的行为规则体系。因此，所谓区域社会秩序，乃是指区域社会主体按照一定的方向和目标，创设区域性的行为规则体系，以便把人们的行为纳入一定的轨道和秩序之中。这是区域社会获得存在和发展的客观要求，是区域社会摆脱单纯偶然性和任意性羁绊的基本手段。"这种规则和秩序本身，对任何取得社会固定性和不以单纯偶然性与任意性为转移的社会独立性的生产方式来说，都是一个必不可少的要素。这种规则和秩序正好是一种生产方式的社会固定的形式，因而是它相对地摆脱了单纯偶然性和单纯任意性的形式。"① 没有这种规则和秩序，区域社会生活就会处于混乱不安的状态之中。作为国家法治体系的有机组成部分的区域法治，力图通过体现秩序性和组织性的要求的区域社会规则体系，来安排行为、调整关系，从而确立起有利于区域社会协调平衡发展的区域社会法治秩序，使区域社会成员摆脱单纯偶然性、任意性的羁绊。在这里，作为一种能动性的法治实践活动，区域法治发展的基本目标，就是要通过一定的规则体系来合理地调整个人与社会之间的关系。一方面，在区域社会生活中，个人在一定的社会活动和社会交往中，与他人、集体乃至整个社会结成密不可分的联系。个人的每一个行为及其后果，不仅对自己、而且对他人、集体以及整个社会都具有重要意义，决不能把个人看成是离开社会而孤立自求的人；另一方面，区域发展只有通过富有能动性的个人的建设性活动才能实现，个人是真正现实的主体，也是区域社会乃至国家的基础，决不能把国家和社会看成是凌驾于人们之上并将自己的意志强加于人们的特殊机体，而应当充分激发和调动区域社会成员的积极性和创造性，使一切创造

---

① 参见《马克思恩格斯全集》第46卷，人民出版社2003年版，第896—897页。

社会财富的源泉充分涌流。由此，在当代中国，区域法治发展就是通过调整个人与社会之间的关系赋予区域社会主体以一定权利并承担相应的义务的方式，进而达到调整区域社会生活关系的目的，建构一个既充满活力又和谐有序的区域社会法治秩序，推动区域社会蓬勃发展，不断成长。应当看到，在不同的区域社会条件的影响下，区域社会生活是多种多样、纷繁复杂的，因而区域社会规则体系必然呈现出多种多样的表现形式，从而体现为相对独立的具有区域性特点的规则体系。当然，无论是何种形式的区域社会规则体系，都必须遵循国家法治所确立的全国普遍施行的国家规则体系。只不过，这种区域性的规则体系的具体指向乃是区域性的经济社会事务及其行为和活动。

又次，区域法治发展是在一定的地域空间范围内运动变化的法权现象。实际上，区域法治概念与地方法治概念具有相通的意蕴，都是与国家法治概念相对而言的层级性的法治类型学概念。① 不过，与地方法治概念稍有不同，区域法治概念在统摄法治发展现象普遍性意义的基础上，引入地域空间的概念要素，旨在揭示法治发展现象特殊性的意蕴，进而表达不同地域空间范围的不同法治发展状态及其原因。因而，在当下中国，亦就存在"先行法治化"的现象。② 纵观人类政治和法律文明演进的历程，我们可以清晰地看到，国家和法的现象从来都是同一定的地域空间相联系而存在的。按照恩格斯的看法，从地域空间的意义上看，原始社会末期的城市与乡村的对立，是人类跨入文明时代门槛的基础，因而也是早期国家和法的现象产生的基本条件之一。因之，国家与旧的氏族组织不同的首要之点，就在于国家是"按地区来划分它的国民"。③ 在文明社会国家与法的

---

① 参见付子堂、张善根：《地方法治建设及其评估机制探析》，载《中国社会科学》2014 年第 11 期。

② 参见孙笑侠：《局部法治的地域资源——转型期"先行法治化"现象解读》，载《法学》2009 年第 12 期。

③ 参见《马克思恩格斯文集》第 4 卷，人民出版社 2009 年版，第 184—190 页。

现象的运动过程中，伴随着社会主体的活动从起初局限于狭窄的范围和孤立的地点到因地理大发现及其新航路的开辟所形成的世界市场的历史性转变，以地域空间为基础的并以国家主权为核心的民族国家型态大踏步地发展了起来。因此，在一个主权国家的疆域范围内，国家与社会治理的体制和方式以及法律发展的进程不可避免地要受到该地域空间之内特定经济的、政治的、社会的、文化的、历史的乃至地理环境的诸多因素和条件的深刻影响。而文明社会的统治史亦表明，国家规模或疆域大小与国家治理效果和法律发展样态之间常常有着复杂的关系。卢梭曾经从自己心目中的理想国家图式出发认为："一个体制最良好的国家所具有的幅员也有一个界限，为的是使它既不太大以致不能很好地加以治理，也不能太小以致不能维持自己。每个政治体都有一个它所不能逾越的力量极限，并且常常是随着它的扩大而离开这个极限地就愈加遥远。"① 这里暂且不论卢梭关于国家规模的观点是否合理，而只从客观上讲，卢梭是在努力探寻与地域空间条件密切联系的文明社会国家规模程度与国家和社会治理效果相关的规律性的准则问题。他试图要说明统治距离愈远，必然导致行政层次的繁多，这不仅造成治理的行政负担，而且带来治理效益的衰减，行政施行也就愈发困难。应当说，卢梭的这一见解是很深刻的，它启示我们：对于我们这个幅员辽阔、人口众多、各地经济社会发展很不平衡的东方大国来说，面对社会转型与变革的严峻挑战，从不同地域空间的实际出发，施行统一性与多样性相结合的国家与区域社会治理措施，充分考虑地域空间的因素和条件，切实改善国家与区域社会治理状况，努力增强国家与区域社会治理的针对性、适时性和有效性，进而扎实推进区域法治发展，不断夯实治国理政的区域基础，就显得尤为重要和迫切。因此，空间要素是区域法治发展现象的基本变量，是科学认识和揭示区域法治发展的内在机理的重要视角，也是打开区域法治发展进程的内在奥秘的一把锁匙。离开了对特定地

---

① 参见［法］卢梭：《社会契约论》，何兆武译，商务印书馆1980年版，第63页。

域空间关系的透彻把握，对于区域法治发展现象的认识，甚或对于国家法治发展问题的研究，只能是空中楼阁、流于玄想，因而是无济于事的。

四、余　论

综上所述，在全面推进依法治国、加快建设法治中国的现时代，区域法治发展具有特殊的价值意义。实际上，在中国特色社会主义法治建设的伟大事业中，国家法治发展与区域法治发展这二者是一个内在关联、相辅相成、不可分割的法治共同体系统，反映了当代中国法治运行的基本状况。它们之间的协调发展状况，往往成为衡量当代中国法治发展水准的基本评价尺度，对于推进法治中国建设的历史进程具有重要的影响。因此，中国特色社会主义法治道路内在地蕴含着国家法治发展与区域法治发展协调推进的基本要求。在建设法治中国的时代条件下，正确认识和处理好国家法治发展与区域法治发展之间的关系，就显得尤为重要。

应当看到，高度重视区域法治发展的理论研究，是建构法治发展的中国话语体系的题中应有之义。自 19 世纪后半叶以来，伴随着域外法律文化与法学话语系统在中国的广泛传播，经过一个多世纪的变迁发展，其间数度转型，中国法学的学科结构与理论系统发生了极其深刻的变化，遂而形成当代中国的法学学科体系与法治话语系统。中共十八届四中全会强调，要"加强法学基础理论研究，形成完善的中国特色社会主义法学理论体系、学科体系、课程体系"。[①] 面对着坚持和拓展中国特色社会主义法治道路的伟大使命，以及转型中国法治发展的时代课题，建立和发展中国风格、中国气派的法治话语体系的艰巨理论任务，已经历史性地摆在当代中国法学工作者的面前。从全球范围来看，作为一种国际性的现象，中国

---

①　参见《中共中央关于全面推进依法治国若干重大问题的决定》，人民出版社 2014 年版，第 32 页。

的和平崛起引起国际社会的广泛关注与认真对待。研究中国问题（包括法律与法治发展问题），已经和正在成为国际学术界（包括国际智库）的经久不衰的一个热门研究领域。域外的学者企望运用域外的概念分析工具来解释中国法律现象，进而构建一个具有鲜明的域外特点的关于中国法律与法治发展问题的理论模型。对于当代中国法律学人来说，关注中国法治现实，思考中国法治问题，总结中国法治经验，进而在中国法治实践进程中逐渐形成具有鲜明的中国印记的法治话语系统，这无疑是一个不可推卸的法学学术责任。而我们所处的伟大的变革时代以及复杂、鲜活且生动的中国法制现代化的革命性的进程，亦为当代中国法学工作者担负起这样的学术责任提供了难得的重大时代契机。

面对着变革时代的区域法治发展这一法治中国进程中的一项重大法治议程，我们有必要从理论、历史与现实的结合上，深入研究建设法治中国对于推进区域法治发展的全新要求，努力探寻区域法治发展的多样性统一的运动样式。在这一过程中，关于区域法治发展的概念内涵、基本性质、客观基础、总体目标、主体内容、价值依归、路径选择、动力机制、功能类型、文化机理、发展模式、评价指数和方法论等等问题的深入研究，以及对于法治中国进程中的区域法治发展的典型样本分析和不同区域法治发展的实践探索的比较考察，将会逐渐形成一个全新的理论分析工具系统，藉以概括与揭示区域法治发展的一般原理和基本规律，进而拓展和丰富中国特色的法学理论体系、法学学科体系和法治话语系统，以期为建设法治中国、推进中国法制现代化奉献绵薄之力。

本文刊于《法学》2015年第1期

第九章
区域法治发展的概念意义

本章概要

推进区域法治发展，这是中国法制现代化进程中的一项重大议程。一般来说，区域包括全球意义上的区域和国家层面的区域，后者是指主权国家范围内以特定的行政管辖层级为基础的地区单元，或者是以一定地缘关系为纽带而形成的若干行政管辖层级的地区单元的集合体，因而构成了本文的讨论范围。区域法治发展是国家法治发展的有机组成部分，是国家法治发展在主权国家的特定空间范围内的具体实现。国家层面的区域法治发展研究的方法论，是一个多层次的有机系统，这里主要从法哲学方法论意义上加以研究。马克思提出的"多样性统一"的概念命题，为我们研究区域法治发展问题提供了有益的启示：区域法治发展既是一个"自然的历史过程"，具有内在的统一性，又具有鲜明的多样性的品格，进而呈现多样性统一的运动样式。"个别化的方法原则"，这是从黑格尔到19世纪德国世俗历史主义的思想流变进程中逐渐形成的方法论准则，在马克斯·韦伯那里达到了集大成。批判地改造并运用个别化的分析原则，有助于我们发现区域法治发展现象的内在奥秘。这里需要注意的是：拟应妥当地处理好整体性与个体性的关系；揭示和概括个体行动的本质性关系；努力探索个体性行动的因果性联系；从现实中升华并形成思维类型；对研究对象展开具体的历史性的分析；高度重视价值基础和价值评价的特殊意义。

一、若干概念之含义与本章的讨论范围

在对本文的论题展开之前，有必要先行厘清若干概念的内涵，这里主要有区域、法治发展以及区域法治发展等相关概念，以便确定本文的讨论范围，认识论题的时代意义。

"区域"亦可称之为"地区"，这是一个含义丰富的多层次的范畴。从全球的角度而言，区域不仅仅意味着以地理因素为基础的空间结构，而更多地是指通过稳定的经济的或政治的协议所建立起来的、一定地域范围内甚至是跨地域的国家之间的经济的或政治的乃至军事的区域性国际组织。作为重要法律文件，《联合国宪章》第八章专门设定了区域体系的法律框架。这样区域体系就成为介于国际体系与民族国家之间的一种具有全球意义的次级国际体系。第二次世界大战以来，这种基于经济的、政治的、地理的、生态的乃至军事安全的诸种共同联系的区域性次级国际体系，如雨后春笋般地发展起来，深刻地改变着当代国际关系格局及其发展走向。①从民族国家的意义上讲，区域一词则表征着在一个主权国家的范围内以特定的行政管辖层级为基础的地区单元，或者是以一定的地缘关系为纽带而形成的若干个行政管辖层级所组成的地区单元的集合体。在传统中国，不

---

① 有的学者把国际体系中的地区一体化或区域一体化，看作是继民族国家之后的第二种人类一体化形态，进而与全球一体化这种遥远的未来人类一体化形态相观照，认为作为新的国际安排和政治、经济、安全概念的"地区"或"区域"，以新的国际行为体的身份登上国际舞台，是第二次世界大战结束以后世界政治发生的最具深远意义的重大变化。参见庞中英：《全球治理与世界秩序》，北京大学出版社2012年版，第93页。

同历史时期的区域形态，既有着相对稳定的构成机理，又有着各具特点的表达形式。比如，郡县制构成了古代中国行政区划的一条主轴。秦帝国以来的各个王朝的行政统辖区域，大体上都按照郡县制的架构，结合一些具体的社会历史的因素加以划分，进而形成一幅皇朝统治的疆域版图。而在不同的皇朝统治年代，郡县制的外在表现方式又呈现出丰富多样的历史特点，藉以裨于皇朝更加有效地辖驭四方、治理天下。在当代中国，区域与行政统辖层级往往交织在一起，因而区域概念有了更加丰富的内涵及其表现形式。诚然，郡县制这一传统中国行政辖区的基本主轴并未发生根本性的改变，尽管建国之初曾经一度实行行政大区制度，但是，"省"和"县"依然成为中央政府实施国家治理的基本行政依托。然而，时下中国的行政统辖层次繁复多样，在建国之初省级政府分出的行政公署的基础上，又出现了"大市"或"较大的市"这一介于"省"和"县"之间独立的行政管辖层级。加之，在我们这个统一的多民族的东方大国，基于国家统一、民族和谐和有效的边疆治理等多方面的考虑，确立和实行民族区域自治制度，而在实行民族区域自治的地方，区域以及行政管辖层次亦有着鲜明的特点。不仅如此，随着国家区域协调发展战略的逐步实施，区域与行政统辖层级彼此交错的非均衡格局开始形成，超越现行行政管辖层级的省份与省份之间、"大市"之间的区域性协调发展机制迅速成长起来。中央政府对不同区域的经济社会发展，设定各有侧重的发展目标，作出不同的政策安排，省级政府亦是如此。因之，当代中国的区域概念的内涵与形式确乎发生了历史性的变化。总的看来，省域以及以特定地缘关系为基础的若干省域的结合根据我国中央政府的区域发展总体战略，基本上把全国经济区域划分为东部沿海地区、东北地区、中部地区和西部地区等等。① 当然，这里还有一些更为细致的区分，诸如，长江三角洲地区，环渤海湾地区等

---

① 参见胡锦涛：《坚定不移沿着中国特色社会主义道路前进　为全面建成小康社会而奋斗——在中国共产党第十八次全国代表大会上的报告》，见《中国共产党第十八次全国代表大会文件汇编》，人民出版社 2012 年版，第 21 页。

等。市域（设区的市）以及同样一般以相邻的地缘为纽带的若干市域的结合，① 和县域这样的基本的地区单元，大体上构成了当下中国的多层面的区域概念。正是在这样的多层面的区域或地域概念的基础上，融入特定的经济的、社会的、政治的、法律的、历史的、文化的乃至地理环境等等诸多因素，便会相应地形成区域经济、区域社会、区域政治、区域法律、区域历史、区域文化和区域地理等等历史和现实的概念，从而给我们认识主权国家范围内（包括当下中国）的区域生活状况打开了一个广阔的思想天地。

区域法治发展是与国家法治发展密切相关的。关于法治发展，这个概念与法制现代化概念具有相通的意蕴。正如我们多年来不断论及的，法制现代化反映了从传统的人治型价值—规范体系向现代的法治型价值—规范体系的历史性转型与变革过程。时下正在历史性地展开的中国社会变革，实际上是要完成从传统社会向现代社会的历史转型。正是在这一转型与变革的过程中，当代中国法制呈现出创新乃至现代化的发展趋势。因之，当下中国的国家法治发展，就是要致力于从前现代社会法律系统向现代社会法律系统的转变，实现从传统法制向现代化法制的历史性跃进，而这个时代进程的基本目标，乃是坚持和实行依法治国，建设社会主义法治国家。从本质意义上讲，这一国家法治发展趋势和走向，意味着法律文明价值体系的巨大创新，反映了我们这个民族的从法律思想、法律制度到法律行为的各个领域变化的多方面进程，进而确立与全球法治发展进程相协调而又充满浓郁的民族意味的制度安排、价值观念及其生活准则系统。很显然，作为国家法治发展的有机构成要素的区域法治发展，乃是国家法治发展在主权国家的特定范围内的具体实现，它所展示的乃是从前现代社会向现代社会转变这一特定过程中法律文明及其价值基础在特定地域中展开的具体

---

① 比如，在江苏，有苏南地区、苏中地区、苏北地区之分；在广东，有珠江三角洲地区的独特区位，等等。

生动的法治场景。所以，区域法治发展与国家法治发展在基本性质、主体内容与总体目标诸方面，都是内在一致、并行不悖的，绝不存在一个脱离国家法治发展的历史进程的孤立的区域法治发展。这是问题的一个方面。另一方面，至于说区域法治发展这一概念的复杂性，主要是指区域法治发展的概念能否成立，这无疑是一个颇具挑战性的论题。在这方面，学界的认识见仁见智，莫衷一是，但大体上已经或正在形成共识，即：区域法治发展的概念不仅是可能的，也是必要的。本文的以下部分将要对这些问题从方法论的角度作进一步的论证与阐释。这里所要提出的原则性的看法是：尽管区域法治发展与国家法治发展具有内在的一致性，但是，在法治发展的起点、条件、过程、动力机制、实现方式等等诸多方面，区域法治发展与国家法治发展之间无疑存在着明显的差异性；正是这种差异性或个性特征，恰恰是需要我们认真地加以对待的。在这里我们可以清晰地发现区域法治发展对国家法治发展进程的深刻影响，以及国家法治发展与区域法治发展之间的必要的张力及其互动过程，从而确证区域法治发展的蓬勃生机和强大生命力。

从方法论角度研究国家层面的区域法治发展问题，这是一个重要的基础理论工作。而国家层面的区域法治发展研究的方法论，是一个多层次的有机系统。本文拟从法哲学方法论的意义上加以探讨，以期为下一步的研究工作提供有益的分析工具。

二、"多样性统一"的命题

在 1857—1858 年《经济学手稿》或《政治经济学批判大纲》导言中，马克思在阐述政治经济学的方法时，区分了两种不同的方法论原则。在他看来，第一种政治经济学的方法原则，反映在经济学产生时期所走过的历史道路之中。比如，"十七世纪的经济学家总是从生动的整体，从人口、民族、国家、若干国家等等开始；但是他们最后总是从分析中找出一些有决定意义的抽象的一般关系，如分工、货币、价值等等"。① 与此相反，第二种政治经济学的方法论原则则反映了这样的思维过程，即："这些个别要素一旦多少确定下来或抽象出来，从劳动、分工、需要、交换价值等等这些简单的东西上升到国家、国际交换和世界市场的各种经济学体系就开始出现了。"② 这就是说，通过思维的抽象力，抽取一类对象的共同点，把握客观对象的某个方面、某个片断的简单规定，构成思维或叙述的起点，进而从局部的、简单的规定，上升为全面的、综合的、深刻的概念系统或普遍的理论概念体系。很显然，这是两种迥然相异的方法论原则。按照马克思的看法，第一种方法以近代早期的重商主义学派和古典政治经济学的创始人配第等人为代表，③ 他们的论述通常"从实在和具体开始，从现实的前提开始，因而，例如在经济学上从作为全部社会生产行为的基础和主体的人口开始，似乎是正确的。但是，更仔细地考察起来，这是错误的。如果我们抛开构成人口的阶级，人口就是一个抽象。如果我们不知道这些阶级所依据的因素，如雇佣劳动、资本等等，阶级又是一句空话。而这些因素是以交换、分工、价格等等为前提的。比如资本，如果没有雇佣劳动、价值、货币、价格等等，它就什么也不是"。④ 因此，"在第一条道路上，完整的表象蒸发为抽象的规定"。⑤ 最初的认识对象，表现为无限丰富的现象，成为认识过程中的直观和表象，进而"蒸发"出一些抽象的一般关系。而第二种方法在政治经济学研究中的运用，则是从亚当·斯密、大卫·李嘉图等英国古典政治经济学思想家那里开始的。⑥"在第二

---

① 《马克思恩格斯全集》第 46 卷（上册），人民出版社 1979 年版，第 38 页。

② 同上。

③ 刘永佶：《马克思经济学手稿的方法论》，河南人民出版社 1990 年版，第 272 页。

④ 参见《马克思恩格斯全集》第 46 卷（上册），人民出版社 1979 年版，第 37 页。

⑤ 参见上书，第 38 页。

⑥ 参见张一兵：《回到马克思——经济学语境中的哲学话语》，江苏人民出版社 1999 年版，第 588 页。

条道路上，抽象的规定在思维行程中导致具体的再现。"① 依据这样的方法论原则，"如果我们从人口着手，那么，这就是一个浑沌的关于整体的表象，经过更切近的规定之后，我就会在分析中达到越来越简单的概念；从表象中的具体达到越来越稀薄的抽象，直到我达到一些最简单的规定。于是行程又得从那里回过头来，直到我最后又回到人口，但是这回人口已不是一个浑混的关于整体的表象，而是一个具有许多规定和关系的丰富的总体了"。② 这样，通过理论思维，把作为思维的起点的那些抽象简单的规定，再现被认识对象的内容，使之不再是一个关于整体的浑沌的表象和感性的直观，而是一具表现为必然的和综合起来的许多规定和关系的总合体，从而获得整体的具体规定。

由此，马克思强调，作为政治经济学研究过程乃至一切科学思维的两个阶段，研究方法和叙述方法或者从具体到抽象和从抽象上升到具体，这二者处于同一思维过程之中，二者彼此依存，相互联系，不可分割。③ 然而，对于形成和建立一个理论概念体系来说，"后一种方法显然是科学上正确的方法"，④ 并且是科学思维 "所专有的方式"。⑤ 在这里，马克思提出了科学研究的一个重要的方法论原则，即："具体之所以具体，因为它是许多规定的综合，因而是多样性的统一。因此它在思维中表现为综合的过程，表现为结果，而不是表现为起点，虽然它是实际的起点，因而也是

---

① 参见《马克思恩格斯全集》第 46 卷（上册），人民出版社 1979 年版，第 38 页。

② 参见上书，第 37—38 页。

③ 在《资本论》第一卷第二版跋中，马克思分析了叙述方法与研究方法的关系，指出："当然，在形式上，叙述方法必须与研究方法不同。研究必须充分地占有材料，分析它的各种发展形式，探寻这些形式的内在联系。只有这项工作完成以后，现实的运动才能适当地叙述出来。这点一旦做到，材料的生命一旦观念地反映出来，呈现在我们面前的就好像是一个先验的结构了。"马克思强调，他的这一思想是对黑格尔关于辩证法的一般运动形式的学说的批判性继承，并且说 "我要公开承认我是这个大思想家的学生"。参见《资本论》第一卷，人民出版社 1975 年版，第 23—24 页。

④ 参见《马克思恩格斯全集》第 46 卷（上册），人民出版社 1979 年版，第 38 页。

⑤ 参见上书，第 39 页。

直观和表象的起点。"① 从抽象上升到具体，这是科学理论思维所特有的、把直观和表象材料加工改制成概念的方法。也就是说，把在经验上得到的直观和表象材料，放在应有的逻辑联系之中，考察它们之间的客观必然的相互联系。经过这一过程，人们就可以在概念运动中反映、再现、复制所考察客体的自我发展的客观过程，使"整体的表象"成为"多样性统一"的具体的整体。

马克思关于"多样性统一"的整体的具体规定的方法论原则，为我们研究区域法治发展问题提供了有益的启示。第一，要使国家法治发展这一概念成为"整体的具体规定"，就必须着力探讨构成国家法治发展这个既定的、具体的、生动的整体的若干单方面的、比较简单的基本单元或要素，即以特定空间形态［省域、市域（设区的市）、县域及其有机联结的相关地域］表现出来的法治发展状况为基础或出发点，考察这些基本单元的区域法治的一切历史的与现实的差异性。离开了对特定区域法治发展状况的深刻把握，国家法治发展的概念就可能流于"整体的表象"。第二，如果说国家法治发展的概念是一个"具体的总体"，亦即许多规定和关系的总合体，那么区域法治发展的概念则是对于这个"具体的总体"的单一性、直接性和形式的普遍性的抽象。也就是说，区域法治发展构成了国家法治发展这个"具体总体"的若干单一的规定性，它不断地从自身中进一步规定自己，从而愈加丰富起来，最后重新返回到国家法治发展这一普遍性的"具体总体"之中。第三，国家法治发展不应当是若干个区域法治发展的简单罗列，而是各个区域法治发展之间的必然的有机联系的严密结构。每一个别的区域法治发展，都是国家法治发展这个体系之网上的纽结，因而不是杂乱无章的，而是井然有序的。因此，就必须把每一个别的区域法治发展作为一个有机的系统来看待，揭示各个个别的区域法治发展之间的相互联系和相互影响，进而把握由若干个"局部的规定性"所表达

---

① 参见《马克思恩格斯全集》第 46 卷（上册），人民出版社 1979 年版，第 38 页。

出来的"整体的具体"或"具体总体"。因此，马克思关于"多样性统一"的辩证逻辑命题，构成了我们认识和思考区域法治发展现象的法哲学方法论的基础。

马克思指出："我的观点是：社会经济形态的发展是一种自然历史过程。不管个人在主观上怎样超脱各种关系，他在社会意义上总是这些关系的产物。"① 因此，如同整个法的现象以及国家法治的运动发展一样，区域法治发展是一个"自然历史过程"，它总要受到一定规律的支配，不是区域法治发展决定这些规律，而是这些规律决定区域法治发展。在区域法治的运动发展过程中，存在着社会主体的能动意志和一定社会经济必然性之间的矛盾。推进区域法治发展的社会主体的能动意志，归根结底总是受到一定社会经济条件的制约和统摄。所以，主权国家范围内的区域法治发展之所以是一个社会的自然历史过程，就是要从区域法治发展的现象系统中划分出支配区域法治发展的社会经济关系系统，并且把它们当作决定区域法治的运动发展全貌的基本关系，进而把区域法治发展看作是一个受到一定规律支配的活的有机体。从这个意义上，我们可以说区域法治发展具有不可抹煞的客观性质。但是，同其他社会现象的运动发展一样，区域法治发展的内在规律性是通过社会主体的能动的自觉活动表现出来的。这是因为，区域法治的运动发展规律在很大程度上是社会主体从事区域法制实践的规律，是区域法治发展的进程中社会主体活动的产物和条件。因而，区域法治发展运动规律和社会主体的有意志有目的的活动总是处于内在的相互联系之中。因此，在区域法治发展的过程中，我们常常可以看到，有的社会主体对本区域赖以生存和发展的社会物质生活条件及其规律性的认识深刻而准确，从而有意识地把本区域社会经济关系法权要求转化为生动的区域法制实践；反之，有的社会主体对本区域社会经济生活条件的法权要求无法自觉地加以把握和转化，从而妨碍或延缓了本区域法治的

① 马克思：《资本论》第一卷，人民出版社 1975 年版，第 12 页。

进步与发展，这充分体现了区域法治发展的历史进程中社会主体的主观能动性的差异性。因之，在这个意义上，我们能够看出区域法治的运动发展亦具有不容忽视的主观性。

更进一步地来看，区域法治发展中的客观性与主观性的对立统一关系，实际上反映和影响着区域法治发展的多样性统一的运动样式。如前所述，由于区域法治的运动发展有着内在的客观规律，所以区域法治的运动发展呈现出合乎规律的"自然历史过程"。因之，所谓区域法治发展的多样性统一，就是指区域法治的运动发展是"一个具有许多规定和关系的丰富的总体"。① 在这里，区域法治发展的统一性，意味着在一个主权国家范围内，不同区域法治的运动发展不可能是处于互不相关、绝对排斥的状态，因而必定会构成国家法治发展这个"总体"；意味着区域法治发展与国家法治发展乃是一个法治的发展与命运的共同体，国家法治发展这个"具体总体"统摄着区域法治发展这个具有丰富关系的"许多规定"，区域法治发展必须以维护国家法治的统一和权威为基本前提；也意味着在不同的区域法治发展进程中确乎存在着内在的统一性，存在着共同的必然的区域法治发展的运动规律，这就要求我们从不同区域法治的运动发展中，努力探寻区域法治发展的共同的普遍的规律。

不仅如此，区域法治发展亦具有鲜明的多样性的品格。从广泛的法律文化意义上讲，人类社会的法律文化是多姿多彩的。不同民族或国度的法律文化，在不同条件的作用下，总是循着特定的路径发展演化。在同一个社会形态之内，不同国家的经济、文化和思想发展水平是不一致的，它们的国家形态和政治体制方面也有差异，每个国家又有其特定的历史发展、习惯和民族传统特点，况且这些国家所处的地理位置、自然条件、人口状况等也不尽相同，等等。这些复杂的因素，势必会使法律文化的运动呈现出五彩缤纷、丰富多彩的历史特点。对于主权国家范围内的区域法治发展

---

① 《马克思恩格斯全集》第 46 卷（上册），人民出版社 1979 年版，第 38 页。

来说，它的一个鲜明特性就是具体性。国家法治发展是由一定的国家法律制度、法律体系及其法律实践、法律思想、法律心理所联结而成的运动之网。作为这面运动之网上的每一个区域法治的运动发展，都独具个性，并且这种个性不是仅仅具有相对意义的特殊性，而是一种不可绝对重复的个体。尽管在区域法治的发展进程中，不同区域法治发展之间常常会有"惊人的相似之处"，但也只能是"相似"而已。正因为不同的区域法治的运动发展富有如此鲜明的个性色彩，所以当下中国的区域法治发展才呈现出这般的丰富多姿。诚然，随着社会经济文化的发展，特别是国家法治发展的加快推进，区域法治发展的历史个性有可能逐渐减弱，但是，国家法治或法制现代化的历史进程表明，区域法治的运动发展并没有因此而变成呆板划一的群体的堆积。伴随着国家法治发展的时代进程，区域法治发展的内容与方式只会愈来愈绚丽多姿。这是毋庸置疑的客观趋势。因此，我们应当深入研究各种不同的区域法治的特殊的发展进程，进而深刻揭示多样性的区域法治发展的特殊的本质性特点。

很显然，主权国家范围内的区域法治发展是一个多样性与统一性有机结合的过程。一方面，区域法治发展的多样性是统一性的基础。离开了区域法治发展的多样性，就无法科学地解释历史上存在的和现实中依然表现出来的千差万别的区域法治现象，也就无法科学认识区域法治发展的统一性，其结果只能使国家法治与区域法治发展的一般规律成为超越时空的神秘的力量，从而成为捉摸不定的虚幻之物；另一方面，区域法治发展的统一性又是多样性的必然表现形式。认识和考察区域法治的运动发展，不能简单地停留在区域法治发展的多样性层面之上，而应当深入下去，从复杂多样的区域法治的运动发展的多样性的表象背后，揭示出制约区域法治发展的一般性规律。否则，我们就只会把区域法治发展的空间展开，看作是一个充满了一大堆偶然现象的杂乱无章的法治序列。

区域法治的运动发展之所以会呈现出多样性统一的特征，在很大程度上是因为区域法治发展所赖以存在的一定社会生活条件的历史差异性。

这里重要的是，在不同区域的经济发展水平、社会结构、历史进程、文化传统和地理环境条件等关键性因素的程度不同的影响和作用下，区域社会及其区域法治形成了经久相沿的空间差别。正因为如此，在不同的历史发展阶段中，区域法治的运动发展呈现出千姿百态、迥然相异的面貌。这也从一个侧面映现了经济社会发展的不平衡规律（尤其在中国这样的东方大国），从而展示区域法治发展的多样性的特质。但是，这种多样性与统一性并不是决然分立、互不相容的，它们之间乃是"同一个东西的两极"的关系。① 一定的区域社会生活条件的诸因素与区域法治现象的运动发展之间的相互作用，"是在归根到底不断为自己开辟道路的经济必然性的基础上的相互作用"，经济条件归根结底还是"唯一能使我们理解这个发展进程的红线"。② 这是区域法治发展运动的多样性统一的最深刻的根据所在。只有在这样的基础上，我们才能理解区域法治的运动发展何以会产生那些不同点和相似点，也才能揭示各种特殊的区域法治现象的运动发展的特殊规律，并且从中加深对支配区域法治发展的一般规律的透彻把握。

三、个别化方法的分析原则（上）

为了进一步揭示区域法治发展多样性统一这个命题的价值意义，有必要深入考察构成国家法治发展这个丰富的"具体总体"的基本地域单元的区域法治现象这个生动的"许多规定和关系"。从法哲学意义上讲，区域法治发展的多样性之所以构成统一性基础，是因为一般只寓于个别之中，并且通过个别来实现。这里的作为"一般"之载体与实现途径的"个别"，显然具有特殊重要地位。运用个别化的分析方法研究区域法治发展现象，

---

① 参见《马克思恩格斯全集》第 20 卷，人民出版社 1971 年版，第 558 页。
② 参见上书，第 199 页。

有助于我们透视区域法治发展运动多样性的内在奥秘。

辩证法大师黑格尔曾经对一般、特殊与个别的关系作过精辟的论述。按照他的看法，在人们的心目中，似乎概念只是单纯的抽象的普遍性，不是关注概念形成的特殊部分，而是坚持其共同之点，其结果导致人们在情感上觉得这种概念是空疏的，只认为概念是抽象的格式和阴影。其实，概念是丰富的、生动的、具体的东西，它包含普遍性、特殊性、个体性或个别性三个环节，普遍性"是指它在它的规定性里和它自身有自由的等同性"，特殊性亦即规定性，在这里，"普遍性纯粹不变地继续和它自身相等同"，而个体性或个别性则"是指普遍与特殊两种规定性返回到自身内。这种自身否定的统一性是自在自为的特定的东西，并且同时是自身同一体或普遍的东西"。① 因此，概念的普遍性并不是一个单纯的与独立自在的特殊事物相对立的共同的东西，而是不断地自己在特殊化自己，必须把真正的普遍性与单纯的共同之点加以区别，而不能混为一谈，这一点极其重要。在黑格尔看来，概念的普遍性、特殊性、个体性这三个环节是不可分离的，而在这三个环节中，概念的个体性或个别性具有十分重要的地位。"个别就是从区别出发而在绝对否定性中自身反思的概念。"② 概念之所以是完全具体的东西，就在于概念同它自身的否定的统一，作为自在自为的特殊存在，这就是个体性或个别性。而个体性或个别性作为普遍性与特殊性的统一，构成了概念的自身联系和普遍性。"当概念的统一把具体物提高到普遍性，而又把普遍的东西仅仅了解为被规定的普遍性时，这就正是个别性，它是作为自身相关的规定性而发生的。因此，抽象是具体物的分离及其规定性的个别化。"概念作为具体的东西，乃是个别内容与抽

---

① 参见［德］黑格尔：《小逻辑》，贺麟译，商务印书馆1980年版，第331页。这里要注意的是，在黑格尔《大逻辑》的中文译本中，概念的三个环节被译为普遍、特殊和个别。显然，这里的"个别"与《小逻辑》中的概念"个体性"的含义是相通的。参见［德］黑格尔：《大逻辑》下卷，杨一之译，商务印书馆1981年版，第266—267页。

② 参见［德］黑格尔：《大逻辑》下卷，杨一之译，商务印书馆1981年版，第267页。

象普遍性的统一。不仅如此，"出于同一的理由，特殊的东西也是个别的东西，因为它是被规定的普遍的东西，反过来说，个别的东西也同样是特殊的东西，因为它是被规定的普遍的东西"。① 所以，普遍和特殊一方面显现为个别之变的环节；另一方面它的本身又是总体的概念，而"只是在个别中被建立为它们自在自为地所是的东西"。② 由此，黑格尔提出了如下的重要论断："个体的即是普遍的"。"一切事物都是个体的，而个体事物又是具有普遍性或内在本性于其自身的；或者说是，个体化的普遍性。在这种个体化的普遍性中，普遍性与个体性是区别开了的，但同时又是同一的。"③

很显然，黑格尔关于概念的普遍性、特殊性和个体性（个别性）的辩证关系的论述，无疑被包裹在客观唯心主义的神秘的外壳之中，在他那里，现实事物不过是概念的普遍、特殊、个体（个别）三个环节思维过程的外部表现而已。因此，"辩证法在黑格尔手中神秘化了，但这决不妨碍他第一个全面地有意识地叙述了辩证法的一般运动形式"。④ 在后来的德国思想演进过程中，黑格尔关于"个体化的普遍性"的学说得到了进一步的发展，这在 19 世纪后半叶德国的所谓"世俗历史主义"中又有了新的意义表达。按照有的学者的看法，历史主义的本质在于它用个体主义的观察视角取代关于人类历史发展的普遍主义的观念，取代了任何试图寻找人类生活的一般法则和一般类型的企图。这种试图把普遍性与特殊性截然分开的方法论原则也受到了批评，以至于有的学者提出"具体的普遍性"的

---

① 参见［德］黑格尔：《大逻辑》下卷，杨一之译，商务印书馆 1981 年版，第 289 页。

② 参见上书，第 288 页。

③ 参见［德］黑格尔：《小逻辑》，贺麟译，商务印书馆 1980 年版，第 337、340 页。黑格尔还区别了概念的个体性与直接的个体性，指出个体事物与现实事物是一样的，只不过前者是从概念中产生出来的，因而是被设定为普遍的东西，而现实的事物只是存在和本质的潜在的或直接的统一。因之，概念的个体性不可以了解为只是直接的个体性。参见［德］黑格尔：《小逻辑》，贺麟译，商务印书馆 1980 年版，第 332 页。

④ ［德］马克思：《资本论》第一卷，人民出版社 1975 年版，第 24 页。

分析原则。① 实际上，这种"世俗历史主义"的思潮旨在于同以孔德为代表的社会实证主义历史观相抗衡，以便为德国的历史主义正名。这一思潮在社会学领域，通常被认为是理解社会学的发源地。它由威廉·狄尔泰所开启，经由威廉·文德尔班和海因里希·李凯尔特到马克斯·韦伯而集大成。作为"解释学之父"，狄尔泰把理解的方法视为精神科学或人文科学的一种特殊的方法，认为"一门科学，只有它的对象通过建立其在生活、表达和理解三者关系之间的态度而与我们发生联系的时候，才属于人文科学"。② 狄尔泰极力强调个体或个别对总体或整体的价值意义，指出："理解总是以个别物为其对象"，"但我们理解个体是借助它们彼此之相似性，它们内部的共同性。这一过程假定了普遍人性与个体化之关联，个体化在普遍人性基础上延展于精神生存之多样性之中，而在这一关联中我们不断地在实践上解决内心仿佛经历朝向个体化之提升的任务。"③ 正是通过理解，单一的个体性与总体性或普遍法则之间建立了联系。生命的总体只有在种类的意义被理解之后，才能被把握。"在这里，对个体的理解有助于对总体的理解。所有其他类型都是如此。意义在于对类型的理解，只有通过它，生活本身才能被理解。"④ 由此，狄尔泰对理解过程中的主体与客体之间的关系加以说明，认为客体化仅仅对个体化说来乃是异己的需要加以解释的他人精神世界的符号和密码，在理解的主体与对个体的理解之间应当存在某种介质或媒介物，这就是客观精神。理解的主体正是通过客观精神来把握个别的客体化，因为在客观精神中，客观化已经表现为属于共同的东西，即属于某种类型的客体化。通过客观精神，我们理解了"不同个

---

① 参见 [英] 罗伯特·伯恩斯、休·雷蒙-皮卡德：《历史哲学：从启蒙到后现代性》，张羽佳译，北京师范大学出版社 2008 年版，第 85—86 页。

② 参见上书，第 243 页。

③ 参见上书，第 245 页。

④ 参见 [德] 威廉·狄尔泰：《历史理性批判手稿》，陈锋译，上海译文出版社 2012 年版，第 26 页。

体在由可感世界的客观化而构成的共同背景中所形成的各种形式"，"它的范围从生活方式到经济形式直至这个社会所形成的最终的整个系统，包括道德、法律、国家、宗教、艺术、科学和哲学"。①

德国新康德主义哲学的弗莱堡学派代表人物威廉·文德尔班和海因里希·李凯尔特在狄尔泰的论述的基础上，进一步论证了个别化的方法论原则。文德尔班从方法论上区别了自然科学与历史学，把这种区别看作是法则科学与个体科学，重复性、常规性与个体性、独特性之间的区别，进而强调自然科学与历史学的分类，是一种纯粹方法论上的分类。"自然科学追求的是规律，历史研究追求的是形态。在自然科学中，思维总是从确认特殊关系进而掌握一般关系；在历史研究中，思维则始终是对特殊事物进行亲切的摹写。"② 在这里，文德尔班反对实证主义的历史哲学的主张，不赞同所谓的"从历史中建立一门自然科学"的口号，指出："与这种观点相反，我们必须坚持：人类的一切兴趣和判断，所有与价值有关的评价，全部是建立在个别的、一次性的东西之上。"③ 这是作为一门严格科学的历史学的内在价值之所在。作为文德尔班的学生，海因里希·李凯尔特进一步系统地阐述了文化科学与自然科学之间的原则区别。他提出所谓"形式的分类原则"，认为这种分类原则是从科学方法的角度对科学加以分类，据此可以把文化科学概念与自然科学概念截然划分开来，而二者的区别体现了历史方法与自然科学方法的形式对立。在这里，李凯尔特阐述了一个他认为对于方法论具有决定性意义的观点，即："科学需要一个选择原则，根据这个原则，科学就能像人们所说的那样把所有材料中的本质成分和非本质成分区别开来。相对于现实的内容来说，这个原则具有形式的性质；这样一来，科学的'形式'这

---

① 参见［英］罗伯特·伯恩斯、休·雷蒙-皮卡德：《历史哲学：从启蒙到后现代性》，张羽佳译，北京师范大学出版社 2008 年版，第 243 页。

② 参见上书，第 249 页。

③ 参见上书，第 251 页。

个概念便清楚明白了。"因之，"科学方法的特点显然取决如何分开现实之流以及如何把本质成分挑选出来的那种方式"，进而把现实的直观内容纳入概念的形式之中。① 在这里，重要的是要把握概念形成的原则和方式。李凯尔特强调，普遍化方式是自然科学方法的本质性特征，认识自然就意味着从普遍因素中形成普遍概念，发现自然规律的概念就意味着形成关于现实的绝对普遍的判断。"如果没有通过普遍化的方法对世界进行简化，那就不能对世界进行计算和支配。在个别和特殊之物的无限多样性没有通过普遍概念得到克服以前，这种多样性是使我们感到头晕目眩的。"② 而对于文化科学问题来说，则是不能用普遍化方法加以详尽研究的。文化科学总是力图从现实的个别性方面说明现实，这种现实绝不是普遍的，而始终是个别的。与自然科学的普遍化方法不同，文化科学的个别化方法旨在于从个别性和特殊性的观点来观察现实。比如，历史总是"力求使它的叙述仅仅符合于它所研究的某个与所有其他对象不同的对象。这个对象可能是一个人物，一个世纪、一个社会运动或一个宗教运动，一个民族或其他等等，历史学借助于这种方法使听众或读者尽可能接近于它所指的个别事件"。③ 当然，文化科学并不排斥普遍概念，但是对于科学的逻辑学的区分来说，文化科学使用的普遍概念，仅仅涉及它用以构成其个别化叙述的那些因素的或大或小的"精确性"。不论文化科学在多大程度上利用了普遍概念，都不可能对文化科学构成奠基性的意义。因此，自然科学的普遍化方法与文化科学的个别化方法这两种方法所固有的思维目的、思维形式恰恰是相互排斥的，这两种方法之间的原则性的逻辑区别是不容置疑的。由此，李凯尔特通过对"解释"与"理解"的含义的辨析，力图对自然科学与文化科学的区别作进

---

① 参见 [德] H. 李凯尔特：《文化科学和自然科学》，涂纪亮译，杜任之校，商务印书馆 1991 年版，第 34—35 页。

② 参见上书，第 41 页。

③ 参见上书，第 56 页。

一步的界定。他指出："在解释中，是将不同的部分整合为一个整体，而在理解中，则是沿着相反的方向将整体分解为部分。"对于作为文化科学的历史学来说，历史理解通常意味着"既是对真实存在的个体性的'再创造'，又是对那些存在于个体性之中的非真实意义的'理解'"。① 这里所说的"非真实的意义"，乃是所有文化都共同遵循的某些共同的价值基础。李凯尔特进一步分析说，作为体现个别化方法的文化科学的历史学，它的历史概念的形成是受一定的原则指导的，这就是文化价值。文化现象以及那些被我们当作文化萌芽阶段或类似之物而与文化现象相联系的现象，与价值有着十分密切的联系，必须从与文化价值相联系的观点去观察现实。这一文化价值立场的认识论或方法论的意义就在于，"只要把对象看作整体，那么对象的文化意义就不是依据于它与其他现实的相同之处，而是依据于它与其他现实的相异之处"。② 这就是说，基于文化价值的认识论或方法论，对特殊的个别之物及其一次性过程感兴趣，要求应用历史的、个别化的方法去认识特殊和个别之物，认识现实与现实之间的相异之处，进而把去观察的现实看作是特别的和个别的。因此，文化与历史之间的价值联系，表明文化概念能够使历史成为一门科学，也就是说借助于文化概念来形成"个别化的概念形成的方法"。认识到这一点，是至为关键的。这种"个别化概念形成方法"的功能意义就在于，在价值联系原则的指导下，它能够从那些纯粹的不能加以科学表述的异质性中把可表述的个别性提取出来。"文化概念给历史概念的形成提供了一条选择本质成分的原则"，"通过文化所固有的价值以及通过与价值的联系，可叙述的、历史的个别性概念才得以形成"。③ 因此，

---

① 参见［德］H. 李凯尔特：《自然科学的概念形成的局限》，引自［英］罗伯特·伯恩斯、休·雷蒙-皮卡德：《历史哲学：从启蒙到后现代性》，第 267—268 页。

② 参见［德］H. 李凯尔特：《文化科学和自然科学》，涂纪亮译，杜任之校，商务印书馆 1991 年版，第 72 页。

③ 参见上书，第 73—74 页。

李凯尔特关于选择性原则的先验判断带有鲜明的唯心主义先验论的色彩。但是，他坚持把文化科学看作是以个别化方法为认识论与方法论特征的客观而严格的科学，突出文化价值对于个别化的概念形成方法的指导性原则地位，并试图调和普遍性与个别性的关系，强调个体的统一性基础来自独特性，证明个性统一性或独特个性的不可分割性（而这仅仅是和某种价值相关的个体的统一性）。这一思想对马克斯·韦伯的社会科学方法论产生了很大的影响。①

有的学者把马克斯·韦伯的社会科学方法论准则称之为"个体性因果分析"方法，这是有道理的。② 面对着 19 世纪末 20 世纪初德国思想界关于自然科学与人文科学或文化科学的相互关系及其方法论问题的激烈争论，韦伯坚定地承继着自狄尔泰以来的理解社会学的学术传统，捍卫着文化科学的个别化或个体性的方法论准则。但是，韦伯的方法无疑有其独到之处，因而具有深邃的原创意义，散发着炽烈的理性之光。与以往的思想家把理解与解释加以彼此对立的看法不同，韦伯强调理解与解释之间的相互关联与彼此补充的互动关系，认为理解与"意义"有着密切的联系，而"意义"有两种含义：一是指在给定的特殊行动者的具体情形中实际存在的意义；二是指理论上被设想出来的主观意义的纯粹类型，这种主观意义被归之于给定的行动类型中假设的活动者。当然，在任何情况下，这种主观意义都不是指某种客观上的"正确"意义或者某种形而上学层面上的"真实"意义。而对这种主观意义的行动即主观上可理解的行动的解释，就成

---

① 马克斯·韦伯的妻子玛丽安妮·韦伯在韦伯传记中这样写道，1920 年春，为纪念海德堡大学复校 100 周年，应该校哲学系的同事之约，马克斯·韦伯为纪念文集撰写了题为《罗舍尔与克里斯及国民经济学的基础》的论文，这是韦伯第一篇有关社会科学方法论问题的论文。虽然这篇论文最后没有全部完成，只是发表了第一部分，但韦伯在写这篇论文时，李凯尔特的认识论为他提供了所需的思想工具。参见［德］玛丽安妮·韦伯：《马克斯·韦伯传》，阎克利、王利平、姚中秋译，商务印书馆 2010 年版，第 394 页。

② 参见［美］弗里茨·林格：《韦伯学术思想评传》，马乐乐译，北京大学出版社 2011 年版，第 91—102 页。

为社会学和历史学这样的关于行动的经验科学的基本使命。① 因之，在韦伯看来，关于"理解"的概念，它有两个方面的意义：首先，它是对诸如此类的给定活动包括言词的表达的主观意义所作的直接观察理解。其次，它是指解释性的理解。对于关注行动的主观意义的经验科学来说，说明需要被这样解释的可理解的有意义的行动的现实途径。"在所有这些情况下，理解都牵涉到出现在下列情况之一中的意义的解释性把握：（a）历史研究中的情形，即对具体的个体行动的实际预期的定义；或（b）社会学的大众现象，即现实的预期意义的平均值或相似性；或（c）适合于科学阐述的纯粹类型（理想类型）的普通现象的意义。"② 社会科学是一门致力于解释性地理解社会行动并进而对原因和结果作出因果说明的科学，而这里所说的"行动"是在行动着的个体把主观意义附着在他的行为之上的意义上加以界定的。因此，探讨行动着的个体的行为动机及其后果，进行因果性的解释，就成为属于文化科学范畴的社会学的重要任务。"对具体行动途径做正确的因果解释，只有在这种明显的行动和这些动机被正确地理解，且同时它们的关系成为有意义的和可理解的情况下，才能达到。"③ 对于此项工作，自然科学是无法胜任的，因为它只局限于阐述自然过程中的整体与部分的功能关系以及诸客体和事件中的因果统一性；而个体的可理解的主观意义是社会文化科学或社会学的主题，对作为社会的集体状态组成部分的个体行动作出主观的理解，则是社会文化科学或社会学知识的特有性质与任务，这是在自然科学中绝不可能获得的东西。在这里的因果解释问题上，韦伯对唯物主义的历史观进行了片面的曲解，认为唯物主义历史观作为一种对历史实在作出因果解释的公式，"只有经济的原因被说明（或者显现出）在什么地方或者以什么方式发挥作用时，他们对一个历史文件

---

① 参见 ［德］ 马克斯·韦伯：《社会学基本术语》，引自马克斯·韦伯：《社会科学方法论》，杨富斌译，华夏出版社 1999 年版，第 36 页。

② 参见上书，第 40—41 页。

③ 参见上书，第 35、44—45 页。

作出因果解释的要求才会得到满足","相信经济'因素'是'真实的'因素,唯一'真实的'因素,是一种'最终无所不在的决定性的'因素"。①当然,韦伯在评析德国法学家鲁道夫·施塔姆勒对历史唯物主义法律观的歪曲时,注意到历史唯物主义概念的首要目的,是要区分"物质"的东西与"意识形态"的东西,并且指出无论对哪个"个别现象"进行因果回溯,都会发现对经济现象的说明,会牵涉到政治、宗教、伦理、地理及其他条件;同样地,对政治现象的说明,也会牵涉到经济条件和其他各种条件。② 这表明在韦伯那里,经济因素乃是对行动着的个体行为及其后果的因果解释链条中的一个方面,而不是归根结底的唯一的决定因素。不仅如此,韦伯对马克思关于一切特殊规律和发展结构的"理想类型"思想,也给予一定程度的肯定,认为"凡是使用过马克思的概念和假设的人都知道这些理想类型对评价现实的巨大的、独特的启发意义"。③

总的看来,韦伯把旨在于把握个体的可理解的主观意义的解释性的理解,看作是个体性因果解释的一种基本形式,进而区分了致力于抽象规则的自然科学或法则性科学与追求特定具体知识的社会文化科学或现实实在的科学,强调我们感兴趣的那种社会科学,是一门关于具体现实的经验科学,"我们的目的就是理解我们在其中生活着的现实的独特性质"④。正是从上述立场出发,韦伯对作为价值概念的文化给予高度关注,指出只有当我们把经验现实与价值观念联系起来才成为"文化",进而在赋予现实以意义的价值指导下,对现实的关注以及根据现象的文化意义对受价值影响的现象进行选择和分类。由此,韦伯建立了一个对作为经验科学的社会文

---

① 参见 [德] 马克斯·韦伯:《社会科学方法论》,朱红文等译,谢建葵校,中国人民大学出版社 1992 年版,第 65 页。

② 参见 [德] 马克斯·韦伯:《批判施塔姆勒》,李荣山译,李康校,上海人民出版社 2011 年版,第 79、75 页。

③ 参见 [德] 马克斯·韦伯:《社会科学方法论》,朱红文等译,谢建葵校,中国人民大学出版社 1992 年版,第 97 页。

④ 参见上书,第 72—75 页。

化科学具有根本性意义的理想类型的概念分析工具系统，并且把关于历史事件和形式的文化意义的认识看作是这个"概念结构"的独一无二的终极目的。①

四、个别化方法的分析原则（下）

通过扼要地回顾个别化的方法论原则的演进过程，我们可以看出，对于包括法学在内的社会科学研究来说，个别化的分析原则之重要意义就在于：探讨包括法的现象在内的社会生活现象，固然要注重揭示该现象的变化运动的基本规律，藉以探求社会生活的固有法则，更重要的是要致力于研究社会现实生活中历史地形成的具体的、个别的关系或结构。关于区域法治发展问题的研究，亦应如此。实际上，当下的一些人文社会科学学科的研究日益显现出这种个别化的方法论取向。比如，在历史学领域，在重视民族国家总体历史研究的同时，区域研究日益兴盛，对区域社会史的关注蔚成大观。② 这些年来，在研究近代中国社会转型进程时，一些学者把区域分析方法应用到以区域、省份或者地方为中心的较小的单位，力图反映处于转型过程之中的近代中国社会的区域性与地方性的变异内容和幅度。这一方法论被视为"中国中心取向"的主要理论特征之一。③ 又如，在中国法律史的学术领地，探讨特定地区的历史上的法律问题，已经成为区域法律史研究的新的兴奋点，诸如关于近代上海租界法制及其历史影响

---

① 参见 [德] 马克斯·韦伯：《社会科学方法论》，朱红文等译，谢建葵校，中国人民大学出版社 1992 年版，第 72—75、84—105 页。

② 参见赵世瑜：《叙说：作为方法论的区域社会史研究——兼及 12 世纪以来的华北社会史研究》，见赵世瑜：《小历史与大历史：区域社会史的理念、方法与实践》，三联书店 2006 年版，第 1—11 页。

③ 参见 [美] 柯文：《在中国发现历史——中国中心观在美国的兴起》，林同奇译，中华书局 2002 年版，第 178—185 页。

的考察①，关于中国古代和近代地方司法档案的系统整理与研究②，等等。再如，在法理学研究中，有的学者把地方法制或行业法治作为特定的研究对象，这方面的探讨还在不断深化。③ 如此等等，不一而足。当然，也许个别化的方法论原则与史学领域的区域研究方法并不属于同一个方法论层面，但是区域社会史、法律史、经济史等等的研究，确乎体现了重视历史的具体经验现实的独特性分析这一"个别化的方法"的本质性要求。那么，运用个别化的方法论准则分析区域法治发展问题，需注意哪些基本的方面呢？

第一，按照个别化的方法论原则，应当妥当地处理好整体性与个体性的关系。黑格尔关于"个体性的普遍性"以及马克思关于"许多规定的总体"的论断，确证了整体性依存于个体性，个体性体现普遍性且为普遍性之基础的辩证关系，思想深刻，意味深长。毫无疑问，在区域法治的运动发展过程中，一方面必须贯彻整体性的原则精神。反映国家法治发展的基本走向和根本要求，这是国家法制的统一和权威在各个区域法治发展进程中的必然表现。国家法治发展的准则是体现在区域法治发展中的一般的、相对稳定的、不断重复的东西，因而是区域法治发展的最强大的基础和动力，制约和影响着区域法治发展的方向与效果；另一方面，也必须贯彻个体性的原则要求。实际上，国家法治发展通过区域法治发展的具体途径，以不同的方式和不同的强度表现出来，不能把国家法治发展作为大写的符号同区域法治发展截然对立起来。因此，一个必然的结论也就会自然得出：不仅要重视国家法治发展，也要看到国家法治发展在实现过程中的区域差异

---

① 参见王立民、练育强主编：《上海租界法制研究》，法律出版社 2011 年版。

② 参见［美］黄宗智、尤陈俊主编：《从诉讼档案出发：中国的法律、社会与文化》，法律出版社 2009 年版。

③ 参见李林、田禾主编：《中国法治发展报告·地方法治》(2013)，社会科学文献出版社 2013 年版；葛洪义主编：《中国地方法制发展报告》(2012)，法律出版社 2013 年版；孙笑侠主编：《转型期法治报告（2013 年卷）：行业领域的法治》，法律出版社 2013 年版，等等。

性，进而重视和推进区域法治发展。

第二，按照个别化的方法论原则，应当注意揭示和概括个体性行动的本质性的关系和属性。在区域法治的运动发展中，同样存在着本质性的与非本质性的关系的区分问题。从哲学意义上讲，"本质是映现在自身中的存在"①，是客观事物内部存在着的规律性的东西。认识区域法治发展的现象，必须运用反思的观点，认识区域法治发展的本质性意义。在这里，一是要从逻辑上把握区域法治在区域社会发展中的地位，充分认识到"社会不是以法律为基础的，那是法学们的幻想。相反地，法律应该以社会为基础。"② 因之，区域法治发展在很大程度上受到区域社会发展的制约；二是要深入分析区域法治发展与区域社会发展之间的互动关系，充分肯定区域法治发展对于区域社会发展的能动作用。在这里，不仅要考察区域法治发展影响区域社会发展的可能性和必然性，而且要指出区域法治发展作用于区域社会发展过程的复杂情形；三是要深刻把握一定条件下区域法治发展与区域社会发展之间的不平衡规律，认识到区域法治发展并不是同区域社会的一般发展成比例的，它有时会先于或落后于区域社会发展并与其发展要求相矛盾。这是一种值得关注和研究的区域法治发展现象。只有这样，我们才能真正揭示出蕴藏在区域法治发展的现象内部或背后的本质性关系，进而赋予区域法治发展问题以更加丰富的内涵，使之不至于成为一个简单的抽象的法学命题。

第三，按照个别化的方法论原则，应努力探寻个体性行动的因果性联系。在一定社会条件的作用下，区域法治发展是一个复杂的矛盾运动过程。在这里深入追溯社会主体在推进区域法治发展的过程中，出于什么样的动机的考虑，在什么样的条件下，在什么程度上，受到哪些因素的影响而导致特定结果的实际过程，这是个别化的方法论原则所提出的个体性因

---

① ［德］黑格尔：《小逻辑》，贺麟译，商务印书馆 1980 年版，第 241 页。
② 《马克思恩格斯全集》第 6 卷，人民出版社 1961 年版，第 291—292 页。

果分析的基本要求。马克思的如下论述会给我们以深刻的启示。在《资本论》第三卷中，马克思认为，一定社会独特的政治结构和法的现象，都是建立在相应的经济形式上的。在任何时候，都要从一定的经济形式中，为整个社会结构、国家形式以及法权现象，找出最深的秘密和隐蔽的基础。"不过，这并不妨碍相同的经济基础——按主要条件来说相同——可以由无数不同的经验的事实，自然条件，种族关系，各种从外部发生作用的历史影响等等，而在现象上显示出无穷无尽的变异和程度差别，这些变异和程度差别只有通过对这些经验所提供的事实进行分析才可以理解。"① 因此，对于法哲学来说，要对区域法治发展现象进行因果性分析，就必须清醒地意识到影响社会主体推进区域法治发展进程及其实现结果的原因和因素是多样复杂的，经济因素并不是影响区域法治发展及其变革进程的唯一因素，而应当正视，承认和努力揭示各种非经济因素对区域法治发展进程的深刻影响，把握区域法治现象的运动发展的内在机理。

第四，按照个别化的方法论原则，要把特定的诸要素中从现实中加以升华而形成思维类型。韦伯的个体性因果分析方法论的一个显著特点，就是努力找寻个体性行动的因果联系的理解尺度，进而构造了一个以理想类型为基本表征的理解社会学的概念工具系统。按照他的看法，运用这种理想类型概念分析工具，可以使对个体性行动的因果解释变得更加清晰和可理解。"理想类型的概念将有助于提高我们在研究中的推断原因的能力：它不是'假设'，但它为'假设'的构造提供指导；它不是对现实的描述，但它旨在为这种描述提供明确的表达手段。"② 所以，韦伯把理想类型概念和结构的盛行，看作是一门学科处于青春期的特有的症状，强调就理想类型被认为具有经验有效性或者是一种类概念来说，"科学的

---

① 《马克思恩格斯全集》第 25 卷，人民出版社 1975 年版，第 892 页。

② 参见 [德] 马克斯·韦伯：《社会科学方法论》，朱红文等译，谢建葵校，中国人民大学出版社 1991 年版，第 85 页。

成长总是意味着对理想类型的超越"。① 随着时光的流逝，韦伯的理想类型学说对社会科学的创新发展产生了深远的影响。正是在这样的思想流淌过程中，我们研究区域法治发展问题，有必要从研究者所关心的问题出发，把特定的诸要素从区域法治的运动发展进程的现实中抽取出来，加以概念的升华，形成一定的思维类型或理想类型。进而，运用这一思维类型及其概念工具，考察区域法治发展进程中的各种历史的和现实的材料，这样便具有发现的功能。面对着转型中国的法制现代化的重大历史的与时代的议题，大约在二十多年前，我曾经尝试着建立一个理论概念框架，试图运用马克思的历史唯物主义方法论，批判地继承以韦伯为代表的理解社会学的"理想类型学"方法，提出了由十一对方式变项所组成的概念工具系统，以期形成新的"理想类型学"的分析工具，进而为中国法制现代化问题提供一个基本的分析框架。② 时至今日，我感到这套概念分析工具的主体内容依然可以用来对于近代以来中国的区域法治发展问题的探讨，但需要加入必要的区域性的变量因素和条件。这十一对方式变项运用于区域法治发展的分析过程之核心，即在于把人治的式微、法治的兴起作为近代以来中国区域法治转型发展的基本评估概念工具。而在当下的中国，区域法治发展进程中的二元结构并存的法律状态，提示我们在运用这套概念工具系统的时候，要更多地考量这一进程及其结构的复杂的历史性因素。

第五，按照个别化的方法论原则，应当注重对研究对象的具体的历史性分析。在 19 世纪晚期德国思想界的历史主义与实证主义的尖锐论战

———————

① 参见［德］马克斯·韦伯：《社会科学方法论》，朱红文等译，谢建蓉校，中国人民大学出版社 1991 年版，第 98 页。

② 参见公丕祥：《中国法律文化现代化的概念分析工具论纲》，载《南京社会科学》1990 年第 1 期。这篇文章提出由人治与法治、强制与自由、专制与民主、特权与平等、义务与权利、一元与多元、依附与独立、集权与分权、社会与个体、他律与自律、封闭与开放等十一对方式变项组成的概念工具系统，旨在为研究近代以来的中国法律文化现代化的进程提供可资运用的基本分析框架。

中，个别化方法的理论分析原则得到了突出和强化，进而成为世俗历史主义思潮所信奉的文化科学或社会文化科学的基本的方法论信条，并且被转化为由马克斯·韦伯所建立的理解社会学的个体性的社会行动理论系统。所以，韦伯热情洋溢地说道，对于历史学科这一永远年轻的科学中的一员来说，文化之河不断地向它们提出问题，"它们工作的核心不仅在于超越一切理想类型，同时也在于新的理想类型的必然出现。"① 因之，个别化方法的分析原则本身有着深厚的历史感。当我们运用这一方法论原则分析中国的区域法治发展问题，拟应意识到这一理论分析原则及其概念系统乃是历史关系的产物，它们的规定性是从对区域法治发展的历史与现实的过程中抽象出来的最一般结果的综合，从而对因果性地解释区域法治发展现象的所有材料提供了思维上的方便。换句话说，我们研究中国的区域法治发展问题，应当确立这样的历史分析基点，即："把整个自然的、历史的和精神的世界描写为一个过程，即把它描写为处在不断的运动、变化、转变和发展中，并企图揭示这和运动和发展的内在联系。"② 这就是说，要通过深入的历史性分析，证明区域法治现象的运动发展的内在必然性，证明区域法治现象从一种联系秩序过渡到另一种联系秩序的历史逻辑。要用历史的眼光和态度去考察不同类型的区域法治现象，在这里首先要占有大量的区域法治现象的材料，阐明这些材料、事实之间的内部联系及其差异性，分析它们的各种发展形式。当然，反映区域法治发展状况的材料和事实总是错综复杂的，它好比一条链条，因而在研究中需要善于把握那些影响区域法治的运动发展基本格局的典型事实材料。只有这样，才不至于使研究工作受到某些次要的、不典型的事实或材料的影响。此外，在考察区域法治发展现象时，要把它们放到一定的历史范围之内加以分析。如果不从特定的历史形式与范围来分析区域法治发展现象，就不可能理解它一定历史

---

① 参见［德］马克斯·韦伯：《社会科学方法论》，朱红文等译，谢建葵校，中国人民大学出版社 1991 年版，第 98 页。

② 《马克思恩格斯全集》第 20 卷，人民出版社 1991 年版，第 26 页。

时期中或发展阶段上特定的区域法治发展形态所处的特殊地位，也就不可能合理地评估它的应有的历史价值。并且，各个历史时代区域法治现象所赖以存在和发展的经济、社会、政治、文化等条件有所差异，因而它们的具体历史特点亦各不相同。如果不估计到所有这些一般的历史条件及其具体特点，那就根本无法揭示一定时期区域法治发展现象的内在的文化价值属性。

第六，按照个别化的方法论原则，要高度重视价值基础和价值评价的特殊意义。这个问题至关重要，我们有必要结合李凯尔特、韦伯的相关论述，作更为深入的讨论。与实证主义否定价值的观点相反，李凯尔特把价值看作是一种指导历史材料的选择进而指导一切历史概念形成的东西，把"价值联系"视为文化科学的个别化方法得以形成的指导原则，认为"价值能够与主体的活动相联系，并由此使主体的活动变成评价"，"价值的实质在于它的有效性"，但是历史学都不需要讨论价值的有效性问题，"价值的有效性并不是历史问题，肯定的或否定的评价也未构成历史学家的任务"；但是，这丝毫不意味着否认文化价值所应有的有效性，文化概念"不仅在其形式方面是事实上被普遍承认的价值总和，而且就内容而言也是和这些价值的系统相联系"，"不管对这些文化价值的事实上的评价如何，这种有效性是这些文化价值所应有的"。① 由此，李凯尔特提出了文化科学客观性问题，强调文化科学的客观性是由文化概念的客观性所决定的，而后者又是由文化价值的客观性所决定的，因而文化科学的客观性的最深厚的基础在于我们大家企图促进和支持的那种一般的普遍的文化价值。韦伯吸收了李凯尔特关于价值联系原则和文化科学客观性的思想（尽管他并不赞成李凯尔特关于文化科学的客观性来自于普遍文化价值的观点）。② 在

---

① 参见［德］H. 李凯尔特：《文化科学和自然科学》，张羽佳译，北京师范大学出版社2008年版，第78、123页。

② 参见［英］罗伯特·伯恩斯、休-雷蒙·皮卡德：《历史哲学：从启蒙到后现代性》，涂纪亮译，杜任之校，商务印书馆1991年版，第234页。

他看来，价值判断属于主观性的范畴，乃是个人主观情感作用的产物，它不是经验科学所能解决的问题。"一门经验科学不能告诉任何人应该做什么——但能告诉他能够做什么——以及在特定条件下——他想什么。的确，在我们的科学中，个人的价值判断试图影响尚未被明确承认的科学观点。它们已经引起持续的混乱，甚至在决定各种事实之间简单的偶然相互联系的领域，它们也会根据实现个人理想的机会增加了还是减少了，即是否有可能获得某物，而对科学论点做出各式各样的解释。"① 诚然，科学认识需要了解个体性的社会行动的动机，这就必然涉及价值问题，但是在这里，价值的本质并不在于真实的事实性，而是其有效性。"不过，判断这种价值的有效性是一个信仰问题。这个问题也许可以在探讨人生和宇宙意义的思辨解释中得到解决。但是，关于价值有效性的判断肯定不属于现在人们所实际从事的经验科学的范围。这些终极目标不断地经受着历史的变化，因而是不确定的，这一经验上可证明的事实并不影响科学与价值判断之间的区分，这与人们经常认为的恰恰相反。"② 因此，韦伯强调在科学研究中重要的在于研究者要保持价值中立的态度，而不要做出价值判断。应当看到，针对人们对韦伯命题的误解（即认为经验科学不能把主观的评价作为它分析的论题），韦伯郑重地说道："不管我过去说过什么，下述'异议'是非常严肃地提出来的：科学致力于获得'有价值的结果'，也就是具有科学意义的在逻辑上和事实上正确的结果；更进一步说，论题的选择本身已经包含了'评估'。"③ 在我们看来，毋庸讳言，作为一门经验科学的法学，固然要解决法和法律实际上是什么的问题，而且要致力于探讨法和法律应当是什么的问题，这是法律科学的学术使命之所在。法制现代化的历史实践证明：法律不仅建构于非

---

① ［德］马克斯·韦伯：《社会科学方法论》，杨富斌译，华夏出版社 1999 年版，第151—152 页。

② 同上书，第 152 页。

③ 同上书，第 109 页。

人格的关系之上，法律是无感性的，是以形式上正当合理的程序制定出来的，因而成为每个人行动的一般模式，从而使人的行为及其后果具有可预期性；法律也是对基本原则的阐释、维护和实现，诸如正义、平等、自由、安全、利益等等。因此，在区域法治发展问题的研究过程中，不仅要关注形式问题，也要研究价值与价值评价问题。这就是说，我们要更为深切地关注作为区域法治发展研究的核心意义的"法治"，尽管这个概念的内涵多样，众说纷纭，但从本质意义上讲，"法治"乃是指谓一种形式法治基础上的实质性法治的概念。比之形式法治的概念，实质性法治的概念更加关注国家所确立的个人合法愿望和尊严可能得以实现的经济的、政治的、社会的与文化的条件，重视法律下的自由与秩序的良性互动，因而强调维护法治的核心价值。[①] 认识到这一点，对于我们把握区域法治现象的运动发展的时代趋势，无疑大有裨益。

五、小　结

在当代中国，社会转型与变革正在经济、社会、政治、法律、文化诸领域全方位的深入展开，这是又一场深刻的伟大革命。这一革命性的变化，必然反映到区域法治发展的历史进程之中，推动着区域法治的运动、变化、发展与转型。为了给这方面的研究确立更为扎实的基础，本文着重从法哲学方法论意义上探讨区域法治发展的理论分析工具。在进入方法论的讨论之前，本文主要界定了区域、法治发展和区域法治发展三个概念的基本规定性。一般来说，区域既有全球意义上的区域概念，又有国家层面

---

① 有的学者强调，一个完整的法治概念，同现代社会的制度文明密不可分，它是一个内含民主、自由、平等、人权、理性、文明、秩序、正义、效益与合法性等诸社会价值的综合观念。这是颇有见地的。参见张文显：《论中国社会主义法治道路》，载《中国法学》2009 年第 6 期。并参见顾培东：《当代中国法治话语体系的构建》，载《法学研究》2012 年第 3 期。

上的区域概念，后者主要涵盖以行政辖域层级为基础的省域、市域（设区的市）和县域三个层面的地区单元，以及以地缘关系为纽带的若干相同行政辖域层级的地区共同体，由此构成了本文的讨论范围。法治发展反映了从传统法制向现代法制的转型变革的历史过程，它与法制现代化的概念有着相通的意蕴。而区域法治发展则是与国家法治发展相对而言的，它是主权国家的国家法治发展在特定空间范围内的具体展开和实现，从而构成国家法治发展进程的有机组成部分。

本文对国家层面的区域法治发展的法哲学方法论的初步研究，主要从两个方面进行。首先，通过对马克思在《1857—1858 年经济学书稿》中提出的具体概念的多样性统一之辩证逻辑命题的深入解析，本文揭示了这一重大命题的法哲学内涵及其对于区域法治发展问题的方法论意义。在这里，我们看到，一方面，区域法治发展是一个"自然的历史进程"，与国家法治发展之间形成了内在的关联，体现了必然的统一性，构成一个完整的法治发展整体或"总体"；另一方面，在不同的社会条件或因素的影响与作用下，不同的区域法治发展之间形成了历史的差异性，因而具有多样性的品格。区域法治发展的多样性统一的运动样式，反映了中国法制现代化或国家法治发展进程的丰富多姿。

其次，本文着力阐述了区域法治发展研究的个别化的方法论原则。在这里，我们通过回溯从黑格尔到马克斯·韦伯的思想历程，探讨了从"个体性的普遍性"经过文化科学的个别化方法，再到个体性因果分析的方法论准则的流变及其理论价值，从中概括出对于区域法治发展问题研究具有指导作用的"个别化方法的分析原则"的若干基本要义。这就是说，在研究区域法治发展问题，应当努力做到：一是注意把握好整体性与个体性的关系，不仅要重视国家法治发展，也要关注国家法治发展的区域差异，自觉地推进区域法治发展；二是要注意把握好个体性行动的本质性关系的认知与揭示，概括区域法治发展进程的基本规律性的东西；三是要注意把握好个体性行动的因果解释，努力揭示影响和制约区域法治发展的复杂因素及其内在机理；四是要注意把握好从现实中形成的思维类型，旨在于为区域法治的发展问题的研究提供一套可行便利的概念工具系统；五是注意把握好研究对象的具体性的历史分析，把历史的画卷打开，深入考察不同类型的区域法治现象的各种历史发展形式；六是要注意把握好价值基础和价值评估的特殊意义所在，不仅要关注区域法治发展的形式问题，更要重视区域法治发展的价值基础与价值评价问题，以期回应我们这个时代对中国法制现代化和区域法治发展研究所提出的挑战。

本文刊于《南京师大学报》（社会科学版）2014 年第 1 期

第十章
还是区域法治概念好些

本章概要

"区域"概念由来已久，这是一个内涵丰富、外延广泛、涉及诸多学科的多层面的综合性概念。法学视野中的"区域"概念，就主权国家范围内的区域现象而言，蕴含着两个层面的含义，意即一定行政区划中的地域空间单元和跨行政区划的地域空间单元的有机集合体。由此，"区域法治"不仅指主权国家范围内基于特定行政辖区的依法治理活动，而且指基于跨行政辖区的协同治理活动，因而内在地包含着"区域法制"的概念要素。在当代中国，区域法治是与国家法治相对而言的，是国家法治发展的有机组成部分，体现了国家主权统一性的核心要义，构成了单一制国家结构体制条件下的区域社会治理权力或治权的实践载体，根本不存在"以国家主权二元论为基础"的区域法治发展。因之，"区域"与"法治"在逻辑、历史与现实意义上是完全能够自洽的。此外，区域法治与地方法治这两个概念虽然具有相通的意蕴，但是"区域法治"概念致力于引入空间变量因素，展示区域法治发展进程中的丰富多样的空间结构关系，藉以揭示区域法治发展现象的内在逻辑与运行机理。所以，我们有足够的理由去发

展"区域法治"概念，丰富中国法治话语体系，以期回应变革时代的法治
中国进程的理论呼唤。

一、问题讨论的必要性

时下，区域法治发展问题的研究日益引起人们的关注，这无疑反映了
推进法治中国建设对于推动区域法治发展的内在要求。随着当代中国社会
与法治变革的愈益深入，法治中国进程中的区域法治发展现象必将显现出
许多鲜活的样态，呼唤中国法学界给予更多的关注和重视，拓展与深化区
域法治发展的理论研究与实践探索。在这样的时代场景中，加强区域法治
发展基础理论研究，就显得尤为重要。这里的一个重要论题，就是如何认
识"区域法治"与"区域法制"这两个概念之间的关系，进而明确相关概
念的基本意蕴及其概念选择的可能性与必要性。在这个问题上，张彪博士
和周叶中教授合作撰写的《区域法治还是区域法制？——兼与公丕祥教授
讨论》[1]一文（以下简称《讨论》），给出了基本的看法，认为使用"区域
法制"概念更具有合理性，并且从多方面进行了深入论证，笔者阅后受益
匪浅。

毫无疑问，讨论这一问题是有益的，其必要性至少表现在以下若干
方面：一是有助于厘清"区域法治"与"区域法制"这两个概念的基本
异同关系，由此把握概念选择的依据问题；二是有助于我们确立探讨区
域法治现象的理论视角，从而使相关的研究工作获得思维上的便利；三
是有助于我们进一步思考概念运用与实践指向之间的互动关系，进而为
理解区域法治现象寻找有用可靠的概念工具；四是还有助于我们清晰地
洞察当代中国法治发展进程中的"失重"现象，[2]充分认识推进国家法治

---

[1]　参见张彪、周叶中：《区域法治还是区域法制？——兼与公丕祥教授讨论》，载《南京师大学报》（社会科学版）2015年第4期。

[2]　参见江必新、王红霞：《法治社会建设论纲》，载《中国社会科学》2014年第1期。

发展与区域法治发展协调发展的极端重要性，从而努力探寻当代中国法治发展的路径选择。正是从上述意义上，我们认为《讨论》一文所涉论题的进一步讨论，显然是很有价值的。况且，《讨论》一文关于区域法治与区域法制这两个概念的深入辨析，确乎是该领域学术研究的知识增量；而《讨论》一文在这两个概念之间所作的学术选择，亦可使我们更加深入地思考使用区域法治发展概念的逻辑正当性与现实合理性的重大问题。基于上述考虑，本文拟对《讨论》一文作出必要的学术回应，尚祈学界同仁批评指点。

二、关于"区域"的概念内涵

任何事物都有其内在的本质性的基本规定以及外在的多样化的表现形态。区域法治发展现象亦是如此。因此，研究区域法治发展问题，至关紧要的是要揭示研究对象的内在特性，进而分析由这种内在特性所决定的外在形态。《讨论》一文充分注意到这一点，认为笔者"对区域法治发展证成的逻辑非常严谨，单从逻辑关系看，区域法治发展的概念完全可以成立"。不过，该文提出，就概念自身而言，"区域"与"法治"在逻辑上能否自洽？区域法治发展中的"区域"范围如何确定？区域法治发展与地方法治是何种关联？由此，《讨论》一文对区域法治发展概念在逻辑上能否成立以及即使能够成立，是否有足够的必要性去发展这一概念的问题"存有疑问"。看来，本文有必要对上述诸问题加以辨析，进而确立研究区域法治发展问题的基本理路。在这里，我们首先对"区域"的概念内涵加以辨析，由此厘清法学视野下的"区域"概念之基本含义。

"区域"概念由来已久。20世纪初叶日益兴盛的区域地理学，把地球表面的区域差异作为主要研究对象，极力突出区域在地理学科中的基础性地位。显然，地理学上的区域概念，是我们认识一切区域现象的知识基础。对于法学以及其他学科研究来说，跨越学科之间的鸿沟，推动法学和其他学科与地理学之间的交融，无疑会对我们理解区域概念产生某种发现的功能。区域概念的适用，为现代地理学的研究拓展了广阔天地，也深刻影响了其他学科领域的分析框架，区域经济学、区域政治学、区域社会学、区域文化学、区域人类学、区域历史学等等新的学科知识型态，蓬勃兴起，茁壮成长，从而有力推动了区域科学的形成与发展。

　　"区域"，这是一个含义丰富、外延广泛的多层面的综合性概念，在不同的学科领域有着虽然相通但却差异明显的意义表达。从总体上看，法学视域中的"区域"概念，具有全球意义上的区域和国家层面上的区域之双重意义。这亦即是笔者在《区域法治发展的概念意义——一种法哲学方法上的初步分析》一文（以下简称《分析》）中对"区域"概念的简要的但却是基本的界定："从全球的角度而言，区域不仅意味着以地理因素为基础的空间结构，而更多的是指通过稳定的经济的或政治的协议所建立起来的、一定地域范围内甚至是跨地域的国家之间的经济的或政治的乃至军事的区域性国际组织"。"从民族国家的意义上讲，'区域'一词则表示在一个主权国家的范围内以特定的行政管辖层级为基础的地区单元，或者是以一定的地域关系为纽带而形成的若干个行政管辖层级所组成的地区单元的集合体。"为了说明民族国家意义上的"区域"概念内涵，笔者联系当代中国的实际，在《分析》一文中指出："总的看来，省域以及以特定地缘为基础的若干省域的结合"（诸如东部沿海地区、东北地区、中部地区和西部地区等），"市域（设区的市）以及同样以相邻的地缘为纽带的若干市域的结合"（比如，在江苏，有苏南地区、苏中地区、苏北地区之分；在广东，珠江三角洲地区的独特区位，等等），"和县域这样的基本的地区单元，大体上构成了当下中国的多层面的区域概念"。① 应当说，笔者对"区域"概念内涵及其层面的分析是清晰的，明确地揭示了民族国家意义上的

---

① 参见公丕祥：《区域法治发展的概念意义——一种法哲学方法上的初步分析》，载《南京师大学报》（社会科学版）2014 年第 1 期。

"区域"概念的内涵特性及其基本构成。

然而,《讨论》一文作者也许没有足够注意到笔者《分析》一文中的以上相关论述,叙述道:"《分析》一文认为,区域法治发展是'国家法治发展在主权国家特定空间范围内的具体实现',那么随之而来的问题是:'特定空间范围'到底是什么范围?笔者注意到,《分析》一文试图通过'以特定的行政管辖层级为基础的地区单元'和'以一定的地缘关系为纽带而形成的若干个行政管辖层级所组成的地区单元的集合体'来说明'特定空间范围'的'范围',那么同样的问题在于:什么是'一定的'地缘关系纽带?如果'特定'的空间范围无法'确定',那么'区域法治发展'中的'区域'又如何确定呢?"由此,《讨论》一文作者得出结论说:"综观《分析》全文,该文作者对上述问题并没有作出特别明确的界定,但这似乎又是该文作者有意为之。"① 在这里,如果将《讨论》一文作者的上述推论式的观点与笔者关于"区域"概念的阐释加以对比,我们将会发现,本来在《分析》一文中如此明确清晰的"区域"概念内涵之界定和当下中国的实际情形之描述,在《讨论》一文作者的笔下却似乎成了连"特定空间范围"以及与之相联系的"'特定的'行政管辖层级"、"'一定的'地缘关系纽带"都不知为何物的"天外来客",并且断言《分析》一文作者"对上述问题并没有作出特别明确的界定",而且又在推论式地想象"这似乎又是该文作者有意为之"。显然,本来不应误读的《分析》一文明确的"区域"概念界定,反而变成一系列的概念谜团。再者,《讨论》一文作者为了证明其上述推论式的观点,运用想象式的写作风格论及笔者撰写的《区域法治发展与文化传统》(以下简称《传统》)一文,② 认为"该文作者显然意识到了如果'区域'的范围界定不明,会直接动摇区域法治发展的概念根基,所以尝试从

---

① 参见张彪、周叶中:《区域法治还是区域法制?——兼与公丕祥教授讨论》,载《南京师大学报》(社会科学版)2015年第4期。

② 参见公丕祥:《区域法治发展与文化传统》,载《法律科学》2014年第5期。

文化的角度确定区域的范围（引文着重点为笔者所加）"。① 实际上，笔者的《传统》一文之主旨在于试图从广泛的社会意义上，努力揭示区域法治发展现象的文化机理，探讨不同区域法治发展现象差异性的社会基础。《传统》一文与"区域"概念内涵问题无涉，该文的写作动机，并不是为了"尝试从文化的角度确定区域的范围"，更谈不上"显然意识到了"界定"区域"的范围对于把握区域法治发展概念根基的重要性。在笔者看来，尽管思想界对于文化概念的描述确实是千差万别的，文化现象本身亦是错综复杂的，但这丝毫不影响文化的巨大而深刻的价值意义，更不妨碍运用文化理论的概念工具去解析区域法治发展现象。恰恰相反，从文化的观点看待区域法治发展问题，这样的研究理路对于拓展认识区域法治发展现象的智识视野，是大有裨益的，似乎并不存在"逻辑链条上的风险"问题。

其实，《讨论》一文作者至为关切之处之一，乃是如何确定"区域"的范围，分析"区域"概念兴起的本质，进而为提出"区域法制"概念打下基础。从《讨论》一文的观点来看，"区域"概念的所涉范围比之笔者的"区域"概念的指向范围显然是不同的，《讨论》一文作者列举了"区域"概念兴起的诸种表现型态。比如，以经济领域和公共事务治理领域为例，或是指谓西部大开发、振兴东北老工业基地、中部地区崛起、东部地区率先发展等四大国家区域发展总体战略中的"区域"，或是京津冀及周边地区大气污染防治协调机制中的"区域"，而无论是哪一个领域中的"区域"，都是指向跨行政辖区之间的协调联动意义上的"区域"概念。② 由此可以看出，《讨论》一文作者心目中的"区域"，主要是指跨行政辖区的地域单元。而按照笔者的看法，民族国家意义上的区域概念具有两层含义，一是指主权国家范围内的以特定行政区划为基本构成的特定地域空间，在当代中国，有省域、市域（设区的市）、县域等不同行政辖区层级；二是指主

---

① 参见张彪、周叶中：《区域法治还是区域法制？——兼与公丕祥教授讨论》，载《南京师大学报》（社会科学版）2015 年第 4 期。

② 参见上文。

权国家范围内那些由相邻地域所组成的跨越不同行政区划的空间地域，比如，西部地区、中部地区、东部地区、长江三角洲地区、珠江三角洲地区、京津冀地区、东北地区；等等。

这是两个不同的区域概念。《讨论》一文作者的区域概念，特指跨行政区划的地域单元。这一特殊意义的"区域"概念，在很大程度上乃是一种内涵相对限缩的"区域"概念，尽管有其现实效用，但毕竟不能完整地表达区域现象的全部型态，无法统摄一般意义上的"区域"概念的丰富内涵和全部外延，因而不可能替代或取消完整普遍意义上的"区域"概念。不仅如此，《讨论》一文正是以这种限缩的"区域"概念来连接"区域法制"概念。下文的分析将会表明，倘若以这种限缩的"区域"概念为基点研究法治发展现象，那势必会割裂区域法治发展概念所蕴含的丰富多样的价值取向，甚或淹没区域法治发展这个概念内涵的深厚的社会与法治意义。而笔者的区域概念（这在相当程度上亦是法学界广泛认同的区域概念①），不仅指跨越行政区划的空间地域单元的集合体，而且包括基于特定行政辖区层级的空间地域单元，只有这两个层面的区域含义的有机整合，才能构成一个完整的"区域"概念。对于法学研究来说，这种涵盖以特定行政区划为基础的空间地域单元和跨行政区划的空间地域单元集合体的整体性的"区域"概念，为法学视野下的区域研究设置了统一的场域。"区域"概念的这两个层面的含义各有其特定的价值指向：基于特定行政区划的地域空间单元，表达了不同行政辖区层级之间的纵向空间地域结构；基于跨行政区划的地域空间单元集合体，则表征着不同行政区划之间的横向空间地域

---

① 比如，张文显教授指出："在当代中国，区域不仅意味着地理因素为基础的空间结构，更重要的是以经济、政治、社会、文化、历史等因素作为基础的社会结构。区域是包括省域与跨省域、市域与跨市域、县域与跨县域以及经济特区、自由贸易区等在内的概念。"参见张文显：《变革时代区域法治发展的基本共识》，载《法制现代化研究》2013年卷，法律出版社2014年版，第28页；参见夏锦文：《区域法治发展的法理学思考——一个初步的研究构架》，载《南京师大学报》（社会科学版）2014年第1期，等等。

结构。这两种不同属性的地域空间单元既彼此区别，又相互联系，共同形成一个内在联结、相互作用、相互依存、不可分割的主权国家范围内的地域空间结构体系。当代中国法学研究无疑应当悉心探讨这两个层面的区域空间结构中的法治状态，并且把它作为一个整体来把握。这是区域法治发展理论研究的必由之路。

在《讨论》一文作者看来，讨论"区域"概念必须追溯这一概念兴起的时代条件，认为在中国"区域"概念的兴起是改革之后的事情，它既是偶然的发生，也是必然的结果。"从偶然的一面来看，区域崛起是中央权力下放的意外产物。""但是，它同时又是一种必然，一种公共事务外溢化的必然。""要应对这些跨域的公共事务，就必须选择区域联动，从这个角度来看，区域的崛起着实是一种必然。""所以，'区域'概念兴起的本质，是地方政府的崛起和由此引发的国家结构形式的改变。把握住了这一本质，才能寻求科学的应对之策。"因此，法学研究中的"区域"概念，不要"过多地纠结于如何确定划分区域的标准或是确定区域的范围"，"应当更多地着眼于'区域'背后所反映出来的社会关系"；要认识到"区域，它既是地方政府之间进行横向联系的一个载体，也是地方政府之间横向关系的一个集中体现"。① 显然，《讨论》一文把"区域"概念与当代中国改革开放条件下的中央与地方之间的关系及其新变化联结在一起，由此把区域崛起与地方政府崛起之间画上了等号，并且把地方政府崛起视为地方政府之间的横向关系的迅速增长。于是该文中的"区域"概念，便成为跨行政区划的地区格局的代名词。对于《讨论》一文关于地方政府崛起现象的评价，笔者将在下文稍有涉及，这里所要指出的乃是《讨论》一文作者的"区域"概念，无疑是排却了基于特定行政区划的地域空间单元在"区域"概念系统中的基础性的重要地位。实际上，这种以不同层级行政区划

---

① 参见张彪、周叶中：《区域法治还是区域法制？——兼与公丕祥教授讨论》，载《南京师大学报》（社会科学版）2015 年第 4 期。

为基础的地区单元，具有丰厚的法学意蕴，恰恰是法学意义上的"区域"概念的主体内涵或基本规定。行政区域或政区的设置，是国家治理的基础。国家统治者为了有效地实施对国家疆域的治理，都要按照一定的理念与原则，综合考量经济的、政治的、社会的、民族的、文化的、风俗的、人口的、历史的乃至地理的等诸方面因素和条件，确立一定的行政管辖层级体系，并且把整个国家疆域划分为若干个不同的行政区域或政区。因之，"行政区划是一个国家权力再分配的主要形式之一，也是一个国家统治集团及政治、经济、军事、民族、习俗等各种要素在地域空间上的客观反映"①。在中国，政区体制经历了一个历史沿革过程。但是，无论政区体制如何变动与繁复多样，都无法摆脱一定的地理区域因素及其空间状况的深刻影响。以特定范围的地域空间为基础的政区体制，体现着一种独特的社会关系——纵向的行政等级关系，凝结着中央与地方之间有机互动的独特的国家治理价值取向。所以，基于特定政区的地域空间单元，构成了法学视野下区域研究的基本对象。② 在这里，我们需要着力探讨的乃是处于特定行政区域中的法律生活样态的性质、特征和变动轨迹，深入研究影响一定行政区域法律生活的诸方面因素和条件，描述一定行政区域法律生活变动与国家法治发展总体态势之间的互动画面。在当代中国社会转型发展的历史进程中，不同的行政区划或不同层级的行政区域的法治发展，往往显现出不同的法治生态状况，反映出不同的法治发展水平。这一现象在很大程度上体现了中国经济社会发展不平衡规律。由此，我们即可发现不同的行政区划之间的法治发展状态以及同一行政区域中的不同行政层级区域

---

① 参见浦善新：《中国行政区划改革研究》，商务印书馆 2006 年版，第 1 页。

② 2015 年 9 月，中共中央办公厅、国务院办公厅下发的《关于在部分区域系统推进全面创新改革试验的总体方案》（载《人民日报》2015 年 9 月 8 日），选择 1 个跨省级行政区域（京津冀）、4 个省级行政区域（上海、广东、安徽、四川）和 3 个省级行政区域的核心区（武汉、西安、沈阳）进行系统部署。显然，这里的"区域"概念的本体与基础，乃是特定的行政区域。

中的法治空间的历史差异性。不仅如此，处于不同行政管辖层级之中的行政区域之法治发展特点及其表现型态，亦往往显示出不同的运作机理。在一个主权国家范围内，不同的行政管辖层级担负着不同的行政与社会治理职责，因而不同行政层级区域的法治发展的主体与客体、规模与空间、形态与机理等等，乃是迥然相异的。省域、市域和县域的不同层级行政区域的法治状态及其空间特性、功能指向与评价尺度，既相共通，又相殊分。此外，一些行政区域还具有某种特定的经济、政治与社会功能，如经济特区、民族自治区域等。因之，研究不同行政管辖层级的行政区域之间法治状态、同一行政管辖层级的不同行政区域之间法治状态以及赋予某些行政区域以特定功能的行政区域法治状态，构成了区域法治发展问题的研究重点所在。这充分表明，讨论"区域"概念，决不能离开主权国家内的基于特定行政区划的地域空间单元。这一点，恰恰是《讨论》一文的"区域"概念所缺失的区域现象的基本内涵。①

　　当然，我们表达"区域"概念，同样不能丢却跨行政区域的特定地域空间单元。一般来说，此一层面的"区域"概念含义，大致以三种型态表现出来。（1）它是指跨行政区域的特定经济区域。比如，在当代中国，有西部经济区域、中部经济区域和东部经济区域，西部大开发战略、中部崛起战略和东部率先发展战略，正是党和国家基于这样的地域空间单元所提出的国家区域协调发展重大战略。党的十八大以来，国家区域发展总体战略又有了新的升华。党和国家相继推出了京津冀地区协同发

---

　　①　有些学者认为，从法学视角来看，"区域"概念，是一个建立在便于国家政治统治、行政管理和公共服务基础上的地域单元。在我国《宪法》中，区域概念特指"行政区域"，具体转化为省、自治区、直辖市、特别行政区、自治州、县、自治县、市、乡、民族乡、镇等行政区划单位，可以称为"省域"、"市域"和"县域"等。此外，"区域"还指已经形成较稳定的，由相邻的若干行政区组成的区域，特指"跨行政区划的地域范围"，必须跨越两个或两个以上的行政区域，而且在这一地域范围之上不存在独立的"政府实体"。这一关于"区域"概念内涵的界定，确乎抓住了法学视野中"区域"概念的真谛。参见叶必丰等：《行政协议：区域政府间合作机制研究》，法律出版社2010年版，第28—29页。

展战略、长江经济带发展战略，而新丝绸之路经济带和新海上丝绸之路的"一带一路"发展战略，则把国家层面的区域发展战略与全球范围的区域合作格局有机地联结在一起。（2）它也是指跨行政区域的一定社会区域，其典型形态是一定地域空间范围内的乡村社会区域和城市社会区域。乡村与城市这两大社会区域，蕴含着殊为深厚的法治意义，期待着有志的人们去努力开掘。（3）它还是指跨行政区域的一定的文化区域。文化现象的显著特征之一便是地域性或区域性。不同的地域空间状况，往往会形成各具特质的不同的地域或区域文化。一定的地域或区域文化，反映了文化的区域空间分布状态。有的学者认为，研究地域文化，实际上就是研究文化的空间分布及其特征。在中国，地域文化是按地域划分的中国文化的若干分支。地域性是中国这个幅员辽阔的大国的特点，是中国文化丰富多样的重要表现。[①] 不同文化区域的法治状态及其差异性，显然是区域法治发展研究的重要对象，并不是像《讨论》一文所说的那样具有某种"不确定性"。

三、关于"区域法治"与"区域法制"的概念关系

《讨论》一文作者基于对"区域"概念的限缩性的解析，认为"区域"（该文作者心目中的"区域"概念）与"法治""能否自洽于同一个概念之下，这一点仍有待深入探讨"，进而主张使用以跨行政区域的"区域"概念为基点的"区域法制"概念。[②] 这是一个需要深入讨论的重要论题。在这里，我们有必要逐次讨论如下三个问题：其一，如何评价《讨论》一文证成"区域法制"概念的现实前提？其二，如何认识"区域法制"概念意义与"区

---

① 参见袁行霈：《〈中国地域文化通览〉总绪论》，载王志民、徐振宏主编：《中国地域文化通览·山东卷》，中华书局 2013 年版，第 12 页。

② 参见张彪、周叶中：《区域法治还是区域法制？——兼与公丕祥教授讨论》，载《南京师大学报》（社会科学版）2015 年第 4 期。

域法治"概念之间的差异性？其三，运用"区域法治"概念的价值与工具意义何在？下面，我们就来对这些问题分别加以概要式的分析。

首先，我们来讨论第一个问题。应当说，《讨论》一文提出"区域法制"概念的一个基础性的或前提性的现实问题，乃是对于当代中国改革开放以来地方政府崛起或"区域"崛起现象的反思性评价。按照该文作者的看法"在区域背后，无处不在地闪现地方政府的踪影，区域崛起其实只是地方政府崛起的一个表现。可以说，正是地方政府的崛起造就了真正法学意义上的区域的概念"。在该文作者的笔下，面对着地方政府崛起或作为地方政府之间横向联系载体的区域崛起，我们现有的制度安排缺失，没有任何明确的法律条文加以规定。而"制度安排上的缺失导致的直接后果是，地方政府在横向联系的过程中，事实上彼此处于无序状态，从而引发了一系列区域问题"，诸如区域合作流于形式，区域竞争持续恶化，跨域公共治理难以维系。因此，"以规范调整区域关系为核心的区域法制，才应成为应对区域问题的首要选择"。① 很显然，"区域法制"概念的提出，其所针对的恰恰是所谓我国区域关系事实上的"紊乱状态"，以便解决地方政府崛起过程中产生的大量区域问题。

毋庸讳言，《讨论》一文提及的地方政府之间多方面的横向合作实践，在一定程度上确实存在"形式化"的问题，地方政府之间的竞争亦导致了不同程度的地方保护主义，跨区域的公共事务协同治理面临着诸多困境。而这些区域之间横向关系上的种种问题，与地方政府之间的合作与竞争格局有着直接的关联。有的学者运用博弈论的分析方法，将地方政府间的横向竞争以及地方政府与中央政府间的纵向竞争所产生的一系列问题，称之为机会主义行为对于竞争秩序的破坏。② 有的学者通过实证调查，分析因

---

① 参见张彪、周叶中：《区域法治还是区域法制？——兼与公丕祥教授讨论》，载《南京师大学报》（社会科学版）2015 年第 4 期。

② 参见汪伟全：《地方政府竞争中的机会主义行为之研究——基于博弈分析的视角》，载《经济体制改革》2007 年第 3 期。

地方政府间竞争而产生的国内市场分割现象。① 但是，这里有两个基本的问题需要加以辨析：其一，跨区域政府之间的横向合作并非只是"流于形式"，而是体现了区域间政府打破行政区域壁垒、推进区域经济合作乃至一体化的时代精神。改革开放以来，中国经济发展进程中的一个明显的现象，乃是区域经济或经济区域化的趋势不可遏制地生长起来。随着区域经济的迅猛发展，区域经济一体化进程逐渐兴起。实际上，这一进程并不是像《讨论》一文所说的那样，是一种"中央权力下放的意外产物"的"偶然的发生"，而是有着深厚的历史必然性。不过，这种必然性，亦不是如《讨论》一文分析的应对跨域公共事务而必须选择区域联动那样的"一种公共事务外溢化的必然"，而是中央政府着眼国家现代化建设全局所自觉主动地作出的重大战略决策。无论是改革开放之初上海经济区这一当代中国第一个跨行政区划的综合性经济区的成立，20 世纪 90 年代的以中心城市和交通要道为依托进一步形成若干个跨省（区、市）的经济区域之构想与实践，还是世纪之交西部大开发这一国家区域发展重大战略的提出与实施，以及进入 21 世纪以来长江三角洲地区经济一体化、泛珠江三角洲地区经济一体化等一系列国家重大区域发展战略的推出，乃至新近出台的京津冀协同发展规划、长江经济带发展规划等新的国家区域协调发展重大战略，都集中体现了党和国家主导和推进市场取向的经济改革、推进区域经济一体化、推进不同区域之间协调发展、推进区域间经济社会协同发展的自觉意识和国家意志。"并不是市场的自发秩序，而是国家通过公权力强力推进的。"② 正是在这一历史进程中，当代中国区域间政府合作方兴未艾，以区域政府间合作协议为主要型态的"区域际"制度创新实践层出不穷，这类"合作协议从局部走向全国，逐渐具有惯例意义，从而充实制度

---

① 参见李善同、侯永志、刘云中、陈波：《中国国内地方保护问题的调查与分析》，载《经济研究》2004 年第 1 期。

② 参见叶必丰：《区域经济一体化的法律治理》，载《中国社会科学》2012 年第 8 期。

资源"，①进而推动区域间政府协同治理机制的生成与发展。这种区域间政府合作机制蕴涵着深刻的法理意义，它不仅构成区域之间法治秩序的重要的制度渊源，而且成为创新区域社会协同治理机制的生动法治实践。因此，我们要历史地确证当代中国改革开放以来的"区域崛起"现象，充分肯定区域间政府合作的法治价值，并且从现代法治的视野中把握区域间政府合作机制的深远意义。

其二，地方政府竞争并非如《讨论》一文所认为的"绝大多数""都是趋恶的"，而是在相当程度上成为当代中国经济增长甚或区域法治发展的重要动因之一。政府竞争或地方政府竞争理论源远流长，据说可以上溯到亚当·斯密关于要素流动性问题的基本思想。②但是客观地来看，这是 20 世纪后半叶以来国际政治经济学领域中逐步流行开来的一个重要概念，意即在一个主权国家的范围内区域性政府之间为吸引要素流动性、促进区域经济增长而展开的竞争关系及其格局。随着区域发展的广度与深度的不断拓展，地方政府竞争的概念日益进入政治学、社会学、法学等学科领域，成为区域发展的政治的、社会和法治的等等领域的分析工具。改革开放之初，中国经济体制改革的基本任务，就是要解决经济体制上过度集中统一的问题，建立起具有中国特色的充满生机和活力的社会主义经济体制，进而从根本上改变束缚社会生产力发展的经济体制。③因之，创造和维护平等竞争的环境也就成为以特定行政区划为基础的区域政府的必然的制度与政策选择。进入 20 世纪 90 年代以来，随着建立社会主义市场经济目标的确立以及国家区域发展总体战略的提出与实施，区域政府日益成为区域之间竞争的组织者与参与者。社会主义市场经济在中国大地上的蓬勃

---

①　参见叶必丰、何渊主编：《区域合作协议汇编》，法律出版社 2011 年版，第 1 页。

②　参见王焕祥、李静：《西方学者关于地方政府竞争研究的微观视野》，载《改革与战略》2009 年第 11 期。

③　参见《中共中央关于经济体制改革的决定》（1984 年 10 月 20 日），见《改革开放以来历届三中全会文件汇编》，人民出版社 2013 年版，第 22—23 页。

发展和依法治国基本方略的深入实施，推动着区域发展的动力由技术创新向制度创新的迁移。通过制度创新，着力养成、发展和巩固区域竞争优势，从而鲜明表达了区域政府注重制度创新的理性自觉。有的学者在反思出现"中国奇迹"的成因时，把地方政府竞争看作是改革开放 30 多年以来中国经济超常规高速增长的奇迹的重要因素之一。[①] 的确，地方政府竞争通过推进制度创新，使区域社会主体的自主性、能动性和创造性得到了充分展示，区域社会主体的聪明才智和首创精神在广阔的竞争舞台上，不断涌流，从而极大地释放了区域发展的潜力和能量，汇聚成为一股不可遏止的区域发展的强劲动力。有的学者也通过近些年来当代中国一些地区兴起的法治评估实践活动，试图揭示这一现象背后所活跃的地方政府间的竞争之影响机理。[②] 因此，如同拟应肯定区域间政府合作机制及其实践的积极价值一样，我们也需要对改革开放进程中的地方政府竞争促进中国经济增长的历史地位及其推动区域发展的制度创新成效给予应有的肯定性的评价。

接下来的问题，是要进一步讨论"区域法制"与"区域法治"这两个概念之间的差别所在。《讨论》一文针对上述提及的"区域"问题，在否定"主体调整方案"和"利益调整方案"这两种解决"区域问题"的方案的基础上，提出了"区域法制"解决方案。由此，该文作者给"区域法制"下了一个定义："所谓区域法制是指为推进地方政府之间的分工与合作，促进良性竞争，共同应对跨区域公共事务，以地方政府职能的界定和权力的规范为核心，以区域关系为调整对象的法律制度安排。"基于此，该文作者提出

---

① 有的学者指出，"中国奇迹"的根本原因是中国特色社会主义市场经济体制——这是一个包含了战略性的中央政府、竞争性的地方政府和竞争性企业系统的三维体制，一个把中央政府的战略领导力、地方政府的发展推动力和企业创新活力有机结合起来的新型经济制度。这是很有见地的。参见史正富：《中国奇迹是如何出现的？》，载 2014 年 1 月 14 日英国《金融时报》中文网、《思想理论动态参阅》2014 年第 6 期。

② 参见王奇才：《地方政府竞争与中国大陆法治评估的兴起》，载《中国地方法制发展论坛会议材料》（2014 年春·广州）。

了"区域法制"建设的四条路径，即：加强中央立法供给、探讨区域立法是否可行、深化区域行政的制度设计、着力构建区域纠纷解决机制。① 显然，《讨论》一文中的"区域法制"概念涉及区域范围、调整对象、功能指向、制度安排等若干基本层面。正是在这里，清晰地反映了"区域法制"概念与"区域法治"概念之间的差异性。

1. 关于区域范围。如前所述，"区域法制"概念中的"区域"，乃是指跨行政区划的地域空间单元，并不包括以一定行政区划为基础的地域空间单元。由此出发，《讨论》一文强调"区域法制"概念的一个重要特性就是"跨域性"，也就是跨"完整的行政区划单元"。"区域法制"所针对的行为是地方政府的跨行政区行为。然而，"区域法治"概念之中的"区域"不仅是指基于一定行政区划的空间地域，而且涉及基于跨行政区划的空间地域。所以，"区域法治"概念是与"国家法治"概念相对而言的。笔者在《分析》一文中强调，"区域法治发展是主权国家的法治发展在特定空间范围内的具体展开和实现，从而构成国家法治发展进程的有机组成部分"。②

2. 关于调整对象。由于"区域法制"建立在跨行政辖区的空间地域基础之上，因而，按照《讨论》文的看法，"区域法制"以区域间政府的跨区域行为为其调整对象，这种跨区域行为主要是指区域间政府的横向关系行为，并不包括以特定行政区域为基础的地方政府行为。可见，"区域法制"的调整对象相对比较狭窄。不过，由于"区域法治"以特定的行政区域和跨行政区这双重区域关系为其存在的基础，所以，"区域法治"所涉范围较之"区域法制"来说，则要广泛得多。在当代中国，区域法治是实施依法治国基本方略、推进法治中国建设的有机组成部分，

---

① 参见张彪、周叶中：《区域法治还是区域法制？——兼与公丕祥教授讨论》，载《南京师大学报》（社会科学版）2015 年第 4 期。

② 参见公丕祥：《区域法治发展的概念意义——一种法哲学方法上的初步分析》，载《南京师大学报》（社会科学版）2014 年第 1 期。

是在国家法治发展的总体方向和基本要求的基础上，根据区域经济社会发展的法治需求，运用法治思维和法治方式推进区域社会治理现代化的法治实践活动，因而是治国理政的区域性依法治理模式。① 因之，区域法治的调整对象不仅是指特定行政辖区范围内的依法治理活动与行为，而且包括跨行政辖区范围的区域间政府基于一定的制度安排所实施的协同治理活动与行为。

3.关于功能指向。《讨论》一文基于对"区域法制"概念内涵的限缩理解和"区域法制"调整对象的专门限定，相应地把"区域法制"的功能目标设置为规范地方政府在跨行政区域的公共事务活动中的权力运行，藉以解决地方政府之间围绕区域利益所展开的横向冲突，推进地方政府间的分工与合作。该文关于"区域法制"建设四条路径的构想，亦是循着这一思路展开的。但是，区域法治的功能指向显然要丰厚得多。在推进国家治理体系和治理能力现代化的现时代，区域社会治理体系是国家治理体系的不可或缺的组成部分。作为区域社会治理体系的基本依托，区域法治建设与发展的基本目标就在于为创新和完善区域社会治理体系打下坚实的法治基础，提高区域社会治理法治化水平。因此，运用法治方式与机制，创新区域社会治理体系，提升区域社会治理能力，激发区域社会创造活力，深化区域法治实践，优化区域法治环境，从而为全面推进依法治国、加快建设法治中国夯实区域基础——这是当下中国区域法治发展的基本功能特征。

4.关于制度安排。由于《讨论》一文作者主张用"区域法制"概念替代"区域法治"概念，这就不可避免地提出这样一个重要问题：在当代中国，在涉及区域问题时究竟是使用"法制"概念，还是运用"法治"概念？换言之，在区域问题上，如何认识和处理好法治与法制之间的关系？众所周知，法治概念乃是域外的舶来品，但在中国语境下

---

① 参见公丕祥：《法治建设先导区域的概念与功能》，载《江海学刊》2014 年第 5 期。

却有着特定的内涵，是制度、行为与文化的有机统一体，体现着良法善治状态，表征着一种独特的生活方式。① 而法制一般是指国家法律规范和制度的集合体以及法律制度的实施过程。在现代社会，法制通常构成国家法治体系的重要组成部分。因此，比之"法制"的概念，"法治"概念价值蕴涵更为深厚。在区域问题上，"区域法治"与"区域法制"所体现的制度安排同样显示出明显的不同。《讨论》一文中所使用的"区域法制"概念之重心，在于突出以跨区域行为及其关系为调整对象的法律安排的基础地位。其实，在现实生活中，调整跨行政区域的地方政府行为及其关系，并非单纯凭借正规的法律制度——无论这样的法律制度安排能否来自中央立法供给，而是有赖于一个包括法律制度安排在内的体现协同治理精神的规则调节体系的建构。在这里，所彰显的恰恰是法治的精神或法治的力量！比如，跨行政区域间的地方政府所订立的行政合作协议，就其性质来说乃是一种与正规化的国家法律制度安排不同的非正规化的区域间制度安排或规范协调。它体现了地位平等的不同地方政府之间的协商民主精神，因而是自主平等协商的产物。据此，有的学者主张以美国州际协调方案为参照系来研究我国区域经济一体化中的法制问题，以不谋求宪制改革为出发点，认为美国的州际行政协议是非正式协定，州法统一或州际示范法则主要是民间的建议。② 而对于涵盖特定行政区划和跨行政区划两大区域层面的区域法治来说，它所强调的乃是正规化法律制度安排与非正规化的规范体系之有机结合。因而，区域法治架构下的制度安排无疑具有综合性的特点。党的十八届四中全会决定在部署"推进法治社会建设"的战略任务时强调，要"发挥市民公约、乡规民约、行业规章、团体章程等

---

① 苏力教授认为，"一般来说，我们现在讲法治，往往侧重于讲国家通过制定法律来解决社会问题。但法治，在我看来，是整个社会有序的生活状态"。这是很有道理的。参见苏力：《社会转型与中国法治》，载《经济导刊》2015 年第 5 期。

② 参见叶必丰：《区域经济一体化法制研究的参照系》，载《法学论坛》2012 年第 4 期。

社会规范在社会治理中的积极作用"。① 这充分表明，非正规化的规范体系在法治社会建设中具有重要的基础性作用。在区域法治社会建设的历史进程中，必须坚持正规化的制度安排与非正规化的规范体系的内在统一。

最后，有必要对运用'区域法治"概念的必要性作进一步的阐述，进而确证"区域"与"法治"之间是完全可以形成"自洽"或耦合关系的。通过以上论述，我们可以看到，考察主权国家内的区域法治现象，无论是基于特定行政区域的法治现象，还是基于跨行政区域的法治现象，仅仅使用《讨论》一文中的"区域法制"概念工具是远远不够的。诚然，运用这种"区域法制"概念，可以使我们充分认识正规化的法律制度安排在区域法治现象领域中的重要作用，进而把握区域立法、区域行政和区域司法对于推动区域法治发展的作用机理。但是，如果单纯依赖正规化的法律制度安排，不仅无法准确透彻地揭示区域法治现象运动发展的本质性特征，而且直接影响我们研究区域问题的视野和切入点。

其实，在现实的法律生活中（包括区域法治生活领域），非正规化的规范惯例在某种程度上愈发具有现实有效性。这显然是一个文化的问题。按照美国文化人类学家吉尔兹的观点，法律在本质上是一种地方性知识。"法学和民族志，一如航行术、园艺、政治和诗歌，都是具有地方性意义的技艺，因为它们的运作凭靠的乃是地方性知识。"这里重要的是要讨论事实和法律之间的关系，而问题的关键在于："事物的'法律'面相并不是一系列限定的规范、规则、原则、价值或者法官可以用作判案根据的任何东西，而是想象真实的独特方式的一部分。"这势必涉及法律的文化基础问题，不是把规则作为关注点，也不是把事件作为关注中心，而是把"世界观念"、"生活的样式"、"认识"、"认知系统"作为研究中心。这

---

① 参见《中共中央关于全面推进依法治国若干重大问题的决定》，人民出版社 2014年版，第 28 页。

里所表达出来的是要关注个人与群体生活的意义与意义结构及其符号和符号系统。因之，"任何地方的'法律'都是对真实进行想象的特定方式的一部分"。这种地方性，"不只是指空间、时间、阶段和各种问题，而且也指特色，即把对所发生的事件的本地认识与对可能发生的事件的本地想象联系在一起"。正因为如此，作为一种地方性知识的法律，必然呈现出趋异而非趋同的态势。通过这些丰富各异的作为地方性知识的法律，将人类社会导向一个"有规则可循的生活"。① 显然，吉尔兹的文化人类学的法律阐释观，为我们认识区域法治现象的文化属性提供了一种有益的分析工具。既然法律本身是一种地方性知识，那么，法律不仅因时因地因民族而有所不同，而且凭据赋予特定地方的特定事务以特定意义的方式，对社会生活产生特定的影响。作为地方性知识的表现型态之一，那些非正规化的规范惯例反映了一定地域空间中的"世界观念"，表征着独特的"生活样式"，构成了一种个别化的"法律认识"或"法律认知系统"。因此，研究区域法治发展问题，无疑要关注区域社会生活中的非正规化的规范性因素，进而在广阔的社会背景下认识区域法治现象的内在奥秘，深刻理解建设区域法治社会对于推动区域法治发展的价值意义所在。倘若按照《讨论》一文所界定的"区域法制"观念，疏于关注区域法治现象的文化意义，那么，作为地方性知识的法律不可避免地成为脱离文化根基的空洞的规则外壳，从而影响我们对于区域法治现象的解释力量。

　　不仅如此，使用"区域法制"概念，还在很大程度上限缩了我们观察与认识区域法治生活领域的范围，只是关注跨行政区域的地方政府行为，而忽略了以特定行政区域为基础的地方政府行为。殊不知这种类型的地方政府行为在当代中国法治发展进程中有着至为关键的基础性作用，是推进区域法治发展的重要主体力量之一。"区域法治"的概念范围，涉及特定

---

　　① 　参见［美］克利福德·吉尔兹：《地方性知识：事实与法律的比较透视》，邓正来译，载梁治平编：《法律的文化解释》（增订本），三联书店 1998 年版，第 73、81、89—91、94、126、127、149 页。

行政区域和跨行政区域的广阔的法治生活领域，并且以特定行政区域中的法治生活现象作为主导性的研究对象。在当代中国，在推进法治中国建设的时代进程中，省域、市域、县域不同行政辖区层级的法治发展主体、客体、样态、功能、推进方式与路径选择等等，既有共通的要求，又有不同的特点，需要运用"区域法治"的概念工具加以深入分析，从而揭示和把握不同政区层级的区域法治发展的运动规律。尤其是县域法治发展，不仅在区域法治而且在国家法治发展进程中具有独特的战略地位。在当代中国国家政权体系中，县级政权构成了国家政权结构的基本单元和基础，县级政治或县政是整个国家政治运作的基层枢纽。作为一个完整型态的县域社会治理，涉及中央与地方、国家与社会、城市与乡村等一系列重大的国家治理关系。在实现国家治理现代化的进程中，推进县域治理改革，完善县域治理功能，已经成为摆在我们面前的一项重大议程。因此，推进法治中国建设，推动区域法治发展，必须紧紧扭住县域法治发展这个重心不放，把县域法治建设作为区域法治建设的主战场，积极推动全面依法治国在县域基层的具体实践，为法治中国进程中的区域法治发展注入源头活水。①此外，还应当看到，在中国经济改革与社会转型过程中，特定行政区域中的法治发展与跨行政区域的法治发展是相互关联、相互作用的，二者之间构成一幅彼此互动、内在统一的区域法治发展之整体画面。这就必然要求我们应当运用一个完整的'区域法治"概念加以阐释。②

四、关于区域法治与国家主权的关系

《讨论》一文作者质疑"区域法治"概念的一个重要理由，就是认为

---

① 参见李树忠：《依法治国语境下的县域法治》，载《中国政法大学学报》2013 年第 6 期；尹洪阳、杨玉圣：《县域法治论纲》，载《中国政法大学学报》2013 年第 6 期。
② 参见文正邦：《法治中国视阈下的区域法治研究论要》，载《东方法学》2014 年第 5 期。

"区域法治或区域法治发展概念存在的基础似乎应该是主权可以分割"。但是，主权"是不可分割的最高权力、绝对权力和永久权力"。"如果为了推动地方分权而要求主权可分，那么就不但是对主权、分权与集权关系的误解，同时也是对主权'无价值'的否定。一个国家内部不可能同时出现两个主权，因此'区域法治'或'区域法治发展'的表述在逻辑上就存在天然的矛盾。"① 对于这一推论式的观点，笔者实在不敢苟同。应当指出，笔者在《分析》一文中使用"区域法治发展"概念的一个基本的理论基点，乃是突出当代中国区域法治发展进程的国家主权一元观之前提性地位与意义，对"区域法治发展"的概念内涵作了前提性限定，即："作为国家法治发展的有机构成要素的区域法治发展，乃是国家法治发展在主权国家的特定范围内的具体实现，它所展示的乃是从前现代社会向现代社会转变这一特定过程中法律文明及其价值基础在特定地域中展开的具体生动的法治场景。所以，区域法治发展与国家法治发展在基本性质、主体内容与总体目标诸方面，都是内在一致、并行不悖的，绝不存在一个脱离国家法治发展的历史进程的孤立的区域法治发展。"② 很清楚，在这里笔者关于区域法治发展的概念表达，与所谓的国家主权二元论无涉，根本不存在"区域法治发展概念存在的基础似乎应该是主权可以分割"的问题，而那种"如果为了推动地方分权而要求主权可分"的推论更又从何说起？区域法治发展与国家主权之间的关系，确乎是一个重大的学术论题。既然《讨论》一文作者提出这个问题，并且将此作为"区域"与"法治"在逻辑上难以"自治"的关键证明之所在，那么笔者实有必要对此加以简略的补充阐释。

在当代中国，分析法治发展进程中的主权因素，必须着力把握单一制的国家结构形式的性质与特点，深入探讨这一国家结构体制对于法治发展

---

① 参见张彪、周叶中：《区域法治还是区域法制——兼与公丕祥教授讨论》，载《南京师大学报》（社会科学版）2015 年第 4 期。

② 参见公丕祥：《区域法治发展的概念意义——一种法哲学方法论上的初步分析》，载《南京师大学报》（社会科学版）2014 年第 1 期。

的决定性作用机理。从总体上看，在民族国家的视域下，主权是统一的、不可分割的，也是不能让渡的，国家是主权的唯一的集合性的实体，具有独立的单一的国家人格。法国思想家博丹的"国家主权"学说，乃是近代民族国家主权思想的典型表达。应当看到，不同的国家结构形式体现了不同的主权状态。在联邦制与单一制的不同政制条件下，主权关系图式是迥然有别的。一般来说，在实行联邦制的国家，国家主权乃是各个加盟的国家的主权的某些属性的集合体，作为联邦的国家的主权在很大程度上来自于各个加盟的成员国主权的转移或者让渡，因而国家主权在本质上是被分割开来的，只是由于各个成员国主权在联邦宪法的架构下向联邦的转移，方使联邦国家享有一种集合型主权。从法理上讲，各个成员国可以在一定的条件下通过一定的宪法性机制收回让渡给联邦的主权。而无论这种主权是否让渡或者回归，联邦的各个成员国则拥有高度的广泛的自治权力，这是来自于各个成员国所拥有的主权地位（尽管已经让渡给联邦），因而是独立的、排他性的，甚至联邦国家都不能加以攫取。从这个意义上说，联邦制条件下的各个加盟成员国的主权与自治权力具有同一性的性质和特征。然而，在实行单一制国家的条件下，情形就大不一样了。单一制国家的主权保持着统一的、不可分割的、不可转让的状态。人们通常认为法国启蒙思想家卢梭的"人民主权"论乃是当代主权理论的思想渊源和经典代表，黑格尔和马克思都曾对卢梭的主权思想给予不同意义上的充分肯定。① 这里我们有必要对卢梭的"人民主权"理论作出进一步的解读，以便对单一制国家的主权关系获得一种新的认识。卢梭的"人民主权"思想是他的理论体系中远较"天赋人权"论更为深刻的一种理论学说，而这一思想的核心就在于强调主权是公意的体现与运用，因而主权从本质上讲存在于共同体的全体成员之中，它是不可分割的、不可转让的。由此，卢梭

---

① 参见《马克思恩格斯全集》第 1 卷，人民出版社 1965 年版，第 255、295 页；[德]黑格尔：《法哲学原理》，范扬、张企泰译，商务印书馆 1961 年版，第 285 页。

反对国家权力分立学说，指出一些政治家把主权分为强力与意志，分为合法权力与行政权力，分为税收权、司法权与战争权，分为内政权与外交权，这样就把社会共同体加以肢解，"把主权者弄成一个支离破碎拼凑起来的怪物"，"没有形成主权权威的正确概念"。① 在卢梭那里，由于主权是统一的、不可分割的，并且是不能转让的，因为作为反映公意的主权者意志的法律，便具有普遍性与整体性的特征，旨在于确定、维护与实现公共利益。按照卢梭的"人民主权"论及其法律性质论的逻辑，不存在主权的分割以及国家权力的横向与纵向的分散化问题，也不存在国家立法与地方立法的区别和分立问题。卢梭强调主权不可分割，实际上主要是指实行高度集权的人民主权类型的国家条件下的主权状态。他尽管没有区别地讨论过国家结构形式的单一制与联邦制的问题，但认为国家规模不宜过于庞大，以便防止国家治理效益衰减，他心目中的国家实际上是主权高度集中统一的共和国的国家类型。在这样的国家类型中，实行中央集权，民族国家内部的各个区域都受控于更高的中央政府权威，主权附着在单一的、不可分割且不可转让的国家人格之上。诚然，在有的单一制的中央集权的统一国家中，推行一定程度的区域或地区分权，但是参与分权的区域或地区机构或群体所行使的权力，并不是主权权力，而是治理权力或治权（当然，这并不排除在当代欧洲的某些国家，比如法国、英国等，参与分权的地区拥有某些主权权力）。在单一制国家的条件下，这种治权不具有主权的任何要素，也不意味着行使主权的某些权能，而是区域性的地方政府依据其法定职责与社会责任对区域性的地方公共事务加以治理或管理的权力。这种治权不是单一的、僵硬的，而是分层的、多样化的、因地因时而宜的，是实现国家主权的重要载体和基本路径之一，也是国家治理得以有效扎实展开的制度保障。因之，单一制国家的主权与治权之间存在着统一性前提下的某种程度的"分离"现象（当然，并不是那种毫无联系的分离，而是

---

① 参见 [法] 卢梭：《社会契约论》，何兆武译，商务印书馆 1980 年版，第 37 页。

指与主权行使没有直接联系的分离）。在推进国家治理体系现代化的进程中，区域社会治理起到了基础性的重要作用。区域性的地方政府对于治权的有效施行，不仅可以使国家主权在全国范围内得到更有力的落实，促进主权在主权国家的疆域内的全面实现，而且可以释放区域社会的巨大潜力与活力，改善区域社会治理状况，增进区域社会的繁荣发展。

在中国的长期历史演进过程中，由公元前 221 年秦始皇开启的取代先前的邦国制度而形成的大一统的中央集权帝国制度，延续两千多年之久未曾更改，并且随着历史的进程日益强化。1911 年的辛亥革命，推翻了帝国制度而代之以共和体制，但依然是大一统的国家体制而不是联邦或邦联制（尽管此后的一段时期内出现过短暂的所谓"联省自治"）。1949 年新民主主义革命的胜利，诞生了中华人民共和国，大一统的中央集权的国家结构制度仍是新的国家体制的核心要义之一。这种大一统的国家制度的法权要求之集中表现乃是由国家组织编撰施行全国范围之内的统一法典，法律成为确立与实现大一统国家体制的基本工具。"五四宪法"在国家建制方面的功能性目标之一，便是"建立高度统一的国家领导制度"①。按照这一目标设定，在《共同纲领》的基础上，"五四宪法"对国家政治制度作了更加完备的规定，架构了一个以国家权力机关为核心的国家机构体系，建立了自上而下的统一的国家行政机关运作体制，并且对在坚持单一制国家结构形式的前提下的民族区域自治制度作了更加翔实的规定。后来的"八二宪法"适应"一国两制"的国家政制发展要求，建立了单一制国家体制框架内的特别行政区制度，但在总体上延续了"五四宪法"所确立的大一统的中央集权型的国家政制。这一国家政制的法律表现，就是"八二宪法"郑重宣示的国家法制统一原则，即："国家维护社会主义法制的统一和尊严"（第 5 条第 2 款）。而国家法制的统一的最深厚的法源依据，则在于宪法至上原则。因之，当代中国单一制的中央主导的国家政制为国家

---

① 参见《刘少奇选集》下卷，人民出版社 1985 年版，第 144—145 页。

法制统一奠定了政治基础。这是现代法治的重要原则和基本要求，是国家法治发展的制度基石，也是当代中国区域法治发展所不可逾越的政制底线。

进一步的分析表明，在当代中国，单一制的中央主导的国家政制模式所决定的国家法制统一性，并不决然排拒不同区域法治发展之间的差异化或多样性。1956 年 4 月 25 日，毛泽东在《论十大关系》的著名讲话，其中专门论及中央和地方的关系。他提出了正确认识和处理中央与地方之间的关系的基本原则，指出："中央和地方的关系也是一个矛盾。解决这个矛盾，目前要注意的是，应当在巩固中央统一领导的前提下，扩大一点地方的权力，给地方更多的独立性，让地方办更多的事情。这对我们建设强大的社会主义国家比较有利。"① 为什么要实行这样的基本原则？毛泽东分析说："我们的国家这样大，人口这样多，情况这样复杂，有中央和地方两个积极性，比只有一个积极性好得多。我们不能像苏联那样，把什么都集中到中央，把地方卡得死死的，一点机动权也没有。"② 显然，中国的基本国情状况和国际经验，决定了正确处理中央与地方的关系的必要性。毛泽东还特别提出中国法制建设的统一性与特殊性的关系问题，明确指出："我们的宪法规定，立法权集中在中央，但是在不违背中央方针的条件下，按照情况和工作需要，地方可以搞章程、条例、办法，宪法并没有约束。我们要统一，也要特殊。"③ 这是当代中国法治发展的一个重大指导方针。它深刻地反映了中国基本国情条件的法治需求，体现了中国经济社会发展不平衡的基本规律。④ 实际上，我国现行宪法和法律为国家法治发展的多样性统一运动样式提供了合宪性与合法性基础，亦为区域法治发展创设了

---

① 《毛泽东著作选读》下册，人民出版社 1986 年版，第 729 页。

② 同上。

③ 同上书，第 730 页。

④ 参见苏力：《道路通向城市——转型中国的法治》，法律出版社 2004 年版，第 62—65 页。

广阔的制度空间。国家权力的纵向配置关系，是中央与地方之间的关系问题在法治领域中的集中体现。现行宪法第三条第四款确立了中央与地方之间权力关系的基本准则，即："中央和地方的国家机构职权的划分，遵循在中央的统一领导下，充分发挥地方的主动性、积极性的原则。"这一国家机构职权或权力的纵向划分配置的宪法原则及其制度机制安排，指明了当代中国中央与地方之间权力关系运行的法治方向。

立法权制度是国家治理体系的重要组成部分。合理界定国家立法与地方立法事项范围，科学划分中央立法权与地方立法权的责权关系，是建构国家纵向治理体制、推进国家治理体系现代化的基础性的制度环节。从 1979 年地方组织法赋予省级人大及其常委会行使一般地方立法权开始，国家纵向治权体制改革显示出蓬勃的生机与活力。地方立法把一定行政区划范围内的区域性公共事务作为主要调整对象，可以充分发挥自主性的区域治权，把区域社会治理纳入法治化轨道之中，有效应对区域社会治理过程中面临的突出矛盾和问题，努力改善区域社会治理状况。由于各个行政区域的公共事务与公共服务有着不同的需求，因而地方立法必须从本行政区域经济、社会、文化、风俗、民情、历史传统乃至地理条件诸方面的实际情形出发，强化问题导向，悉心把握本区域公共事务的基本特点、需求程度、表现形式与发展趋势，着力体现调整本区域公共事务关系的规范规则的区域特色与现实针对性。2015 年 3 月 15 日，十二届全国人大三次会议审议通过的关于修改立法法的决定，把中共十八届四中全会决定关于"依法赋予设区的市地方立法权"的精神上升为国家意志，规定"设区的市的人民代表大会及其常务委员会根据本市的具体情况和实际需要，在不同宪法、法律、行政法规和本省、自治区的地方性法规相抵触的前提下，可以对城乡建设与管理、环境保护、历史文化保护等方面的事项制定地方性法规"（新《立法法》第 72 条第 2 款），这样迄今为止，全国除立法法修改前 48 个较大的市享有地方性法规制定权，还有 237 个设区的市因立法法修改而享有地方立法权。这是当代中国地方立法体制的重大变革，对于推进国家治理现代化、创新区域治权体制，加强区域社会治理进而推动区域法治发展意义重大，影响深远。由此，作为区域治权体制法律表现型态之一的地方立法权，在遵循国家法制统一原则的前提下，在具体实现过程中势必呈现出多样化的鲜明特质。这种地方立法的区域特色，实际上反映了治权实现的区域差异性。在单一制国家的条件下，在统一的不可分割的国家主权之统摄下，分层化的多样性的区域治权能够将唯一的国家主权意志通过各具特色的途径与机制转化为有效的区域治理，进而形成和谐统一的国家治理局面。

因之，在全面深化改革、全面依法治国的现时代，努力建构一个国家主权统摄下的分层多样的区域治权体制，进而确立法制统一与区域差异有机结合的区域法治发展样式，这对于我们这个区域发展不平衡的东方大国来说，显然有着重大的意义。那种认为"区域法治发展概念忽略了法治与主权的关系"的观点，在逻辑上亦是很难成立的。

五、关于区域法治与地方法治的概念关系

《讨论》一文提出"区域法治发展与地方法治是何种关联？"的疑问，应当说这个问题的提出是很有意义的，因为这涉及如何准确把握区域法治与地方法治这两个概念的质的规定性的重要论题。不过，在该文作者看来，这两个概念在提出背景、成立基础、内涵特征诸方面"高度相似"，"两者几乎完全一致"，区域法治发展概念"无法与地方法治进行有效区分"，因而对"有没有充分的必要性去发展"区域法治发展这一概念"存有疑问"。① 对此，笔者拟应给予必要的回应。

首先，需要指出的是，《讨论》一文试图对区域法治发展和地方法治

---

① 参见张彪、周叶中：《区域法治还是区域法制？——兼与公丕祥教授讨论》，载《南京师大学报》（社会科学版）2015 年第 4 期。

这两个概念的差别加以提示，便运用"直观地看"的方式指出"地方法治强调的是一个行政单元的法治建设，区域法治发展强调的是多个行政单元的法治建设"。在这里，该文作者对笔者在《分析》一文中对区域法治发展的概念界定作了一个不尽准确的解读。正如上文所述，我们所理解的区域法治发展，不仅是指以特定行政区划为基础所展开的法治建设，也包括以跨行政区域为基础所涉及的法治发展问题，因而是特定行政辖区的法治发展与跨行政辖区的法治发展之有机统一，舍弃其中任何一方面，都不是完整意义上的区域法治发展概念。①

　　由于区域法治发展概念突出以特定行政区域为基础的法治发展在当代中国区域法治发展进程中的主导性地位，因而这一概念与地方法治概念发生了概念内涵层面上的某种交集。也就是说，从原本的意义上讲，地方法治概念通常是指以一定的行政辖区为基础的法治建设状态。② 这一概念表达的实质在于将地方法治与国家法治相观照，突出地方法治在国家法治建设中的基础地位甚或是"中心地位"，以至于提出与国家整体主义法治观相对的"地方中心主义法治观"。③ 有的学者在研究地方法治现象时，虽然没有对地方法治概念作出明确的界定，但从其行文之中可以看出，这里的"地方法治"是与一定的行政区域相联结的，诸如地方法治的三种类型，即："程序性法治"的湖南案例，"自治型法治"的广东案例和"市场型法治"的浙江案例。④ 有的学者虽然使用了"地方法制"概念，但这里的"地方"显然系指特定的行政辖区的地方。⑤ 有的学者尽管并未使用"地方法治"，但提出"局部法治"的概念，继而探讨转型期"先行法治化"现象，

　　① 参见付子堂、张善根：《地方法治建设及其评估机制探析》，载《中国社会科学》2014 年第 11 期。

　　② 参见陈柳裕、王坤、汪江连：《论地方法治的可能性：以"法治浙江"战略为例》，载《浙江社会科学》2006 年第 2 期。

　　③ 参见黄文艺：《认真对待地方法治》，载《法学研究》2012 年第 6 期。

　　④ 参见周尚君：《国家建设视角下的地方法治试验》，载《中国法学》2013 年第 1 期。

　　⑤ 参见葛洪义：《法治国家与地方法制》，载《法学》2009 年第 12 期。

而"局部法治"概念以及"先行法治化"现象的阐释基础，乃是以一定行政区域中的法治状态为主要分析对象。① 值得注意的是，有的学者对地方法治概念内涵作了拓展性的解读，认为"所谓地方法治，是指国家主权范围内的各个地方（包括以行政区划为特征的地方省市、区县，也包括跨越行政区域的地方联合），在法治中国的推进过程中，践行法治精神，落实法治理念，以实现国家法治为目标，基于法治型社会治理的需求，逐渐形成并日益勃兴的一种法治发展现象，是建设社会主义法治国家在地方的具体实践"。② 可见，这里的"地方法治"概念因其对"地方"范围的界定涵盖特定行政区域和跨行政区域两个层面，所以就与笔者的"区域法治发展"概念内涵相通联结。正是基于上述分析，笔者曾在有关文章中强调"区域法治概念与地方法治概念具有相通的意蕴，都是与国家的法治概念相对而言的层级性的法治类型学概念"。③ 因此，区域法治发展概念与地方法治概念之间的内在相通性，植根于二者对"区域"或"地方"范围界定的相似性，并非为《讨论》一文所论及的"概念背景、基础、内涵高度相似"。只有把握这两个概念内涵的有机关联，我们才能对概念的质的规定性作出准确的理解。

应当看到，虽然区域法治概念与地方法治概念有着相通的意蕴，但笔者之所以要使用"区域法治发展"这一概念，正如在有关文章中所述及的那样，"与地方法治概念稍有不同，区域法治概念在统摄法治发展现象普遍性意义的基础上，引入地域空间的概念要素，旨在揭示法治发展现象特殊性的意蕴，进而表达不同地域空间范围的不同法治发展状态及其原

---

① 参见孙笑侠：《局部法治的地域资源——转型期"先行法治化"现象解读》，载《法学》2009 年第 12 期；孙笑侠：《转型期"先行法治化"现象解读》，见孙笑侠主编：《转型期法治报告》（2009 年卷），法律出版社 2010 年版，第 80—85 页。

② 参见付子堂、张善根：《地方法治建设及其评估机制探析》，载《中国社会科学》2014 年第 11 期。

③ 参见公丕祥：《法治中国进程中的区域法治发展》，载《法学》2015 年第 1 期。

因"①。在这里，有必要对构成区域法治发展现象基本变量的空间要素略加展开性的分析，藉以揭示区域法治发展概念的内在价值底蕴。

无论是何种型态的区域法治发展，都是在一定的地域空间范围内展开的。空间是区域的本质属性，也是我们理解区域法治发展现象的一把钥匙。"对于所有的思想模式来说，空间都是一个必不可少的思维框架。"②讨论区域问题，离开对特定地域单元中的空间关系的认识和把握，那是不可思议的。所以，"任何地方和区域发展的定义都需要从空间、地域、地点和范围这些基本的地理概念说起"。"'地方'和'区域'是典型的社会营造的空间范围，在这个空间范围内各种过程得以演进。"③研究国家现象，必须关注国家的地理特征以及国家所处的空间状况，充分认识国家的地区或区域的特性与该地区或区域自然界状况之间的内在联系。在这里，不仅地区或区域自然界对国家空间特性形成一定的制约作用，而且国家的空间状况及其特性对地区或区域自然界也产生着影响。20 世纪著名思想家马克斯·韦伯高度关注国家现象的地理空间特性。在《以政治为业》这篇著名的演讲中，他对国家下了一个经典性的定义："国家是这样一个人类团体，它在一定疆域之内（成功地）宣布了对正当使用暴力的垄断权。"④韦伯还特别提醒人们："请注意，'疆域'乃是国家的特征之一。"⑤因之，一定的地理疆域空间是国家正当使用暴力的垄断权的边界范围。从古至今的国家之间的冲突乃至战争，在很大程度上缘自于对国家之间一定地理疆域空间的争夺与控制权的斗争。而发生在一国之内的诸多形式的冲突状态，有的亦与地域空间因素密切相关。

---

① 参见公丕祥：《法治中国进程中的区域法治发展》，载《法学》2015 年第 1 期。

② 参见［美］罗伯特·戴维·萨克：《社会思想中的空间观：一种地理学的视角》，黄春芳译，朱红文等校，北京师范大学出版社 2010 年版，第 4 页。

③ 参见［英］安迪·派克 安德烈·罗德里格斯-珀斯、约翰·托梅尼：《地方和区域发展》，王学峰等译，格致出版社、上海人民出版社 2011 年版，第 33 页。

④ ［德］马克斯·韦伯：《学术与政治》，冯克利译，三联书店 1998 年版，第 55 页。

⑤ 同上。

　　分析法律发展现象，亦应当认真对待地域空间因素。纵观文明社会法权现象的变迁历程，我们可以清晰地看到，法律发展进程与地理空间环境之间有着密不可分的联系。1500 年前后的地理大发现，极大地改变了人类社会发展的地域空间环境。在这一时段之前，东西方文明大体上在其各自的地域空间范围内独立地演进与成长，而在此后，随着哥伦布、达·伽马和麦哲伦的远航探险所开启的近代地理大发现进程，东西方文明发展的地域空间条件发生了巨大的变化，以往那种孤立自在的民族生存状况被彻底打破。"地域性的个人为世界历史性的、经验上普遍的个人所代替。"历史也就"成为世界历史"。① 这是一个全球性的世界历史进程。在这样一个全新的地理空间环境中，各个民族国家的法律发展进程相互影响，形成一个整体化的相互联系的有机网络。不过，由于各个民族国家所处的地理空间状况不同，因而它的法律发展状态必然呈现出各自的鲜明特点，由此而形成人类法律文明进程的多样性统一的历史特性。作为 18 世纪欧洲启蒙运动的重要代表人物之一，孟德斯鸠在《论法的精神》一书中，用很大的篇幅讨论法的现象与地理环境之间的互动关系问题。他深入探讨了近代早期新世界的发现这一地理空间环境的巨大转换对全球贸易格局及其法律发展进程的深刻影响，指出："贸易的历史是各民族交通的历史。""罗盘针就好像把世界打开了。人们发现了亚洲和非洲，过去只知道它们的几段海岸而已；人们也发现美洲，过去对它也是茫然无知的。""在这以前，威尼斯人经由土耳其各邦经营印度的贸易，……由于好望角的发现以及不久以后一些其他的发现，意大利不再是商业世界的中心了；它就好像处在世界的一个偏僻角落内，而且现在还在那里。""发现美洲的后果就是把欧洲、亚洲和非洲连接起来了。欧洲同亚洲那一大块称之为东印度的地区进行贸易，美洲则把贸易的货品供给欧洲。银，作为一种标记，对贸易是很有作用的金属；但这时，作为商品的银，又

---

　　① 参见《马克思恩格斯选集》第 1 卷，人民出版社 1995 年版，第 166、168 页。

已成为世界上最庞大的贸易的基础了。末了这一点：非洲的航行成为必要的了；它供给人手到美洲的矿山和田地去工作。"不仅如此，随着全球贸易空间的巨大变化，欧洲在近代世界经济与贸易体系中的地位逐步得到空前的强化，"欧洲的权势已达到了极高的程度"，虽然中国内部的贸易比整个欧洲的贸易还要庞大，"但是欧洲经营着世界其他三个地区的贸易和航业；这就同法、英、荷几乎经营着整个欧洲的航业和贸易的情况是相类似的"。① 孟德斯鸠的上述分析表明，正是在这一全球贸易地理空间场域的转换过程中，欧洲的一些海外殖民地陆续形成，进而催生了多种多样的调节欧洲宗主国与殖民地关系的法律，这就在一定程度上影响着国家和整个世界的关系。随着亚洲和非洲以及美洲这两个世界的新发现，全球贸易体系及其法律关系不可避免地发生着异常显著的变化。欧洲国家贸易逐渐成为全球贸易体系中的主导性力量，以近代西方自然法观念和西欧国家法律制度原则为基础的近代国际法体系遂而成为支配性的国际法律系统，白银资本和奴隶贸易则是这一近代进程的必然产物。也正是在这一过程中，东西方文明在世界进程中的位置开始发生变动。原本与西方文明独立平行发展的东方文明，日益被纳入由西方文明逐步起到主导地位的全球化体制之中。在这一新的全球法律空间结构中，近代中国法律发展亦渐次地丧失其自主性地位，进而处于边缘化的状态。因此，从大历史的视角来看，地理空间关系是文明社会法律变迁过程的一个至关重要的自然与社会条件。

区域法治发展问题也是如此。如果说地方法治概念更多地体现了中央与地方关系的概念分析主轴，从现实与逻辑的关联之中把握中央与地方之间特定政治体制条件下的地方法治运动状态，那么，区域法治概念则更多地着眼于民族主权国家疆域范围内的特定行政区域主体推进法治

---

① 参见［法］孟德斯鸠：《论法的精神》下册，张雁深译，商务印书馆1963年版，第31、68、71页。

建设的能动的创造性活动，藉以探讨一定行政辖区空间与跨行政辖区空间条件下社会主体的法治活动及其状态，从而反映作为治国理政基本方式的法治在特定地域空间范围内的实现程度及其水准。因此，区域法治概念始终以法治发展的地域空间关系作为基本分析对象。在这方面，一些学者进行了有益的探索。美国学者柯文在"中国中心观"的取向下，运用区域分析方法研究晚清社会变革进程，从地域空间上把近代中国划分为沿海地带与内陆地带这两大文化地带，认为鸦片战争以后，香港成了英国殖民地，上海、广州、宁波、福州、厦门成了通商口岸，沿海与腹地之间的区别进一步扩大，形成沿海商业中心的文化特色。"沿海文化的特色，不仅在于与腹地文化形成对比，而且在于自身的各组成部分之间出现相当大量的相似点。""正是这种沿海地区在文化、制度与经济上的共同性，使该地区内部的交流得以顺畅进行"，因而构成沿海文化有别于内陆文化的显著特点。其中之一，在法律发展方面，"沿海地带在行政和司法上是一种混合体，既含有中国的又含有西方的主权与惯例的因素"。① 近代中国沿海区域法律文化系统表现出域外的与本土的两种法律价值体系彼此冲突与交融的内在特性，并且在很大程度上反映了沿海区域与内陆区域这两大地域空间范围内法律文化系统的某种差异性。这一空间区域分析原则为我们探讨近代以来中国不同地域空间的法律文化变迁大势提供了有益的启示。在这一分析架构下，有的学者对作为近代中国沿海区域文化系统之典型的近代上海法律生活状态进行了深入研究。这一研究结果表明，上海开埠以前，隶属于松江府的上海县，实行的是清王朝的法制，即一域一制。但是，随着 1845 年英租界的出现及其领事裁判权的确立，近代上海形成一城两制（华界与英租界法制）的区域法制状态，此后，又逐渐演变成一城三制（华界与英、美租界法制，华界

---

① 参见［美］柯文:《在中国发现历史——中国中心观在美国的兴起》，林同奇译，中华书局 1989 年版，第 142—144 页。

与英美租界法制、法租界法制)、一城四制(华界与英租界、美租界、法租界法制)等各具特质的区域法制形态。① 因之,这一研究开启了探讨以特定行政辖区的城市空间范围为基础的近代中国城市区域法治型态的学术先河。

实际上,沿海地域空间范围或者沿海城市空间地域中的法治发展现象,充分揭明了认识地域空间因素对于研究区域法治发展问题的极端重要性。有的学者透过当代中国局部区域先行法治化"现象",提出"法律地理学"(legal geography)的命题,藉以表明"同一国家的某些地区是/否能够更快地建立起法治秩序?",这个命题中也包含了诸如"法治的区域化发展的可能性",法治的发展是不是也存在"先发"和"后发"的问题,等等。②"法律地理学"概念的提出,把以区域法治空间变量关系为基础的新的法学研究领域愈益鲜明地展示在人们面前。这是一个崭新的法学学术领域,需要我们从全新的视野出发研究区域法治发展进程中的地域空间关系,不仅要探讨特定行政区域条件下的法治空间关系,而且要分析跨行政区域条件下的法治空间结构特性;不仅要梳理丰富多样的区域法治空间关系的形成、类型、功能及其效果,还要把握不同区域之间法治空间关系转换的途径、形式、动力及其机理,如此等等。而这一研究的基本目标,旨在于从理论上表达当代中国法治发展进程的多样性统一的内在逻辑及其必然性,丰富当代中国法治话语体系,从实践上为提升区域法治决策

---

① 参见王立民:《中国近代的城市区域法制探研——以上海近代的区域法制为例》,载《法制现代化研究》2013 年卷,法律出版社 2014 年版,第 65—73 页。关于域外特定行政辖区的城市空间范围的法治状态研究,可参见张志铭、谢鸿飞、柳志伟、渠涛:《世界城市法制化治理——以纽约市和东京市为参照系》,上海人民出版社 2005 年版。

② 参见孙笑侠:《转型期"先行法治化"现象解读》,见孙笑侠主编:《转型期法治报告》(2009 年卷),法律出版社 2010 年版,第 80—81 页。2013 年 4 月 25 日,国务院批复了《苏南现代化建设示范区规划》,强调要"建设社会主义法治区域"。这就提出了地处长江三角洲核心区的苏南地区这一区域空间范围先行法治化的重大任务。参见《城市评论》2013 年第 4 期。

与区域法治治理能力找寻可能的行动方案选择，以期回应全面依法治国、建设法治中国的伟大时代对法学工作者的理论期待。在我们看来，把地域空间关系变量引入现代法学研究之中，这将会大大开阔我们对于包括当代中国区域法治现象在内的当代法治发展问题的理论视域，使我们获得一种新的概念分析工具，增强现代法学研究的阐释力量。诚如当代著名西方马克思主义学者大卫·哈维所指出的，"空间概念尚未成功地嵌入社会理论，忽视实际地理结构、关系和过程之重要性的社会理论仍旧乏善可陈"①。因之，建构一个引入空间变量关系的区域法治发展理论系统，这是当代中国法学界拟应全力以赴的一项重要的学术任务。"区域法治发展"的概念系统充满着无穷的学术魅力，是一个有待人们奋力开拓的法学园地，因而有着"充分的必要性去发展这一概念"。

六、小　结

"区域法治还是区域法制？"这是《讨论》一文提出的似乎是二者必居其一的概念抉择问题。在我看来，对于这一选择性的设问加以再讨论，确实是必要的。这并非一个概念之争的文字游戏，而是一项关乎问题论域范围之确定、概念内涵属性之界定、主题研究前景之估定的重要法学学术事业。通过上文的进一步讨论，我的选项是：较之《讨论》一文中的"区域法制"概念，还是"区域法治"概念好些。其主要理由综述如下：

第一，"区域"的概念含义丰富、外延广泛，是一个涉及诸多学科领域的多层面的综合性概念。从法学研究的视角看，就主权国家范围内的区域概念而言，它包括两个层面的基本规定性：其一，区域是指主权国家范围内的以特定行政区划为基本单元的特定地域空间。根据我国现行宪法第

---

① 参见［英］大卫·哈维：《论地理学的历史和现状：历史唯物主义宣言》，载蔡运龙、［美］Bill Wyckoff 主编：《地理学思想经典解读》，蔡运龙译，商务印书馆 2011 年版，第252 页。

30 条规定，中华人民共和国的行政区域划分如下：全国分为省、自治区、直辖市；省、自治区分为自治州、县、自治县、市；县、自治县分为乡、民族乡、镇。直辖市和较大的市分为区、县；自治州分为县、自治县市。这些不同行政辖层级的地域空间，构成了相应的行政区域范围；其二，区域也是指主权国家范围内的由相邻地域行政辖区构成的跨行政区划的地域空间单元，亦即跨行政区域范围。因之，法学视野中的"区域"概念是上述两个层面的区域现象的有机集合体，这是笔者在《分析》一文及其他文章中所使用的"区域"概念的基本含义。而《讨论》一文的"区域"概念，仅指"区域"含义的第二个层面，这显然与笔者对"区域"概念的界定不同。

第二，研究法学意义上的"区域"概念，应当更加关注以一定行政区划为基础的特定地域空间关系，因为这是"区域"概念的主体内涵，当下中国的区域法治发展在很大程度上正是在这一地域空间条件下展开的法治实践活动。就跨行政区划的区域概念而言，似不拟简单地认为这一层面的区域概念之兴起乃是当代中国改革开放的产物。实际上，跨行政区划的区域概念由来已久。而这一层面的区域概念的表现型态丰富多样，从总体上看，主要有：跨行政区划的特定经济区域、跨行政区划的一定社会区域、跨行政区划的一定文化区域。

因此，第三，由于《讨论》一文作者对"区域"概念限缩性的解构，因而基于跨行政区划的"区域法制"概念，显然与笔者和其他许多学者的"区域法治"概念存在明显区别。在当代中国，区域法治发展是在国家法治发展的总体方向和基本要求的基础上，根据区域经济社会发展的法治需求，推进区域社会治理现代化的法治实践活动，是治国理政的区域性依法治理模式。它不仅是指一定行政区划范围中的地方党委政府推进法治建设与发展的依法治理活动，而且是指跨行政区划的区域间政府基于一定的制度安排（区域合作协议等）所实施的协同治理活动。可见，"区域法治"概念内涵较之《讨论》一文的"区域法制"概念内涵要丰富得多。其实，《讨论》一文的"区域法制"概念包含于"区域法治"概念之中。

第四，在当代中国社会转型变革的历史进程中，运用"区域法治"概念，可以使我们在广阔的社会背景下细心把握这一变革进程在区域社会中的实现程度，揭示区域社会治理法治化的内在逻辑与运行机理，为法治中国进程中的法治区域建设与发展探寻可行便利的概念工具系统。在这里，不仅要关注跨行政区划的具有法律意义的区域性的制度安排，实践活动与行为模式选择，更要重视以特定行政区划为基础的区域法治创新实践活动；不仅要研究区域法治发展进程中正规化的制度安排及其实际效果，更要加强对非正规化的规范体系及其对于区域法治的功能作用的深入研究；不仅要注重探讨特定行政区域的和跨行政区域的法治现象，更要注重研究区域法治生活领域中的文化问题，深入揭示区域法治现象的文化意义与价值，因为作为治理机制的法治在本质上是一种"地方性知识"。正是在这里，我们可以深切体认到"法治的力量"。倘若按照《讨论》一文中的"区域法制"概念，势必会限缩我们对于区域法治现象的全面而透彻的观察与认知。

第五，区域法治与国家主权的关系，无疑是我们研究区域法治发展问题必须着力解决的一个重要论题，笔者始终注意把区域法治发展放置在国家法治发展的总体进程中加以观照与思考，强调区域法治发展是国家法治发展在主权国家的特定区域范围内的具体实践。因此，在这里，根本不存在所谓国家主权的二元论问题。在当代中国，单一制的国家结构体制从根本上决定任何形式的法治发展的国家主权一元论的主导地位。基于中国的特殊国情条件，我国现行宪法建构了调整中央与地方之间权力关系的基本准则和制度机制。在坚持和维护国家主权统一性、国家法制统一性的前提下，各级地方政府履行宪法和法律赋予的治理社会权力或治权，可以使国家主权在主权国家的疆域内的全面实现，进而释放区域社会发展的巨大活力。所以在这个意义上，当代中国的区域法治发展，恰恰是国家宪法与法律赋予的区域治权的有机载体，也是国家与社会治理现代化的题中应有之义。

第六,一般来说,区域法治与地方法治这两个概念的基本含义是相通的,是与国家法治概念相联系的层级性的法治类型学概念。学界研究地方法治问题,取得了丰硕成果。较之地方法治概念,区域法治概念力图引入地域空间的概念要素,揭示区域法治现象的空间属性。无论是历史进程中的国家法治发展,还是主权国家范围内的基于特定行政辖区的区域法治发展,抑或主权国家范围内的基于跨行政辖区的区域法治发展,都离不开一定的地域空间条件——这是法治发展现象的不可或缺的物质基础。在人类政治法律思想史上,从亚里士多德到孟德斯鸠,都注意研究法律发展与地理环境之间的关系问题。对于区域法治现象来说,拟应注意分析区域法治发展进程中的空间结构关系。在这方面,一些学者进行了颇为有益的理论探索,既有关于近代中国社会与法律发展进程中的沿海区域与内陆区域的跨行政区域空间的比较分析,也有对于特定行政区域的近代中国城市空间法制类型的深入探讨,还有对于区域法治先行化现象的"法律地理学"的法治空间概念框架之构造。这些学术成果,在一定程度上开启了区域法治发展进程中的空间关系研究的先河。严格地来讲,空间概念尚未引起当代中国法学界的足够关注,还没有成功地"嵌入"法学理论之中。探讨中国区域法治发展现象,确有必要使用"空间"这一概念工具,增强区域法治概念的理论逻辑,深化和发展区域法治概念,藉以构造具有鲜明中国风格的区域法治发展空间变量分析框架。倘若这样,我们定会从中愈益感受到"空间的力量"。

本刊于《南京师大学报》(社会科学版)2016 年第 1 期

第十一章
法治建设先导区域的概念与功能

本章概要

在建设法治中国的时代进程中，推动法治建设先导区域的形成和发展，无疑是当代中国地方党委、政府依据国家法治发展的大政方针所作出的重要法治决策与政策安排，是由党委、政府组织实施的一项开创性的法治事业。法治建设先导区域乃是国家法治发展的有机组成部分，展示了国家法治发展的未来趋向，这不仅是实施国家法治发展战略的"试验田"，而且是贯彻区域法治发展战略的"先行者"，体现了鲜明的法律政策目标，在推进国家治理现代化的进程中具有样本或示范的意义。推动法治建设先导区域的形成与发展，必须正确认识和处理好当前与长远的关系、全局与重点的关系、国际与国内的关系，进而充分发挥法治建设先导区域的功能作用，创新区域社会治理体系，提升区域社会治理能力，激发区域社会创造活力，深化区域法治创建，优化区域法治环境，进而展示法律政策的内在根据和功能取向。

一般来说，法律政策乃是政府基于国家与社会治理的需要，按照国家法治发展的战略目标和大政方针，从全国或特定地区的具体法治情形出发所提出的法治建设的决策部署与政策安排。时下，随着推进法治中国建设的历史进程的深入展开，一些地方的党委、政府从本地经济社会发展的实际出发，作出创建全国法治建设先导区域的决策部署，并且持续不断地加以推进。这是当代中国区域法治发展的有益探索和崭新形态，需要我们从理论与实践的结合上深入探讨，以期深刻把握法治中国建设的基本规律与实践路径。本文即是在这一方面的初步努力，力图通过对法治建设先导区域实践的法律政策分析，确证法治建设先导区域的内在理论逻辑，进而推动法治中国和法治区域建设的健康发展。这是当代中国法学工作者的义不容辞的时代责任。①

一、法治建设先导区域的概念设定

任何政策都有着相应的目标设定，法律政策亦是如此。在当代中国，法治建设先导区域亦称法治建设先导区，主要是指在国家法治发展进程中，某些区域在一定社会经济条件的影响和作用下，先行取得法治建设的重要进展所形成的具有先导或示范意义的法治区域。在这里，法治建设先导区域的概念在很大程度上表达了政府推进区域法治发展的法律目标指向。它具有以下三个基本规定性：

---

① 英国学者爱德华·A.希尔斯在评价 20 世纪思想大师马克斯·韦伯的学术贡献时，专门论及了韦伯关于社会科学研究的政策目标的探讨，指出："如果韦伯的探讨有助于社会科学家对社会科学借以阐明政策的假定的方式作出更好的思考，那么也有助于他们弄清楚价值关联标准。通过将任何政策的假定追溯于其先决条件，确定某一课题或问题之'价值关联'的工作也将在一个更一般或理论的层面进行。因此，用于研究的问题自身将趋向于根据它们的理论假定而得到的陈述；并且研究兴趣也将上升到一种更为抽象的层次，在那里，理论与调查研究将被结合起来，也将变得更为可靠。"这一观点颇具启发意义。参见[英] 爱德华·A.希尔斯《〈社会科学方法论〉英译前言》，见 [德] 马克斯·韦伯《社会科学方法论》，朱红文等译，谢建蕤校，中国人民大学出版社 1992 年版，第 VIII—IX 页。

其一，法治建设先导区域是国家法治发展的有机组成部分。一般来说，国家法治发展体现了国家法律制度与法律价值准则的历史转型变革的进展及其趋向，在当代中国，这是一个从传统法制向现代法治的历史过程。由于不同区域的经济的、社会的、文化的、历史的乃至地理的诸方面条件的不同，国家法治发展在不同区域的推进与实现状况必然呈现出差异化的显著特点，这就形成了国家法治发展总体进程中的不同的个别化的法治区域。在这个若干各具特色的法治区域中，法治建设先导区域以其先行探索的法治实践，有力地推动着区域法治发展的进程，进而促进国家法治发展。这就是说，法治建设先导区域是按照国家法治发展的整体要求探索区域法治发展新路的区域法治实践。

其二，法治建设先导区域的启动与运行和一定的社会经济条件密切相关。历史唯物主义法律观告诉我们，"在现代国家，法不仅必须适应于总的经济状况，不仅必须是它的表现，而且还必须是不因内在矛盾而自相抵触的一种内部和谐一致的表现"[①]。一定社会的经济生活条件决定着该社会法的现象的性质和特点，制约着法的现象的运动方向。中国社会发展的一个显著特点，就是区域发展之间的不均衡。这种经济社会发展的不平衡状况，对中国的法治发展进程产生了至为深刻的影响，遂而表现为不同区域法治发展的差异性。这是毋庸讳言的客观实在。法治建设先导区域的形成与发展，乃是这个区域经济社会发展的内在法权要求。它反映了该区域经济交往与社会生活对加快法治建设事业的迫切需要，体现了法治建设先导区域对于该区域经济社会发展的能动作用。这就是说，区域经济社会发展的法权要求，构成了法治建设先导区域的不竭动力。

其三，法治建设先导区域的法治实践，在国家法治发展进程中具有先行探索的意义。美国著名的中国问题学者傅高义在《先行一步：改革中

[①]　参见《马克思恩格斯选集》第 4 卷，人民出版社 2012 年版，第 610 页。

的广东》一书中，深入探讨了作为当代中国改革开放试验场的广东改革发展先行一步的特殊典型意义，指出："如果说广东的改革在中国是先行一步，那么对于世界其他社会主义国家而言，也许就是先行两步了。"① 因之，"广东改革的影响超越国界"②。推动广东改革的重大举措之一，就是中央决定设立的四个经济特区，其中有三个在广东。而经济特区作为新体制的试验区，乃是一个融经济、政治、社会诸种职能于一体的拥有相当自主权的区域共同体。它在法治发展方面的先行试验与探索，为国家法治发展提供了重要的经验。比如，1987 年，为了寻求急需的资金来源，深圳经济特区借鉴香港的经验，在全国第一次以 50 年的长期租期拍卖土地资产，并且尝试用地产作为银行贷款抵押。③ 这一做法是与当时的法律规定相悖的，甚至是违宪的。修改前的 1982 年《宪法》第 10 条规定："任何组织或者个人不得侵占、买卖、出租或者以其他形式非法转让土地。"在深圳经济特区等地率先启动土地出租的改革试验的情况下，为推动市场取向的改革向纵深发展，"八二宪法"修正案第 2 条确认了土地出租的合法性，将上述规定修改为："任何组织或者个人不得侵占、买卖或者以其他形式非法转让土地。土地的使用权可以依照法律的规定转让。"④ 很显然，先行一步的经济特区的政策选择及其法制改革举措，不仅为本区域的急剧的改革发展创设了合法性基础，而且成为国家法制变革的重要参鉴。可见，法治建设先导区域的率先探索，在很大程度上，不仅为其他区域法治发展提供了有益的经验，而且展示了国家法治发展的未来趋向，因而构成了具有样本或示范意义的法治区域。

---

① 参见［美］傅高义：《先行一步：改革中的广东》，凌可丰、丁安华译，广东人民出版社 2008 年版，第 2 页。

② 参见上书，第 371 页。

③ 参见上书，第 126—127 页。

④ 参见许崇德：《中华人民共和国宪法史》下卷，福建人民出版社 2005 年版，第529 页。

二、法治建设先导区域何以可能

一种事物何以可能的问题，与其说是本体论问题，不如说更是一个认识论的问题。法律政策的制定与实施的内在逻辑依据，说到底就是这样的法学认识论问题。我们知道，德国古典哲学大师康德的先验批判哲学被视为"哲学中的'哥白尼革命'"。在《纯粹理性批判》一书的导言中，康德提出："哲学须有一种规定先天的知识之可能性、原理及其范围之学说。"他认为，自然科学包含有作为其原理的先天的综合判断，那么，先天的综合判断何以可能？这乃是纯粹理性的固有问题之终极所在。由此，康德设定了以下一系列设问：纯粹数学何以可能？纯粹自然科学何以可能？视为自然倾向之玄学（形而上学）何以可能？视为学问之玄学（形而上学）何以可能？[①] 在这里，康德预设了一种主体与客体的二元论，排拒休谟的怀疑的经验论，把主客体关系颠倒过来，强调我们所认识的客体是由主体的经验方式和思维方式形成的，而不是主体受到客体的影响；认为在经验中存在着必然的、普遍有效的东西（诸如因果律），而这种必然的、普遍有效的东西赋予人类的经验以一定的结构和秩序，而给予经验以结构和秩序的东西，因而服从普遍有效之原则的东西，其来源并不是作为认识对象的客体，而是认识主体（我们自己）。在康德看来，这种人类认识中存在着必然的、普遍有效的东西乃是理所当然的不成问题的事情，而认识所要探求的恰恰在于这种普遍有效的和必然的东西是如何可能的问题，而不是是否可能的问题。进一步来说，康德强调，一切经验知识都带有主体赋予其上的形式（空间、时间和因果性），这是所有人类知识都具有的同样的原则性的"形式"。如果人类

---

① 参见［德］康德：《纯粹理性批判》，蓝公武译，商务印书馆 1960 年版，第 30、37—41 页。

知识是可以理解的话，就必定带上时间、空间和因果性印记，这些形式结构乃是普遍有效的和必然的，进而构成知识的可能性条件。由此，自然科学是可能的，自然科学的必然的普遍有效的特征是存在的。① 因之，这种认识论前提的转换以及由此产生的问题视域之转换，进而确证普遍有效和必然的自然科学知识之可能，构成了康德先验哲学认识论的本质性特征。康德知识论的论证方式，无疑具有先验唯心主义认识论的浓厚性质。但撇开此点不论，从认识论与方法论的角度而言，康德关于具有普遍必然性的自然科学知识如何可能的论证，按照黑格尔的看法，恰恰蕴涵着客观性的意义。客观性的第二种意义，"是由康德所提出的，指普遍的必然性，以区别于感知的特殊的主观的和偶然的因素"②。康德突出构造知识所必需的普遍认识形式，把先验哲学的认识论看作是研究认识形式的纯粹系统，强调这些先验的认识形式与结构显示了科学知识真理的普遍必然性的理性力量，藉以追求和确证认识的客观性。这显然有着合理的理论因素。③

　　德国著名社会学家齐美尔（又译西美尔）承继康德的认识论传统，致力于探讨作为社会学研究对象的社会化的形式问题。他借助于康德的分析工具，提出了"社会是如何可能的"设问。齐美尔运用个别化的分析原则，阐述了作为一门特殊的科学的社会学的性质和特点，认为作为一门社会的特殊的科学，社会学的基本问题旨在对社会要素的相互作用与社会化的纯粹形式进行概念确定、系统整理、心理学阐述和历史发展的论证，从而构建为一个特殊的专门科学的领域。"在这个特殊的领域里，认识论已经变成一种这样的专门科学，匹为它从对各种事物认识的多样性抽象出了认识

---

　　① 参见［挪威］G.希尔贝克、N.伊耶：《西方哲学史——从古希腊到二十世纪》，童世骏等译，上海译文出版社 2012 年版，第 437—440 页。

　　② 参见［德］黑格尔：《小逻辑》，贺麟译，商务印书馆 1980 年版，第 131 页。

　　③ 参见李泽厚：《批判哲学的批判——康德述评》，人民出版社 1979 年版，第 67—75 页。

本身的范畴和功能。"① 由此，齐美尔遵循着康德的认识论逻辑，提出了这样一个至关重要的设问：既然社会学乃是一门描述社会主体相互作用及其社会化的形式的专门科学，那么，"不仅在社会的一般概念下，在经验上产生的各种形态如何是可能的呢，而且社会作为主观的心灵的一种客观的形式，如何是可能的呢?"② 对于这样的设问，齐美尔作出了自己的理论回应。他认为，康德之所以能够在哲学上提出和回答"自然是如何可能的"这个基本问题，乃是因为在康德那里，自然无非是关于自然的观念。这就意味着我们只能在自然是我们的意识的一种内容的范畴内来谈论自然，也意味着我们称之为自然的东西实际上是一种我们的悟性借以组合、安排和塑造的感官感觉的特殊方式，通过精神的活动，把自然汇集为这一活动的对象和系列，汇集为实体和特性，汇集为在因果关系上被联系在一起。康德的世界图像的观念对齐美尔探讨"社会是如何可能的"这个问题提出了重要启示。在齐美尔看来，"使社会成为可能的基础是一些先验的条件，必须以类似的方式来探讨这些先验的条件的问题是可以理解的"③。然而，自然的统一体与社会的统一体是有差别的：前者仅仅在进行观察的主体上实现，自然的结合只能由主体来实现，而永远不可能存在于各种事物里；后者则是由社会的要素直接实现的，社会的结合事实上是在各种"事物"里实现的，构成社会的统一体的诸社会要素是有意识的和综合性的——能动性的，因而社会的统一体不需要观察者。因之，"社会是客观的，不必要有不被包括在其中的观察者的统一体"④。齐美尔进一步分析说，社会是建立在意识的能动性基础之上的，解决"社会是如何可能的"这个问题，要用在各种社会要素本身中先验存在的条件来回答，通过这些条件，

---

① 参见［德］盖奥尔格·齐美尔：《社会学——关于社会化形式的研究》，林荣远译，华夏出版社 2002 年版，第 7 页。

② 参见上书，第 18 页。

③ 参见上书，第 19 页。

④ 参见同上。

各种社会要素现实地结合为社会的统一综合体。由此，要理解社会的综合性的统一体的功能，就必须转移到对于社会本身的各种要素的理解上。那么，什么是社会的诸要素中先验存在的一般条件和基础？什么样的先验性的前提条件必须切实有效，以便使个人意识里的各种单一的具体的进程真正成为社会化的进程？而社会化的进程包含什么样的要素，才能使这一进程的功效（建立社会的统一体）是来自个人的？面对着这一系列设问，齐美尔认为，对于社会化进程的这些先验条件的研究，乃是一种认识性质的东西，即进行社会化的意识或者被社会化的意识，而这里所涉及的是相互作用的各种进程。通过对社会的认识论研究，齐美尔对"社会是如何可能的"问题给出了自己的康德式的解答，阐述了社会关系的相互作用及其赖以存在和表现的形式结构，为社会学的特殊的研究对象进行了逻辑证明，从而确证了社会学作为一门独立的科学的正当性和合理性。

康德关于"自然是如何可能的"著名设问及其回应和齐美尔关于"社会是如何可能的"经典命题及其论证，为我们分析"法治建设先导区域是如何可能的"的时代论题提供了重要的法律发展认识论和方法论原则。在这里，重要的是要把握作为一种法律发展政策选择的法治建设先导区域问题的内在理论逻辑，探寻法治建设先导区域概念的逻辑意义及其现实基础。只有这样，我们才能够对当代中国法治建设先导区域现象作出总体性的认知，进而确立起阐释"法治建设先导区域何以可能"的概念的分析原则。

首先，从概念的逻辑结构来看，法治建设先导区域的概念体现了概念的普遍性、特殊性和个别性三个环节的有机统一。按照黑格尔的看法，概念是丰富的、生动的、具体的东西，它包含着普遍性、特殊性、个体性或个别性三个环节，而个体性或个别性作为普遍性与特殊性的统一，构成了概念的自身联系和普遍性。由此，黑格尔提出了"个体的即是普遍的"或

"个体化的普遍性"的重要命题。① 在当代中国，作为法治发展的伟大实践，法治国家、法治中国、法治区域这三者乃是国家法治发展的有机整体。在这里，法治国家是一个普遍性的概念，表征着人类法治文明的普遍性的国家型态，反映了人类法治文明发展的一般规律；法治中国是一个特殊性的概念，体现了法治国家建设的中国道路、中国经验或中国模式；法治区域则是一个个别性的概念，意味着法治中国建设在特定空间地域范围内的历史性展开，构成了建设法治中国进程中的具体化的个别性的地区样式。②而法治建设先导区域实际上是法治区域的一个具体表现型态，成为区域法治发展的个别化的实现方式之一，并且在某种程度上构成了"先行一步"的法治区域。因之，从概念的质的规定性意义上讲，法治建设先导区域属于当代中国法治发展的"个别性的概念"的范畴，鲜明地表达了法治国家的普遍性准则、法治中国建设的特殊国情要求和法治区域的个别化的具体取向。由此，我们可以说当代中国的法治发展乃是法治发展的普遍性、特殊性和个别性的辩证统一的过程。作为这个辩证统一的有机网络中的一个重要的个别化的"纽结"，法治建设先导区域实际上是具有普遍性意义的个别性的区域法治发展型态。

其次，从法治发展战略来看，法治建设先导区域构成了实施法治中国建设总体战略的重要的区域"支点"。在当代中国，法治发展战略可以区分为国家法治发展战略和区域法治发展战略两种类型。在党的文献中，十八大报告第一次提出"国家治理"的概念，指出要"更加注重发挥法治

---

① 参见 [德] 黑格尔：《小逻辑》，贺麟译，商务印书馆1980年版，第337、340页。
② 张文显教授认为，区域法治是国家法治在一定区域内的展开，是根据区域的不同的自然环境、经济基础、历史传统、民族习惯等因素实施的法治治理，形成具有区域特色的法治运行模式。也可以说，区域法治是治国理政的区域性模式，是国家法治统一性基础上的区域法治的多样性和国家法治整体性基础上的区域法治发展的个别性。这一见解是颇有见地的。参见张文显：《变革时代区域法治发展的基本共识》，见《法制现代化研究》(2013年卷)，法律出版社2014年版。

在国家治理和社会管理中的重要作用"①。十八届三中全会通过的《中共中央关于全面深化改革若干重大问题的决定》（以下简称《决定》），把"完善和发展中国特色社会主义制度，推进国家治理体系和治理能力现代化"作为全面深化改革的总目标。②这一重大战略决策为当代中国法治发展战略的制定与实施指明了方向。国家现代化、国家治理体系和治理能力现代化、法制现代化这三者是一个有机统一的整体。国家现代化离不开国家治理体系和治理能力现代化，而法制现代化则是国家治理体系和治理能力现代化的基础和前提，因而构成国家现代化的重要内容。因此，推进中国法制现代化，是推进国家治理体系和治理能力现代化的题中应有之义。在这里，国家法治发展战略旨在从国家层面上，立足中国的法治国情条件，围绕推进国家治理现代化这一目标，对国家法治系统这一国家治理体系的核心要素的中长期的改革与发展进行战略筹划，藉以形成指导和推动国家法治发展及其现代化的战略规划。区域法治发展战略则是在国家法治发展战略的指导下，根据特定区域经济社会发展的法律需求，运用法治思维和法治方式创新区域社会治理体制，推进区域社会治理现代化的战略规划和行动方案。在上述两个层面的法治发展战略体系中，法治建设先导区域具有重要而特殊的地位。一方面，法治建设先导区域乃是实施国家法治发展战略的"试验田"，通过法治建设先导区域的积极探索，为国家法治发展战略的实施创造实践经验；另一方面，法治建设先导区域又是区域法治发展战略的"先行者"，通过法治建设先导区域的先行先试，使区域法治发展战略得到有效的实施。时下人们广泛提及的中国（上海）自由贸易试验区，涉及包括法律制度在内的一系列重大制度创新，这一新的时代条件下推进改革开放的重大举措的本质性意义，就在于法治创新，在于建构法治建设的先导区域。通过上海自贸区的先行先试，突破既有的规则，创设新的规

---

① 参见《十八大以来重要文献选编》上，中央文献出版社 2014 年版，第 20 页。

② 参见《中共中央关于全面深化改革若干重大问题的决定》，人民出版社 2013 年版，第 3 页。

则，从而营造国际化、法治化的营商环境。① 上海自贸区的法治创新实践，构成了当代中国区域法治发展的鲜活样本，进而提出了国家法律局部性的因地调整的重大法律课题。这就是说，为了保证上海自贸区改革创新的先行先试，全国人大常委会和国务院相继发布关于在上海自贸区暂时调整法律、行政法规的决定，就相关法律和行政法规的适用范围作出暂时的局部调整，从而给上海自贸区的法治与制度创新留出了足够的规则空间。② 上海自贸区的法治创新这一当代中国区域法治发展的崭新型态，不仅深刻反映了当代中国区域发展不平衡的基本规律，而且集中体现了特定区域法治与制度创新先行先试的内在需求。通过这一生动的法治与制度创新实践，努力形成可复制、可推广的法治与制度创新成果，从而为实施法治中国建设总体战略、推动国家法治发展提供可资参鉴与运用的区域性经验。

再次，从区域法治实践来看，法治建设先导区域的提出有着深厚的现实基础。1997 年 9 月召开的党的十五大，作出了坚持依法治国基本方略、建设社会主义法治国家的战略部署，开启了当代中国法治发展的新的历史阶段。自那以来，全国各地扎实推进依法治理，涉及依法治省、依法治市、依法治县的不同层次，成为贯彻实施依法治国基本方略的重要载体，展开了区域法治建设与发展的时代进程。进入 21 世纪以来，面对新的形势与任务，一些地区的党委、政府深入总结本地区依法治理的成功经验与做法，明确提出了建设法治区域的目标。2004 年 7 月，中共江苏省委率先在全国颁布了《法治江苏建设纲要》（以下简称《纲要》），召开专门会议进行组织推动。该《纲要》对建设法治江苏的总体进程进行了基本

---

① 有的学者睿智地指出，"中国（上海）自由贸易试验区"本身冠以"试验"两字，就蕴含了不囿于既有规则之义。当然，所谓试验，并不是恣意妄为，而是在遵循合法规则的前提下的大胆创新。参见沈国明：《法治创新：建设上海自贸区的基础要求》，载《东方法学》2013 年第 6 期。

② 参见刘华：《依法为"先行先试"清障护航》，载《文汇报》2014 年 1 月 8 日。

构想，提出在 2005 年前完成规划、动员、部署工作；2006—2015 年全面贯彻落实《纲要》的各项任务，基本实现以中心城市为核心区域的法治化目标；2016—2020 年巩固全省法治化建设成果，全面提高江苏区域政治生活、经济生活、社会生活的法治化水平。[①] 此后，2006 年 5 月，中共浙江省委作出《关于建设"法治浙江"的决定》，"法治广东"（2011 年）、"法治天津"（2012 年）等关于省级层面的法治区域建设的文件陆续颁行，有力地推动了区域法治建设，谱写了区域法治发展的新篇章。经过长期持续不懈的努力，"法治中国"的概念应运而生。2013 年 1 月，习近平同志在为全国政法工作会议所作的批示中，鲜明地提出建设法治中国的历史性任务。[②] 十八届三中全会把推进法治中国建设第一次载入党的文献之中，强调"建设法治中国，必须坚持依法治国、依法执政、依法行政共同推进，坚持法治国家、法治政府、法治社会一体建设"。[③]"建设法治中国"这一重要论断的提出，不仅指明了当代中国法治发展的前进方向，而且为区域法治发展拓展了更为广阔的空间，提供了更为扎实的基础。在推进法治中国建设的时代进程中，坚定而持续不断地建设法治区域，推动区域法治的发展与变革，已经成为实现中国法制现代化的一项重大社会与法律议程摆在我们的面前。在法治江苏建设扎实推进的基础上，2012 年 3 月，中共江苏省委作出了《关于深化法治江苏建设的意见》，明确提出"构建全国法治建设先导区"的江苏区域法治发展目标。2013 年 4 月，国务院批准了《苏南现代化建设示范区规划》，提出要把苏南地区建设成为"社会主义法治区域"，"为全国民主法制建设提供示范"。[④] 法治江苏建设的成功

---

① 参见中共江苏省委党史工作办公室、江苏省依法治省领导小组办公室编：《法治建设在江苏》，中共党史出版社 2013 年版，第 326 页。

② 参见《人民日报》2013 年 1 月 8 日。

③ 参见《中共中央关于全面深化改革若干重大问题的决定》，人民出版社 2013 年版，第 31—32 页。

④ 参见《城市评论》2013 年第 4 期。

实践，创造了许多生动鲜活的法治建设的江苏经验，为区域法治发展注入了新的活力与动力。很显然，构建全国法治建设先导区域，不仅成为法治江苏建设的目标取向，也必将为全面推动法治中国建设提供有益的区域性经验。

基于上述分析，我们完全可以这样说，法治建设先导区域的概念，不仅是可能的，在理论上是可以证成的，而且在实践中也是可行的。它是在中国这样一个经济社会发展很不平衡的东方大国，推进法治中国建设，加快区域法治发展，进而实现中国法制现代化，推进国家治理体系和治理能力现代化的一条现实主义的法治发展路径。

三、法治建设先导区域的功能取向

在当代中国，推动法治建设先导区域的形成与发展，是一项开创性的法治事业，是建设法治中国的历史进程的必然要求。作为一项法律发展政策，法治建设先导区域要致力于创新区域社会治理体系的伟大实践，因而有其独特的政策功用。这就是说，政府主导推进、社会广泛参与的法治建设先导区域，与区域社会治理现代化的进程内在地交织在一起，并且成为创新区域社会治理体系的重要内容，因而构成了新的历史条件下推动区域法治发展的法律政策选择。在这里，我们有必要进一步揭示法治建设先导区域的基本功能特征：

第一，创新区域社会治理体系。就总体而言，治理有国家治理与区域治理之分。一般来说，国家治理是指中央政府通过法律的、行政的、经济的等等诸种机制和手段，实现对国家与社会生活的有效调控，进而把国家与社会生活纳入一个规范化、制度化的轨道之中，创设一个安全和谐的国家与社会生活秩序。在当代中国，"国家治理体系是在党领导下管理国家的制度体系，包括经济、政治、文化、社会、生态文明和党的建设等各领域体制机制、法律法规安排，也就是一整套紧密相连、相互协调的国家制度"①。如同国家治理是一个有机的系统或体系一样，区域治理乃是国家治理体系的不可或缺的组成部分，因而亦构成一个内在相连、有机整合的区域社会治理体系。无论是国家治理体系，还是区域社会治理体系，法治都是重要的基础。② 推进国家治理体系的现代化，在很大程度上取决于法制现代化的实现程度。而中国法制现代化是在特定的时空条件下展开的，区域法治发展乃是这一进程的重要表现形式和实现途径。因此，推进中国法制现代化，以及在此基础上推进国家治理现代化，离不开法治建设先导区域的形成与发展，也离不开区域社会治理体系的创新发展。形成法治建设先导区域的功能性目标，旨在通过区域法治建设的加快推进，为区域社会治理体系的建立和完善提供坚实的法制基础，从而进一步创新区域社会治理体系，使之能够有效应对转型时期区域社会治理所面临的严峻挑战，引领和推动区域社会的健康稳定发展。

第二，激发区域社会发展活力。在国家与社会现代化的进程中，如何处理好活力与秩序的关系，努力建构一个既充满生机与活力，又安定和谐有序的社会生活共同体，是需要我们认真对待的一个重大问题。十八届三中全会强调，"创新社会治理，必须着眼于维护最广大人民根本利益，最大限度增加和谐因素，增强社会发展活力，提高社会治理水平"③。在这里，形成一个社会成员权利与义务相平衡的国家治理的规范制度体系，对于调动社会成员创造热情，凝聚社会共识与力量，引导社会主体有序参与，从而激发社会发展活力，有着特殊而重要的意义。④ 而法律调整机制

---

① 参见习近平：《切实把思想统一到党的十八届三中全会精神上来》，载《求是》2014年第1期。

② 参见李步云：《社会治理创新必须纳入法治轨道》，载《人民日报》2014年1月16日；俞可平：《沿着民主法治的轨道推进国家治理现代化》，载《求是》2014年第8期，等等。

③ 参见《中共中央关于全面深化改革若干重大问题的决定》，人民出版社2013年版，第49页。

④ 参见江必新：《推进国家治理体系和治理能力现代化》，载《光明日报》2013年11月15日。

无疑也是增强社会生机与活力的基础与保障。法律调整的一个基本功能，在于通过授权性规范的制定与施行，充分调动社会主体的积极性、能动性和创造性，进而使社会活力竞相迸发。推动法治建设先导区域的形成与发展，就是要善于通过法律手段，充分运用授权性规范以及法律激励机制，最大限度地增加社会和谐因素，最大限度地减少社会的不和谐因素，赋予社会主体创造社会财富、促进自身发展的法律权能，从而在规范与制度的框架下让一切创造财富的源泉充分涌流，推动区域经济社会的率先发展、持续发展、科学发展。因之，重要的是要正确认识和处理好政府与市场、政府与社会的关系，进一步革新政府治理体制与机制，推动政府职能转变，发挥市场在资源配置中的决定性作用，确立公民和社会组织的自主与自治地位，建立与发展政府、市场和社会三者平衡协调、良性互动的规范制度体系，有效提升社会治理水平。在这方面，法治建设先导区域致力于创新社会治理、激发社会活力的区域性经验，弥足珍贵，需要深入总结和运用。①

　　第三，深化区域法治创建活动。建设法治中国，推进国家与区域社会治理现代化，必须高度重视区域法治创建活动。区域法治是实施依法治理基本方略，推进法治中国建设的有机组成部分，是在国家法治发展的总体方向和基本要求的基础上，根据区域经济社会发展的法律需求，运用法治思维和法治方式推进区域社会治理现代化的法治实践活动。法治建设先导区域的实践表明，开展区域法治创建活动，对于加强区域法治建设，推动区域法治发展，有着重要的意义。法治建设先导区域的形成与发展，可以把区域法治创建活动提升到一个新的层面，丰富区域法治创建载体，整合相关法治资源，围绕涉及公众切身利益、事关法治建设的实际问题，加大组织推动力度，探索建立科学的区域法治建设指标体系和区域法治创建活动考核标准，建立健全统一协调的区域法治创建工作机制，形成区域法治创建工作的有机活

---

　　①　参见俞可平：《治理现代化应突破利益藩篱》，载《人民日报》2013 年 12 月 11 日。

力，不断提高区域法治创建活动的实际效果。不仅如此，深化区域法治创建活动，亦是提升区域社会治理能力的有效途径。实现国家治理能力现代化乃是全面深化改革的总目标之一。这对提升区域社会治理能力提出了新的更多的要求。推动法治先导区域的建设，一个重要的任务就是要有效增强国家法律制度在区域范围内的实施效果，提高法律制度的执行力，这是提升区域社会治理能力的关键所在。因此，要通过区域法治创建活动的深入开展，着力提高社会治理主体运用法治思维和法治方式推动改革、促进发展、化解矛盾、维护稳定的能力，把区域社会治理纳入规范化、制度化的轨道之中，进而切实增强制度的执行力和公信力，促进区域社会治理状况的不断改善。

第四，优化区域法治发展环境。在当代中国深刻的社会变革进程中，"促进社会公平正义、增进人民福祉"已经成为全面深化改革的出发点和落脚点①，这必将为法治中国建设与区域法治发展提供基本的价值准则。因之，建设法治先导区域，要把维护社会正义、增进人民福祉作为根本的出发点和落脚点，着力优化区域法治发展环境，为区域经济社会率先发展、科学发展提供坚实的法制保障。一是要在优化区域立法发展环境方面下工夫，健全完善地方立法体制机制，深刻反映和表达区域现代化进程的法律需求，进一步加强创制性的地方立法，充分发挥地方立法在建设法治先导区域中的引领和推动作用；二是要在优化区域行政法治环境方面下工夫，加快建设区域法治政府，加强区域政府规范创制工作、区域行政执法规范化建设和区域行政监督，全面提高区域依法行政水平，把区域政府治理的各项措施落到实处；三是在优化区域司法环境方面下工夫，进一步加强和改进审判管理，扎实开展国家司法体制改革的区域试点及其经验总结工作，深入推进司法公开与司法民主，致力于实现有效率的司法公开，不断提升区域司法工作的社会公信力；四是在优化区域法治文化环境方面下

---

① 参见《中共中央关于全面深化改革若干重大问题的决定》，人民出版社 2013 年版，第 3 页。

工夫，针对区域经济社会发展的具体特点，创新区域法治教育机制，深化区域法治文化建设，着力培育全民法治信仰，努力打造区域法治文化软实力，积极营造加强区域法治建设、推动区域法治发展的良好氛围。

推动法治建设先导区域的形成与发展，是一个艰巨、复杂的历史性的过程。在这里重要的是要进行目标定位，深入分析这一过程中多方面的变量因素，着力考察影响这一过程的外部的与内部的条件，以期设立科学合理的发展目标，充分彰显建设法治先导区域的价值意义。由此，我们应正确认识和处理好以下三个方面的关系：一是正确认识和处理好当前和长远的关系。推进法治建设先导区域的事业，首先要直面当下的区域法治状况，深入总结本区域法治发展的进展及其经验，悉心把握本区域法治发展进程中的突出问题，进而探寻推动本区域法治先行发展的动力，建构有利于本区域法治先行发展的体制机制。在此基础上，放眼历史前进的大尺度，对本区域法治发展的既有水准进行准确具体的事实的与价值的判断，综合考量各方面的因素和条件，确定本区域法治发展的近期、中期与长远的不同阶段的目标要求，从而着眼未来，立足当下，脚踏实地，循序渐进地推进本区域法治发展，使之努力走在不同区域法治发展的前列。二是正确认识和处理好全局与重点的关系。法治先导区域的建设，是一项复杂的区域法治系统工程，需要统筹兼顾、协调发展，而处理好全局与重点的关系尤为重要。"不谋全局者，不足谋一域。"要把法治建设先导区域的形成与发展放置到法治中国建设这样一个全局之中加以推进，细心把握法治发展的中国道路的总体要求，深刻理解法治中国建设的目标任务对建设法治先导区域提出的重大问题，努力把建设法治中国的历史使命贯穿于建设法治区域以及推进法治建设先导区域的事业的全过程和各个方面；还要把法治建设先导区域的形成与发展放到区域经济社会发展的全局中加以推进，深入考察变革时代的区域经济社会发展的法律需求，着力探寻服务与保障区域经济社会发展的法律机制，努力形成区域经济社会发展与区域法治建设以及法治建设先导区域之间的互动关系格局。在总揽全局的基础上，基于对区域法治发展的当下现状和未来走向的深刻认知，树立问题意识，深入梳理和确定建设法治先导区域的基本思路，紧紧围绕区域社会治理创新、区域立法发展、区域法治政府建设、区域司法改革与发展、区域法治文化等重点领域，推出法治先导区域建设的相关具体措施，进而形成法治建设先导区域行动方案，把法治建设先导区域的生动实践引向深入。三是正确认识和处理好国际与国内的关系。我们正处在全球化的时代，推进法治建设先导区域的事业，要有宽广的全球视野，认真研究域外法治发展的新情况、新动态、新进展，努力借鉴域外法治发展的有益经验，立足于国情与省情条件，合理移植域外的有利于形成与发展法治建设先导区域的相关法律制度、法律机制和法律规范，从而促进法治建设先导区域的规则体系与国际通行的规则体系的沟通接轨。

我们还处于全面深化改革的时代，改革也是一场革命，新一轮的全方位的改革大潮波澜壮阔，澎湃向前，必将深刻地改变我们的国家与社会生活的基本面貌。全面深化改革的时代，对建设法治先导区域提出了全新的要求。我们要深入洞察全面深化改革的历史大势，牢固确立通过改革推动法治建设先导区域的理性自觉，比较分析全面深化改革时代的国内不同区域法治发展的走向与行动方略，统筹设定形成与发展法治建设先导区域的切入点、增长点和落脚点，从而推动法治建设先导区域蓬勃发展、不断成长。

本文刊于《江海学刊》2014 年第 5 期

第十二章
区域法治发展与文化传统

地缘因素以及与之相随的血缘纽带在任何一个时代、任何一个社会中，从来都是至关重要的，其中隐藏着的乃是文化的力量。

——题记

本 章 概 要

推进区域法治发展，乃是法治中国建设应予施行的一个重要的战略与策略选择。认识和把握文化传统对于区域法治发展的基础性作用，无疑是我们打开区域法治发展现象奥秘的一把钥匙。文化传统作为一种历史惯性力量，深深地嵌入广大民众的意识、心理、习惯、行为方式及其日常生活过程之中，与社会共同体内在关联，无法分割。文化有大传统与小传统之区别，无论是文化大传统，还是文化小传统，都具有区域性的特征，对于区域法治发展进程产生深刻的影响。在迅速走上现代化道路的当下中国及其各个区域社会，需要我们重建文化传统在区域法治发展进程中的基础性地位。在这里，重要的是要把文化传统之重建有机融入大众的日常生活过程之中，使之成为日常生活过程的内在要素。

一、引言：法治发展的文化意义与本章论题的重要性

马克思在《资本论》第 3 卷中曾经提出分析法的现象运动的多样性统一的重要方法论原则，认为一定社会独特的政治结构或法权现象，都是建立在相应的经济形式上的。在任何时候，都要从一定的经济形式当中为整个社会结构、国家形式以及法的现象，找出最深的秘密和隐蔽基础。"不过，这并不妨碍相同的经济基础——按主要条件来说相同——可以由于无数不同的经验的情况，自然条件，种族关系，各种从外部发生作用的历史影响等等，而在现象上显示出无穷无尽的变异和色彩差异，这些变异和差异只有通过对这些经验上已存在的情况进行分析才可以理解。"① 很显然，作为一个唯物辩证论者，尽管马克思十分重视经济关系对法的现象的决定作用，但是他并不忽略经济以外的因素或条件对法的现象的影响。由此，我们可以看到，正因为法的现象与社会生活条件具有多样性的复杂的渊源关系，法的现象不仅具有社会政治的含义、社会经济的含义，而且有着社会文化的意义。这就是说，法的现象是一种特殊的文化现象，因之可以用法律文化的概念来统摄和表达一切法的文化现象②。

"文化"这个术语产生于拉丁语。在拉丁语中，文化一词是动词 colere 的派生词，其本义是指人类在改造外部自然界使之适合于满足食住等需要的过程中，对土壤、土地的耕耘、加工和改良。词源学意义上的文化概念与人类的劳动过程息息相关这一语言学的事实，充分表明文化是人借助于劳动的中介和自然界、社会相统一的特殊表现，藉以确证和衡量社会主体创造力和才能的表现程度。它不仅体现了社会主体与自然界、社会之间

---

① 参见《马克思恩格斯文集》第 7 卷，人民出版社 2009 年版，第 894—895 页。

② 关于法律文化的概念意义，我国法学界曾经展开过热烈的讨论。提出了许多颇有见地的观点，时至今日有着重要的学术价值意义。参见刘作翔：《法律文化论》，陕西人民出版社 1992 年版，第一、二章。

历史关系的发展水平，也反映了处于一定社会条件之中的社会主体的行为方式与模式。作为一种文化现象的法的现象，乃是人类社会活动的对象性成果，与社会主体有意识、有目的的活动内在地联系在一起，从而凝结着社会主体在活动过程中所体现出来的主观力量和才能。应当看到，一定的法律文化现象是在一定的社会生活条件下形成和发展起来的。不同民族或不同国度的法律文化现象，集中反映了该民族或该国度的独特的社会生活条件的基本状况，深刻影响着这个民族或国度的具体社会生活过程，甚至成为该民族或国度观照与反思自身的民族精神的历史之镜①。正是在这个意义上，黑格尔说道："民族的宗教、民族的政体、民族的伦理、民族的立法、民族的风俗，甚至民族的科学、艺术和机械的技术，都具有民族精神的标记。这些特殊的特质要从那个共同的特质——即一个民族特殊的原则来了解，就像反过来要从历史上记载的事实细节来找出那种特殊性共同的东西一样。"②

实际上，法的现象的社会历史运动过程具有特定的时间性和空间性，从而显示出"无穷无尽的变异和程度差别"，凝结为独特的法的现象的"历史个性"。而在一个主权国家的疆域范围内，这种独特的"历史个性"在不同地理区域的映现和表达，则不可避免地造成该国度法治发展进程的丰富多姿，形成法治发展统一性基础上的区域法治差异化的生动格局，遂构成不可遏制的区域法治发展的历史进程。影响和制约这个历史进程的固然有区域社会经济发展水平的因素（这无疑是至关重要的），但更为根本的乃是特定区域的文化生活状况或文化传统。换言之，法治发展具有自身独特而鲜明的文化意义。决定区域法治发展进程的历史差异性的条件或因素，在很大程度上要从不同区域的文化传统及其文化生活状况中去找寻。

---

① 有的学者主张从多元的角度来给法律文化下定义，认为不同国家的历史条件，必然对法律文化有着不同的理解，因此每个学者都可以有自己理想中的法律文化的定义。参见何勤华、贺卫方、田涛：《法律文化三人谈》，北京大学出版社 2010 年版，第 12—13 页。

② 参见［德］黑格尔：《历史哲学》，王造时译，上海书店出版社 1999 年版，第 67 页。

诚如马克斯·韦伯在评析狭隘"经济决定论"时所指出的："仅仅根据经济原因来解释任何事物，在文化现象的任何领域中，无论如何都是不详尽、不全面的，甚至在'经济'领域自身之中也是这样。"① 因此，高度关注进而深入探讨区域法治发展与文化传统之间的内在关联，进而揭示区域法治发展的文化机理，就构成了本文论述的主题②。

在这里，我们试图运用个别化的方法论原则，着力探求构成区域法治发展进程的独特历史个性基础的文化传统的内在奥秘。本文拟采撷其中的思维类型或理想类型的概念结构作为分析工具，展开对于相关主题的研究过程，以期获得新的认识。

二、文化传统的思维类型

从广泛的意义上讲，文化与传统这两种现象密不可分地联系在一起，

---

① 参见［德］马克斯·韦伯：《社会科学方法论》，朱红文等译，谢建葵校，中国人民大学出版社1992年版，第67页。韦伯所反对的是那种盛行于外行或门外汉的圈子中的偏颇观点，即认为"只有经济的原因被说明（或者显现出）在什么地方或者以什么方式发挥作用时，他们对一个历史事件作出因果解释的要求才会得到满足"。不过，韦伯亦在一定程度上肯定了唯物史观的理论价值，指出："尽管我们力图从所有文化现象都能推断为'物质'利益集合的一种产物或机能这样一种陈旧过时的观念中解脱出来，但我们仍然相信，在其经济上的制约和结果这一特殊参系中分析社会和文化现象，是一门具有创造性成果的科学学科，只要我们细心应用，摆脱教条主义的限制，在非常久远的将来它们仍然会是这样一门科学。"当然，韦伯声称，要"断然拒斥"作为一种世界观或者作为一个对历史实在作因果解释的公式的"唯物主义历史观"。这则是我们不能苟同的。参见［德］马克斯·韦伯：《社会科学方法论》，朱红文等译，谢建葵校，中国人民大学出版社1992年版，第65、64—65页。

② 有的学者提出了区域法治发展的理论研究框架，其中的本体论研究部分把区域法治发展的文化基础问题统摄其中，认为涵盖着价值理念、风俗习惯、人文历史传统的区域文化，有力地提升区域法治发展的文化内涵。这是很有见地的。参见夏锦文：《区域法治发展的法理学思考——一个初步的研究构架》，载《南京师大学报》（社会科学版）2014年第1期。

它们是一体两面的有机统一体。"文化的观念意即传统的观念，是代代相承的有关某类知识和技能的观念。"① 离开了传统的观念来讨论文化的观念，恰如"皮之不存，毛将焉附"；同样地，不关注文化的意义而探寻传统的价值，亦如"无源之水，无本之木"。因此，我们必须将文化与传统这两者作为一个整体来认识和把握，由此确定我们的分析基点。

如何看待传统的价值意义，这确乎是一个复杂的问题。古典现代化理论的一个重要分析工具，就是所谓传统与现代的二分观念。在这一理论那里，传统是与现代截然对立的事物，是要在社会进步的过程中被现代超越的东西。不过，德国社会学家斐迪南·滕尼斯的看法似乎有所不同。他较早地提出了关于传统与现代的二分理论架构，注意运用理想类型的分析原则，把社会的复杂变迁过程通过"共同体"与"社会"的相互作用及其两极转换来加以逻辑的表达。然而，按照滕尼斯的看法，"共同体和社会是标准类型（我宁愿说是理想类型，因为理想会导致另一种意义上的误解），真正的社会的生活运动于这两种类型之间"。②"共同体"与"社会"之间的关系在很大程度上乃是一种相互肯定的关系，"任何这种关系都是多数中的统一，或者统一中的多数"。"关系本身即结合，或者被理解为现实的和有机的生命——这就是共同体的本质，或者被理解为思想的和机械的形态——这就是社会的概念。"③ 因此，在滕尼斯那里，作为传统象征的"共同体"被理解为一种生机勃勃的有机体；而作为现代的体现的"社会"，则被视为一种机械的聚合和人工制品，只不过是一种暂时的表面的共同生活。如果说滕尼斯给予传统以某种认同的理解，那么马克斯·韦伯对于传统似乎并没有抱有好感。韦伯对社会行动作了类型化的分析，把社会行动

① ［英］彼得·伯克：《什么是文化史》，蔡玉辉译，杨豫校，北京大学出版社2009年版，第28页。

② 参见［德］斐迪南·滕尼斯：《共同体与社会》，林荣远译，商务印书馆1999年版，第42页。

③ 参见上书，第52页。

区分为四种样式，即目的理性式、价值理性式、情感式和传统式。在这里，所谓传统式行动，是指通过根深蒂固的习惯所决定的行动，因而它与目的理性行动(即通过对周围环境和他人客体行动的期待对所决定的行动)是迥然相异的，因而是非理性的行动①。由此，在韦伯那里，传统的意义变得暗淡了。

实际上，在社会演进与变迁过程中，传统作为一种历史文化力量，存在于普通民众的意识、心理、习惯、行为方式及其日常生活过程之中，因而具有深厚的社会基础，与一个社会的机体内在联结，不可分割。美国社会学家爱德华·希尔斯试图给传统这一社会现象作出概念界定，认为那种把传统仅仅视为任何从过去延传至今或相传至今的世代相传的东西的观点，并没有说明传统的真实性是否具备了可被接受的证据，也没有说明人们是否在传统还未成立的条件下就接受了它。因之，传统之所以成为人们热烈依恋过去的对象，成为人们在过去创造、践行或信仰的某种事物，成为得到人们普遍认同的具有持续性和同一性的相传事物，至为重要的在于传统中蕴含着某种实质性的内容②。在这里，希尔斯提出了他的著名的实质性传统的概念。在他看来，"实质性传统是人类的主要思想范型之一，它意味着赞赏过去的成就和智慧以及深深渗透着传统的制度，并且希望把世传的范型看作是有效指导"。③范型或规范指导性成为实质性传统的基

---

① 参见《韦伯作品集Ⅶ：社会学的基本概念》，顾忠华译，广西师范大学出版社 2005 年版，第 31—35 页。有的学者认为，韦伯隐含地指出传统将在无形的理性化进程中被消灭，因而韦伯在论述现代化时显然没有给传统多少位置。参见［美］E.希尔斯：《论传统》，傅铿、吕乐译，上海人民出版社 1991 年版，第 12—13 页。

② 有的学者认为，传统的意义即在于传承。它涉及从过去到现在的延续，似乎更少地受到特定的思考时间的方式的羁束；它存在于那些在特定社会背景下持续传播的传统的必要性当中，目的是维护该传统与现在的关联。参见［加拿大］帕特里克·格伦：《世界法律传统》(第 3 版)，李立红、黄芮亮、姚玲译，北京大学出版社 2009 年版，第 13 页。

③ 参见［美］E.希尔斯：《论传统》，傅铿、吕乐译，上海人民出版社 1991 年版，第 27 页。

本构成要件。尽管近代启蒙运动的理性主义和科学主义对实质性传统构成了严峻挑战，以至于出现所谓"理性的传统性"，但是传统的规范性因素却显示着蓬勃的历史生机与活力。"传授给人们的任何信仰传统，总有其固有的规范因素；发扬传统的意图，就是人们去肯定它、接受它。""因此，传统远不是相继的几代人之间的相似的信仰、惯例、制度和作品在统计学上的频繁的重现。重要的是规范性效果——有时则是规范性意图——的后果，是人们表现和接受规范性传统的后果。正是这种规范性的延传，将逝去的一代与活着的一代联结在社会的根本结构之中。"① 显然，希尔斯的实质性传统的概念阐释，精辟地揭示了传统的强大生命力之脉系所在，为我们认识和发现传统这一社会现象的内在逻辑提供了颇为便利有效的理想类型概念分析工具。

循着希尔斯的分析理路，我们会进一步看到，文化的实质性传统的思维类型蕴藏着极为广阔的思想天地。大体来说，它可以区分为文化的实质性大传统（简称"文化大传统"或"大传统"）与文化的实质性小传统（简称为"文化小传统"或"小传统"）。这确乎显示了理想类型的方法论原则的魅力。"的确，专门方法论的最重要成就，就是使用'理想类型'建构起来的关于具体学科的对象与方法概念。因此，它们高居于特殊科学之上，以致特殊科学在这些讨论中单纯依据自身很难达到自我认识。"② 对于文化的实质性传统的方法论研究来说，理想类型的概念分析工具的价值意义并不在于对客观事物作单纯的事实堆积的描述，而在于探讨无穷无尽的文化历史事实或现象背后所蕴含着的某种文化历史规则或规律性的东西，进而解释这些文化历史规则或规律性的东西的内在逻辑问题，并且通过相关的类型化的概念加以表达或再现出来。因之，文化大传统与小传统的理

---

① 参见［美］E.希尔斯：《论传统》，傅铿、吕乐译，上海人民出版社1991年版，第31—32页。

② 参见［德］马克斯·韦伯：《社会科学方法论》，杨富斌译，华夏出版社1999年版，第209页。

想类型或纯粹类型，试图最大限度地对文化的历史现实作出抽象概括，以便在文化意义的层面上建构起高度的文化历史现象的逻辑整合，从而将这些概念工具与文化历史现实的实际进程加以比较观照，对特定的文化历史现象作出某种因果性的理解与阐释（说明）。

一般来说，文化大传统乃是指一定社会历史时期中处于支配或主导地位的并以规则、制度和秩序安排观念形态所表现出来的文化传统。它具有两个鲜明的特质：一是在既往的社会生活过程中，这种文化的实质性大传统集中体现了当时社会文化的主流形态取向，对社会成员的行为起到了有力的规制功用。人们往往借助于这种支配性的主流文化范型来评价社会成员行为的合理性。社会成员自觉或不自觉地接受着这种主流文化范型的指导。二是文化的实质性大传统通常表现为一定的规则、制度和秩序安排观念的形式，不管这种规则、制度和秩序安排观念的具体内容与背景如何，也不管这种规则、制度和秩序安排观念对现实生活的影响效果如何，但它们在很大程度上乃是经历着历史传承而不断积淀、持久存在并且反复出现的东西（当然，其显现出来的现象特征或许会有所不同），以至于成为日常社会文化生活过程的有机构成要素，因而成为真正的文化传统。所以，文化的实质性大传统之意义是毋庸置疑的。至于文化小传统，一般是指民间社会中普遍存在的以民俗习惯形态展示出来的文化传统。与文化大传统不同的是，文化小传统则是在基层的民间社会中孕育生成且经久存在的文化形态，是社会成员在社会交往过程中逐渐形成的关于个人与公共生活的稳定的行为准则，往往超越历史时间，给人们提供了从过去到现在的赖以遵循的某种恒定的价值范型。这种文化的实质性的小传统通常表现为一定的民俗习惯及其历史延续，把社会成员内在地凝聚在一起。与文化大传统相类似，文化小传统亦有着明显的规范性功用。不过，这种规范性功用并不是像表现为规则、制度和秩序性安排观念的文化大传统的规范功能那样以显性的方式表现出来，而是更多地表现为隐性的方式，通过一代又一代沿袭下来的民俗习惯，潜移默化地影响着一定社会时代中的社会成员的行为取向，它作为一种历史惯性力量，长久地支配着社会成员的行为方式，甚至历史性地维持着社会生活过程的特定形式与结构。因之，文化的实质性的小传统之价值意义，亦是需要认真对待的文化传统形态。

在对文化传统的思维类型的初步分析基础上，我们有必要进一步研究这两种实质性的文化传统对于区域法治发展的基础关系及其意义。

三、区域法治发展与文化大传统

应当看到，在不同的经济发展水平、社会结构、历史进程、文化传统和地理环境条件等诸因素的影响与作用下，当代中国不同区域间的法治发展形成了历史的差异性，因而中国法治发展具有统一性与多样性相结合的内在品格。区域法治发展多样性统一的运动样式，反映了中国法制现代化进程的丰富多姿，也深刻体现了中国这样一个东方大国经济社会发展的不平衡规律。[①] 很显然，在这种多样性统一的区域法治发展的运动格局中，文化的实质性大传统的功能性作用具有一种特殊的意义，它在很大程度上制约着区域法治发展的运动方向，也成为区域法治发展赖以存在和变化的本源性因素。

区域法治发展是国家法治发展的有机组成部分，而国家法治发展则是区域法治发展的前提性条件和基础。如果说以规则、制度和秩序安排理念的形式所表现出来的文化大传统深刻地影响着该国度的法治发展进程，那么，这种影响力的所及范围无疑覆盖了国家法治发展过程和各个方面，当然也支配着作为国家法治发展的有机组成部分的区域法治发展进程。从这个意义上讲，文化的大传统对一个国家法治发展的影响具有

---

① 参见公丕祥：《区域法治发展的概念意义———一种法哲学方法论上的初步分析》，载《南京师大学报》（社会科学版）2014 年第 1 期。

全局性的意义和全方位的特征。区域法治发展亦概莫能外。在这里，作为文化大传统的核心构成要素的规则、制度和秩序安排观念，有着一种殊为广泛的含义，亦即"法文化"（而不是"法律文化"）的意义。美国学者格雷·多西自谦地谈及自己曾经杜撰了"法文化"（Juries culture）一词，认为这一语词旨在表明，"社会和法律的哲学将不被看作是纯粹的观念体系，而是组织和维护人类合作诸事例中安排秩序的方面"。① 作为一种世界观的"法文化"，是建立在社会进化论基础之上的，它所要探寻的重大问题之一乃是人类应当采用什么样的制度、标准和程序，以期建立和维护那个超越个别有机体而走向有机体之间合作关系的社会组织以及相应的法律制度安排。基于上述认识，这位学者试图运用这种法文化的世界观，考察从公元前 600 年到公元 400 年这一千年的历史长河中希腊/罗马、印度和中国三大文明系统的社会与法律形成过程，藉以揭示西方、印度和中国的"法文化"或"安排秩序观念"的历史发展轨迹。对于格雷·多西的这种"法文化"世界观念，有的学者持有认同的态度，强调作为"法文化"的安排秩序观念，既是一个文化概念，同时又是一个哲学和法律概念，因为它在逻辑上不仅通向世界本质、生活终极目的一类形而上问题，而且通向政治安排、法律制度一类形而下问题，进而将上述问题统一于"法文化"的世界观之中。由此，文化便被赋予了一种独特而重要的功用，即被确定为个人与其社会以及社会与其法律之间的有效性联结 ②。

　　由此看来，作为规则、制度和秩序安排观念之集合体的文化大传统，

---

　　① 参见［美］格雷·多西：《法律哲学和社会哲学的世界立场》，梁治平译，见梁治平编：《法律的文化解释》（修订本），三联书店 1998 年版，第 240 页。

　　② 参见梁治平编：《法律的文化解释》（修订本），三联书店 1998 年版，第 2—3 页。梁治平教授并没有因赞同格雷·多西的"法文化"概念而贬低当下广泛流行的"法律文化"概念，认为后者不仅扩展了固有的研究领域，也提出了一种新问题的方法，只不过使用"法律文化"概念有必要进行自我反省，自觉地思考和修正这一概念，重新确定其有效性。这一见解是相当重要的。

与"法文化"概念便具有某种相通的意义。当我们述及国家和区域法治发展与文化大传统论域的时候，首先需要考虑的是应当如何理解构成国家和区域法治发展基础的文化的、哲学的和法律之概念有机体的"法文化"问题。既然"法文化"是与一定的规则、制度和秩序安排观念密切相关的，那么，我们便有充足的理由说，不同的"法文化"，便会有不同的规则、制度和秩序安排观念，——当然这并不决然排除不同的"法文化"系统之间的某些共通性因素的存在。因此，对于本文的论题来说，我们的任务就是要探寻构成中国国家与区域法治发展之脉系的"法文化"或文化大传统的内在奥秘，这就不能不涉及作为中华精神传统主流的儒家法文化问题。

　　如何理解儒家法文化的本质性特征？韦伯关于以信念伦理及秩序追求为本体的儒家伦理的分析，给予我们深刻的启迪。按照韦伯的看法，理性的可计算的资本主义与理性的形式主义法律之所以首先在欧洲出现，完全可以从新教伦理的性质和特征中得到透辟的说明。因之，他主张必须澄清儒教的理性主义与基督新教的理性主义之间的关系，进而揭示儒教伦理的基本精神，认为儒教伦理的本质性意义在于它是一种信念伦理。在韦伯看来，信念伦理与责任伦理是彼此区别的，而从社会行动的意义上讲，信念伦理与价值合理性行动相联系，注重行动者的心情、意向、信念和价值，注重对事物的主观价值判断；而责任伦理则与工具合理性相联系，强调一个行为的伦理价值只能在于行为的后果。韦伯把作为信念伦理的儒教看作是一种宗教伦理，但他又指出儒教的宗教伦理与出世主义的宗教价值迥然相异，而具有明显的入世的理性主义因素。这种理性主义来源于通过孔子言行所体现的伦理思想、礼仪和实践化，要求人们在实践中永远保持"克己"的觉醒，在生活中做到"中庸"的适度，以便追求现世的道德自我完善和人格完满的终极价值。韦伯进一步强调，儒教伦理不仅是一种信念伦理，而且是一种特别注重"秩序"的理性主义。儒教的理性在本质上具有和平主义的性质，是一种秩序的理性主义。

"儒教所要求的是对俗世及其秩序与习俗的适应，归根结底，它只不过是为受过教育的世人确立政治准则与社会礼仪的一部大法典。"① 这一世俗的社会秩序乃是神圣的世界宇宙秩序的有机组成部分之一。社会秩序只有融入内在和谐的宇宙天道秩序之中，才能达到内在的平衡。实际上，天道秩序乃是人性道德的化身。反身修德，成德为行，进而崇德广业，超凡入圣，以适应永恒超神的天道秩序，这是君子理想的最高境界。应当说，韦伯对于儒家法文化的终极意义的形而上探求，提示我们要认真关注以信念伦理和秩序追求为本体的儒家法文化的本质内涵，进而由此出发深切地把握以规则、制度和秩序安排观念为表达方式的中国文化的实质性大传统之本根。这样的儒家法文化的价值系统，长久以来深深地影响着生活在这一历史条件和地域空间范围的广大中国人的法律心理与行为，制约着他们的法律态度及其对法律的认同感，从而锻造着具有特殊意味的民族的法律精神品格，形成具有独特价值取向的法律调整准则系统。

现在的问题是：与这种大一统的天道秩序相伴而生的儒家法文化，在普天之下的不同区域中是否会有各具特质的表达方式？换言之，抑或存在一个儒家法文化的区域性问题。这确乎是一个颇具挑战性的论题。有的学者试图从广泛的意义上，讨论中国文化的区域分布格局，提出了近代中国文化的区域结构的分析框架。按照这一观点，大约从东晋开始，随着中国经济重心的南移，作为上层建筑的文化中心也随之南迁。迄至近代，中国文化系统大体形成了三个区域，这就是：（一）"受少数民族文化影响"而产生变异的北方地区，其中心在北京；（二）"受西方资本主义文化影响"而产生变异的南方沿海地区，有广州和上海两个中心；（三）继承了中国"正统的"文化传统的南方内陆地区，湖南是其不太明

---

① 参见［德］马克斯·韦伯：《儒教与道教》，洪天富译，江苏人民出版社1993年版，第178页。

显的中心。① 而有的学者则对作为文化大传统的儒家式秩序进行了一种
文化地理学上的划分，认为儒家文化包括被人们普遍信奉的儒家价值以
及由这些价值所塑造并维持这些价值的种种制度，而这些价值和制度创
造与维持着特定的社会秩序，亦即所谓的儒家式秩序。由此，根据晚近
以来儒家文化保存并且发挥治理作用的程度，对儒家文化在当代中国的
地理空间的分布作了如下的描述，即钱塘江以南中国，包括宁波以南之
沿海地区，也可包括皖南、江西等地；江南地区，亦即长江下游地区；除
上述两个地区以外的地区，则为广义上的北方。撇开个别大城市，在这
三个地区中，儒家文化在钱塘江以南地区保存得最为完整，长江下游地
区次之，北方又次之。② 在这里，姑且不论上述关于近代中国文化或者
儒家文化的区域分布结构的表达结果如何，我们可以发现，一个有趣且
重要的文化现象是：在中国，作为文化大传统的儒家文化或儒家法文化
在其发展演进的历史进程中确乎存在一个区域性的结构分布问题。这种
儒家法文化的区域结构，对国家法治发展体系中的区域法治发展进程无
疑具有不可否认的功能性影响。从总体上看，这种功能性影响主要表现
在以下若干方面：

首先，需要注意的是，一定的区域法治发展总是有其深厚的社会基
础，而这种社会基础在很大程度上是由特定的社会组织结构所维系的。
离开了社会基础及其相应的社会结构，区域法治发展就失去了赖以存在
的社会土壤，也就丧失了变动转换的内生活力。在这里，社会基础的韧
性程度及其特定社会结构的协调性程度对于一定的区域法治发展状况的
影响尤为显著。所谓社会基础的韧性程度，乃是整合和维系社会生活过
程的坚韧性或凝聚力程度。而特定社会结构的协调性程度，则是指构成

---

① 参见茅海建：《也谈近代湖湘文化》，载《湖南师范大学社会科学学报》1989 年第
1 期。

② 参见姚中秋：《钱塘江以南中国：儒家式现代秩序——广东模式之文化解读》，载
《开放时代》2012 年第 4 期。

该社会结构的诸要素之间的组织化或有机性程度。在不同的区域中，社会基础的韧性程度和特定社会结构的协调性程度是迥然有别的，呈现出区域之间的差异特性，从而制约着不同区域的社会治理进程。造成这一状况的原因是多方面的，其中的至为关键的因素乃是文化大传统或儒家法文化的区域结构分布①。具体地讲，文化大传统或儒家法文化的影响程度直接影响着一定社会基础的韧性程度。在不同的区域里，文化大传统或儒家法文化的影响程度高低，必然导致社会基础的韧性程度的不同，进而产生特定社会结构的协调性程度的差异性。有的学者认为，贯穿中国历史和社会治理进程的一个核心问题就是人的组织问题。"汉代以后，中国社会的组织者是儒家君子、绅士。因而，不同区域、不同时代、不同血缘、地缘群体的社会组织化程度，直接由其儒家化程度所决定。"②这一观点从一个侧面揭示了文化大传统或儒家法文化的影响程度与一定区域的社会组织化程度乃至社会治理秩序之间的某种关联性，是有一定道理的。实际上，在文化大传统或儒家法文化的观念体系中，"群"的概念占据很重要的地位。人的"群"的关系，实质上是一种秩序分别、等级有致的金字塔式社会关系，而礼治则是维护这一关系的基本制度。在礼治主义的深重影响下，传统的规则、制度和秩序安排架构以确认社会成员的职责和义务为明确目标，以维护人们的确定的社会地位和社会身份为依归，强调个人的存在和发展以宗族社会的存在和发展为转移，个体只有在宗族社会中才能得到全面发展。个体人格的发展必须同宗族社会的伦理要求协调一致起来。这样的社会政治伦理秩序关系，在传统社

---

① 家族制度是中国文化大传统或儒家法文化的一个基础性的制度安排。然而，这样的基础性制度安排并不是整齐划一地存在着的。在不同的区域性的地理环境的影响下，家族制度结构的现实存在状况是有着明显差异的。参见苏力：《制度是如何形成的》（增订版），北京大学出版社 2007 年版，第 82—90 页。

② 参见姚中秋：《钱塘江以南中国：儒家式现代秩序——广东模式之文化解读》，载《开放时代》2002 年第 4 期。

会生活过程中处于支配性地位，锻造了社会基础的坚韧性和社会结构的协调性，把整个社会生活过程纳入一个高度组织化的社会网络体系之中，裨于社会治理的有效进行①。应当看到，随着社会的历史变迁，儒家法文化在不同区域的影响程度是不一样的。特别是明清以后，中国经济中心南移，加剧了儒家法文化影响程度的大分流，推动了儒家法文化的区域性结构的形成与发展②。所以，今天当我们考察区域法治发展现象的运动变化时，就必须充分关注儒家法文化或文化大传统的历史性影响及其在不同区域空间范围的影响程度上的差异性，探讨儒家法文化或文化大传统的历史影响程度与特定区域社会基础的韧性程度和社会结构的协调性程度之间的关联机理，进而为推进区域社会治理现代化、推动区域法治发展的时代进程奠定坚实的文化基础。

其次，应当注意把握的是，区域法治发展的基本功能在于按照一定的方向和目标，把区域社会主体的行为纳入一定的轨道和秩序之中，建构适应区域经济社会发展要求的规则和秩序。"这种规则和秩序，正好是一种生产方式的社会固定形式，因而它相对地摆脱了单纯偶然性和单纯任意性的形式。"③这种区域社会规则调整具有双重属性：其一是国家性，即它是

---

① 传统中国的宗法家族体制顽固而坚韧，具有极强的生命力。即便进入现代社会，家族制度的功能依然顽强地表现出来。有的学者在丰富翔实的实证性的乡村调查的基础上，对当代中国的村落家族文化作了区域性的比较分析，涉及沿海地区与边远地区、经济发达地区与不发达地区、南方地区与北方地区的若干典型的村落家族共同体，资料与理论分析殊为珍贵。参见王沪宁：《当代中国村落家族文化——对中国社会现代化的一项探索》，上海人民出版社 1991 年版。

② 近代以来，随着西方法律文化在中国的广泛侵入与传播，儒家法文化遭到严峻的挑战，中西法律文化之间的冲突加剧。但是，这一进程在沿海地区与内陆地区有着程度不同的表现。有的学者分析了近代中国上海地区出现的一城两制、一城三制甚至一城四制的区域法制形态，确乎有着独特的文化意义。参见王立民：《中国近代的城市区域法制探研——以上海近代区域法制为例》，见公丕祥主编：《变革时代的区域法治发展》，法律出版社 2014 年版，第 55—67 页。

③ 参见《马克思恩格斯全集》第 25 卷，人民出版社 1975 年版，第 894 页。

国家法律与规则调整系统中的一个子系统，它要满足和实现国家法律与规则调整的一般性要求，以便建构一个统一的国家法律与规则调整体系；其二是区域性，这就是说，区域社会规则调整系统一方面要体现国家法律与规则调整体系的整体要求。另一方面又要从区域经济社会生活的实际出发，把握区域经济社会发展进程的特殊的法权要求，通过地方性法规、地方政府规章等形式，上升为具有直接针对性和具体性的区域社会规则调整系统，形成具有鲜明区域特色的规则调整体系，从而实施有效的区域社会治理。因之，建立特定的区域社会规则调整制度和机制，对于实现区域法治发展的历史使命无疑意义重大，影响深远。而特定的区域社会规则调整体系的形成与发展，同样离不开文化大传统或儒家法文化的功能性影响。文化大传统或儒家法文化之所以有其历史存在的合理性，重要原因就在于它是社会诸条件和因素的法权要求之体现。在这种传统中，凝结了该社会人们调整行为以及制度安排的丰富历史经验，因而具有历史定在性。因此，它本身为后来的人们提供了各种历史选择的可能性，成为改进国家与区域社会治理的有效资源[①]。文化大传统或儒家法文化作为历史上世代相传的法律与规则调整经验之积累，经受了历史时间的长久考验，其中有些部分继续存留下来并且用社会时间证明了其存在的合理性与优越性。比如，儒家法文化注意到国家干预社会生活的有限性问题，强调君主治理国家及社会事务要合理恰当。孔子说："君子之于天下也，无适也，无莫也，义之与比。"[②] 他认为，一个人能否治理政事，重要的一点是看他是否通情达理。所以，当季康子问孔子可否启用端木赐治理政事时，孔子的回答是："赐也达，于从政乎何有？"[③] 那么，判定君主治理国家是否合理恰当

---

① 有的学者考察了唐宋之际国家治理方略的重大变动，探讨了体现儒家法文化价值取向的宋代"司法职业化"在这一历史进程中的特殊功用。参见陈景良：《唐宋州县治理的本土经验：从宋代司法职业化的趋向说起》，载《法制与社会发展》2014 年第 1 期。

② 《论语·里仁篇第四》。

③ 《论语·雍也篇第六》。

的基本标准是什么？在这里，孔子提出了著名的"民信"说，主张统治者在从政时必须高度重视"民、食、丧、祭"这类涉及社稷最高利益的大事，强调治理政事应当以"民信"为出发点和归宿，认为"宽则得众，信则民任焉，敏则有功，公则说"。① 儒家法文化关于国家合理干预的思想及其"民信"说，固然体现了儒家法哲学的民本主义精神，同时也在一定程度上反映了传统中国社会生活结构的特殊机制。这就是说，在农业自然经济条件下，村社共同体自成一体，在它们内部有相对独立的自组织系统——家族体系。村社家族共同体通常由一个家族的首领或尊长来代表，由他来沟通协调家族共同体内部的种种人事关系。在一定条件下，这种家族共同体还行使着一定的行政的或司法的职能。传统社会基层生活的高度自治性，决定了专制国家对社会生活的干预程度是有限的。孔子强调君主治理国家要合理恰当，这确乎是传统中国社会生活的一种观念表现。时至今日，儒家法文化关于国家干预社会生活的有限性之理念依然在影响着当下社会政治与法治发展进程，只不过在不同的区域，这一理念的表达方式以及实现程度还是有所差别的。通过对这一法权现象的深入分析，我们似可看到一定的区域性的规则体系和制度安排，同区域性政府对自身公共职能的认知和对政府与社会之间关系的把握是有机地联结在一起的。透过"苏南模式"、"温州模式"等等各具特色的区域发展规则体系的历史的与现实的关系考量②，文化大传统的深刻影响及其程度差异对于区域社会与法治发展的独特意义愈发显现出来。

最后，还应考虑到的是，文化大传统促进了区域法治发展的价值基础的塑造与确立。从广泛的意义上讲，区域法治发展的进程乃是伴随着从传

---

①　《论语·尧曰篇第二十》。

②　有的学者揭示了"温州模式"所蕴含着的文化精神特质，认为作为温州地区传统文化最杰出的代表，注重经世致用、崇实重商的南宋永嘉学派乃是宋室南迁之后兴起的地域特征鲜明的儒学道统的新的学术旨趣表达，"温州模式"的文化渊源可以在永嘉之学中得以寻觅。参见陈安金：《崇实重商的永嘉学派》，载《光明日报》2014年3月31日。

统法制向现代法治的历史性跃进而导致的区域法治文化及其价值体系的创新过程，它是一个包含了区域社会主体的法律观念和法律行为变化的多方面进程，进而展示了一种新型的区域法治文化精神。诚然，在这一历史进程中交织着传统性与现代性的内在冲突。现代社会的急剧变化，造成了文化大传统或儒家法文化的种种压力。特别是域外法律文化的不断冲击，深刻地改变着文化大传统或儒家法文化的运动轨迹与发展路向，造成了儒家传统的危机状态。但是，"传统之中包含着某种东西，它会唤起人们改进传统的愿望"。① 文化大传统或儒家法文化的基本因子存在于普遍民众的法律意识、心理、习惯、行为方式及生活过程之中，因而在很大程度上成为社会成员信仰的载体，并且强化了社会成员彼此之间的价值认同感。不仅如此，由于文化大传统或儒家法文化通常表现为世代相传的指导和规范人们的行为的价值准则，因而对于人们的行为往往具有价值评价的功能。这种作为价值评价准则的文化大传统或儒家法文化，乃是社会成员在长期交往过程中逐渐积累起来的伦常生活经验的有机体，因之有着坚韧的社会历史惯性力量，与当下社会成员的行为过程乃至社会法律生活交融在一起，影响着社会成员行为方式以及该社会法律生活发展的价值取向。所以，当我们探讨区域法治发展进程的动力机制问题的时候，一个不可回避的问题摆在面前：需要认真对待文化大传统或儒家法文化的价值塑造功能。一些学者在比较中西方法律思维的历史差异时，每每引证马克斯·韦伯关于传统中国法律的"实质主义"取向的论述。的确，韦伯在讨论工商业资本主义为什么首先在西欧（而不是在中国等东方国家）兴起和发展的问题时，坚定地认为"其原因几乎完全在于国家的结构"。② 这就是说，在中世纪中后期的西欧，城市制度的兴起

---

① 参见 [美] E.希尔斯：《论传统》，傅铿、吕乐译，上海人民出版社 1991 年版，第286 页。

② 参见 [德] 马克斯·韦伯：《儒教与道德》，洪天富译，江苏人民出版社 1993 年版，第 120 页。

以及专制主义国家的推动，催生了近代理性法律的产生和发展，进而创造出适应于工商业资本主义发展的形式主义法律。相反，在传统中国家长制的国家形式下，工商业资本主义发展所必需的那种理性的、可预计的管理与法律机能并不存在，家长制官僚国家对形式法持有排拒的态度。"十分重要的是立法的内在性质：以伦理为取向的家长制，无论在中国还是在其他各地，所寻求的总是实际的公道，而不是形式法律。"① 按照韦伯的看法，在反形式主义的家长制的条件下，法律的形式主义处处受到排拒，传统中国的法官以彻底家长制的方式来判案，注重案件的具体事实，缺乏所谓演绎类型的法律逻辑和抽象概念原则，即不是根据形式的法律和一视同仁地来进行审判，而是按照神圣传统所能允许的原则和范围审理案件。实际上，源远流长的实质正义取向的中国法律传统是殊为珍贵的历史文化资源。这种不同于西方形式理性法律的实质理性法律传统，浸润着儒家法文化的"仁政"、"和谐"、"无讼"的法律价值理想，在从传统走向现代的社会转型过程中显示出独特的价值意义，而调解制度正是这种实质理性法律传统的典型表征。调解制度的发达，体现了儒家法文化的中庸精神，反映了民众的厌讼心态，这种心态通常又与儒家的"无讼"观念的长期熏陶密切相关②。不仅如此，在调解制度的运行中，社会成员通过缓解对抗的方式来化解纠纷，以期确定和谐的社会关系与秩序。所以，现代调解制度通常

---

① 参见［德］马克斯·韦伯：《儒教与道德》，洪天富译，江苏人民出版社1993年版，第122页。

② 黄宗智教授认为，韦伯所谓的实体主义法律的最好例子可能是中国的调解制度。在调解之中，无所谓普适的法律原理和逻辑，也无所谓抽象原则之适用于所有具体情况。它的重点不在抽象法律原则，而在解决具体纠纷。它的方法不在依据法律逻辑从抽象原则得出关于对象的判断，而在探寻实际可行的妥协方案。它的目的不在维护抽象普适的法律原则，而在维护社区长期共同相处人们间的和谐关系以及"己所不欲，勿施于人"的道德理念。参见杨逸淇：《美籍华裔学者、中国人民大学讲座教授黄宗智：挖掘中国法律传统与思维方式的现代价值》，载《文汇报》2014年3月24日。

被视为"和谐法治"的化身①。从更为广泛的社会意义上讲，在当下中国，调解制度的存在与发达，反映了广大民众力图通过自身努力来排解纷争进而公平交往的心理要求，反映了社会各阶层期望通过法律自治维系和谐关系，追求实质正义的内在需要。因此，在构造区域社会治理体系、推动区域法治发展的时代进程中，无疑要求我们善于运用调解制度之类的注重实质正义的传统文化资源，对文化大传统及其历史经验给予足够的认同与接受。

四、区域法治发展与文化小传统

以上我们考察了文化大传统的现代价值及其对区域法治发展的历史功用，接下来要进一步分析文化小传统的功能特征，探讨区域法治发展进程中的文化小传统的深刻影响。作为文化小传统，民俗习惯反映了社会成员安排生活、调适关系的思想观念与行为方式。这些观念与行为的形成，是一个自然的历史过程，是人们在长期的交往过程中自愿选择的结果，因而是人们生活方式的有机组成部分，对社会生活秩序的形成与发展起到相当重要的作用。今天的人们之所以在很大程度上总是处于过去的"掌心"之中，一个重要的原因就在于文化小传统的既定性与稳定性。这就是说，社会成员自觉或不自觉地承继着往昔岁月所积累传承下来的风俗惯例，而这样的风俗惯例对于社会成员来说，似乎是不可选择、不可改变的"硬事实"，因之作为文化小传统的民俗习惯具有无可回避的必须每天面对的既定性。不仅如此，一个社会的民俗习惯并不总是随着社会的变迁而变换自

---

① 张文显教授提出了"和谐法治"的概念，认为并非任何一种类型的法治都是和谐社会的基础，和谐社会所需要的是和谐的民主、和谐的法治，包括和谐的司法。"和谐法治"的概念，不仅将引领我们转换法治话语体系，从而提升我们的法治理念和法治实践，而且必将丰富和创新建设社会主义法治国家的理想模式、历史任务、实践途径。参见张文显：《司法理念与司法改革》，法律出版社 2011 年版，第 86—93 页。

己存在的形态，也不会由于某种外部力量的强制性介入而导致剧烈的变动。相反，不论一个社会的结构体系发生多么大的震荡或者改变，民俗习惯通常总是表现为某种经久恒定的形态，伴随着历史时间的流淌而依然保持着往昔的面貌，甚至成为一种悠久历史积淀的社会记忆和社会信仰形式。所以，作为文化小传统的民俗习惯的稳定性乃是不言而喻的。

　　一些学者常常把民俗习惯理解为美国人类学家克利福德·吉尔兹话语体系中的"地方性知识"的组成部分，这是有一定道理的。我们知道，在吉尔兹那里，"地方性知识"是一个含义广泛的概念，法律乃是一种"地方性知识"。民俗习惯是广义的文化的法的概念的组成部分，"法学和民族志，一如航行术、园艺、政治和诗歌，都是具有地方性意义的技艺，因为它们的运作凭靠的乃是地方性知识。直接个案不仅为法学提供了产生反映的基础，而且还为它提供了其欲求把握的对象。而在民族志、既定惯例、庆宴或父代母育风俗，亦具有相同意义的功用"。① 无论是法学，还是民族志，从微观层次上看，二者都面临着事实与法律之间的关系问题，这不仅是自休谟、康德以来西方哲学关注的主题，也是包括自然法、政策科学和实证合法化论争在内的法理学领域的关键。对于法学来说，需要把事实概略化，以便把道德问题缩小到可以用确定的规则对之加以裁定；对于人类学或民族志分析来说，则要对社会行为进行系统分类，以便从文化的角度对其意义加以解释。其实，这二者之间有着"非偶然的内在相似性"。② 按照吉尔兹的看法，对于事实与法律之间的关系问题以及对于事实在判断或审判中的地位问题，实际上与不同文化共同体的正义观或"法律知识"存在着密切关联，这就不可避免地涉及具有地方性想象意义的条件的存在结构以及具有地方性认识意义的因果的经验过程。吉尔兹模仿马林诺夫斯基的著名的"棕榈树中的风的样式"，生动地描述并讨论了 1958 年发生在

① 参见［美］克利福德·吉尔兹：《地方性知识：事实与法律的比较透视》，邓正来译，载梁治平编：《法律的文化解释》（修订本），三联书店 1998 年版，第 73 页。

② 参见上书，第 88 页。

南太平洋巴厘岛上的雷格瑞事件这一富有人类学意义的事件，揭示了这一事件背后所反映出来的国家独立后的新的时代的正式制度规则与古老的依然有着生命力的村庄规章惯例之间的内在冲突。他说道："与我们直接相关的是，在这件事情中，事件、规则、政治、习俗、信仰、情感、符号、程序和形而上学都被纠结在一起，其方式又是如此陌生，如此微妙，以至于进行'实然'和'应然'的纯粹比较就显得过于粗糙了。我认为，人们也无法否认这里存在着一种很强有力的法律认识，它有形式、有特性、有穿透力，甚至不需要法学院、法律顾问、法律重述、法学刊物、经典案例的帮助来加强这种认识，它本身几乎就是一种明确的而且成熟的自觉。"[①]吉尔兹运用语言符号理论的分析工具，选取了 haqq（在伊斯兰世界意指"真理"）、dharma（在印度文化圈里意指"职责"）、adat（在马来世界里意为"惯例"）这三个核心概念符号，来分别勾勒出伊斯兰法律认识、印度法律认识和马来亚法律认识这三种迥然相异的法律认识系统，藉以更加关注具体的文化积淀，钻研这三类符号系统的地方性知识意义，界定其中蕴含着的观念结构，表征各具特质的权利概念和正义观念，进而理解不同的具体的特殊的社会制度并赋予这些制度以意义的文化程式与信仰体系，强调这些具有"地方性认识意义"的权利与正义观念，吸收了丰富多彩的地方性习俗和信仰，保留了当地的符号和制度，把许多杂乱多样的不成文的规则组合成一种综合的生活和思维模式。所以，包括民俗习惯在内的法律"乃是一种赋予特定地方的特定事务以特定意义的方式"，并产生特定的影响；"依据地方性知识（直觉和直接个案）认识法律，或主张法律本身就是地方性知识"。[②] 很显然，吉尔兹所主张的一种颇为关注事物之多样性与差异性的认识论原则，为我们理解和阐释作为文化小传统的民俗习惯的价值意义提供了不可或缺的思想资源。

---

① 参见［美］克利福德·吉尔兹：《地方性知识：事实与法律的比较透视》，邓正来译，载梁治平编：《法律的文化解释》（修订本），三联书店1998年版，第145—146页。

② 参见上书。

人们通常把民俗习惯归之于民间法的范畴，以与国家法相区别①。由此出发，民俗习惯被视为在长期社会生活历史中形成的、为社会公众的内心所确信的习俗与惯例。它凝结着社会大众的普遍性的价值判断准则，体现着社会成员的普遍性的社会经验。与正式的成文的国家法相比，民俗习惯乃是一种存在于社会生活过程之中的并且在很大程度上决定着现行国家法的调整功能实效的社会规范集合体。乡土社会孕育生成着民俗习惯，反映了熟人社会中的支配性的交往规则。"在一个熟悉的社会中，我们会得到从心所欲而不逾规矩的自由。这和法律所保障的自由不同。规矩不是法律，规矩是'习'出来的礼俗。从俗即是从心。换一句话说，社会和个人在这里通了家。"②应当看到，民俗习惯普遍存在于每一个社会之中。即便在从熟人社会转变为陌生人社会之后，民俗习惯并没有失去其本来的生命意义，或者说它是一种本根式的社会存在。在传统中国，民俗习惯反映了礼治社会的客观要求，"礼是合式的路子，是经验化的过程而成为主动性服膺于传统的习惯"。③作为礼俗的重要组成部分，民俗习惯体现了人情与事理的内在统一，致力于追求秩序的和谐与安宁。在迅速走上现代化道路的当代中国社会，尽管民俗习惯的内容与形式在发生着变化，但它并没有被人们所遗忘或者废弃，反而适应变动中的社会需要而成为新的社会生活秩序的有机组成部分，保持着特有的旺盛的生机与生命力。

如果说民俗习惯具有普遍的社会价值意义，那么毋宁说它更是一种区域性的社会存在物。"千里不同风，百里不同俗"。空间的广大肯定是造成文化差异的一个重要因素。不过，异同均是相对的概念，这里的情形与我

---

① 苏力教授提出，要"通过我们的努力来沟通国家制定法和民间法，从而打破这种文化隔阻"。参见苏力：《法治及其本土资源》，中国政法大学出版社1994年版，第71页；田成有：《乡土社会中的国家法与民间法》，见谢晖、陈金钊主编：《民间法》第1卷，山东人民出版社2002年版，第1—29页；[日]寺田浩明：《超越民间法论》，吴博译，见谢晖、陈金钊主编：《民间法》第3卷，山东人民出版社2004年版，第1—13页；等等。

② 参见费孝通：《乡土中国》（修订本），上海人民出版社2013年版，第9—10页。

③ 参见上书。

们在时间中遇到的大致相同。"用某一个区域文化的特征去概括地说明更大地域的文化现象固然不可，但是地域间的差异并不是我们发现具有更大普遍性价值的绝对障碍。"① 清末民初展开的大规模民商事习惯调查运动，整理编纂了浩大的民商事习惯调查资料，从中可以清楚地看出各个区域民情风俗习惯的诸多层面的差异，这为当时的立法与司法活动提供了重要的"活法"资源②。作为文化小传统的载体的民俗习惯，在很大程度上体现了特定区域范围内文化传统的固有特性，构成了区域文化赖以存在与发展的基本要素，也反映了不同区域文化现象的历史差异性③。而愈是特殊的个别的，愈是具有普遍的整体的意义。透过这些丰富多姿的民俗习惯及其文化小传统，我们可以清晰地发现作为地方性知识表征的民俗习惯及其文化小传统的本根性价值意义。因之，当我们运用文化小传统的概念工具去分析区域法治发展的文化机理问题时，似乎获得了一种思想发现的认识功能。

其一，作为一种生活样式，民俗习惯构成了区域法治发展进程的重要社会渊源。在社会演进过程中，民俗习惯和社会的生存与发展条件紧密地结合在一起，表现为历史性的具体的个别化的文化积淀，成为社会成员依恋甚或崇拜的对象。这种具体的个别化的民俗习惯并不是任意积累而成的，也不是一连串偶然的任性的选择行动的产物，而是经历了历史时间的长久流传的必然性的历史后果，它与特定社会的有机体内在地融为一体。遵从民俗习惯，不仅是该社会的社会成员行为准则，而且成为他们的基本

---

① 梁治平编：《法律的文化解释》，载《中国社会科学季刊》（香港）第 4 卷（1993 年）。

② 参见前南京国民政府司法行政部编：《民事习惯调查报告录》（上下册），胡旭晟、夏新华、李交发点校，中国政法大学出版社 2000 年版；张家镇等编纂：《中国商事习惯与商事立法理由书》，王志华编校，中国政法大学出版社 2003 年版；眭鸿明：《清末民初民商事习惯调查研究》，法律出版社 2005 年版；等等。

③ 有的学者探讨了好讼、健讼之风气的区域分布状况，认为这一风习在明清以来的中国南方地区尤甚。参见龚汝富《明清讼学研究》，商务印书馆 2008 年版，第 5—6、24—28、211、247—261 页。

生活态度和生活样式。"按照习惯法所作出的决定通常并不必须对过去某个时代、行为或一代人的依恋，而必须有对这种先例的古老性的依恋。先例必须合乎规范是不言自明的，它历来就是如此。它也应该如此。"① 不仅如此，在一定社会历史条件下，民俗习惯甚至成为社会成员的权能表现，成为社会成员"权利感"的重要内容。在《关于林木盗窃法的辩论》中，青年马克思精辟分析了习惯与权利之间的内在关联，提出了合理的习惯权利的重要概念。在马克思看来，权利是社会主体的一种习惯。习惯权利亦即法权习惯，"习惯权利作为和法定权利同时存在的一个特殊领域，只有在和法律同时并存，而习惯是法定权利的前身的场合才是合理的"。② 在这里，习惯权利要成为合理的，必须具备两个条件：一是习惯权利和法定权利同时存在，习惯权利和法律同时并存，二者并行不悖；二是习惯是法定权利的前身，构成具有法权意味的直接的社会要求，即法权习惯，它构成法的直接社会渊源。所以，马克思鲜明地提出，要反对特权等级的习惯权利，为穷人要求习惯权利，因为"习惯权利按其本质来说只能是这一最低下的、备受压迫的、无组织的群众的权利"。③ 赋予民俗习惯以权利意义的价值内涵，这就使得民俗习惯与权利观念或者正义观念内在地联结在一起，从而使社会成员遵行民俗习惯作为一种社会生活样式的实际过程，获得了主体性的地位。再从社会学的意义上讲，一定社会的民俗习惯与特定的社会仪式亦是密不可分的。费孝通先生在论及乡土社会的礼治秩序时说到，与现代社会秩序的维持不同，乡土社会秩序维持所使用的力量和所根据的规范的性质有其固有的属性。礼是乡土社会公认合式的行为规范，但它不需要有形的权力机构来维持，而是凭据传统来维持，因为文化本来就是传统，传统则是社会所累积的经验，在乡土社会中传统的效力比现代

---

① 参见［美］E. 希尔斯：《论传统》，傅铿、吕乐译，上海人民出版社 1991 年版，第275 页。

② 参见《马克思恩格斯全集》第 1 卷，人民出版社 1965 年版，第 143—144 页。

③ 参见上书，第 142 页。

社会更大。因之，合乎礼的这套行为就成为人们普遍奉行的"仪式"，因为礼本来就是按着仪式做的意思。① 这样，体现礼治要求的这套社会仪式或礼仪，也就成为乡土社会民俗习惯的重要内容，并且构成生活在这一社会之中的社会成员的生活方式的有机组成部分。迄至当代，遵奉社会礼仪的民俗习惯依然显示出特殊的现代价值。因此，我们考察推进区域法治发展的路径选择问题，一个基本的要求就是要注意把握民俗习惯的发展样式意义及其对区域法治发展的社会渊源性影响。

其二，作为一种集体意识，民俗习惯在很大程度上构成了区域法治发展的社会精神纽结。民俗、习惯、常习与成规乃是社会秩序建构的基本要素，亦是社会意识的表达形式。而"培养常习的倾向是人类心理结构的一部分，没有这个倾向，生活会变得反复无常，社会也不可能产生秩序"。② 这表明民俗习惯有着鲜明的社会秩序意识取向，强调社会生活规则化和秩序化。它仿佛是一个社会的精神纽结，把个人与社会有机地联结到一起，进而确立社群或社会共同体的存在。因之，从这个意义上讲，我们完全可以说民俗习惯乃是社会的集体意识的表达方式。法国社会学家 E. 迪尔凯姆（又译为涂尔干、杜尔凯姆）十分注重集体意识在社会生活中的独特作用，指出："社会并不是个人相加的简单总和，而是由个人的结合而形成的体系，而这个体系则是一种具有自身属性的独特的实在。毫无疑问，如果没有个人意识，任何集体生活都不可能产生，但仅有这个必要条件是不够的，还必须把个人意识集合或化合起来，而化合还要有一定的方式。社会生活就是这种化合的结果。因此，我们只能以这种化合来解释社会生活。"③ 而个人意识的结合或化合，就是集体意识。集体意识是一种与

---

① 参见费孝通：《乡土中国》（修订本），上海人民出版社 2013 年版，第 47—49 页。

② 参见 [英] 丹尼斯·罗伊德：《法律的理念》，张茂柏译，新星出版社 2005 年版，第 183 页。

③ 参见 [法] E. 迪尔凯姆：《社会学方法的准则》，狄玉明译，商务印书馆 1995 年版，第 119 页。

个人意识不同的特别的东西，二者有着种属的不同。"它们的这种不同起因于它们不是由同样的成分组成的。实际上，个人意识产生于孤立的有机的——心理的存在的本性，而集体意识则产生于许多的这种存在的结合。既然结合的成分如此不同，结果也就不可能相同。"① 那么，如何认识集体意识的质的规定性？迪尔凯姆认为："社会成员平均具有的信仰和感情的总和，构成了他们自身明确的生活体系，我们可以称之为集体意识或共同意识。"② 由此出发，迪尔凯姆提出了由团结产生的社会关系的紧密程度的三个条件，即集体意识与个人意识之间的关系；集体意识的平均强度；集体意识的确定程度。他悲观地注意到，就总体而言，随着社会的不断进化，集体意识的基础愈加薄弱，集体意识的确定性的平均程度和强度亦日益衰微，个人意识越来越摆脱了集体意识的羁绊，个人人格在社会生活中成为更加重要的因素。不过，迪尔凯姆也同时认为，集体意识或共同意识越是普遍，就越会给人的变化留出地盘。集体意识的价值意义就在于凝结为一定的抽象规则，而民俗习惯正是这类规则的表现形式之一。"实际上，如果各种常规习惯是明确无误的，它就会通过一种类似于反思的方式决定思想和行动取向，……一旦反思被激发出来，它就会势不可当地向前发展。"③ 尤为重要的是，"反思在使人认识到社会存在比个体存在更为丰富、更为复杂、更为久远后，就能使人们清楚地知道个人为什么要处于从属地位，习惯为什么要求个人在内心永久有依恋和尊重社会的感情的理由"。④ 在这里，迪尔凯姆清晰地描述了集体意识的社会功能与历史命运，确证了作为集体意识的表达形式的民俗习惯对于维系社会共同体的价值意义。因此，

① 参见 [法] E.迪尔凯姆：《社会学方法的准则》，狄玉明译，商务印书馆1995年版，第119页注①。

② 参见[法]埃米尔·涂尔干：《社会分工论》，渠东译，三联书店2000年版，第42页。

③ 参见上书，第247页。

④ 参见 [法] E.迪尔凯姆：《社会学方法的准则》，狄玉明译，商务印书馆1995年版，第136页。

集体意识反映了社会成员共同情感与价值信仰，与特定社会生活条件相伴而生，世代相传，构成了社会生活的精神枢纽。而民俗习惯则通过特定社会成员的普遍认同与遵行的方式，表达了集体意识的内在力量，展示了集体情感的固有特性，为社会成员的行为提供了一定的样式，指明了一定的方向。所以，研究区域法治发展的文化意义，就必须深入探讨作为集体意识表现形式的民俗习惯在维系区域社会共同体关系中的社会精神纽结意义与功能，进而阐释文化小传统对于推动区域法治发展的重要作用机理。

其三，作为一种调整机制，民俗习惯乃是区域法治发展进程的功能性的社会调节力量。社会调整体系是多样繁复的，其中民俗习惯是一个相对独立的社会规范调整机制。在传统社会，民俗习惯的调整功能居于相当重要的地位，早期立法活动的基础主要是民俗习惯。"这种立法，经常不是用来创制新的规则而是澄清早已存在的习惯法，并且予以法典化。"比如，古罗马《十二铜表法》，"以现有的眼光来看，这个法律当然不是一个条理分明的法典，而仅仅把若干民众必须知道的琐碎事情或是亟待澄清的古老习惯制为法律"。① 特别是在古代东方社会，民俗习惯在社会调整体系中的功用是相当突出的。这种民俗习惯是农村公社成员长期生产和生活经验的积累和结晶，调整公社成员的行为以及公社内部和各种关系，进而逐步固定化、规则化和制度化。在民俗习惯的自发调节下，村社共同体内部逐渐生成一种自治和自发的法律与社会秩序。这些民俗习惯得到了公社成员的普遍认同和接受，比起国家成文法来说具有更为直接的拘束力 ②。

---

① 参见 [英] 丹尼斯·罗伊德：《法律的理念》，张茂柏译，新星出版社 2005 年版，第 193—194 页。

② 马克思在晚年人类学笔记中，充分注意到传统东方社会调整体系的基本特点以及风俗习惯的特殊历史功用，论述了古代东方社会习惯及习惯法与国家成文法之间的内在渊源关系，使我们看到这些风俗习惯有着广泛的调整范围并且其拘束力并不逊于国家成文法。参见《马克思古代公社史笔记》，人民出版社 1996 年版，第 27—103、388—423 页。

在传统中国社会，以血缘关系为纽带的宗法家族制度的存在与发展，对社会调整体系的建构产生了广泛的影响。个人与社会、个人与国家之间的种种联系，往往通过家族的媒介功能来实现。家族的社会功能是广泛而具体的，在这里民俗习惯成为家族治理的重要手段。一个家族往往有自己的宗祠，里面放着一块记载着家族认可的习惯法的石碑，家族有着无可置疑的权力把它强加给自己的族人。① 通常家族还运用民俗习惯化解基层社会生活的矛盾纠纷，力图不让家族成员的纠纷发展成为牵动政府的诉讼。"毫无疑问，习惯性的规范在中国流行的情形绝不比其他地区逊色，而且在某些方面可能还更有权威，譬如对于父母和祖先的尊敬，以及对家庭中其他分子的扶助与蓄养。但是在法律争端方面，中国人从未想到它们可以经由某种固定的司法程序用事先制定的规范加以解决；反而认为，法律上的正义是由人类本于宇宙间的和谐精神去调和各方利益的结果，而人类的智慧早已蕴藏了许多关于宇宙间和谐状态的暗示。这样的社会，无论在社会关系或经济关系方面，必定会把一种以根深蒂固的法律架构或社会规范为基础的秩序，在不妨碍那个基本架构的范围内，掺合高度的弹性与变化性。"② 社会生活中大量存在的民俗习惯在很大程度上能够满足这样的要求。即便进入现代社会以后，民俗习惯的社会调整功用依然表现出坚韧的力量。在社会生活过程中，调整社会成员行为、造成有机的社会秩序的不仅仅是国家的成文法律，还有世代相传、约定俗成的民俗习惯。它们顽强地存在于人们的思想之中，规范着人们的行为，指导着人们的生活。而且在相当意义上，比之国家法，民俗习惯更能够为社会成员所依归。于是，我们看到，民俗习惯正在进入国家制定法的视野，成为法律的重要渊源之一（尽管这一过程还很漫

---

① 参见《文明的历史脚步——韦伯文集》，上海三联书店 1988 年版，第 85 页。

② 参见 [英] 丹尼斯·罗伊德：《法律的理念》，张茂柏译，新星出版社 2005 年版，第 195 页。

长）。① 而在司法领域，对于民俗习惯在司法中运用问题的关注与实践，亦在成为提升司法公信力、改进社会治理、建设和谐社会的一个重要司法抉择。江苏省姜堰市人民法院开启把善良风俗引入审判工作的有益探索，取得了良好效果，产生了广泛影响。② 因此，在推进区域法治发展的时代进程中，我们确有必要找寻民俗习惯进入区域社会治理体系建构的适当途径，充分发挥民俗习惯的区域性社会调整与规制职能，以与国家成文法在区域范围内的施行形成相辅相成的互动格局，切实提高区域社会治理的成效。

五、小　结

现在，我们对本文的观点作如下的小结：

在当下中国，推进法治中国建设的一个重要且可行的战略与策略选择，乃是扎实有效地加强和改进法治区域建设，推进区域法治发展。而深入揭示区域法治发展的文化基础，研究区域法治发展与文化传统之间的内在关联，无疑有助于我们探寻打开区域法治发展进程的内在奥秘的科学钥匙。由此出发，我们试图运用理想类型的概念分析工具，对文化传统进行类型化的划分，进而分别考察文化大传统和文化小传统对区域法治发展进程的深刻影响。

文化与传统之间的关系殊为密切。"文化本来就是传统。不论哪一个社会，绝不会没有传统的。"③ 传统的基本要义之一，就在于它的历史连续性，这是传统的强大力量之所在。正是这种历史连续性，遂使传统成为后来的人们依恋甚或崇敬的对象，从而世代相传、生生不息。据说，"传统"一词

---

① 参见苏力：《当代中国立法中的习惯》，载苏力：《道路通向城市——转型中国的法治》，法律出版社 2004 年版，第 34—108 页。

② 参见公丕祥主编：《民俗习惯司法运用的理论与实践》，法律出版社 2011 年版。

③ 参见费孝通：《乡土中国》（修订本），上海人民出版社 2013 年版，第 48 页。

最初来自于罗马的继承法，意指用于处理在移交财产之外同时把权利和义务越过死亡界限而传递下去。① 随着历史岁月的流淌，传统概念获得一种新的人文社会科学意义。传统在继续表达经久因袭的历史性传承联系的同时，亦不再被简单看作是与现代相悖的一种固有的价值体系，而是作为一种与现代性相沟通的生活样式或模本得到确证，成为富有时代活力的并且有拘束力或规范指导性的价值系统。这就是实质性的传统的活力源泉之所在。

对于文化的实质性传统来说，有文化的实质性的大传统与文化的实质性小传统之分。前者一般是指在一定社会历史时期中处于支配或主导地位的、以规则和制度以及秩序安排观念形式表达出来的文化传统。它构成了一定社会文化发展的主流取向，对社会生活和人们的行为起到规制、指导的作用；它所表现出来的一定的规则、制度和秩序安排观念，成为一定社会生活秩序的重要内容和基础。在当代中国，文化大传统对于国家与区域法治发展进程的影响是根深蒂固的。它与法文化的概念有着相通的意蕴。这里重要的是要把握儒家法文化这一中国文化大传统的主流对于区域法治发展的作用和机理。马克斯·韦伯把儒家法文化的本质性特征归之为"信念伦理"，这是有道理的。而这套以信念伦理为基石的儒家法文化传统，在历史演进过程中，又有着显明的区域性结构分布特征。因之，以儒家法文化为核心的文化大传统对于区域法治发展的深刻影响，主要表现在三个方面：一是铸造了区域法治发展的社会基础；二是构成了区域法治发展的规范机理；三是凝聚了区域法治发展的价值认同。

文化的实质性的小传统的价值意义亦是不能低估的。作为文化小传统的本体，民俗习惯主要是指基层民间社会中普遍存在的以民俗习惯形式所表现出来的文化传统。在历史的进程中，民俗习惯不仅具有坚韧的既定性，也有着鲜明的稳定性。人们常常用克利福德·吉尔兹的"地方性知识"概念

---

① 参见［德］斯特凡·约尔丹主编：《历史科学基本概念辞典》，孟钟捷译，北京大学出版社 2012 年版，第 255 页。

来加以表征。其实，在吉尔兹那里，作为"地方性知识"的意义表达形式的，不仅仅是民间社会约定俗成的民俗习惯，而且包括国家制定的法律。然而，比之法律来说，民俗习惯的"地方性知识"的意味更为突出和显著，因为这是深深植根于乡土社会之中的地方性秩序构造的基础，也是推进现代法治所面临和应予解决的重要课题①。作为"地方性知识"的表现形式之一，民俗习惯的区域性特征是十分明显的，所谓"千里不同风，百里不同俗"即是。深刻认识这一重要特征，可以使我们对于区域法治发展的文化机理之认识与把握更为清醒而透辟。就总体而言，作为文化小传统的民俗习惯之于区域法治进程的影响机理，主要表现在：第一，民俗习惯乃是一种生活样式，构成了区域法治发展进程的重要社会渊源；第二，民俗习惯乃是一种"集体意识"，构成了区域法治发展的社会精神纽结；第三，民俗习惯乃是一种调整机制，构成了区域法治发展进程的功能性的社会调节力量。

关注文化传统对于区域法治发展的基础性功用，重要的是要在区域社会日常生活过程中重建文化传统的时代位置，彰显文化传统的实践理性精神，使文化传统成为社会大众日常生活过程的有机要素，深深地融入人们日常生活过程之中，而不是与日常生活相疏离。② 在这里，将会展示日常生活中的人们在文化大传统和文化小传统的影响下的有关生活的知识以及对待生活的态度，进而把握社会与个人的活动准则和前进方向。这不仅裨益于国家和区域法治发展，而且对我们这个社会的善治与健康发展，都是至关紧要的，这就是当代历史人类学运动所给予我们的重要启示之一。

本文刊于《法律科学》2014 年第 5 期

---

① 参见顾培东：《试论我国社会中的非常规性纠纷解决机制》，载《中国法学》2007年第 3 期；朱景文：《法治中的悖论》，见［中国］夏勇、李林、［瑞士］丽狄娅·芭斯塔·弗莱纳主编：《法治与 21 世纪》，社会科学文献出版社 2004 年版，第 69—74 页；苏力：《道路通向城市——转型中国的法治》，法律出版社 2004 年版，第 3—42 页。

② 参见刘阳访谈录：《传统文化"失语"，我们该做什么》，载《人民日报》2014 年 3月 27 日。

第三编
全球化进程中的中国法制现代化

第十三章
全球化、中国崛起与法制现代化

本 章 概 要

中国正在重新崛起，这是当代全球化进程中一个引人注目的现象。而时下的国际金融危机，加剧了全球政治力量从西方向东方的转移，也加速了中国崛起的历史进程。正是在这一过程中，法制现代化或法律发展的中国模式与中国道路问题，被赋予了特殊的价值与意义。我们需要从全球的视野，揭示全球化与中国法制现代化的互动机理，把握全球化与中国崛起背景下中国法制现代化的运动方向。

一、问题的复杂性

伴随着当代全球化的时代进程，中国崛起现象成为国际社会广泛关注和热烈讨论的一个话题，而全球化与中国崛起的背景下的中国法制现代化的取向与趋势，亦在成为国内外学术界研讨的重要学术领域之一。在我看来，全球化时代的中国法学研究，首先应当关注当下中国的法制问题，而当代中国法制的变革、转型与现代化问题，构成了当代中国法律问题的核心要义。① 全球化时代的中国法制现代化进程波澜壮阔，呈现出诸多独特的历史品格，展示出蓬勃的生机与活力，迫切需要当代中国法学与法律工作者从全球的视野，深入研究全球化背景下中国法制现代化的理论与实践问题，从而在中国崛起的进程中，始终保持着对法律发展的中国模式与中国道路的自觉意识。

如同全球化进程一样，中国的崛起是一种历史性的现象。从公元1500年左右第一次全球化浪潮的"蛹动"，中经19世纪末20世纪初第二次全球化浪潮，到20世纪80年代开始的第三次全球化浪潮，迄今已经经历了五百年左右的历史行程。如果说第一次全球化浪潮中的中华帝国大致处于世界或亚洲的中心，而第二次全球化浪潮之时的中国已经被世界边缘化了，那么正是借助第三次全球化运动的汹涌浪潮，中国开始重新崛起了！许多观察家认为，中国充分利用了当代经济全球化的战略性机遇，就像其他历史上若干崛起的大国那样，成为"世界工厂"，改革开放的革命性效应获得了空前的释放，因此，中国是第三次或当代全球化进程的最大赢家之一。美国高盛公司预测，至2027年，中国的经济规模将超过美国，到2050年，中国的经济规模将达到美国的两倍。当然，也有的人不大认同中国的崛起，认为当下的中国只是一个"表面巨人"，尽管从远处看中国的一切似乎显得很强大，但是一旦从近处观察中国，所谓中国崛起的陶醉情绪就会很快消失。然而，无论人们对中国崛起持有何种看法，当代中国的综合国力之强大，作为一个负责任的发展中的世界大国，中国已经或正在崛起，这都已是一个无可否认的客观现实。应当说，这是国际社会关于中国问题的主流话语。正是从这个意义上，我们对第三次全球化浪潮持

---

① 邓正来先生突出地强调了当代中国法学参与全球化进程的特定意义，指出要从中国发出重思世界结构中的中国，建构中国关于自己和关于世界的法律理想图景。实际上，这一观点旨在于阐释全球化时代中国法学研究的中国与世界之互动取向。参见邓正来：《谁之全球化？何种法哲学？——开放性全球化观与中国法律哲学建构论纲》，商务印书馆2009年版，第14—21页。

有正面的积极的评价，——尽管这次浪潮对中国冲击的负面作用不容低估。

实际上，当代中国崛起的真正的标志性形象，乃是时下的国际金融危机中的中国现象。2008 年下半年以来，由美国次贷危机引发的金融危机席卷全球，不仅对实体经济造成了破坏性的影响，而且严重动摇了现行的国际金融体系乃至整个全球管理体系。为了化解这场金融风暴，摆脱全球治理危机，世界各国特别是诸多大国紧急行动起来，联手协调应对之策，2008 年 11 月的华盛顿 20 国集团（G20）金融峰会和 2009 年 4 月的 G20 伦敦金融峰会以及 2009 年 7 月的意大利拉奎拉 G8 峰会（实际上是 G8+ 新兴国家峰会）相继召开。一个有趣的现象是，所谓"金砖四国"（中国、俄罗斯、印度和巴西）作为新兴大国的代表，不仅积极广泛地参与了这场国际金融危机的应对与治理的过程，而且对化解危机所表现出来的坚定信心与欧美诸国的低迷形成了鲜明的对比，因而被国际社会称之为正在兴起的"全球领袖"。而在这"金砖四国"中，中国的表现尤其受到关注和重视。人们广泛认为，正是在这场国际金融危机中，经过 30 年改革开放的中国的崛起，获得了一种全新的形象：自信、诚实、内敛和负责任。这种崭新的国家形象，既承继了韬光养晦、决不当头的基本国策，又展示了有所作为、担当责任的国家行为取向，积极地回应了当今世界面临的关系人类社会命运的重大挑战。

于是，许多政治家和学者似乎看到了这样一幅画面：中国统治世界的时代正在缓慢到来。比如，最近，英国伦敦经济学院亚洲研究中心研究员马丁·雅克在英国《泰晤士报》网站（2009 年 6 月 24 日）的一篇题为《货币、文化和孔子：中国的权力将覆盖全世界》的文章中认为，中国人不是从民族而是从文明的角度去认识自我的，民族国家是表层土壤，文明国家才是地质构成，正是后者给中国人带来了认同感；中国的崛起将改变先前遵循西方模式的世界，尽管这种情况不会很快出现；中国的崛起标志着一个截然不同的时代正缓慢来临，中国将对这个时代产生越来越深远的影响。因此，在这里我们面临着一个严肃的课题：如何估量中国崛起的文明意义？怎样看待全球化进程中的中国模式与西方模式？在中国崛起的历史进程中，中国的法制及其现代化将会呈现出什么样的时代面貌，换言之，如何观察中国法制现代化运动的未来前景？很显然，我们应当对这些问题作出必要的阐释。

二、中国的全球地位及其变动

在全球历史的演化进程中，东方与西方的关系及其在全球化历史运动中的地位，经历了一个复杂的变化过程。长期以来，国际学术界流行着一种观点，认为 16 世纪的西欧处于原初的中心地位，成为全球性现代化的中心地区，而广大的非西方世界则是所谓的边缘或半边缘地区。美国学者伊曼纽尔·沃勒斯坦在其代表作《现代世界体系》一书中，描述了世界经济体的中心与边缘的变动过程，认为伴随着世界经济体的不断变动而发展起来的国家体系，经历了三个霸权周期，产生了三个霸权国家，这就是17世纪中期的荷兰、19 世纪中期的英国和 20 世纪中期的美国，世界格局的中心与边缘随之发生相应的变化。[①] 在沃氏的心目中，东方在全球发展进程中的位置似乎不足为道，唯有欧洲或西方才是世界历史舞台上的经久不变的主角。与这种"西方中心主义"的主流观念不同，德国学者贡德·弗兰克试图对 1500 年以来全球化进程中的东方与西方的关系给出一个全新的解说。在《白银资本》一书中，弗兰克极力证明，从 15 世纪到 19 世纪前这四百年的全球经济时代，并不是欧洲时代，而是亚洲时代，中国则是这个亚洲时代全球经济体系的中心；直到 19 世纪之前，"中央王国"实际上是世界经济的中心，"表明中国在世界经济中的这种位置和角色的现象

---

① 参见〔美〕伊曼纽尔·沃勒斯坦：《现代世界体系》第 1 卷，罗荣渠等译校，高等教育出版社 1998 年版，第 79—128 页；《现代世界体系》第 2 卷，罗荣渠等译校，高等教育出版社 1998 年版，第 44—45 页。

之一是，它吸引和吞噬了大约世界生产的白银资本的一半"。① 因之，弗兰克的分析与结论，打碎了欧洲中心主义的神话，摧毁了"西方天然优越"论的历史依据。这样看来，按照弗兰克的看法，全球化的历史似乎要予以重新诠释。

然而，19 世纪以后，世界场景发生了急剧的转换。在近代工业革命与政治革命的推动下，西欧在世界经济体系中迅速处于支配性的地位，而此时的中国依然被囿于自然经济和专制政体的樊篱之中，所以不可避免的，先前中国的优势地位被工业革命后的欧洲所取代，欧洲开始成为全球化进程的中心区域。随着 19 世纪以来西方世界的新一轮对外殖民扩张，中国不仅丧失了中心地位，而且逐渐沦入半殖民地的境况。19 世纪中期，西方列强凭借武力和商品，强行打开中国封闭的大门，中国在这个新兴的世界体系中日益处于边缘化状态。卡尔·马克思揭示了近代工业文明对中国的冲击及其产生的历史性后果，指出西方近代商业文明的入侵，使中国这个"最后一个闭关自守的、以农业和手工业相结合为基础的文明被消灭"，从而逐渐瓦解了旧有的小农经济的制度，也打破了传统中国闭关自守的封闭状态，"天朝帝国万世长存的迷信破了产，野蛮的、闭关自守的、与文明世界隔绝的状态被打破，开始同外界发生联系"。②

关于 19 世纪中国的世界地位的历史性转换，有的学者运用从朝贡制度到条约制度的转变这一概念分析工具来加以解释。在美国著名的中国问题研究专家费正清看来，在近代中国历史发展过程中起主导作用的因素是西方文化的广泛入侵。从朝贡制度到条约制度的演变，就是这个过程的一个缩影。朝贡制度是把儒家学说，即中国统治者具有伦理根据来行使他的政治权力的学说，应用到对外事务上。它象征着接纳"夷狄"来沐天朝的教化，是一种恩典和特权。因此，按照费正清的看法，与条约体系具有单

① 参见 [德] 贡德·弗兰克：《白银资本——重视经济全球化中的东方》，刘北成译，中央编译出版社 2000 年版，第 19—20 页。

② 参见《马克思恩格斯论中国》，人民出版社 1997 年版，第 125 页。

方面的不平等的性质一样，朝贡制度这个古老的中国制度也是不平等的。对于儒家学者来说，"既然皇帝受命于天统驭万民，他宜对一切'远方来人'表示仁慈的胸怀。而皇上的慈恩就理应由外来者的俯首恭顺来予以报答"。"一旦外国人承认了天子独一无二的地位，仁慈的皇恩和俯首恭顺之间的关系就必然要在礼仪的形式上表现出来，分别表现为正式的赏赐和献礼。于是，献礼朝贡就成为中国朝廷的一项礼节，它象征着接纳夷狄来沐受中华文化。"① 在历史的演进过程中，古代中国的朝贡制度虽然多有变化和反复，但是却一直沿用到19世纪初叶。但是，随着19世纪中叶清政府在鸦片战争中的失败，逐渐形成了不平等的条约制度。在这几十年的时间里，清政府与诸列强先后签订了一系列条约。在这一条约制度下，传统的朝贡体系彻底崩溃。西方列强的扩张，迫使以往那种以中国为中心的世界秩序观念，逐渐倒转过来，中国的传统秩序在与西方势力迎头相撞的过程中，遭遇到了空前的挑战与危机。在这一条约制度下，通过不平等的条约所建立起来的新的秩序结构，并不是中国自愿选择的，而是列强借助战争的手段和商品的入侵而强加给中国的东西，由此形成的新的社会秩序具有显明的不平等的性质。"虽然新的条约好像是在平等主权国家之间签订的，但实际上，它们是很不平等的，因为这违反中国的意愿被迫处于较弱的地位，只能听任西方的商业和随之而来的文化入侵。"②

更进一步地来看，中国的世界地位的这种倒转在法律生活领域也表现出来。19世纪以前中国的世界中心地位及其对外部世界的影响力，在法律制度上得到了集中充分的体现。用费正清的话来说，与早期欧洲各民族通过外向扩张的方式膨胀发展不同，中国采取了"内向爆破"的方法，从而形成了独特的生产方式、社会生活与国家制度以及文化体系。这种"内向爆破"铸就了国家、社会和文化三者异常超绝的统一体，并且产生了不

① ［美］费正清：《美国与□国》，张理京译，世界知识出版社1999年版，第147页。
② 参见上书，第153页。

同于欧洲的两个主要结果：古代中国官僚制度的发达和古代中国文化与文明技艺的较早的繁荣昌盛。① 这种"内向爆破"所产生出来的力量，一方面使古代中国的法律发展处于一个自然的演进过程之中，保持着自主型发展的独特品格，直到近代西方法律文化传入中国之前，它并没有因第一次全球化浪潮的启动而改变自己的成长轨迹，也没有因内部王朝的兴衰更替而动摇自己赖以存在的根基；另一方面，使古代中华法系具有世界性意义，传统中国的法律文化对域外文明法律生活产生了很大的影响，以至于发展成为一个以中国为核心的包括日本、朝鲜等东亚国家在内的中华法系文明系统。所以，19 世纪之前的绝大部分欧洲学者都对中华法律文化表达过向往与称颂之意。然而，条约制度在近代中国的逐步确立，深刻改变了中国社会与法律发展的历史进程。领事裁判权制度是中外不平等条约制度的法律表现，是在第二次全球化浪潮中近代中国沦为半殖民社会的历史产物。在领事裁判权制度下，外国列强肆意侵犯中国的法律与司法主权，中国法律发展的自然的自主的进程被打断。曾在晚清中国海关任职 30 余年的美国人马士，在《中华帝国对外关系史》一书中竟然荒唐地认为，中国法律制度的落后是外国人要求领事裁判权的主要理由，而外国人放弃这种司法特权的前提，就是中国法律与司法制度的改善。② 因之，晚清法制改革的一个基本要求，就是通过采用西法来整顿中法，以期收回领事裁判权；这场法制改革的基本策略，就是"将采西法，以补中法之不足"③，进而务期"中外通行"。④ 而这场十年法制改革的直接后果，则是带有明显的"西方化"色彩的近代法律制度的出现。这是第二次全球化运动的背景

---

① ［美］费正清：《伟大的中国革命》（1800—1985），刘尊棋译，国际文化出版公司 1989 年版，第 4—7 页。

② 参见［美］马士：《中华帝国对外关系史（一八九四———九一一年被制服时期）》，张汇文等译，上海书店出版社 2000 年版，第 402 页。

③ 参见朱寿朋编：《光绪朝东华录》第四册，中华书局 1984 年版，总第 4754 页。

④ 参见廖一中编：《袁世凯奏议》上册，天津古籍出版社 1987 年版，第 475 页。

下中国法律制度的一次深刻转型。显然，19世纪之后中国的全球地位的转换，导致法律生活世界的巨大变迁，古老的自主发展的中国法律文明第一次以被动者的姿态迎接着西方法律文明的冲击与挑战，从而艰难地走上了转型与依附发展的道路。

然而，伴随着第三次全球化浪潮，特别是这场自20世纪30年代大萧条以来未曾遭遇过的全球金融危机的激荡，中国的全球位置与角色又在发生戏剧性的新变化。十年前，当亚洲金融风暴席卷而来之际，贡德·弗兰克在写作《白银资本》中文版前言时说道："本书的新颖之处在于，通过分析证明，至少直到1800年为止，亚洲尤其是中国一直在世界经济中居于支配地位；直到1800年，具体到中国时直到19世纪40年代的鸦片战争，东方才衰落，西方才上升到支配地位。"他大胆地预言，19世纪以来中国的支配地位被西方所取代，这显然也是暂时的，从历史角度看，这仅仅是很近的事。因为世界现在已经再次"调整方向"，中国正再次准备占据它直到1800年以后一段时间为止"历来"在世界经济占据的支配地位，即使不是"中心"地位。弗兰克甚至认为，更重要的是，这次世界性衰退是一个多世纪以来第一次始于东方，然后向西方蔓延。因此，这次衰退与其说是表明东亚的暂时虚弱，不如说是表明东亚基本经济实力的增长——世界经济的重心正在转回到它在西方兴起前的位置。① 人们从应付国际金融危机的行动中，似乎看到正在发生权力自西向东的转移，并且发现今后若干年内很有可能看到全球经济中心平衡全面向亚洲倾斜，而中国正是这种中心转移的一个中心点。令人惊奇的是，弗兰克的预言正在变成现实。正当人们因国际金融危机的冲击而重新反思第三次全球化运动时，一种G2理论不胫而走。所谓G2理论，简言之就是美中两极理论，是指美中两国组成的国家集团联手协调共同治理世界。不管这种理论的炮制

---

① 参见［德］贡德·弗兰克：《白银资本——重视经济全球化中的东方》，刘北成译，中央编译出版社2000年版，第20—21、23—24页。

者的意图何在，G2 理论在一定程度上反映了当代中国的崛起及其在全球社会中的越来越重要的地位，国际社会愈益意识到中国在当代国际体系中的分量。

据有关人士考证，G2 的概念是由美国著名智库彼得森国际经济研究所的经济学家弗雷德·伯格斯腾首先提出来的。在 2008 年《外交》杂志夏季号上的一篇文章中，伯氏批评中国在世界体系中像一个无足轻重的小国，没有承担起应有的责任，因之他主张中美两国应该共同努力形成 G2 构架，共同领导全球经济体制。此后，美国一些政要和学者纷纷撰文，强调建立美中两极体制的重要性。哈佛大学经济历史学家尼尔·弗格森强调美中两国在经济层面的相互依存性，并且创造出"Chimerica"一词，呼吁召开 G2 首脑峰会。2009 年 1 月中旬，在奥巴马正式宣布就职美国总统的前夕，曾任卡特政府国家安全事务助理的布热津斯基，撰文向奥巴马政府建议采纳美中两极体制政策。而奥巴马总统在 2009 年 1 月首次与胡锦涛主席的电话会谈中就把美中关系定位为世界上最重要的关系。就连世界银行行长罗伯特·佐利克和世界银行首席经济学家林毅夫也在 2009 年 3 月联合撰文，呼吁美中应联手制定 G2，带领世界走出经济困难，甚至断言"如果没有强大的 G2，G20 最终将会令人失望"。当然，G2 理论一出炉，便招来一片反对之声。政界和学者出于不同的目的，对 G2 理论进行质疑。① 目前，围绕 G2 理论的争论还在持续下去。

如何看待 G2 理论？关于 G2 理论的评论与全球化背景下的中国法制现代化进程究竟有何关联？这显然是需要说明的。应当看到，G2 理论甫一面世，便带有明显的政治功利主义色彩。鼓吹 G2 理论的人士宣扬美中两国共同领导世界体系，其背后暗含的是中国国际责任论。也就是说，作为正在崛起的大国，中国应当承担起应尽的国际责任，在发展中国家中扮

---

① 一个很有意思的现象是，反对或质疑 G2 理论比较起劲的是一些日本人士。他们担心倘若 G2 理论付诸实施，日本将有可能变成一边看美中脸色、一边决定国家方向的三等国家，因而主张打造美中日三国合作机制，即所谓 G3 体制。

演领导角色，正如美国在发达国家中扮演领导角色一样，美中两国要努力形成共同领导的全球两极体制，以便有效对付当前的国际金融危机以及诸如全球变暖、贸易扩张和国际金融体制改革这样重大的全球结构性的问题。很显然，撇开美中两国在政治制度、价值观、社会治理方式等方面的基本差异性以及美国对华长远战略问题不论，实际上，G2 理论将把中国拴在美国这辆战车上，因而使中国背负上与目前自身的国力状况不相适应的沉重的国际责任，而影响本国的现代化进程；同时也将会束缚住中国在国际舞台上的手脚，因而使中国在国际社会丧失更多的回旋余地。有的学者认为，G2 理论是给中国设的一个陷阱。这并非毫无道理。尽管如今的中国经济实力早已今非昔比，通过第三次全球化运动，中国赢得了加速发展的战略机遇，但是当代中国经济社会发展还是很不平衡的，国家现代化进程的制约因素依然错综复杂，时下的当务之急是继续保持经济社会健康发展的势头，加之初级阶段的特殊国情条件与发展的阶段性特征，都要求国家在制定政策时必须量力而行。因此，这就决定了当代中国必须继续实行韬光养晦、决不当头的既定方针。认识到这一点，是至关重要的。

当然，透过 G2 理论，我们可以清晰地看到，一方面美国实在不愿意放弃对国际秩序的主导地位；另一方面，当代中国确实拥有了在世界舞台上发挥更大作用的机会。谋求这种更大更重要的作用的发挥，决不意味着某种强权而争夺势力范围，更不意味着去寻求霸权而成为霸权国家，而是要在这个千载难逢的重要战略机遇期，有所作为，善于担当。当代的全球化运动，确实给当代中国带来了诸多机遇，中国也成功地利用了这些机遇。因此，中国积极参与国际改革进程，有助于维护国家的核心利益。所以，在推进中国法制现代化的进程中，要着眼国家现代化全局，努力掌握法律发展的自主权，争取制定国际规则、改革国际体系的话语权，抵制全球化进程中的法律霸权，积极主动地同时又是有条件地参与全球性法律重构进程，以便更好地为国家现代化的战略目标服务。与此同时，要更加清醒地意识到，与当代全球化进程相反相成的多元化趋势，正在进一步演化与发展。这场国际金融危机亦充分表明，全球发展的多极化和多元化进程方兴未艾。作为新兴的发展中的大国，当代中国在参与全球性法律重构的过程中，要谨防全球化或全球共同治理名义下的法律帝国主义或新法律殖民主义，更加坚定地捍卫国家的法律主权，更加积极地维护国家利益，更加审慎地运用好在国际组织中的权力来实现国家的长期战略目标，从而更加有力地回应国际金融危机之后的新的全球化进程对中国法制现代化的挑战。

三、制度反思与制度优势

　　人们在反思这场大半个世纪未遇的国际金融危机的成因时，都试图从制度的角度加以总结分析。2009 年 1 月，在巴黎举行了"新世界，新资本主义"的研讨会，法国总统萨科齐、英国前首相布莱尔和德国总理默克尔等一批知名人士参加了会议，与会人士围绕当代资本主义的命运与前景展开了热烈的论辩。一些学者明确提出，盎格鲁-撒克逊式资本主义的主导地位已经终结。这就是说，过去 30 年间，自由市场经济的意识形态和制度体系一直主导着欧美政府的经济社会决策行为。在这种自由市场经济神话的背后，活跃着人们对自由市场经济制度的顶礼膜拜。当 1980 年当选美国总统的罗纳德·里根与此前一年当选英国首相的玛格丽特·撒切尔夫人携手推出新自由主义经济政策时，他（她）们的目标是要矫正从 20 世纪 50 年代至 70 年代 30 年间一直主导欧美社会经济生活的凯恩斯混合经济模式，重新确立亲市场意识形态的主导地位，展示自由市场经济的制度优势。美联储的十多年的掌门人艾伦·格林斯藩秉承自由市场的经济教条，极力推动金融创新。这一政策系统也确实产生了效应，维持欧美经济体近 30 年的繁荣。然而，在这繁荣景象的背后，却隐藏着巨大的金融与资产价格泡沫。与金融业规模大幅增长、金融创新竞相迸发相伴而生的，是全球宏观经济失衡以及愈益严重的金融风险。在美国，金融业债务总额从 1981 年占国内生产总值 22%，上升至 2008 年第三季度的 117%；在美国，金融业债务总额达到 GDP 的近 250%。随着华尔街金融泡沫的破灭，一场 20 世纪 30 年代以来最深重、最广泛和最危险的金融风暴便席卷全球。人们看到，在治理全球金融危机的过程中，到处活跃着强大的政府身影，"政府联手救市"成为这一时期流行广泛的时髦的术语。于是，许多评论家说到，一场金融崩溃与一次严重经济衰退结合在一起，势必将改变世界，——市场的正当性被削弱，美国的可信度受到损害，市场与金融自由化的时代已经结束。一些观察家注意到，随着政府发挥越来越大的主导作用，大量银行业活动将回归本国市场，"去全球化"（de-globalization）的趋势日益强劲，全球化进程受到重挫。甚至有的学者大胆地分析，这场全球金融危机以及随之而来的经济危机，是以资本主义自由市场经济为基础的经济制度与体制即将崩溃的深度表现，并且预示着新经济系统和新社会形态的出现，而伦敦 G20 金融峰会乃是新全球社会制度诞生的征兆和未来世界政府的萌芽。总之，无论是何种见解，有一点似乎是主导性的看法，即资本主义的制度优势已经或正在丧失。

当然，一些学者不大认同上述看法。他们认为，资本主义不会死亡，它只会更加强大。《大国的兴衰》的作者，美国耶鲁大学历史学家保罗·肯尼迪的看法是，自由主义既使人免于市场经济之前时代的束缚，也使人承受着金融和社会灾难的风险。自斯密时代以来，大多数明智的政府采取了防范措施，以防止公民完全无限制地追逐个人利益。然而，经过这场金融危机，资本主义的形式会有所改变，但不会消失。所以，保罗·肯尼迪的结论是资本主义有严重的缺点，但其他的制度更糟糕。[①] 诺贝尔经济学奖得主阿玛蒂亚·森持有类似的见解。在他看来，现在谈论资本主义的终结

---

① 参见［美］保罗·肯尼迪：《读四大家的书，得知资本命运》，载英国《金融时报》2009 年 3 月 13 日。

还为时尚早，今天的经济困局并不需要某种"新资本主义"，而是需要我们以开放性思维来理解有关市场经济能力范围及其局限性的旧观念。因此，与其说是资本主义的终结，不如说是资本主义的本质和变革的必要性。① 随着当下经济复苏迹象的出现，有的学者又在谈论资本主义将"浴火重生"。比如，美国耶鲁大学管理学院教授杰弗里·加藤认为，尽管人们对盎格鲁-撒克逊式的资本主义提出质疑，但是正在全速前进的盎格鲁-撒克逊风格的市场实际上或许就是这个世界想要的。毕竟，正是这个体系承载了过去 30 年来的全球繁荣。加藤也意识到时下的美国无法充任经济复苏火车头的作用，但仍然坚持强调，世界仍然需要美国的领导以及盎格鲁-撒克逊式的资本主义。当然，为了保持再度获得的领导地位，领导世界朝着更稳定的方向前进，美国必须进行深层次的结构变革，严肃对待巨额赤字，并且设计出一个新的全球金融体系。② 在这里，尽管这些学者（以及也许还有更多的人）都对资本主义制度充满信心与期待，但似乎都从不同的角度提到只有经过改革，资本主义才能以一种新的形式活下来。这就进一步凸显了现行资本主义的制度危机。

　　一个有趣的历史现象是，几乎与欧美推行新自由主义经济政策的同时，当代中国开始了市场化取向的经济改革，从传统的计划经济体制走向社会主义市场经济体制。也正是从那个时候开始，中国逐渐融入了正在蓬勃兴起的第三次全球化进程。同样是在 30 年后的今天，面对巨大的全球金融危机，以美国为代表的自由市场经济体制受到重创，美国的可信度受到损害，而中国的社会主义市场经济体制却经受了严峻的考验，中国的国际威信在上升。诚然，在过去数次全球经济衰退中，美国都发挥了复苏火车头的作用，而这次却很难通过自身的经济力量来引领全球经济复苏。但

---

　　① 参见 [美] 阿玛蒂亚·森：《亚当·斯密的市场从不独立运作》，载英国《金融时报》2009 年 3 月 11 日。

　　② 参见 [美] 杰弗里·加藤：《美国仍然占上风——为何美国将率先走出此次危机》，载美国《新闻周刊》2009 年 7 月 25 日。

是，中国的情形则有所不同。在这场危机的背景下，中国经济依然保持7%以上的增长率，中国政府充满自信地表示有可能率先走出国际金融危机的低谷。国际社会普遍认为，如果有哪个国家能够发挥经济复苏火车头的作用，那么这个国家只能是中国。那么，究竟是什么原因使中国走上这一奇迹般的发展道路呢？换言之，中国奇迹现象的奥秘何在？答案在于中国本身的制度优势。

社会主义制度从根本上区别于资本主义制度的，不仅在于它能够带来生产力的解放和发展，不断满足人民日益增长的物质文化需要，而且在于它能够带来社会正义和社会平等，进而消除两极分化，实现共同富裕。邓小平揭示社会主义的本质时指出："社会主义的本质，是解放生产力，发展生产力，消灭剥削，消除两极分化，最终达到共同富裕。"① 很显然，在邓小平看来，社会主义的本质是解放和发展生产力与消除两极分化的有机统一，其最终目标就是实现共同富裕。社会主义市场经济是公有制与市场经济的有机耦合。这一模式集中地体现了社会主义的价值理想，把效率与公平内在地结合在一起。在社会主义市场经济条件下，社会正义涵盖了社会主义的价值理想，构成了社会价值系统的终极依托，是社会主义与资本主义相区别的一个重要标志。为了有效地实现社会正义，就必须运用国家的力量，加强宏观调控，加大"看得见的手"的调节力度，矫正市场的盲目冲动的趋向，制定切实可行的市场规则和企业行为规范，依法适度地干预市场经济生活，并且纠正各种违反市场经济运行规则的不正当行为，从而保证市场经济的健康发展。改革开放30年来，从总体上看，政府宏观调控的能力日渐成熟，调控机制亦日益健全，我们逐步找到了平衡协调公平与效率的法律和政策机制，既促进了生产力的发展，又维护了社会公平正义，进而稳健地推进了社会变革与转型进程。然而，在过去的十多年里，一些欧美国家尤其是在美国，自由市场的冲击力量，像潘多拉的盒子

---

① 《邓小平文选》第三卷，人民出版社1993年版，第373页。

被打开一样，一发不可收拾。在金融创新的名义下，令人眼花缭乱的金融衍生产品充斥金融领域，犹如"大规模金融杀伤性武器"（传奇投资者沃伦·巴菲特之语），引发了过度投机和无止境的贪婪，埋下了巨大的金融风险，政府也放松了监管，结果制造出如此大规模的经济与金融泡沫，酿成了这场自20世纪30年代以来最危险的全球金融危机。这显然表明了制度问题的决定性意义。

因之，推进全球化时代的中国法制现代化，必须高度关注国家的组织力量与行动意志，细心把握政府干预与市场调节之间的互动机理，合理平衡资本效益与社会正义之间的应有关系。在当代中国，建立现代市场经济，建设现代法治国家，不仅要有效满足市场与资本的效益需求，而且更要关切社会正义与平等，不仅需要保证市场的自由流动性，而且更加需要建立一个公正有序的市场竞争规则体系，不仅要能够自由选择，而且要注重规范引导，不仅要致力于给人们带来更多的财富，而且要能够有效地预防和战胜经济与社会风险——在这里，我们所需要的不是那种仅仅利润最大化的自由市场经济体制，而是那种能够充分发挥政府的主导作用，把看不见的市场之手与看得见的政府之手有机结合起来并且带来公平与效率的社会主义市场经济体制。这就是中国的制度优势。

四、从"华盛顿共识"到中国模式

最近，英国《卫报》网络版（2009年6月23日）组织两位西方中国问题研究学者就中国最终是否会成为"西方化社会"问题进行辩论，题为"在中国迈向全球巅峰之际，西方统治地位的寿数将尽了吗？"因这一辩论发生在国际金融危机尚未消弭之时，并且事关当代中国的未来发展和中国法制现代化进程的前景，而引起了我的关注。总的来说，按照《当中国君临天下》一书的作者马丁·雅克的看法，在现代化的过程中，尽管中国受到了西方的影响，但是不存在中国成为"西方化"国家的可能性。

因为中国是一个完全不同的国家，实质上是一个文明国家，中国人主要是从文明国家而不是从民族国家的角度去看待自己的。世界上的现代化进程是多种多样的，不只是西方的现代化这一种类型。将一切智慧归之于西方，这是西方极度傲慢自大的表现。其实，西方的主宰地位大约始于18世纪末，在这个过程中将渐行渐弱。中国的崛起将伴随着新价值观念的上升，这些新价值观念不会被西方价值观念压倒，而且肯定会与西方的某些价值观念发生冲突。与马丁·雅克的观点不同，《不祥之兆：21世纪的中国和西方》一书的作者威尔·赫顿则坚持西方优越论，认为"文明国家"论是一种空洞的概念，现代性只有唯一的一种形式，那就是西方的形式。西方的主宰地位是永恒的、经久不变的。所有非西方国家迟早都必须采纳西方的制度、做法和价值观，否则就会失败。中国的经济社会模式存在机能障碍，其经济发展至少在实行政治改革之前是不能持久的。应当看到，虽然这场辩论发生在两位西方中国问题研究学者之间，但是它具有相当的普遍性，在很大程度上反映了西方世界对中国的崛起现象的矛盾看法与复杂心态。这场辩论涉及现代化理论的一个基本问题，亦即人类社会的现代化是多样的，还是单一的？西方社会的现代化模式，是否具有普世性价值？中国的现代化进程，最终会走向"西方化"吗？这一系列问题同样适用于对全球化背景下的中国法制现代化问题的思考分析。面对这些问题，我不禁想起大约一个世纪之前著名的韦伯命题和大约20年前的那个所谓"华盛顿共识"。就让我们沿着这个思考之路朝前走吧。

马克斯·韦伯一生的学术旨趣，似乎在于探讨体现合理性与现代性的资本主义在西方社会兴起的历史必然性问题。在《新教伦理与资本主义精神》（1905年）一书中，韦伯提出了这样一个著名的设问："一个在近代的欧洲文明中成长起来的人，在研究任何有关世界历史的问题时，都不免会反躬自问：在西方文明中而且仅仅在西方文明中才显现出来的那些文化现象——这些现象（正如我们常爱认为的那样）存在于一系列具有普遍意义和普遍价值的发展中，究竟应归结为哪些事件的合成作用呢？"① 他列出了一系列只存在于西方社会的文化现象，其中一种是所谓具有系统严密形式的法学或理性化的法律。韦伯认为，包括理性化的法律在内的这些文化现象，都是从西欧社会结构的特性中衍生出来的。由此，他把西方社会结构的独特性看作是理解西方现代化的起源与发展机制的一把关键的锁钥，并且强调西方社会结构的各个要素在西方社会现代化进程中所起的作用是不一样的，它们不具有同等的重要性。因之，韦伯又提出进一步的问题：既然这种社会结构中的所有方面并非都具有同等的重要性，那么，现代化的西方社会发展的动力又来自于哪些方面？回答是："在这些方面中具有毋庸置疑的重要性的是法律和行政机关的理性结构。因为，近代的理性资本主义不仅需要生产的技术手段，而且需要一个可靠的法律制度和按照形式的规章办事的行政机关。""这样一种法律制度和这样的行政机关只有在西方才处于一种相对来说合法的和形式上完善的状态。"② 不仅如此，韦伯又一次发问道：这种理性化的法律从何而来？他认为，单独用资本主义利益还无法解释理性的法律在西方社会出现的必然性问题，因为这些利益本身并没有创造那种法律。那么，为什么资本主义利益没有在印度、在中国也作出那样的事情呢？为什么法律的发展没有在印度、在中国也走上西方现今所特有的理性化道路呢？对此，韦伯的看法是："在以上所有情况中所涉及的实际上是一个关于西方文化特有的理性主义的问题。"③ 在这里，韦伯一连三个逐次的设问与分析，不仅揭示了西方社会结构的独特性，突出了理性化的法律在现代化的西方社会形成过程中的特殊重要作用，而且更加深刻地触及了构成理性化法律的本体的西方理性主义的独特性问题，这就使得对于西方社会现代化进程的唯一性与特殊性问题有了更为透彻的理

---

① ［德］M.韦伯：《新教伦理与资本主义》，于晓、陈维刚等译，三联书店1987年版，第4页。

② 同上书，第14页。

③ 同上书，第15页。

解。那么，这种西方理性主义的独特性究竟何在呢？按照韦伯的观点，有两种类型的合理性：一种是形式合理性；另一种是实质合理性。资本主义的合理性乃是一种工具的合理性或形式合理性。形式主义原则是一切资本主义法律的重要特征，现代法律体系和行政管理之所以是高度合理的，就在于它是纯粹形式的。这种体现形式合理性的法律，是西方社会所特有的，它在其他地方还未曾出现过。而包括中国在内的东方社会秩序和法律文明的基本特征，乃是价值合理性或实质合理性，其法律形态的最大特点，就是关注实质原则或实质的正义。这就成为一种制约因素，决定了东方社会不可能像西方那样最早进入现代化进程。

从韦伯关于西方社会现代化起源以及理性化法律独特性的阐释中，我们可以看出，韦伯不但关注现代化、理性主义及其法律为什么必然并且只能出现于西方，而且关注现代化、理性主义及其法律为什么不能够出现或者不能够首先出现在东方，而后者乃是前者的一种反证，藉以说明现代化以及法律的现代化作为一种历史指向与进程，只能产生于或者首先产生于西方文明与西方社会的唯一可能性。韦伯所建立的现代化以及法律现代化的理论模式，始终围绕现代化以及法律现代化为西方社会所特有或者首先拥有这一核心命题而展开。在韦伯那里，法律的理性化或现代化，乃是西方文明的一种独特现象，法律的现代性是西方法律的独有品格，那些仅仅存在于西方的条件，推动了西方法制从传统向现代的转变。而传统东方及中国的法律关注实质正义而排拒形式法原则，这就成为传统中国法律走上现代化之路的滞阻因素。显然，韦伯的命题，突出了西方现代化及其法制现代化的唯一性，忽视了全球现代化及其法制现代化进程的多样性。这是"西方中心主义"的典型表现。实际上，现代化与法制现代化并不是西方文明的独占品。世界范围内的现代化与法制现代化进程是丰富多彩的，在这种多样性的背后，凝结着各个民族和国度文明成长与法律发展的固有逻辑，并不存在一个普适性的现代化与法制现代化模式，更不存在什么中国的现代化与法制现代化必然走向"西方化"的历史归宿。在当今的全球化时代，只要我们从本国的传统、条件和需要出发，就一定能够走出一条具有鲜明中国特色的现代化与法制现代化的道路。

一个世纪以来，韦伯的现代化理论模式，成为西方现代化学术领域的主流话语，主导着西方现代化理论的发展方向。特别是在第二次世界大战以后，兴起了作为"显学"的现代化理论思潮。在这一学术背景下，一个以发展中国家法律变革为主要研究对象的法律与现代化理论或法律发展理论，在美国政府的支持下逐步展开，并且蔓延欧美诸国。有的学者甚至走出了书斋，来到一些发展中国家担任政府顾问，向这些国家推销西方法典与法律经验，指导这些国家以西方国家（确切地讲是美国）的法律制度为蓝本，推行法制改革，改造传统的习惯法体系，编纂成文法典，以便使这些国家的法律走上现代化。这些学者强调西方法律模式的普遍性意义，把法制现代化或法律发展看作是发展中国家法律体系移植西方法律而逐步"西化"的过程。进入 20 世纪 70 年代以来，以美国为代表的西方世界社会矛盾日益加深，社会动荡加剧，特别是越战的爆发以及美国在这场战争的失败，使人们对欧美世界的制度架构与价值观念产生怀疑。加之，原先以西方法律为模本的一些第三世界国家的法制改革相继破产，军人政变频仍发生，这也加剧了人们对发展中国家移植西方法律的忧虑。在这种情况下，一批学者对战后广泛流行的现代化理论以及法律与现代化运动进行批判性反思，试图从更为广泛的意义上，探讨现代化与法制现代化进程的多样性，认为一些发展中国家采用现代的西方法律制度，固然可以满足对法典化的一时需要，却脱离了本国的文化土壤。于是，法律多元主义思潮日渐兴盛起来。

然而，随着第三次全球化浪潮的兴起，新自由主义理论风靡欧美世界。这一理论学说突出强调市场的力量和市场的自由化，认为政府的职责就在于通过反对垄断来维护市场竞争秩序，主张废除对经济活动的种种限制。"为使市场自由发挥其益处，不仅私有化和市场自由化是必要的，国家也应该尽可能远离经济事务，不要去干预经济。经济学的这种观点可以概括为放松管制。放松管制意味着国家不断放弃原本用来干预市场的法律和规定。放松管制和私有化、市场自由化已经成为有关市场问题的信条。这'三重性'已成为所有重要工业发达国家制定经济政策的指针。"① 在 80 年代的里根政府和撒切尔政府时期，新自由主义从理论转化为政策，无论是发达国家，还是发展中国家，都深受这一理论与政策的影响。加之国际货币基金组织和世界银行附加贷款条件，把向发展中国家提供贷款同推销新自由主义经济政策措施联系起来，进一步促进了新自由主义理论在全世界范围内的传播。正是在新自由主义理论的基础上，形成了所谓"华盛顿共识"（Washington Consensus）。据说，"华盛顿共识"一词是由前世界银行经济学家约翰·威廉姆森在 1989 年的一次会议论文中最先使用的，意指以华盛顿为基础的机构给拉丁美洲国家设计的各种政策建议的最低公分母，主要内容是：财政纪律、重新定位公共支出、税收改革、金融自由化、统一的竞争性的汇率、贸易自由化、对外国直接投资的开放、私有化、缩小干预范围、保护知识产权等十项政策清单。② 其实，所谓"华盛顿共识"，是一种以私有化、市场自由化与放松管制为主要取向的宣扬自由市场经济万能的意识形态。起初，这一共识与观念体主要影响拉丁美洲国家，后来又波及东欧与俄罗斯。在"华盛顿共识"的支配下，这些国家推行激进的市场化改革，甚至实施"休克疗法"，其结果造成了严重的社会经济灾难。但是，尽管"华盛顿共识"受到广泛的质疑，但是作为这一"市场原教旨主义"基础的新自由主义理论与政策并未受到太大的冲击，相反却保持着强劲的势头，直到最近

---

① 参见 [德] 格拉德·博克斯贝格、哈拉德·克里门塔：《全球化的十大谎言》，胡善君、许建东译，新华出版社 2000 年版，第 20 页。

② 参见邹东涛：《"华盛顿共识"与中国独特的发展道路》；常士阍：《两条道路的差异："华盛顿共识"与中国发展道路》，均见俞可平、黄平等主编：《中国模式与"北京共识"——超越"华盛顿共识"》，社会科学文献出版社 2006 年版，第 410—411、374 页。又参见 [英] 戴维·赫尔德：《全球盟约：华盛顿共识与社会民主》，周军华译，社会科学文献出版社 2005 年版，第 3—6、12 页。

的这场严重的国际金融危机，方才开始对新自由主义思潮进行彻底的清算。于是，人们普遍断言，全球范围内的金融危机预示着新自由主义理论的破灭，标志着自由市场模式的死亡。当然，有的人并不认可这一看法，认为市场资本主义是迄今为止人类发明的最好的经济制度，尽管它必须受到监督，保持公平。

近一个时期以来，人们在反思这场全球金融危机的成因时，不仅在深入分析自由市场模式的弊端，而且在认真地探讨中国发展道路的时代价值，"中国模式"愈益成为人们频繁使用的概念术语。其实，前些年间，许多学者就试图在全球化的背景下，对中国模式进行总体性的分析。当时有一个流传较广的概念，叫作"北京共识"（Beijing Consensus）。2004 年5 月，美国高盛公司高级顾问乔舒亚·库珀·雷默发表了《中国已经发现自己的经济共识》一文，首次提出了"北京共识"的概念，藉以表征关于中国发展道路的新理念。在雷默看来，"华盛顿共识"的一个缺点就是没有关于其他国家该自己决定自己发展的建议；而"北京共识"也可以称为中国发展的新物理学，旨在于为人们思考中国正在发生的变化提供一个思想框架，有助于人们考虑后中国特色社会发展问题，研究中国模式问题即适合中国的发展道路。① 因之，所谓"北京共识"，就是中国模式的理念。那么，如何界定中国模式？ 在这方面，学界各说纷纭。我基本上赞同这样一种看法，即：所谓中国模式，就是在全球化背景下推进中国现代化的战略选择。② 至于中国模式的本质性特征，在我看来，关键在于把握保持社会活力与强化国家权威的关系。在当代中国社会变革的进程中，社会主体在社会生活中的自主地位明显提高。充分发挥社会主体的自主性、创造性

---

① 参见［美］乔舒亚·库珀·雷默：《为什么要提出"北京共识"？》，见俞可平、黄平等主编：《中国模式与"北京共识"——超越"华盛顿共识"》，社会科学文献出版社 2006 年版，第 5—10 页。

② 参见俞可平：《"中国模式"：经验与鉴戒》，见俞可平、黄平等主编：《中国模式与"北京共识"——超越"华盛顿共识"》，社会科学文献出版社 2006 年版，第 12 页。

及自治功能，保持社会进步的生机与活力，建立一个全新的政府行为模式，是中国现代化与社会变革的重要目标之一。社会主义市场经济的广泛发展，首先就意味着社会主体自身的飞跃，主体的自主性逐步得以确立。这一时代特点反映到法律偷值系统中来，就表现为社会主体的自由和权利在法律现实中的比重明显增长，表现为以法律为基础的具有高度自治型的现代市场经济体系的建立和完善。然而，确证社会主体的自主性，扩展社会主体的自治权能，保持社会进步的活力，决不意味着国家及政府功能的弱化。中国是一个东方大国，社会经济发展很不平衡。这就需要有一个充分行使公共管理功能的强大国家的存在，需要依靠政府的强有力的科学有效的调控干预。因之，邓小平谆谆告诫说，中央要有权威，改革要成功，就必须有领导有秩序地进行。① 拥有以法治为基础的强有力的国家能力和现代政府系统，强化国家与政府的权威，是中国实现法制现代化、促进社会平衡发展的必要条件。② 这是与新自由主义模式截然不同的中国模式的质的规定性。

进一步的分析表明，自 1949 年革命胜利以来的 60 年间，特别是经过改革开放的 30 年的不懈探索，中国逐步实现了从高度集中的计划经济体制向宏观调控的市场经济体制的重大转变，开辟了不同于其他国家（包括西方国家在内）的现代化道路，形成了具有鲜明特色的发展模式。与此相适应，60 年来，通过渐进式的法制改革，中国法律正在经历着从传统型向现代型的深刻转型，逐步走上了现代化的道路，孕育着法制现代化的中国模式。在形成法律发展的中国道路的过程中，当代中国顺应全

---

① 参见《邓小平文选》第三卷，人民出版社 1993 年版，第 227 页。

② 有的学者认为，中国之所以能够走自主的改革开放之路，关键在于中国拥有一个强而有力的政府，这是一个在矛盾极为尖锐复杂的社会转型时期，能够有效维持社会秩序、应对国内外的各种挑战、动员和组织社会资源、促进社会转型和社会发展的、有较高治理能力的政府。参见马德普：《渐进性、自主性与强政府——分析中国改革模式的政治视角》，见俞可平、黄平等主编：《中国模式与"北京共识"——超越"华盛顿共识"》，社会科学文献出版社 2006 年版，第 222—225 页。

球化的时代潮流，吸收和采纳了反映市场社会运行规律的西方法律的有益因素，以便使中国法制与世界法律文明的通行规则接轨沟通。但是，中国的法制现代化运动并没有把西方的法制经验与模式奉为金科玉律，没有照抄照搬西方的法制模式，而是立足自身的历史传统与社会条件，努力实现从人治向法治的转变，有效地避免了法律发展的"西方化"之途。诚如邓小平所指出的，"我们的现代化模式，必须从中国的实际出发。无论是革命还是建设，都要学习和借鉴外国经验。但是照抄照搬别国经验、别国模式，从来不能得到成功。"① 在全球化的进程中，只有从本国的国情条件出发，才能正确地把握中国法制现代化的运动方向，建构具有中国特色的法律发展模式。60 年来特别是 30 多年来探寻中国法律发展模式的艰辛实践，历史性地生成了这一模式或道路的总体性特征，这主要是：作为强有力的执政党，中国共产党有效地实现对国家、社会与法律生活的领导，依法治国是党领导人民治国安邦的基本方略；强大的国家政权与权威型政府主导着法律发展的走向，保证了中国社会与法制变革的平衡有序推进；不仅重视形式正义，而且更加关注实质正义，社会公平正义构成了社会与法律价值系统的终极依托；强化能动主义的法权要求，法律成为社会变革与发展的有力工具；努力创造一个正常的社会生活条件，使个人的合法愿望和尊严能够在这些条件下实现；在法律调整机制中，政策法的地位与功能殊为突出，法律的创制与施行体现了鲜明的政策考量；在务实主义的法制改革路线指引下，可控地循序渐进地推动法律的变革与发展；等等。很显然，初见轮廓的中国法律发展道路或模式的上述总体性特征，在很大程度上反映了中国法律发展赖以存在的社会条件与历史传统。这恐怕是韦伯式命题所无法涵盖的，是法律与现代化运动的推动者不愿看到的，也是新自由主义经济社会与法律发展模式所无法替代的。

---

① 参见《邓小平文选》第三卷，人民出版社 1993 年版，第 2 页。

五、初步的小结

时下，人们日益关注后危机时代的国家发展与国家体系重构的问题。在这里，国家发展是关键，决定着国际体系转型与重构的走向，而重构国际体系则取决于国家发展的影响力，并且作用于国家发展过程。一些人在预言，以新自由主义为基础的美国模式将被以威权主义为基础的中国模式所取代。有的学者甚至强调，中国模式中的一些元素，不仅值得西方发达国家学习，更应为发展中国家所汲取，中国模式应当成为发展中国家的"样板"。对此，我们应当保持冷静客观的态度。一方面，就总体而言，面对这场罕见的金融危机的挑战，中国模式经受住了严峻的考验。在当代全球化浪潮中崛起的中国，正在更加自信地参与治理金融危机的进程。在一定意义上可以说，金融危机加剧了国际政治力量从西方向东方的转移，也加速了中国崛起为世界强国的步伐。中国崛起的时代进程，打破了全球化、现代化等于西方化的神话，颠覆了西方中心主义所秉持的经典教义，向世人展示了中国模式的固有价值，增强了中国模式的影响力和吸引力，以至于人们在说这场金融危机的"可能后果之一"便是中国模式的浮现，"北京共识"可能会被视为已经声名狼藉的"华盛顿共识"的替代路线。但是，另一方面，我们也应当清醒地意识到，危机之后的国际形势更加迷离复杂。当今全球正处于新一轮产业革命的前夜。金融危机充分暴露了全球治理体系的虚弱与全球产业结构的病灶。危机后的发达国家在改革与重建全球金融监管体系的同时，正在优化产业结构，加大技术创新力度，力图保持全球经济发展的中心地位，以期应对以中国为首的发展中大国的挑战，重新引领后危机时代的全球经济发展，掌握国家间竞争的未来主动权。就中国而言，崛起的进程势不可挡，但是制约中国崛起的国际国内因素错综复杂。特别是当代中国仍然处于社会主义初级阶段，国内的主要矛盾仍然是人民群众日益增长的物质文化需求与生产力总体相对落后的矛盾。从出口拉动型向内需主导型的经济转型道路漫长艰巨，根本转变经济发展方式和可持续发展的压力不断加剧，城乡之间的二元结构，以及地区之间发展的严重不平衡，等等，这些都不可避免地束缚了中国崛起与腾飞的翅膀。因之，我们在对中国崛起、中国模式、中国道路充满自信与信心的同时，更要具有浓郁的忧患意识，清醒地看到中国崛起进程中的制约因素，洞察中国模式运行过程中可能遇到的问题，意识到中国模式只能借鉴而不能复制，体味中国道路的艰辛与复杂，从而更加坚定锐意改革的决心，努力化解前进道路上的艰难险阻，为中国崛起注入不竭的动力。只有这样，才能不断增强中国模式的感召力、影响力和吸引力。

在当今的法律生活世界，全球性的法律重构进程在加快展开。后危机时代，全球经济与社会的一体化正在以新的形态和方式展示出来。甚至有人说，G20 伦敦峰会似乎预示着政治全球化时代的来临。中国的崛起，为全球性法律重构进程提出了新的课题与议程，也对中国法律发展赋予了新的使命。因之，在全球化和中国正在崛起的背景下，推动中国的法制现代化进程，显然面临着更为艰巨的任务：其一，在全球性的行为规则和法律机制的成型过程中，作为一个负责任的和正在重新崛起的世界大国，中国必须进一步确立全球发展意识，关注全球性的共同利益，更加自主地参与全球性行动，塑造国际规范，创设国际制度，实施国际规则，由此而更加有效地捍卫国家主权和民族利益。其二，要超越法律发展问题上的"东方主义"和"西方主义"。① 在当代全球化进程中，既要自觉地关切国际规则的本土化，把握中国法律发展模式在全球法律体系中的自主地位，谨防

---

① 这两个术语，是我应邓正来先生之邀，在 2008 年 12 月上旬复旦大学社会科学高等研究院举办的"全球化时代的中国社会科学"国际研讨会上第一次正式使用的。法律发展问题上的"东方主义"，是指西方学者（以及东方学者）对东方社会法律生活面貌的描述，严重地歪曲了其描述的对象；而法律发展问题上的"西方主义"，是东方文化人对西方法律形象的歪曲或误读。参见公丕祥：《全球化时代的中国法制现代化议题》，载《法学》2009年第 5 期，第 83—87 页。

全球化名义下的新的法律殖民主义，从而排拒法律发展问题上的"东方主义"，坚持走自主型中国法制现代化道路；又要打破"西方中心主义"的桎梏，抛却对西方法律发展模式的依恋情结，从而清理法律发展问题上的"西方主义"，从本国的法律国情条件出发，坚定地探寻法律发展的中国模式与中国道路。其三，处于全球化与转型社会进程中的中国法制现代化运动，呈现出一系列阶段性特征，诸如，法律地位的提升与法律权威的缺失并存，城乡二元法律结构的某种程度的深化，区域法律发展的不平衡状态，权利意识的高扬与权利诉求非理性表达的彼此交织，等等。直面与破解这些法律发展难题，乃是确立和完善中国法律发展模式所无法回避的重要且复杂的课题。因之，在当代中国，必须矢志不渝地推进务实渐进式的法制改革，有序地实施法律的制度创新，完善和优化法律发展的中国模式，遂而使中国法律发展获得持久的革命性的动力。

本文刊于《中国法学》2009 年第 5 期

第十四章
全球化时代的中国法制现代化议题

本章概要

　　全球化意味着全球舞台上各个国家与民族必须相互依存、相互协调、相互合作以及一定程度的相互妥协。全球性法律重构概念的理解需在两个基本的规定性上展开，意在阐释三个层面的内容。树立全球性视野，需要我们超越法律发展问题上的狭隘的东西方主义模式观，走出一条适合中国国情的自主型法制现代化道路。中国市场经济体制的建立，需要一个能够依法充分行使公共管理权能的强大国家的存在，需要依靠政府的强有力的依法调控干预，需要更加关切社会正义与平等，以此架构公正有序的市场竞争规则体系，有效地规制资本与市场的无节制的不公平的扩张，进而促进社会利益需求的平衡发展。中国法制现代化道路必须与我国的传统、条件相契合，能够反映中国风格与民族法律精神。

　　我们讨论全球化时代的中国法制现代化研究问题，主要基于以下两点考虑：其一，全球化背景下的中国法学研究，首先应当关注当下中国的法学与法制问题，而当代中国法制的转型与现代化问题，构成了当代中国法律问题的核心要义；其二，全球化时代的中国法制现代化进程波澜壮阔，呈现出诸多独特的历史品格，展示出蓬勃的生机与活力，迫切需要当代中国法学与法律工作者从全球的视野，深入研究全球化进程中的当代中国法制现代化的理论与实践，揭示全球化与中国法制现代化的互动机理，把握全球化背景下中国法制现代化的运动方向。

一、全球化体现的是一个客观的历史进程和发展过程

全球化是一个由外在的科技进步、经济发展与文化交往等所构成的自然的、自发的客观历史进程。这是一个历史性的发展过程，从 1500 年左右第一次全球化浪潮的"涌动"，后经 19 世纪末 20 世纪初的第二次全球化浪潮，到 20 世纪 80 年代开始的第三次全球化浪潮，迄今已经历了五百年左右的历史行程；这是一个具有人为推动倾向的发展进程，国际社会中的特定单位（民族国家、地区、利益集团、跨国公司等）基于特定的利益动因，为追求某一具体的战略目标而对全球化进程加以人为的推动；这也是一个全方位的发展进程，涉及经济、政治、社会、法律、文化等诸多广泛的领域，当代世界生活的几乎每一个方面、每一个地区、每一个角落，都被汹涌澎湃的全球化浪潮搅动了起来。

在很大程度上，全球化意味着对全球市场经济发展的确证，意味着世界各个国家与民族的生产方式的某种趋同，也意味着在这个充满竞争的全球舞台上各个国家与民族必须相互依存、相互协调、相互合作以及一定程度的相互妥协。当代的全球化进程正在导致两种发展趋势或发展前途：一是所谓一体化趋势，这一趋势主要反映在经济生活领域，而在政治、法律与文化等领域，虽然也有某种体现，但并不明显；二是所谓多元化趋势，全球化分裂的趋向正在开始出现，以世界多极化、经济区域化、文化多元化为主要表征的全球分裂进程正在加快演化。

时下，以俄罗斯与格鲁吉亚的战争冲突和席卷全球的国际金融危机为

标志，当代的全球化运动已经处于历史的十字路口，正在展现出新的时代特质和运动取向。俄格战争在相当程度上意味着全球政治力量与版图的重新划分，试图打破冷战结束后形成的由美国主导的全球政治体系。而由美国次贷危机引发的并且正在蔓延扩大的全球金融危机，不仅在很大程度上粉碎了以"华盛顿共识"相标榜的新自由主义的经济神话，而且表明现行的国际金融体制乃至整个全球管理体系正面临着全面的危机。因此，与俄格冲突的国际调停努力相类似，一场化解国际金融风暴、摆脱全球管理体制性危机的国际协调行动正在加快实施。2008 年 11 月 15 日在华盛顿召开的 20 国集团金融峰会即是这一协同努力的明证。由是，有的学者不无夸张地说，世界历史的新时期正在开始，2008 年 8—10 月将作为全球发展的第四个阶段的开端而被载入史册。这个新阶段的基本任务在于创设更加公正稳定的、抛弃新自由主义的并且由最具责任感的国家协调行动的全球管理体制。①

二、超越狭隘的东方主义与西方主义模式观

如何看待和处理好全球化进程中的东西方法律文明之间的相互关系，这是一个世纪性的课题与挑战。在这里，我们既要排却法律发展问题上的"东方主义"，也要拒绝法律发展问题上的"西方主义"。

按照爱德华·W.萨义德的看法，"东方主义"或"东方学"，是一个具有多重含义的概念术语，而从文化意义上，东方主义或东方学更多的是指通过作出与东方有关的描述，对有关东方的观点进行权威裁断，对东方进行描述、教授、殖民、统治等方式来处理东方的一种机制，简言之，可以将东方主义或东方学视为西方用以控制、重建和君临东方的一种方

---

① 参见［俄］谢尔盖·卡拉加诺夫：《全球危机：创建的时机》，载《俄罗斯报》2008年 10 月 15 日。

式。① 同样地，在法律发展问题上，似乎也存在着东方主义的印记。这主要是指西方学者（包括某些东方学者）对东方社会法律生活面貌的描述，严重地歪曲了其描述的对象。在这些学者的笔下，东方法律生活或是被丑化了，或是被弱化了，或是被异国情调化了，或是被不适当地拔高了。很显然，这种程式化了的东方法律形象是西方自己创造出来的。种种的扭曲早已偏离了真实，只是顺应了西方对东方进行殖民扩张的需要，制造出了西方全面优越于东方的神话，为西方征服东方提供理论根据。

"西方主义"，这是笔者提出的与"东方主义"相对的一个概念术语。如果说"东方主义"是西方文化人对东方形象的歪曲，那么在一定意义上，"西方主义"则是东方文化人对西方形象的歪曲。在法律发展问题上，"西方主义"倾向的表征是显而易见的，诸如全盘西化论、西体中用论、中体西用论，等等。这种法律发展问题上的"西方主义"，实际上是在把东方法律发展看作是从属于或依附于西方法律发展的一种非独立的、非自然的历史过程，突出在全球法制现代化进程中的西方法律发展的支配与主导地位，反证东方法律发展的消极与被动的角色，从而起到了与法律发展问题上的"东方主义"的异曲同工的效应。

在全球化的背景下研究中国法制现代化的理论与实践问题，我们需要树立全球性视野，超越法律发展问题上的狭隘的东方主义模式与西方主义模式观念。

法律发展问题上的东方主义模式，在很大程度上反映了19世纪以来全球化进程中东方与西方相互关系的深刻变化。在东西方的交往过程中，19世纪以前的欧洲并非处于世界的中心地区，相反东方则占有优势或中心地位。当近代资本主义文明出现的时候，它的诞生地并不是在世界的中心地区，而是在世界的边缘地区。相反，在那个时代，世界的中心在东方。因此，那一时期的法律发展，在相当大的程度上乃是东方对西方的深

---

① 参见[美]爱德华·W.萨义德：《东方学》，王宇根译，三联书店1999年版，第4页。

刻影响，或者至少是相互之间的平等对话。然而，随着 18 世纪英国工业革命特别是 19 世纪欧洲的工业化进程以及那一时期的海外殖民扩张，东方与西方的关系发生了明显的转换。用贡德·弗兰克的话来说，整个场景发生了剧变，欧洲开始超过亚洲，西方代替东方逐步成为世界的中心。①这一状况也在法律生活领域反映出来，集中地表现为法律殖民主义或法律帝国主义。

　　法律殖民主义是 19 世纪中叶以后出现的一种全球性的社会与法律现象，是伴随着近代西方文明在广大非西方世界广泛传播而形成的一种法律文化霸权。它同西方资本主义的世界性殖民扩张处于同一个历史过程之中，因而常常伴随着血腥的暴力与战争。马克思在晚年人类学笔记中专门分析了 19 世纪西方殖民者对待殖民地法律的主要做法。他归纳出以下四种做法：第一，只要非欧洲法律对殖民者有利，就立即予以承认；第二，对非欧洲法律进行"误解"，使之对殖民者有利；第三，用新的法律规定否定殖民地法律的某些规定；第四，用新的法律文件使殖民地的传统法律文明在实际上变形或解体。②法律殖民主义的这些若干形态方式，乃是法律发展问题上的"东方主义"模式的典型表征。

　　当代全球化时代的到来，有力地推动了全球性法律的重构进程。应当注意的是，在这一进程中，一些新的形式或变相的法律殖民主义倾向似乎开始泛起。与旧的法律殖民主义不同，新的法律殖民主义倾向往往借口全球化以及法律的全球性重构来向广大发展中国家推销所谓全球通行的法律规则，强调全球规则的重要性，主张发展中国家的法制改革应当同全球性市场规则体系的基本要求相一致，应当有利于吸引国际投资者。时下兴起的以全球化进程为基础的新的法律与发展运动，似乎与上述倾向有着某种程度的关联。这一新的法律与发展运动有着相当的复杂性和迷惑力，需要

　　① 参见［德］贡德·弗兰克：《白银资本——重视经济全球化中的东方》，刘北成译，中央编译出版社 2000 年版，第 33—39 页。
　　② 参见《马克思恩格斯全集》第 45 卷，人民出版社 1985 年版，第 315—327 页。

引起我们足够的关注。对于已经卷入全球化大潮之中的当代中国来说，应当坚定地捍卫国家的法律主权，谨防全球化名义下的新的法律殖民主义，防止一味追求全球规划的普适性及其对本国法律发展的引导作用，从而确立在全球法律体系中的自主地位，走出一条适合中国国情条件的自主型法制现代化道路。

三、法制现代化道路必须与我国的传统和条件相契合

　　法律发展问题上的"西方主义"模式，在很大程度上反映了一些东方学者对西方法律发展模式的依恋情结。应当看到的是，在近代中国，人们对西方的认识是随着社会的变迁而逐步变化的。"五四"前后的一些学者就曾经试图对这一认识过程加以总结与反思，大体形成了所谓"三阶段"论，亦即甲午海战前侧重于引进西洋技术，甲午海战后重在引入西方政治制度，辛亥革命后则转向引介西方文化。20 世纪 30 年代初讨论中国现代化问题时，一些学者对中国现代化进程中的东西方关系问题之思考，也基本上持有类似的看法。这种"三阶段"论的图式，反映了近代中国人对西方的认识总是同特定社会条件与特殊的社会需要密切相关的。在某种意义上，似乎可以这样说，社会条件与社会需要决定了近代中国人对西方的基本态度与价值选择。不同历史时期的不同社会条件与不同社会需要，必然导致对西方认识的差异性。这种历史差异性，形成了一条近代中国人关于西方概念的认识之链，以至于构成一种近代中国人的"西方观"。这一历史现象是颇值得玩味的。

　　中国法制现代化的过程是一个传统法律文化与西方法律文化的冲突过程。西方法律文化的冲击　无疑是引起中国法制变革的重要动因之一。这是因为西方法律文化与中国传统法律文化之间有着巨大的历史差异性，前者是与商品经济文明体系紧密相连的，而后者则是自然经济文明体系的必然法律表现。因此，二者的矛盾冲突是不可避免的。正是在这一冲击过程

中，中国法制走上了艰难的转型之路。固有的法律文化体系逐渐地吸收和融合了西方法律文化的某些因素，导致法律价值取向的深刻转变，进而适应新的社会条件，开始了新的法律文化体系的整合或重建过程，并且由此获得了新的生命力。但是，西方化并不必然等于现代化。尽管从全球角度看，法制现代化确实是从西方起步的，西方法制的现代化，不是一个国家、一个地区的个别现象，而是具有世界化的趋向，是一个世界性的历史进程；然而，法制的现代化并非西方文明的独占品，它在每个国家总会有自己民族的诸多特点。中国法制的现代化过程，并非完全是由于西方冲击的产物。促成中国法制变革与现代化的原因是多方面的，西方法律文化的影响并不是唯一的终极的原因，甚至不是主要的原因。中国法制从传统向现代转变的革命性进程，乃是内部因素与外来影响相互激荡的历史产物。从根本意义上看，正是中国社会内部因素和条件的综合作用，形成了中国法制现代化的运动能力和运动方向。

因此，我们必须超越法律发展问题上的"西方主义"模式，打破"西方中心主义"的思想樊篱，遵循中国法制现代化进程的固有运动轨迹。实际上，全球法制现代化是一个丰富多彩的多样性的自然历史过程，并不存在一个普适性的共通的法律发展模式，也不存在以"西方中心主义"为依归的法律价值范型。只要我们从本国的传统、条件和需要出发，就一定能够探索出一条体现鲜明的中国风格的、反映民族法律精神的、具有世界性意义的中国法制现代化道路。

当下，讨论全球化背景下的中国法制现代化问题，不可避免地要涉及如何看待新自由主义及其对中国的影响问题。在社会经济生活领域，全球化重构进程的意识形态基础乃是所谓新自由主义。这一理论突出强调市场的力量，主张废除对经济活动的种种限制，把竞争看作是一种无所不包的信条，认为国家的基本职责在于通过反对垄断来维护市场竞争秩序。从20世纪80年代以来的相当长时期内，新自由主义理论与政策支配着欧美的政府行为与社会经济生活。在WTO、IMF以及世界银行的大力推动下，新自由主义又扩大到了新兴国家与发展中国家。中国也不可避免地受到这一思潮的影响。如今，当人们在深刻反思国际金融危机的成因时，不得不发现我们正在吞下新自由主义结下的苦果。

近来，一些学者批评美联储前主席格林斯潘过度迷恋金融衍生品的作用，反对对金融衍生品实施监管，任由市场力量自由发展。而格氏本人也在美国众议院监管委员会的听证会上勉强地承认，次贷业的崩溃以及次贷业产生的规模庞大、高度隐秘的衍生金融工具交易的崩溃，暴露了他无条件依赖自由市场的做法存在缺陷，并且认为应当对这类产品实施监管。目前，美国国会正在制定以加强政府对市场的干预为重心的重塑全球金融监管体系的各项计划，其中之一便是组建一个大规模的超级监管机构，以便对那些从未受过监管的金融产品实施监督。于是，有人断言，全球范围内的金融危机预示着全球新自由主义的破灭，标志着自由市场模式的死亡，进而认为美国基于自由理念而匆忙构筑的世界新秩序已经破产，"金砖四国"（中国、俄罗斯、印度和巴西）正在跻身全球领袖之列，而以新自由主义为依归的美式全球化模式将要被以强化政府主导作用的东亚模式所替代。当然，与此不同的另外一种观点认为，引发美国金融危机的真正原因是政府干预而非自由放任，更多的监管和干涉主义只会带来更少的公正。

当代中国的社会转型与变革进程，是在新的全球环境中展开的。全球范围内的新自由主义思潮必然对这一变革进程产生这样或那样的影响。我国有的学者认为，中国市场经济体制的建立过程，是一个分权化的过程，应当建立一个"相对无为"的政府，给资本与市场的发展以一个更加广阔的空间，政府的职责就是为资本与市场的发展提供可靠的保障；中国的法律发展及其现代化的过程，是一个自发成长的自然历史过程，有赖于社会内部本土因素的缓慢积累与发育，外在的公共权威对这一进程是无能为力的。这一思潮或多或少地影响了政府政策系统乃至立法与司法领域，国企改革问题上忽视社会正义的某种偏差就说明了这一点。在当代中国，建立现代市场经济体制，建设现代法治国家，决不表明市场经济条件下的政府是相对无为的，而是需要一个能够依法充分行使社会公共管理权能的强大国家的存在，需要依靠政府的强有力的依法调控干预；发展现代市场经济，推动法制转型与变革，决不意味着单纯满足资本与市场的效益需求，而是需要更加关切社会正义与平等，架构公正有序的市场竞争规则体系，有效地规制资本与市场的无节制的不公平的扩张，进而促进社会利益需求的平衡发展。

四、结　语

扑面而来的全球化浪潮，并没有因当下的全球金融危机而改变固有的运动轨迹，反而治理全球金融危机的进程，正在相当的程度上促进全球经济与社会活动的一体化，从而加快全球法律发展进程的重构。因此，作为一个主权国家和正在重新崛起的世界大国，中国必须进一步确立全球发展意识，平等自主地参与全球性行动，共同制定和实施全球性的行为规则，而不应由某个或某几个国家主宰全球规则的制定和实施过程。在全球性的行为规则和法律机制的成型过程中，中国不仅要作为一个负责任的大国展开行动，关注全球性的共同利益，而且要坚定地捍卫国家主权与民族利益，坚决排拒那些损害国家主权与民族利益的制度规范，抵制全球化进程中的任何形式的法律帝国主义；不仅要继续致力于改变以往的那种美国中心主义的全球化格局，防止新自由主义的经济社会理念与模式重新成为主流话语，而且要谨防重整与改革全球金融体系名义下的新的欧洲中心主义的抬头，努力推动反映新兴国家和发展中国家利益诉求的国际新秩序的形成与发展。处于这一时代进程之中的中国法制现代化运动任重而道远。

本文刊于《法学》2009 年第 5 期，是作者于 2008 年 12 月 6—8 日在复旦大学社会科学高等研究院举办的"全球化时代的中国社会科学"上所作的主题演讲修改而成

第十五章
全球秩序重构进程中的法治中国建设

本章概要

  全球化并没有成为过去，而是以新的型态在演进拓展。当代全球化进程中的一个突出现象，乃是全球权力中心转移所引发的全球秩序的剧烈变动，以及全球治理变革的方兴未艾。这是一个全球秩序重构的历史性进程。当代中国的和平崛起已经或正在深刻地改变着当今全球秩序结构，推动着全球治理体系大变革时代的到来。处在这一历史进程之中的法治中国建设，不可避免地要顺应迅速变动的全球经济、政治、社会与法律环境，反映全球权力中心转移与中国重新崛起的法权要求，努力把握战略性机遇，不失时机地推进法治改革，持续不断地推动中国法治现代化进程，坚定地走出一条自主型的法治中国建设之路。

  中国与世界已经不可分割地结成了一个命运共同体。

  全面推进依法治国、加快建设法治中国的时代主题，与全球秩序重构及其全球治理大变革趋势交织在一起，遂而使当代中国法治现代化进程呈现出一幅错综复杂、多元互动的运动格局。因此，深刻认识全球秩序重构进程对法治中国建设的深刻影响，对于我们清醒地把握中国法治现代化的运动规律，确证自主型的法治中国建设的时代方位，从而坚定中国特色社会主义法治道路自信，无疑是大有裨益的。

一、全球化时代是否已成过去?

全球化（the Globalization）一词是当今国际社会科学领域出现频率最高的词汇之一。这一现象在很大程度上反映了全球经济、政治、社会、法律、文化等诸多方面相互依存、相互协调、相互协作乃至相互妥协的客观现实。如果说 15 世纪末的新大陆与新航路的发现，"给新兴的资产阶级开辟了新天地"，促进了世界市场的逐步形成，"使一切国家的生产和消费都成为世界性的了"①，历史成为世界历史，从而揭开了第一次全球化浪潮的序幕，那么，在其后的世界历史进程中，在近现代以来三次工业革命的强劲推动下，整个世界被纳入一个整体化的相互联系的网络之中，相继出现的 19 世纪中叶到 20 世纪初叶的第二次全球化浪潮和 20 世纪 80 年代以来的第三次全球化浪潮，逐步造就了一个"无疆界的市场"，全球和区域经济与社会活动的一体化进程，似乎正在塑造出一个人类社会不曾有过的"地球村"。

然而，扑面而来的当代全球化浪潮，却无法改变这样一个显明的客观现实：当代全球性分裂的趋向正在出现。放眼当今全球社会，在国际政治领域，主权国家利益博弈加剧，民族主义运动广泛兴起，地缘政治斗争愈演愈烈，一系列战争、冲突和政治动乱频仍发生，乌克兰危机和叙利亚战争的背后，充斥着大国较量的复杂因素，由此俄罗斯与美国和北约的关系降至第二次世界大战以来的冰点，以至于俄罗斯总理在 2016 年 2 月 13 日的慕尼黑安全会议上警告世界正滑向"新冷战"时代；世界正在进入恐怖

---

① 参见《马克思恩格斯选集》第 1 卷，人民出版社 2012 年版，第 401—402 页。

主义的高发期，由中东地区战乱与恐怖主义所引发的欧洲难民危机，正在持续不断地冲击着申根制度和欧洲一体化进程，而欧洲一些国家抵抗难民潮的斗争，正在导致欧洲社会的分裂；尽管欧盟成员国一致通过协议，给予英国在欧盟中的"特殊地位"，以便能够在即将举行的英国"脱欧公投"中，把英国留在欧盟，但这依然不能消除诸多英国政治家和大量英国民众的种种疑虑，这表明欧盟的"离心力"在不断增长；保守派民族主义者在欧美一些国家大选中的不凡表现，似乎预示着以民粹主义和孤立主义为表征的西方社会思潮的大变革时代正在到来，如此等等。在国际经济生活领域，情形亦不容乐观，全球市场正经历着 2008 年国际金融危机以来最严重的动荡，世界经济发展环境面临严峻的挑战，商品、劳务和生产要素的跨国界流动与交换的不确定变数增多；全球金融业领域险象环生，新兴工业国家在全球经济增长动力体系中的地位正在经受考验，金融炒家"绍罗什们"放言要做空亚洲货币；名目繁多的经济制裁充当着国家间政治斗争的工具，美国主导的《跨太平洋伙伴关系协定》(TPP) 已然成为经济霸权的代名词，欧美国家正滋长着日益强烈的贸易保护主义情绪，等等。此外，全球范围内的南北发展差距日益扩大，国际社会反贫困的任务极为艰巨。

面对着当代全球化进程中的这些诸多问题，国际学术界的一些人士不仅发出了"全球化时代成为过去"的无尽感叹。

二、当代全球化运动的新趋向

当代全球化真的已经成为过去了吗？如何认识当今世界已经或正在发生的种种现象与事件？抑或全球化进程是否在以某种新的形式在曲折中艰难前行？这是一个需要认真对待的问题。

我的基本看法是：当代全球化并没有成为过去，但是确实遭遇到新的情况，并且在相当程度上正在改变着自己的存在型态与方式。应当看到，当今世界，全球范围的区域经济一体化进程势头强劲，正在成为经济全球化运动的新的表现型态，甚或是一种主导性的载体形式；国际恐怖主义猖獗、国家内部以及国家间的冲突不断、地区动乱、难民问题以及气候灾难、能源问题等等全球性危机，以及消除贫困问题、粮食问题、落实 2030 年全球可持续发展议程等等全球性议程，都要求世界各国采取协调一致的行动，共同应对全球性挑战。至于当下世界经济领域中的种种问题，表明全球经济正在进入一个深度调整期，现有全球经济治理机制和架构的缺陷日益显现，这一状况更加需要加强各国宏观经济政策的全球性沟通与协调，更加凸显了形成协调合作的全球性政策与行动合力的紧迫性。再者，数字经济和共享经济的兴起，呼唤着第三次工业革命的到来，拓展了数字化、一体化的全球经济空间，有可能使人类社会进入一个深度合作联系紧密的经济新时代。因之，当代全球化进程仍然在继续延展。

同样应予注意的是，当代全球化运动中的种种挑战，深刻反映了当今世界秩序结构的剧烈变动，全球权力中心格局正在发生转移。尤其是中国的和平崛起，无疑对当今世界政治与经济版图产生不可遏制的巨大影响。这显然意味着重构世界新秩序的时代正在来临，第二次世界大战之后形成的全球治理体系正在经历一场深刻的变革，当代全球化运动日益呈现出新的样式。此一问题构成了本文关注的重点。在《世界秩序》一书中，当代著名的国际战略思想家亨利·基辛格强调，"世界秩序观的危机是我们当下面临的最根本的国际问题"，提出"在当今世界，需要有一个全球性的世界秩序"。尽管他声称在探寻世界新秩序的过程中，"美国的领导作用始终不可或缺"，但也睿智地意识到"任何一国都不可能单枪匹马地建立世界秩序。要建立真正的世界秩序，它的各个组成部分在保持自身价值的同时，还需要有一种全球性、结构性和法理性的文化，这就是超越任何一个地区或国家视角和理想的秩序观"①。基辛格所描述的新型世界秩序观，试

---

①　参见［美］亨利·基辛格：《世界秩序》，胡利平等译，中信出版社 2015 年版，第493 页，序言第 XIX 页，第 485、489 页。

图超越普遍性与特殊性的两极对立，致力于确立一种蕴含着"多样性统一"取向的包容性的世界秩序理念。正是这一点，也许恰恰表征着重塑当代全球化进程的新的运动趋向。在这里，全球权力中心的深刻变动与迁移现象无疑是需要我们给予足够关注的。

在文明社会国际格局的历史演进过程中，全球性力量中心的确立与转移是屡见不鲜的，在某种意义上亦是一条历史定则。在辩证法大师黑格尔看来，一部世界历史乃是"理性"以曲折的方式呈现出来的过程，是一个"合乎理性的进程"。在这个进程中，交织着变化与重生。"一个民族在世界历史的发展阶段中究竟占据着什么样的位置，不在于这个民族外在成就的高低，而在于这个民族所体现出来的精神，要看该民族体现了何种阶段的世界精神。"而历史发展只能在时间进程中得以落实。从时间维度上看，世界历史是一个由东方到西方的发展过程，"因为欧洲是世界历史的绝对终点，就像亚洲是世界历史的起点一样"。而从地理或空间维度上看，"地中海是世界文明的中心，和世界历史有关的三大洲就围绕在它的周围"。① 在这个弥漫着浓厚的"欧洲中心主义"氛围的笔调中，世界精神的"线性"般流淌的背后，恰恰汇聚着生产、贸易、人口与国家法律制度的现实性力量。精神与实力的结合，决定了一个民族在世界历史进程中的位置。

在《论列强》一文中，19世纪普鲁士历史学巨匠列奥波德·冯·兰克简略地考察了路易十四时代以来欧洲诸列强之间参与欧洲霸主地位的互动关系格局，深入分析了几乎要成为"世界君主国"的法兰西第一帝国重新雄居欧洲霸主地位的原因，指出正是法国大革命彻底终结了"中世纪遗留下来的统一的、具有约束力的制度"，表明"民主观念及民主制度是势不可挡的"，从而唤醒了沉睡的民族精神，使之有意识地行动起来，遂而

---

① 参见［德］黑格尔：《黑格尔历史哲学》，潘高峰译，九州出版社2011年版，第36、58、177、211页。

使国民性得以重建、复兴和全新发展。"这是一场牵涉面广的普遍运动，而法国在这一运动中带领引导着其他欧洲国家。"因此，"只有法国才能获得最高权力，成为欧洲的霸主"。① 兰克的这一见解确乎独到深刻，把拿破仑之所以能够建立起庞大帝国的内在奥秘准确地表达了出来。

据说是受到兰克这一短篇著作的启示，美国历史学家保罗·肯尼迪写下了《大国的兴衰》这部力作。不管人们对这部著作的观点及其结论性意见有何不同看法，但是保罗·肯尼迪试图描述大国实力的变化以及所带来的国际格局的改变，则是应予肯定的理论努力。按照这位学者的看法，"一流国家在世界事务中的相对地位总是在不断变化"。产生这一现象的原因是多方面的，涉及经济实力、地理位置、军事组织、民族士气、联盟体系等等诸多条件，这些因素都可以对各国的国力起到制约作用。不过，总起来看，"主要原因有二：一是各国国力的增长速度不同；二是技术突破和组织形式的变革，可使一国比另一国得到更大的优势"。"自 16 世纪西欧进步以来，西班牙、荷兰、法国、英国和目前的美国等一流强国的兴衰史表明，从长期看，国家的生产力和取得收入的能力，与军事力量之间有一种非常重要的相互依存关系。"由此，保罗·肯尼迪得出结论说："在综合经济力量和生产能力对比的变化与国际系统中各大国的地位之间，有一种因果关系。""经济力量的转移预示着大国的崛起。这些新大国总有一天会对世界军事力量格局和各国领土状况施加决定性影响，过去几十年发生的全球生产的重要力量向'环太平洋地区'转移，不只引起经济学家的关注，原因就在这里。"② 在这里，作者似乎在预示着一个全球权力中心转移的新

① 参见 ［德］列奥波德·冯·兰克著，［美］罗格·文斯编：《世界历史的秘密——关于历史艺术与历史科学的著作选》，易兰译，复旦大学出版社 2012 年版，第 198、197、196 页。

② 参见 ［美］保罗·肯尼迪：《大国的兴衰：1500—2000 年的经济变革与军事冲突》（上），王保存、王章辉、余昌楷译，朱贵生审校，中信出版社 2013 年版，第 XII、XX、XVIII 页。

的时代的到来。

时下，国际学术界探讨全球权力转移的著述见解纷呈，见仁见智。其中的主流性的观点强调，当代全球化运动与全球权力中心转移进程交织在一起，现行的国际体系正在面临着一个剧烈变革与转换的历史性时刻。在这一进程的背后跃动着全球权力中心转移的脉搏，反映了诸民族国家的综合国力的相对消长与变化；不仅如此，这个全球权力中心转移进程的方向，从总体上看乃是一个从西方到东方的迁移，是一个世界权力中心东移的历史性过程。新加坡国立大学李光耀公共政策学院马凯硕教授以充满深情且乐观的笔调说到，西方称霸世界史的年代已近尾声，亚洲社会正以势不可当的力量东山再起。如果说在 21 世纪之前 3 个世纪的大部分时间里，亚洲、非洲和拉丁美洲的人民是世界历史的客体，驾驭历史的决定往往是在伦敦、巴黎、柏林和华盛顿特区等几个主要的西方国家的首都作出的，那么，"今天，西方世界之外的 56 亿人民不再接受由代表西方利益的西方国家单方面作出的决定"。如果说在过去的几个世纪里，西方世界拥有到目前为止最开放和最具活力的文明，那么，在 21 世纪，对全球而言，亚洲的现代化正在向亚洲大陆的每一个角落蔓延，亚洲将是未来全球的主角。因此，马凯硕断言："西方世界的崛起改变了整个世界，亚洲的崛起同样也会给世界带来翻天覆地的变化。"①

进一步来看，如何认识当代全球权力中心转移的时代方向？人们普遍性的意见是：中国崛起已经或正在不可阻挡地改变着当今世界秩序格局，在很大程度上决定着重构国际体系的未来走向。有的学者不大赞同笼统地表达"世界权力中心由西方向东方转移"或者"世界权力中心从欧洲向亚太转移"的模糊提法，认为欧洲与东亚实力对比的消长将成为影响世界权力中心转移的决定性因素，东亚将取代欧洲成为世界权力中心的组成部

---

① 参见［新加坡］马凯硕：《新亚洲半球：势不可当的全球权力东移》，刘春波等译，当代中国出版社 2010 年版，第 1—9 页。

分；尽管美国仍将保持世界级战略竞争者的地位，但是位于东亚的中国具有崛起为世界级影响力的超级大国的潜力，中国的崛起将使东亚拥有能够影响世界的"超级大国"，并且将使东亚成为世界主要的战略竞争地区。① 许多资深的国际政治家和战略家对于中国崛起在当代全球权力中心转移进程中的重大影响持有肯定性的看法。比如，基辛格认为，"21世纪中国的'崛起'并非新生事物，而是历史的重现。与过去不同的是，中国重回世界舞台中心，既是作为一个古老文明的传承者，也是作为依照威斯特伐利亚模式行事的现代大国"。② 当然，作为一位睿智的国际战略谋士，基辛格意识到作为重新崛起的全球大国，中国对于以美国为主导的当代世界秩序结构所构成的巨大冲击，但是他也期待着构建一个中美双方都具有举足轻重地位的国际秩序，强调"美中关系不应被理解为一场零和博弈，一个繁荣富强的中国之崛起也并不意味着美国的战略性失败"，因而试图提出一个所谓"太平洋共同体"的概念，推动中美两国走上一条"真诚合作"的轨道，而不是"进入又一轮历史性国际斗争"，以期"建立一个真正全球性的经济和政治秩序"。③ 又如，德国前总理格哈德·施罗德清醒地看到，全球经济重心与全球权力中心之间的内在关联，高度评价当代中国的崛起对于当代世界的重大意义，指出："在全球化时代，我们还经历着一次历史性转折，因为世界经济重心发生了位移，由此也引起了世界政治重心的位移。亚洲尤其是中国正强劲崛起。"而中国重新崛起的深刻意义在于：这是"以和平方式迈出了这一现代化步伐，同时又得以保持稳定，此乃20世纪最伟大的文明成果之一"。所以，施罗

---

① 参见阎学通：《世界权力的转移：政治领导与战略竞争》，北京大学出版社2015年版，第67—71页。

② 参见［美］亨利·基辛格：《世界秩序》，胡利平等译，北京大学出版社2015年版，第286页。

③ 参见［美］亨利·基辛格：《美中关系的到来：冲突并非选项》，载郑必坚、基辛格等：《世界热议中国：寻求共同繁荣之路》，中信出版社2013年版，第28、32、34页。

德从 300 年前习惯于全球恩维的德国伟大哲学家莱布尼茨那里获得启示，热忱地期望构架起欧洲—我罗斯—中国之间的三角关系，主张俄罗斯应当作为中欧之间的一座桥梁发挥关键的作用，强调欧俄中为了全人类的利益展开密切合作，——这亦"极佳地诠释了各种文化之间进行的对话和人道主义的全球化"。[①] 再如，法国前总统雅克·希拉克面对当前的全球性危机更是发出了"世界需要中国"的申言，认为中国已经成为一个全球大国，正在恢复其在国际舞台上的历史地位，因此要适应多极世界的出现及其世界所发生的历史性的变化，"需要考虑建立适应全球化的新的国际机构"，"世界正处在一个关键时刻，这种地位赋予了中国新的责任"。[②]

很显然，全球权力中心的变动与位移，特别是中国的重新崛起，正在极其深刻地重塑着全球秩序体系，成为当代全球化进程中的崭新趋向。这是不以人们的主观意志为转移的客观的自然历史进程。

三、全球场域中的中国方位及其法治状态

如前所述，近代以来的人类社会经历了三次全球化浪潮，一次又一次地改变着全球秩序格局。在这迥然相异的全球场域中，中国的全球方位伴随着全球变革进程而交替转换。纵览全球进程中的中国方位的历史变动轨迹，我们可以清晰地发现，这是一幅全球权力中心迁移的历史场景之映现，是世界秩序图谱数度重绘的历史写照。不同全球场域中的中国方位生成着各具特质的中国法治状态，影响着中国法治的未来走向。

在全球史的视野下，公元 1500 年是一个标志性的时间节点，它通常

---

① 参见［德］格哈德·施罗德：《欧中合作塑造全球变革》，载郑必坚、基辛格等：《世界热议中国：寻求共同繁荣之路》，中信出版社 2013 年版，第 41—42、48—49 页。

② 参见［法］雅克·希拉克：《世界需要中国》，载郑必坚、基辛格等：《世界热议中国：寻求共同繁荣之路》，中信出版社 2013 年版，第 62—63 页。

被看作是"现代与前现代之间的分界线"。①克里斯托弗·哥伦布（1492年）、瓦斯科·达·伽马（1498年）和费迪南·麦哲伦（1519—1522年）横跨地球的远洋航行，揭开了地理大发现时代的序幕，极大地影响了人类社会发展进程。"发现美洲的后果就是把欧洲、亚洲和非洲连成一片"，②第一次全球化运动遂而逐渐形成。诚然，航海大发现及其后的第一次全球化浪潮，推动了欧洲文明兴起的历史进程，为西方世界取得支配性地位创造了条件，但是，这并不意味着此时的欧洲已经成为全球权力的中心地区。实际上，许多研究成果表明，"'地理大发现'并不是必然走向欧洲的全球优势"，它对西方"突破"漫长的16世纪仅仅是有限的影响。与地理大发现同时发生的"是明朝专制主义的巩固，是奥斯曼帝国新世界大国的出现，是萨非王朝（safavid）统治下的伊朗重新统一，是伊斯兰教迅速扩张到西南亚，以及1515年后在北印度一个新伊斯兰大帝国的创立。地理大发现的重要性必须对照这个欧亚大陆扩张主义的巨大图景来看"。③不仅如此，在那个时代的全球格局中，东亚尤其是中国的位置无疑至为关键和重要。应当说，19世纪之前的中国，在全球体系中居于中心地位。安德烈·贡德·弗兰克在《白银资本》一书中以深刻的历史逻辑和大量的证据论述了从地理大发现到18世纪末工业革命之前的亚洲时代的全球中心地位及其意义，对1500年之后全球经贸格局的变动进行了独到的阐释，历史性地确证中国在1500年之后全球经济体系中的中心地位，从而对长期以来流行的"欧洲中心主义"观点发起了挑战。按照这位学者的看法，从1400年到1800年间世界经济的结构与发展中可以看出，"作为中央之国的中国，

---

①　参见［美］威廉·麦克尼尔：《世界史：从史前到21世纪全球文明的互动》，施诚等译，中信出版社2013年版，第269页。

②　参见［法］孟德斯鸠：《论法的精神》上卷，许明龙译，商务印书馆2012年版，第450页。

③　参见［英］约翰·达尔文：《全球帝国史：帖木儿之后帝国的兴与衰（1400—2000）》，陆伟芳等译，大象出版社2015年版，第38—39页。

不仅是东亚朝贡贸易体系的中心，而且在整个世界经济中即使不是中心，也占据支配地位"。"表明中国在世界经济中的这种位置和角色的现象之一是，它吸引和吞噬了大约世界生产的白银货币的一半。"这些白银"促成了 16 世纪至 18 世纪明清两代的经济和人口的迅速扩张与增长"，充分展示了"中国经济和中国人民在世界市场上所具有的异乎寻常的巨大的和不断增长的生产能力、技术、生产效率、竞争力和出口能力"，这是其他地区都望尘莫及的。① 弗兰克的观点，为我们重新认识地理大发现时代到近代工业革命之前的全球权力体系及其变化打开了一扇学术之窗，在国际思想界产生了重要反响。

与这种中国的中心地位相适应，晚清变法改革之前的中国法律系统，是一套自成一体、独具特性的制度安排与价值准则体系，具有法律伦理主义的鲜明特质，被马克斯·韦伯称之为基于信念伦理意义上的法律伦理主义类型。在韦伯看来，与关注严格的形式法与司法程序的西方形式主义法律类型不同，古代中国缺乏自然法和形式的法逻辑，追求旨在于有效调节与维护秩序的"实质的公道"。"特别值得一提的是，中国的法官——典型的家产制法官——以彻底家长制的方式来判案，也就是说，只要是在神圣传统所允许的活动范围内，他绝对不会根据形式的律令和'一视同仁'来进行审判。情况恰恰根本相反，他会根据被审者的实际身份以及实际的情况，或者根据实际结果的公正与适当来判决。"这种实质主义取向的法律类型，浸润着儒教理性的现世秩序观，因为"儒教所要求的是对俗世及其秩序与习俗的适应，归根结底，它只不过是为受过教育的世人确立政治准则与社会礼仪的一部大法典"。② 尽管一些学者对韦伯关于传统中国法律

---

① 参见 [德] 贡德·弗兰克：《白银资本——重视经济全球化中的东方》，刘北成译，中央编译出版社 2013 年版，中文版前言第 1—2 页。

② 参见 [德] 马克斯·韦伯：《儒教与道教》，洪天富译，江苏人民出版社 2010 年版，第 151—159、161 页。

性质的论述持有不同的看法①，但注重道德上的正当性，确证道德律的神圣至上性，建构于"天人合一"的深厚道德基础之上并且以王道精神相标榜，这无疑是传统中国法律类型的意义之所在，构成了中国固有法律区别于域外法制（尤其是西方）的基本界限。作为儒家信念伦理的集中体现，传统中国的法律伦理主义植根于中国社会的深厚土壤之中，成为文明社会法律之林中的一种独特的法律发展类型，与西方世界的法律形式主义彼此分别、平行演进，表达了中国社会的内生性的法理逻辑，奠定了古代中华法系的价值基础。16、17世纪的欧洲传教士写下了数量惊人的有关中国的报告，其中不乏对中国伦理性法律及其政制构造型态的叙述。"就当时的中国社会而言，没有什么比政府和行政部门更始终如一地吸引17世纪的欧洲人了。早在16世纪，门多萨就指出，中国是世界上治理得最好的国家。从那以后，几乎所有人的著作都包含了对中国政府和行政部门的论述。""因此，17世纪的欧洲人聚集了大量的、同时也理所当然较为准确的有关中国政府的记载。"②这种情形也同样出现在启蒙时期的欧洲。比如，被称为"欧洲的孔夫子"的伏尔泰，倡导建立一种"开明君主制"的理想政制模式，这与儒家所宣扬的以"仁政德治"为特征的中国政制形式内在契合。他认为，"中国人最深刻了解、最精心培育、最致力完善的东西是道德和法律"。古代中国政府之所以大兴公共工程建设，这与其家长制统治和施政理念密切相关。"正因为全国一家是根本大法，所以在中国比在其他地方更把维护公共利益视为首要责任。"③人类肯定想象不出比中国这样的政治形式更好的政府，在这里，一切都由一级从属一级的衙门来

---

① ［美］黄宗智：《清代以来民事法律的表达与实践：历史、理论与现实》第一卷，《清代的法律、社会与文化：民法的表达与实践》，法律出版社2014年版，第179—184页；林端：《韦伯论中国传统法律：韦伯比较社会学的批判》，中国政法大学出版社2014年版，第103—107页。

② 参见［美］唐纳德·F.拉赫、埃德温·J.范·克雷：《欧洲形成中的亚洲》第三卷第四册，朱新屋等译，周宁总译校，人民出版社2013年版，第19页。

③ 参见［法］伏尔泰：《风俗论》上册，梁守锵译，商务印书馆1994年版，第249页。

裁决，官员来裁决，官员必须经过好几次严格的考试才被录用。"在中国，这些衙门就是治理一切的机构。"在中国行政制度下，"一般法令出自皇帝，但是，由于有那样的政府机构，皇帝不向精通法律的、选举出来的有识之士咨询是什么也做不成的"。① 伏尔泰关于古代中国法律文明基本特性的阐述，在很大程度上影响了那个时期欧洲思想界的中国观。

然而，在18世纪欧洲工业革命以及海外殖民扩张的强有力推动下，欧洲经济社会取得了长足进展，经济实力超过亚洲。于是，整个全球场域发生了剧变。从19世纪开始，中国逐渐丧失在全球舞台上的中心地位。"所有这些同时影响着中国的财政、社会风尚、工业和政治结构的破坏性因素，到1840年在英国大炮的轰击下得到了充分的发展；英国的大炮破坏了皇帝的权威，迫使天朝帝国与地上的世界接触。""天朝帝国万世长存的迷信破了产，野蛮的闭关自守的、与文明世界隔绝的状态被打破，开始同外界发生联系。"② 在这一新的全球场域中，中国先前那种君临天下的世界形象发生下移而日益处于边缘化状态。自19世纪20年代，中国开始出现经济衰退，而迅速发展的鸦片贸易，促使白银大量外流，加剧了国库危机和社会动荡。1840—1842年的鸦片战争以及其后的一场又一场的战争，均以满清皇朝失败而告结束，外国列强迫使晚清政府订立一系列不平等条约，由此形成了从"朝贡制度"向"条约体系"的转变。列强们凭据条约制度，掠取了协定关税和海关行政权、沿海贸易权、内河航行权和内地通商权、开放商埠和领事裁判权以及最惠国待遇等等许多特权，中国社会日益沦为半殖民地国家。诚如美国著名中国问题专家费正清所指出的，"1842—1860年期间由不平等条约所建立的法律结构，是英国人对清政府打了两次战争之后强加给中国的东西"。"虽然新的条约好像是在平等主权国家之间签订的，但实际上它们是很不平等的，因为这违反中国的意愿被

---

① 参见［法］伏尔泰《风俗论》下册，谢戊南等译，郑福熙等校，商务印书馆1997年版，第509页。

② 参见《马克思恩格斯选集》第1卷，人民出版社2012年版，第780、779页。

迫处于较弱的地位，只能听任西方的商业和随之而来的文化入侵。"①

　　新的全球场域中的中国方位的转换，不可避免地促使中国法治状态的变动。随着近代西方法律文化对中国社会生活的广泛冲击，原本自主演进的中国法律文明体系，被强制性地纳入所谓国际体系之中，催生了艰难的法治转型进程。20世纪初期十年的晚清法制改革，乃是一次推动中国法制转型发展的有限的现代化努力。这场法制变革运动的一个基本要求，就是通过"采用西法"来"整顿中法"，以期收回领事裁判权。光绪二十六年（1900年）十二月，清廷发布了改革诏书，号召朝野就变法事宜限期献计献策，各抒己见。刘坤一、张之洞在著名的"江楚会奏"中鲜明地提出了"整顿中法"与"采用西法"并重的变法主张，确乎切中了变法更强的关键，且与收回领事裁判权的压力密切相关。无论是"整顿中法"，还是"采用西法"，清廷推行新政的基本目标，就是将"一切现行律例，按照交涉情形，参酌各国法律悉心参订，妥为拟议。务期中外通行，有裨治理"。②进而，企望通过法制改革的行动，收回治外法权，维护司法主权。而受清廷之命具体负责修律和法制改革事务的沈家本、伍廷芳，则更是强调废止领事裁判权对于推进法制改革的极端重要性。沈家本不仅深谙中国法律，而且也熟读西律。他认为："方今中国，屡经变故，百事艰难。有志之士，当讨究治道之原，旁考各国制度，观其会通，庶几采撷精华，稍有补于当世。"③唯其如此，才能逐步消弭中法与西法之间的鸿沟，进而确立中西法律之间对话或交流的共同语言系统，以便"与各国无大悬绝"④，从而促进

---

①　参见［美］费正清：《美国与中国》，张里京译，世界知识出版社1999年版，第151、153页。

②　参见上海商务印书馆编译所编纂：《大清新法令》（1901—1911）点校本第一卷，李秀清等点校，商务印书馆2010年版，第16页。

③　参见沈家本：《寄簃文存卷六·政法类典序》，见李光灿：《评〈寄簃文存〉》，群众出版社1985年版，第383页。

④　参见沈家本：《寄簃文存卷一·虚拟死罪改为流徒折》，见李光灿：《评〈寄簃文存〉》，群众出版社1985年版，第194—195页。

治外法权的收回。正是在这样的思想指导下，晚清法制实际上成为向西方学习的一次大规模试验。[①] 在沈家本、伍廷芳的主持下，一场以兼采西法为特征的晚清修律变法活动大规模展开。晚清修律变法大抵上按照大陆法系的模式，对中国传统法律体系进行结构性改造，推动以行政与司法合一向有限度的司法独立的转变，建立近代型的司法诉讼制度体系，从而导致古老中国法律系统的历史性重大变化，一个具有西法特点的中国法律体系渐而形成。这场大规模的法制改革的历史性后果之一，就是使中国法律文明发展融入全球法律体系的重构过程之中，进而也加剧了中国法律发展的边缘化趋势。处于世界体系边缘化地区的近代中国法律生活世界，开始了由自主发展向依附发展的转变，法律发展日益丧失了独立演进的品格，中国法律文明的自然历史进程发生断裂。20 世纪的中国社会以 1911 年的辛亥革命为标志，开启了民国时代的序幕。旧的社会统治类型被废除，而代之以新的具有西方特色的政治架构。政治革命推动了法制的转型与发展。辛亥革命时期制定的《中华民国临时约法》（1912 年 3 月），按照近代西方的三权分立原则来安排国家法制与法律制度。其后的北洋政府和南京国民政府也在法律制度的改造方面做了一些工作。因之，第二次全球化进程中的中国法制转型具有显明的"西方化"色彩和依附发展特征。

　　20 世纪 80 年代以来兴起的第三次全球化浪潮的时代产物之一，乃是全球权力中心东移现象的迅速增长及其中国的历史性重新崛起。[②] 全球权力中心的转移，不仅加快了全球经济一体化的进程，也在很大程度上引发全球法治发展的重构。处在这一过程中的中国国家制度现代化与法治发

---

① 参见李贵连：《近代中国法制与法学》，北京大学出版社 2002 年版，第 254—257 页。

② 郑永年认为，中国的和平崛起，主要得益于经济的全球化和区域化这一客观条件的出现。改革开放以来，中国通过加入各种国际和区域经济组织，积极推动经济的区域化和全球化，影响力开始超越亚洲地区而达到世界的各个角落，甚至是美国和欧洲，这是军事方法所不能做到的。这一见解是很有道理的。参见郑永年：《为中国辩护》，浙江人民出版社 2012 年版，第 40 页。

展，势必要反映全球市场经济体制的法治需求，体现全球法治文明发展的共通性因素，对固有的法律系统进行现代化的革新与改造，以期适应迅速变动之中的全球经济、社会与法律环境，反映全球权力中心转移与中国重新崛起的法权要求，为中国的重新崛起构造出坚实的法治制度根基。因此，善于抓住这一机遇，不失时机地推进法治改革，就显得尤为重要。在当代全球化的大潮中，中国在 1949 年人民大革命所带来的现代民族国家重建以及国家政制与法治革命的基础上，又开始经历着一个重构法律系统的历史性过程。①1978 年 12 月召开的中共十一届三中全会，是当代中国社会政治与法律生活中具有里程碑意义的一件大事。从此，中国法治发展进入了一个历史变革的新时代，构成了当代中国一场深刻的法治革命。经过 30 多年的广泛而深刻的社会与法治变革，伴随着中国重新崛起的进程，当代中国法治革命显示出旺盛的活力与强大的生命力，有力地推动了当代中国国家治理现代化的进程。

　　第一，这场法治革命确证了法治在国家与社会生活中的权威。在传统中国，人治主义传统源远流长。尽管先秦法家以强调"以法治国"而著称，把法律视为治国安邦的重要工具，任法不任德，反对儒家的人治主义，但是，法家的"法治"学说绝非现代意义上的法治概念，因为它是与专制政治相联系的。② 强大的传统影响之历史惯性，使中国总体上缺乏合理化的法治资源。新中国成立之初，试图创设新的法律架构和制度基础，藉以改变往昔的社会治理方式，把国家生活逐步纳入法治化的轨道之中。但是，由于多种原因，这一变革的努力是有限的。进入改革开放的历史新时期以后，作为执政党的中国共产党清醒地意识到，要保持党和国家长治久安，

---

　　① 按照费正清的看法，这是一个从"依照伦理的统治"转向"依照法律统治"的改革。参见[美]费正清：《伟大的中国革命(1800—1985)》，刘尊棋译，世界知识出版社2000年版，第 425 页。

　　② 参见何勤华：《中国法学史》第一卷（修订本），法律出版社 2006 年版，第 109—117 页。

就必须从制度上解决问题，确立法治在国家和社会生活中的权威性地位。"还是要靠法制，搞法制靠得住些。"① 应当把人治的式微、法治的兴起作为中国社会与法治发展的基本评价尺度。牢固树立法治权威，不仅体现了社会主体从事法治变革的价值理想，而且反映了当代中国法治发展的基本取向。推进全球化时代的大国治理，就必须实现从人治到法治的历史性转变，在法治的轨道上治国理政，任何组织和个人都不得拥有超越宪法和法律的特权。这是中国法治现代化面临的一项历史使命。正是在中国特色社会主义法治方针的指引下，当代中国法治化进程日益加快，法治权威在国家和社会生活中逐步确立，全面推进依法治国，加快建设法治中国的伟大理想正在成为生动的现实。

第二，这场法治革命把依法治国确立为中国共产党领导人民治理国家的基本方略。现代意义上的法治是与民主政治密切联系的，它要求法律的权威高于任何个人的权威，法律是国家治理的基本手段。1978 年 12 月召开的中共十一届三中全会明确提出社会主义民主制度化、法律化的重大法治方针。②1979 年 9 月，中共中央向全党发出的《关于坚决保证刑法、刑事诉讼法切实实施的指示》（以下简称《九月指示》），第一次鲜明提出"实行社会主义法治"。③ 正是经过中共十一届三中全会以来的持续不断的探索实践，1997 年 9 月召开的中共十五大在中国共产党的历史上第一次提出依法治国、建设社会主义法治国家的基本方略。④ 这无疑是一个历史性的重大战略决策。以中共十五大为标志，依法治国基本方略的提出与贯彻，建设社会主义法治国家宏伟目标的确立与实施，给当代中国法治发展道路注入了崭新的内涵，有力地推动了当代中国法治革命进程。

第三，这场法治革命把依法执政确定为中国共产党治国理政的基本方

---

① 参见《邓小平文选》第三卷，人民出版社 1993 年版，第 379 页。
② 参见《改革开放以来历届三中全会文件汇编》，人民出版社 2013 年版，第 12 页。
③ 参见《三中全会以来重要文献汇编》上，人民出版社 1982 年版，第 257 页。
④ 参见《十五大以来重要文献选编》上，中央文献出版社 2011 年版，第 26 页。

式。随着 1949 年中国人民大革命的胜利，中国共产党从革命党向执政党转变，党的领导方式和执政方式面临着新的时代课题。《九月指示》第一次全面科学地确立了中国共产党对司法工作领导的基本原则和工作体制。进入 21 世纪以来，中国共产党深刻揭示共产党的执政规律，提出坚持依法执政的重大命题。这是新的社会历史条件下中国共产党领导人民有效治理国家和社会的根本保证。2014 年 10 月召开的中共十八届四中全会在我们党的历史上第一次对全面推进依法治国提出了完整系统的顶层设计方案，把坚持中国共产党的领导作为全面依法治国必须首先坚持的原则，提出坚持依法执政、加强和改进党对全面依法治国领导的"三统一"、"四善于"的基本要求。这对于推进当代中国法治发展，明确社会主义法治国家的性质、方向和道路具有重大的指导意义。

第四，这场法治革命统揽全面依法治国总体布局与推进方略。中共十八大以来，以习近平同志为核心的党中央从"四个全面"的战略布局出发，着眼于确保党和国家长治久安和"两个一百年"奋斗目标的战略考量，精心谋划全面推进依法治国的战略蓝图。中共十八届四中全会提出全面推进依法治国的总目标是建设中国特色社会主义法治体系，建设社会主义法治国家。习近平将建设中国特色社会主义法治体系称之为"全面推进依法治国的总抓手"[①]，强调法治体系是国家治理体系的骨干工程，"必须加快形成完备的法律规范体系、高效的法治实施体系、严密的法治监督体系、有力的法治保障体系，形成完善的党内法规体系"。[②] 这就为全面推进依法治国、加快建设法治中国指明了前进方向。当代中国法治革命是一项前无古人的开创性的事业，涉及党的建设、国家发展和社会生活的各个方面，需要统筹协调，整体谋划，合力推进。坚持依法治国、依法执政、依法行政共同推进，法治国家、法治政府、法治社会一体建设，这充分表

---

① 参见《中国共产党第十八届中央委员会第四次全体会议文件汇编》，人民出版社2014 年版，第 81 页。

② 参见习近平：《加快建设社会主义法治国家》，载《求是》2015 年第 1 期。

达了当代中国法治发展的整体观。此外，中共十八大总结当代中国法治发展的基本实践经验，把新时期全面推进依法治国的重点任务作出了新的概括，即："科学立法、严格执法、公正司法、全民守法。"① 中共十八届四中全会决定把这一新的十六字的重点任务纳入全面依法治国的总目标之中②，这就为加快建设社会主义法治国家提供了重要遵循。应当看到，中国是一个幅员辽阔的东方大国，不同区域之间的经济社会发展状况差异明显，进而对各个区域的法治发展进程产生重要影响。当代中国，在全面推进依法治国、加快国家法治发展的基础上，高度重视和积极推进区域法治发展，对于顺利实现法治中国建设的战略目标意义重大，因此，必须在遵循国家法治发展总体方向、维护国家法制统一的前提下，适应不同区域发展的法治需求，加快区域法治发展进程，努力构建治国理政的区域性依法治理模式。中共十八届四中全会决定从建设中国特色社会主义法治体系、推进国家治理现代化的战略高度，高度重视区域法治发展与区域社会治理现代化问题，提出要完善立法体制，依法赋予设区的市地方立法权；完善不同层级政府特别是中央和地方政府事权法律制度，根据不同层级政府的事权和职能，合理调配执法力量；探索建立跨行政区划人民法院和人民检察院，办理跨地区案件；推进多层次多领域依法治理，深入开展多层次多形式法治创建活动，进而提高社会治理的法治化水平；并且提出把法治建设成效作为衡量各级领导班子和领导干部工作实绩的重要内容，纳入政绩考核体系；等等。这必将对当代中国区域法治发展产生重大的推动作用。

第五，这场法治革命致力于建构一种现代型的法治秩序。在中国法治变革及其现代化的进程中，传统法律结构与价值基础发生了重大变化，而

---

① 参见《中国共产党第十八次全国代表大会文件汇编》，人民出版社 2012 年版，第 25 页。

② 参见《中共中央关于全面推进依法治国若干重大问题的决定》，人民出版社 2014 年版，第 4 页。

逐步代之以宪法为主导的公法与私法相分离、实体法与程序法相区别的法律体系，确证社会主体的自由、权利与尊严。在当代中国，法治革命的直接表现乃是适应经济社会变革进程的客观要求，推动立法活动的大规模展开，立法发展与社会变革之间相互促进、相辅相成，立法活动以其特有的方式为这场划时代的经济社会革命设定合法性基础。正是在这一历史性的社会变革进程中，当代中国的法律系统发生了极其深刻的变化，中国特色社会主义法律体系如期形成。对此，习近平指出："这是一个了不起的重大成就。"① 不仅如此，当前，一个以促进司法公正、增强司法公信、维护司法权威为基本要求的司法体制改革正在积极稳妥有序地展开，而这一改革所带来的必将是中国司法领域的现代化。更为重要的是，中国法治现代化是一个从法治理念、法治载体到法治实践、法治行为的转型变革的过程，其核心是人的现代化，是社会主体法治价值观念的现代化。只有社会主体的信念、心理、态度和行为与法治现代化进程相互协调，并且成为法治变革及其现代化的有效支撑，法治中国与法治现代化才能成为客观的现实。当代中国法治发展的一项基础性工程，就是要加快推进法治社会建设，加强法治宣传教育，培养公民信任法律、尊重法律的现代法治意识，进而为法治中国建设奠定法治观念基础。因之，经过 30 多年坚持不懈的努力，一个具有中国特色的现代法治型秩序正在逐步形成。

四、坚定地走出一条自主型的法治中国之路

面对着错综复杂的当代全球化趋势，在推进法治中国建设的时代进程中，我们既要看到全球权力中心转移所导致的全球秩序重构及其全球治理变革对当代中国法治发展的历史性吁求，也要看到当代全球化背景下中国

---

① 参见《中国共产党第十八届中央委员会第四次全体会议文件汇编》，人民出版社 2014 年版，第 83 页。

法治发展进程中出现的新情况新问题，还要看到已经或正在出现的有利于法治改革和发展的各种因素或条件，把握创造中国特色的现代化法治的历史性机遇，特别是在眼前的矛盾和困难中看到中国法治改革与发展的未来愿景，在严峻的挑战中明确奋斗的方向，保持与时俱进、奋发有为的精神状态，坚定地推进中国法治现代化进程，矢志不渝地为建设法治中国而不懈奋斗。

在这里，问题的关键在于我们要牢固确立自主型的中国法治发展理念，坚定不移地走中国特色社会主义法治道路。所谓自主型的法治发展，是指基于对本国国情条件的深刻把握，自主选择适合本国社会生活状况的法治发展模式，进而稳步推进法治改革。在重构全球秩序的新的时代条件下，中国的法律生活日益同全球范围内的法律生活交融互动。当代中国的法治改革与发展怎样才能保持独立自主的品格，避免出现依附型法治改革与发展的边缘化的情形？这是我们必须面对的一个重大时代挑战。习近平指出："独立自主是我们党从中国实际出发、依靠党和人民力量进行革命、建设、改革的必然结论。不论过去、现在和将来，我们都要把国家和民族发展放在自己力量的基点上，坚持民族自尊心和自信心，坚定不移走自己的道路。""坚持独立自主，就要坚持中国的事情必须由中国人民自己作主张、自己来处理。世界上没有放之四海而皆准的具体发展模式，也没有一成不变的发展道路。历史条件的多样性，决定了各国选择发展道路的多样性。人类历史上，没有一个民族、没有一个国家可以通过依赖外部力量、跟在他人后面亦步亦趋实现强大和振兴。那样做的结果，不是必然遭遇失败，就是必然成为他人的附庸。"[①] 因此，在新中国六十多年的历史行程中，中国共产党人坚持从中国的具体国情和历史条件出发，独立自主，开拓奋进，锐意改革，选择自己的法治发展道路，不断深化对共产党执政规律、社会主义法治建设规律和社会主义法治改革规律的认识，努力创制具

---

① 《习近平谈治国理政》，外文出版社 2014 年版，第 29 页。

有鲜明中国风格的社会主义国家体制与法律制度，从而赋予中国特色社会
主义法治事业蓬勃生机和活力，开辟了自主型的中国特色社会主义法治发
展的新境界。在当代全球性法律重构的进程中，在全面推进依法治国、加
快建设法治中国的现时代，中国的法律生活领域逐渐融入国际法治体系之
中，国内法治与国际法治之间的互动性明显增强，继续保持法治发展的独
立自主的品格，避免出现依附发展或边缘化的情形，愈发显得更为重要。
这无疑是一个重大的议题，涉及法治发展的各个领域，其中最为紧要的乃
是以下若干方面。

　　第一，坚持自主型法治发展道路，必须努力探索具有中国特色的法治
发展模式。进入改革开放的历史新时期以来，邓小平反复强调："过去搞
民主革命，要适合中国情况，走毛泽东同志开辟的农村包围城市的道路。
现在搞建设，也要适合中国的情况，走出一条中国式的现代化道路。"① 他
还指出："每个国家都有自己的情况，各自的经历也不同，所以要独立思
考。不但经济问题如此，政治问题也如此。""要紧紧抓住合乎自己的实际
情况这一条。所有别人的东西都可以参考，但也只是参考。世界上的问题
不可能都用一个模式解决。中国有中国自己的模式。"② 中国的法治发展是
在特定的时间和空间条件下所展开的法治体系、法治制度和法治机制的改
革与创新实践，具有独特的历史传统和社会条件。新中国成立六十多年
来，特别是改革开放三十多年来探索中国法治发展模式的艰辛实践，正在
历史性地生成这一模式的总体性特征，赋予这一模式独特的历史个性和鲜
明的中国特色。在当今的全球化进程中，只有立足于中国的实际情况，对
域外的法治发展经验和模式进行具体的辨析，才能建构一个具有中国风格
的社会主义法治发展模式，进而走出一条自主型的中国法治发展之路。③
　　第二，坚持自主型法治发展道路，必须立足于中国特色社会主义法律

① 《邓小平文选》第二卷，人民出版社 1994 年版，第 163 页。
② 《邓小平文选》第三卷，人民出版社 1993 年版，第 260、261 页。
③ 参见顾培东：《中国法治的自主型进路》，载《法学研究》2010 年第 1 期。

制度的自我完善与发展。在人类法治文明发展的历史进程中，往往交织着诸多矛盾运动。这种矛盾运动既会引起法律生活领域的根本性变化，也会促进法律生活关系的某些部分改变。从社会学的一般意义上来说，每一次社会革命都标志着整个社会体制的一次基本变化，力图寻求某种合法性根据；而从法律意义上讲，每次社会革命最终产生了一种新的法律体系。因之，伴随着社会革命的法律革命，带来了法律领域的全新的变化。新中国六十多年的法治革命，不仅从根本上改变了传统的法律制度的本质与结构，创设了中华人民共和国的法治架构，而且成为当代中国经济社会革命的法治基础，从而为新的社会经济生活系统确立了有效的规范与制度保障。坚持自主型法治发展道路，必须正确把握当代中国法治发展的基本方向，始终把社会主义法律制度的自我完善与发展作为法治改革与发展的主旋律；必须尊重法治工作的客观规律，建立健全有利于促进法治建设与发展的体制、制度与机制。当然，如同任何事物的发展都是一个否定之否定的过程一样，坚持自主型法治发展道路，推动中国特色社会主义法律制度的自我完善与发展，也是一个辩证的扬弃过程。当代中国的法治发展是一场深刻的法治革命。它要在坚持法治改革与发展的中国特色社会主义方向的前提下，依靠自身的力量，着力解决影响法治建设与发展的体制性、机制性、保障性障碍，适应变革时代的法治需求，创设新的法治制度结构，建立新的法治运行机制，确立新的法治正义标准，从而形成一种新的法治生活秩序，为贯彻"四个全面"的重大战略布局、建设中国特色社会主义事业提供稳定可靠的法治支持。因之，坚持中国特色社会主义法律制度的自我革新、自我完善、自我发展，是自主型法治发展道路的基本立足点。

第三，坚持自主型法治发展道路，必须更加关注国际社会以及国家内部的社会公正问题。当代全球性经济发展趋势不仅扩大了发达国家与发展中国家之间的贫富差距，导致了南部贫困国家的分裂，而且加剧了国家内部的贫困差距；即使在富裕的北部国家内部，贫困与落后现象也与日俱增。① 因此，开展全球范围内的反贫困斗争，已经成为摆在每一个国家面前的一项艰巨任务。在这一时代背景下，重构全球法律机制，必须贯彻社会公正的基本要求。而这个问题对于当代中国的法治发展来说，亦有着特殊的意义。在全球化的背景下，坚持自主型法治发展道路，建构中国市场经济体制与法治体系，必须充分考虑社会正义的理性要求。为了有效地实现社会正义，当代中国法治改革与发展的迫切任务，就在于贯彻共享发展理念，运用法治思维和法治方式实施脱贫攻坚工程，促进区域协调发展；强化法治的利益调控功能，促进社会利益需求的平衡发展；通过一定的法治机制，解决或缓解社会收入分配不公现象，保证社会变革进程的健康发展。诚如习近平所强调的："不论处在什么发展水平上，制度都是社会公平正义的重要保证。我们要通过创新制度安排，努力克服人为因素造成的有违公平正义的现象，保证人民平等参与、平等发展权利。""对由于制度安排不健全造成的有违公平正义的问题要抓紧解决，使我们的制度安排更好体现社会公平正义原则，更加有利于实现好、维护好、发展好最广大人民的根本利益。"②

第四，坚持自主型法治发展道路，必须更加关注国际规则的本土化问题。全球法治机制和国际准则，在社会历史发展进程中往往表现着自己不同的重点，在不同的国家与民族生活中有着不同的表现形式，并且在各自的文化体系中起着各自不同的作用。因此，在这里就存在着一个国际规则本土化的问题。在当代中国法治发展进程中，移植国际规则和外域法律制度时必须充分考虑到本国的国情条件。"我们要学习借鉴世界上优秀的法治文明成果。但是，学习借鉴不等于是简单的拿来主义，必须坚持以我为主、为我所用，认真鉴别、合理吸收，不能搞'全盘西化'，不能搞'全

---

① 参见里斯本小组：《竞争的极限——经济全球化与人类的未来》，张世鹏译，中央编译出版社 2000 年版，第 60—65、74—77 页。

② 《习近平谈治国理政》，外文出版社 2014 年版，第 97 页。

面移植'，不能照抄照搬。"① 当代中国法治发展是中国人在本国的历史条件下所展开的一场法治变革运动。它总包含着体现本民族本国度生活条件的法律精神以及作为这一精神载体的法律制度。在国际规则本土化的过程中，必须从中国国情的具体实际出发，根据对本国社会生活条件及其需要的认识，能动地将国际规则转化为本国的具体制度规范设计，使之成为本国法律的有机组成部分，而绝不能原封不动地套用国际规则来调整现实的社会生活关系，也绝不能搞全盘移植，照抄照搬别国的规则和制度。此外，作为一个历史的连续过程来说，古老的中华法律文明必将在全球秩序重构及其全球治理大变革时代中，以新的形式获得延续，进而在一个新的法治系统中发挥新的功用。在当代中国，全面依法治国、建设法治中国的崭新理念和丰富实践，不仅构成了对于中华法律文明传统的有机传承，而且是对人类法治文明的丰富和发展。正是在这一过程中，本土化的法治资源的价值意义得到充分彰显②，自主型的中国法治发展道路展示出深刻的历史逻辑力量，进而构成全球秩序重构进程中的中国重新崛起的文化"软实力"基础。

第五，坚持自主型法治发展道路，必须坚定地捍卫国家的法律主权。应当看到，在全球秩序重构的历史进程中，"中国正在加快走向世界舞台的中心"。③ 中国的和平崛起，为全球性法律重构进程提出了新的课题与议程，也给当代中国法治发展赋予了新的使命。在当今世界舞台上，当代中国确实拥有了发挥更大作用的机会。谋求这种更大更重要的作用的发挥，决不意味着显示某种强权而争夺势力范围，更不意味着去寻求霸权而成为霸权国家，而是要在这个千载难逢的重要战略机遇期，有所作为，善于担当。当代的全球秩序重构以及全球治理体系的深刻变革，确实给中国

---

① 参见习近平：《加快建设社会主义法治国家》，载《求是》2015年第1期。
② 参见苏力：《法治及其本土资源》（修订版），中国政法大学出版社2004年版，第6页。
③ 参见秋石：《不断开拓治国理政新境界》，载《人民日报》2016年3月2日。

带来了诸多机遇，中国也正在成功地利用了这些机遇。因此，中国积极参与国际改革进程，有助于维护国家的核心利益。所以，在加快建设法治中国的进程中，要着眼国家现代化全局，努力掌握法治发展的自主权，争取制定国际规则、改革国际体系的话语权，"积极参与国际规则制定，推动依法处理涉外经济、社会事务，增强我国在国际法律事务中的话语权和影响力"①，推动全球性法律重构进程，以便更好地为国家现代化的战略目标服务。所以，在全球权力中心转移与中国重新崛起的背景下，推动当代中国的法治发展及其现代化的进程，显然面临着更为艰巨的任务：一是在全球性的行为规则和法律机制的成型过程中，作为一个负责任的和正在重新崛起的世界大国，中国必须进一步确立全球发展意识，关注全球性的共同利益，更加自主地参与全球性行动，塑造国际规范，创设国际制度，实施国际规则，着力促进新的国际秩序的重构与发展；二是在当代全球秩序重构进程中，既要自觉地关切中国法治改革和发展与全球通行规则的要求相协调的问题，充分借鉴人类法治文明发展的共同性丰富成果，又要正视全球秩序重构进程对中国法治改革与发展所带来的深刻影响，更加关注这一影响的实现方式、作用范围及其历史限度，研究这一影响是怎样内化为本民族创新法律制度的生机与活力问题，细心把握这些共同性的全球法治文明准则、制度与机制同本民族本国度的具体条件、因素及社会需要之间的耦合程度，进而揭示实现这种有机转化的内在机理；三是作为新兴的发展中大国，当代中国在参与全球性法律重构的过程中，要对国际规则和域外的法治经验与模式进行深入细致的辨析，谨防全球化或全球共同治理名义下的法律帝国主义或新法律殖民主义，谨防法治发展的边缘化趋势②，坚决排拒那些损害国家主权与国家核心利益的体制、制度和规则，坚决抵制

---

① 参见《中共中央关于全面推进依法治国若干重大问题的决定》，人民出版社 2014 年版，第 39 页。

② 参见 [美] 乌戈·马太、劳拉·纳德：《西方的掠夺——当法治非法时》，苟海莹译，纪锋校，社会科学文献出版社 2012 年版，第 234—242 页。

全球化进程中的法律霸权或法律帝国主义，"运用法律手段维护我国主权、安全、发展利益"①，更加坚定地捍卫国家的法律主权，更加积极地维护国家利益，更加审慎地运用好在国际组织中的权力来实现国家的长期战略目标，从而更加有力地回应全球秩序重构及其全球治理体系变革进程对当代中国法治发展的挑战。正如习近平强调的："我们要根据事情本身的是非曲直决定自己的立场和政策，秉持公道，伸张正义，尊重各国人民自主选择发展道路的权利，绝不把自己的意志强加于人，也绝不允许任何人把他们的意志强加于中国人民。""我们要虚心学习借鉴人类社会创造的一切文明成果，但我们不能数典忘祖，不能照抄照搬别国的发展模式，也绝不会接受任何外国颐指气使的说教。"②

总之，在当代全球秩序重构以及全球治理大变革时代，我们要从中国的实际条件出发，坚持自主型法治发展道路，积极稳妥地推进法治改革与法治发展，深入总结法治发展的中国经验，细心把握法治发展的中国取向，努力建构法治现代化的中国模式，牢固确立中国法治现代化在全球法治现代化进程中的自主地位，进而坚韧推进全面依法治国的时代进程，努力实现建设法治中国的宏伟愿景。

本文刊于《法律科学》2016 年第 5 期，
转载于《新华文摘》2017 年第 1 期

---

① 参见《中共中央关于全面推进依法治国若干重大问题的决定》，人民出版社 2014 年版，第 39 页。

② 参见《习近平谈治国理政》，外文出版社 2014 年版，第 30 页。

责任编辑：张伟珍
装帧设计：周方亚
责任校对：吕　飞

图书在版编目（CIP）数据

大变革时代的中国法治现代化／公丕祥 著 . — 北京：人民出版社，2017.8
　（2018.8 重印）
（中国法治实践学派书系／钱弘道主编）
ISBN 978－7－01－018053－3

I. ①大…　II. ①公…　III. ①法治－研究－中国　IV. ① D920.4

中国版本图书馆 CIP 数据核字（2017）第 201642 号

大变革时代的中国法治现代化
DABIANGE SHIDAI DE ZHONGGUO FAZHI XIANDAIHUA

公丕祥 著

人民出版社 出版发行
（100706 北京市东城区隆福寺街 99 号）

北京新华印刷有限公司印刷　新华书店经销

2017 年 8 月第 1 版　2018 年 8 月北京第 2 次印刷
开本：710 毫米 × 1000 毫米 1/16　印张：26
字数：359 千字

ISBN 978－7－01－018053－3　定价：79.00 元

邮购地址 100706　北京市东城区隆福寺街 99 号
人民东方图书销售中心　电话：（010）65250042　65289539